DIREITO E ECONOMIA DA INFRAESTRUTURA

ENTRE A INCOMPLETUDE, O CONSENSO E A RESPONSIVIDADE

RAFAEL VÉRAS DE FREITAS
FREDERICO A. TUROLLA
JOSÉ EGIDIO ALTOÉ JUNIOR

DIREITO E ECONOMIA DA INFRAESTRUTURA

ENTRE A INCOMPLETUDE, O CONSENSO E A RESPONSIVIDADE

Belo Horizonte

2025

© 2025 Editora Fórum Ltda.

É proibida a reprodução total ou parcial desta obra, por qualquer meio eletrônico, inclusive por processos xerográficos, sem autorização expressa do Editor.

Conselho Editorial

Adilson Abreu Dallari
Alécia Paolucci Nogueira Bicalho
Alexandre Coutinho Pagliarini
André Ramos Tavares
Carlos Ayres Britto
Carlos Mário da Silva Velloso
Cármen Lúcia Antunes Rocha
Cesar Augusto Guimarães Pereira
Clovis Beznos
Cristiana Fortini
Dinorá Adelaide Musetti Grotti
Diogo de Figueiredo Moreira Neto (*in memoriam*)
Egon Bockmann Moreira
Emerson Gabardo
Fabrício Motta
Fernando Rossi
Flávio Henrique Unes Pereira
Floriano de Azevedo Marques Neto
Gustavo Justino de Oliveira
Inês Virgínia Prado Soares
Jorge Ulisses Jacoby Fernandes
Juarez Freitas
Luciano Ferraz
Lúcio Delfino
Marcia Carla Pereira Ribeiro
Márcio Cammarosano
Marcos Ehrhardt Jr.
Maria Sylvia Zanella Di Pietro
Ney José de Freitas
Oswaldo Othon de Pontes Saraiva Filho
Paulo Modesto
Romeu Felipe Bacellar Filho
Sérgio Guerra
Walber de Moura Agra

FÓRUM
CONHECIMENTO JURÍDICO

Luís Cláudio Rodrigues Ferreira
Presidente e Editor

Coordenação editorial: Leonardo Eustáquio Siqueira Araújo, Thaynara Faleiro Malta
Revisão: Carolina Sueto Moreira
Capa, projeto gráfico e diagramação: Walter Santos

Rua Paulo Ribeiro Bastos, 211 – Jardim Atlântico – CEP 31710-430
Belo Horizonte – Minas Gerais – Tel.: (31) 99412.0131
www.editoraforum.com.br – editoraforum@editoraforum.com.br

Técnica. Empenho. Zelo. Esses foram alguns dos cuidados aplicados na edição desta obra. No entanto, podem ocorrer erros de impressão, digitação ou mesmo restar alguma dúvida conceitual. Caso se constate algo assim, solicitamos a gentileza de nos comunicar através do *e-mail* editorial@editoraforum.com.br para que possamos esclarecer, no que couber. A sua contribuição é muito importante para mantermos a excelência editorial. A Editora Fórum agradece a sua contribuição.

Dados Internacionais de Catalogação na Publicação (CIP) de acordo com ISBD

F866d	Freitas, Rafael Véras de
	Direito e economia da infraestrutura: entre a incompletude, o consenso e a responsabilidade / Rafael Véras de Freitas, Frederico A. Turolla, José Egidio Altoé Junior. Belo Horizonte: Fórum, 2025.
	400 p. 14,5x21,5cm
	ISBN impresso 978-65-5518-926-1
	ISBN digital 978-65-5518-927-8
	1. Infraestrutura. 2. Regulação. 3. Concessões. 4. Incompletude contratual. 5. Consenso. 6. Responsabilidade. 7. Contratos de concessão em crise. 8. Experimentalismo regulatório. 9. Renegociação. I. Turolla, Frederico A. II. Altoé Junior, José Egidio. III. Título.
	CDD: 340
	CDU: 34

Ficha catalográfica elaborada por Lissandra Ruas Lima – CRB/6 – 2851

Informação bibliográfica deste livro, conforme a NBR 6023:2018 da Associação Brasileira de Normas Técnicas (ABNT):

FREITAS, Rafael Véras de; TUROLLA, Frederico A.; ALTOÉ JUNIOR, José Egidio. *Direito e economia da infraestrutura*: entre a incompletude, o consenso e a responsabilidade. Belo Horizonte: Fórum, 2025. 400 p. ISBN 978-65-5518-926-1.

SUMÁRIO

INTRODUÇÃO 7

CAPÍTULO 1
VERTENTES ECONÔMICO-JURÍDICAS DA REGULAÇÃO 19
1.1   Por que regular? 19
1.2   Falhas de mercado: o poder de mercado 28
1.3   Falhas de mercado: monopólios naturais 30
1.4   Bens públicos, externalidades e problemas de coordenação 37
1.5   As externalidades 42
1.6   Falhas de mercado: a assimetria de informações 44
1.7   Regulação discricionária vs. Regulação contratual 49
1.8   Regulação de entrada e Teoria dos leilões 51
1.9   Regulação Tarifária e seus Incentivos 59
1.10 O ciclo de vida dos projetos: a etapa de estruturação de projetos e seu impacto sobre a regulação 70
1.11 Assimetrias regulatórias 86

CAPÍTULO 2
REGULAÇÃO DAS CONCESSÕES EM CRISE 101
2.1   Concessões em crise 101
2.2   Regime de alteração de contratos de concessões 104
2.3   Transferência da concessão 127
2.4   Extinção antecipada de contratos de concessão e seu regime jurídico 138
2.5   *Benchmarking* da extinção antecipada de módulos concessórios no Brasil e no Exterior 142
2.5.1 *Benchmarking* internacional e regime indenizatório das concessões 142
2.5.2 O *benchmarking* brasileiro de extinção antecipada e do regime indenizatório das concessões 146
2.5.2.1 Regime Indenizatório nas concessões rodoviárias federais 146
2.5.2.2 Regime indenizatório nas concessões aeroportuárias federais 148
2.5.2.3 Regime Indenizatório da concessão de transporte por via marítima (Rio de Janeiro) 151

2.6   Acordos Substitutivos regulatórios em concessões 153
2.7   Acordos substitutivos regulatórios na realidade das concessões 162
2.8   O Consenso na Concessão: os precedentes da SecexConsenso 168
2.9   O acordo veiculador de unificação de contratos de concessão:
      o caso do Metro do Rio de Janeiro 183
2.10 O verificador independente e seu regime jurídico-econômico 193

CAPÍTULO 3
REGULAÇÃO EXPERIMENTAL 203
3.1   Experimentalismo regulatório 203
3.2   O *sandbox* regulatório – características e natureza jurídica 208
3.3   *Sandbox* na ANTT 219
3.4   *Sandbox* na ANEEL 221
3.5   *Sandbox* na ANAC 226
3.6   *Sandbox* no Bacen 228
3.7   *Sandbox* no Município do Rio de Janeiro 229
3.8   Cooperação regulatória entre prestadores de serviços públicos
      para a implementação de novas soluções tecnológicas 232
3.9   A incorporação de novas tecnologias ao contrato de concessão 250

CAPÍTULO 4
REGULAÇÃO E RESPONSIVIDADE 261
4.1   Regulação responsiva 261
4.2   Regulação realmente responsiva 277
4.3   *Smart regulation* 283
4.4   Regulação baseada em riscos 287
4.5   Diamante regulatório 292
4.6   *Benchmark* internacional sobre regulação responsiva 295
4.7   Regulação responsiva na ANEEL 299
4.8   Regulação responsiva na ANTT 318
4.9   Regulação responsiva na ANAC 325
4.10 Regulação responsiva na Anatel 337
4.11 Expropriações regulatórias e abuso do poder regulatório 341

CONCLUSÕES 361

REFERÊNCIAS 381

INTRODUÇÃO

Tradicionalmente, entende-se que a intervenção regulatória se justifica para corrigir falhas de mercado,[1] as quais demandam a ação estatal para garantir o seu funcionamento mais eficiente.[2] Essas falhas de mercado se traduzem na existência de: (i) monopólios naturais e econômicos, que resultem numa concorrência imperfeita[3] – na linguagem concorrencial, na possibilidade do exercício de Poder de Mercado;[4] (ii) assimetria de informações, as quais podem gerar condutas oportunistas entre as partes, seleções adversas e o risco moral (*moral hazard*); (iii) bens públicos, ou seja, a produção de bens que sejam, a um só tempo, não rivais e não excludentes – fomentadores dos denominados *free-riders* –, que justifiquem a intervenção estatal para impedir a sua produção subótima; e (iv) externalidades negativas, assim consideradas como as que geram custos, que não são internalizados

---

[1] V. FIGUEIREDO, Felipe Guerra. *Nova Economia Institucional e o setor sucroenergético brasileiro*: análise das medidas intervencionistas no setor sob a ótica da teoria da agência positiva. 2013. Dissertação (Mestrado em Economia) – Universidade Federal do Rio de Janeiro, Rio de Janeiro, 2013. No mais, quando a concorrência não for capaz de resolver as falhas, por si só, para corrigi-las será preciso regular as variáveis específicas, entre preço, entrada, qualidade e informação, conforme a peculiaridade da falha no caso concreto. Neste sentido, cf.: RAGAZZO, Carlos Emmanuel Joppert. *Regulação Jurídica, Racionalidade Econômica e Saneamento Básico*. Rio de Janeiro: Renovar, 2011. p. 21-30 e p.137-155.

[2] São diversas as teorias existentes para fundamentar e orientar a intervenção regulatória do Estado. Para um panorama didático, cf.: CAMPOS, Humberto Alves de. Falhas de mercado e falhas de governo: uma revisão da literatura sobre regulação econômica. *Prismas*: Direito, Políticas Públicas e Mundialização, Brasília, DF, v. 5, n. 2, p. 341-370, 2008.

[3] Para que haja concorrência perfeita, os produtos comercializados devem ser substitutos perfeitos e os fornecedores e tomadores são tomadores de preço (*price-takers*), posto que, individualmente, não têm poder de mercado suficiente para influenciar o preço (MANKIW, Gregory. *Introdução à economia*. São Paulo: Thompson Learning, 2007. p. 290).

[4] Conceito que pode ser extraído da Resolução nº 33, de 14 de abril de 2022, do CADE.

pelo agente econômico em suas ações, os quais são transferidos a terceiros – como preconizado por Ronald Coase, em 1960,[5] que trouxe luz aos mecanismos pelos quais as instituições legais impactam o comportamento dos agentes econômicos e inaugurou uma nova forma de analisar a produção do Direito sob o prisma da Economia.[6] As falhas de mercado citadas predicam uma intervenção regulatória a qual, como se verá, tem suas próprias imperfeições.

Nada obstante a acolhida da Teoria Econômica das Falhas de Mercado da regulação, fato é que, hodiernamente, o direito da regulação passa a conviver com a erosão das fontes formais do direito posto. A técnica regulatória de comando-controle (que se mostrou, empiricamente, ineficaz[7]) passa a conviver com um direito mais responsivo, no âmbito do qual as "normas legais específicas devem ser consideradas válidas apenas condicionalmente, sujeitas a reavaliação à luz da análise de suas consequências sociais, econômicas e morais".[8] Para além de aspectos econômicos, os modelos regulatórios passam a endereçar um modelo mais customizado (e adaptável) às características do regulado e do setor econômico no qual ele opera. Nesse quadrante, a regulação passa a ter como objetivo conformar a conduta do administrado à determinada pauta regulatória.

Caminha-se, pois, rumo à estruturação de uma arquitetura regulatória mais lastreada em um modelo de *soft regulation*, assim entendida como uma modalidade de regulação adotada por determinada entidade estatal, que não se lastreia na técnica de comando-controle.[9] A doutrina

---

[5] "The Problem of Social Cost". Esse artigo foi publicado em outubro de 1960, por Ronald Coase, no *Journal of Law and Economics*.

[6] A tradição inaugurada por Coase é longa, e foi imediatamente seguida por Guido Calabresi em "Some Thoughts on the Risk Distribution and the Law of Torts". Nesse artigo, Guido Calabresi a importância da alocação de recursos para a regulação da responsabilidade civil, seja em âmbito legislativo ou judicial e contribuiu para o desenvolvimento da análise econômica em questões jurídicas (CALABRESI, Guido. Some thoughts on risk distribution and the law of torts, *The Yale Law Journal*, [s. l.], v.70, n. 4, 1961).

[7] Assim, por exemplo, cite-se que o TCU, por intermédio do Acordão nº 482/2012, ao endereçar auditoria na Agências Reguladoras (ANTAQ, ANAC, ANATEL, ANVISA ANP) e em outras autarquias federais (CVM, IBAMA), constatou que apenas 3,7% do montante de multas regulatórias teria ingressado nos cofres públicos, o que equivaleria a um montante de R$ 24,9 bilhões que não teriam sidos arrecadados.

[8] NONET, Philippe; SELZNICK, Philip. *Direito e Sociedade*: a transição ao sistema jurídico responsivo. Tradução Vera Pereira. Rio de Janeiro: Editora Revan, 2010. p.21.

[9] Ana Paula Andrade de Melo e Fernando Meneguin asseveram sobre a *soft regulation*: "podem ser elaboradas com a participação direta dos interessados e ter abrangência nacional ou transnacional. E que antecedem, complementam, suplementam ou substituem a regulação tradicional, a depender da necessidade e do contexto, como mais

internacional destaca que a *soft regulation* pode se materializar, por exemplo, em diretrizes não sancionatórias, recomendações ou códigos normativos de conduta, sem efeitos jurídicos imediatos, uniformemente, vinculantes, diretos, precisos e com monitoramento claramente delineado.[10]

Assim, é de se concluir que a *soft regulation* se aproxima, de um lado, da proposta de desenho regulatório decorrente da Teoria da Regulação Responsiva, de acordo com a qual a efetividade da regulação está relacionada com a criação de regras que incentivam o cumprimento voluntário pelo regulado, assim como de um ambiente regulatório de constante diálogo entre regulador-regulado.[11] De outro lado, a *soft regulation* se relaciona ao conceito de *Smart regulation*, uma vez que recomenda formas flexíveis e inovadoras de regulamentação, afastando-se da clássica abordagem regulatória de comando-controle.[12]

Nesse quadrante, podem ser apontadas como vantagens da *soft regulation*:[13] (i) a adaptabilidade e flexibilidade às situações; (ii) a rapidez e menor custo para elaboração e implementação da regulação; (iii) mais assertividade e eficiência diante do problema regulatório que se pretende resolver; (iv) capacidade de influenciar e orientar pedagogicamente os regulados aos comportamentos desejados; (v) capacidade de aproveitar o conhecimento e a experiência dos regulados para lidar com questões específicas do setor; e (vi) menor custo e maior celeridade para resolução de conflitos.[14]

---

uma alternativa para minimizar um problema regulatório" (MENEGUIN, Fernando B.; MELO, Ana Paula Andrade de. *Soft regulation*: formas de intervenção estatal para além da regulação tradicional. Brasília: Núcleo de Estudos e Pesquisas, 2022. p. 11-12).

[10] Nesse sentido, ver: KASA, Sjur; WESTSKOG, Hege; ROSE, Lawrence E. Municipalities as Frontrunners in Mitigation of Climate Change: Does Soft Regulation Make a Difference? *Environmental Policy and Governance*, [s. l.], v. 28, p. 98-113, 2018.

[11] AYRES, Ian; BRAITHWAITE, John. *Responsive regulation*: transcending the deregulation debate. New York: Oxford University Press, 1992.

[12] "Emerging form of regulatory pluralism that embraces flexible, imaginative, and innovative forms of social control which seek to harness not just governments but also business and third parties" (GUNNINGHAM, Neil. Enforcement and compliance strategies. *In*: LODGE, Martin; CAVE, Martin; BALDWIN, Robert (ed.). *The Oxford Handbook of Regulation*. Oxford: Oxford University Press, 2010. p. 752 e seguintes).

[13] MENEGUIN, Fernando B.; MELO, Ana Paula Andrade de. *Soft regulation*: formas de intervenção estatal para além da regulação tradicional. Brasília: Núcleo de Estudos e Pesquisas, 2022. p. 16 e 19.

[14] Nesse sentido: "Soft regulatory practices are said to have several advantages. They are noted for their adaptability to local circumstances, their ability to influence the motivations of important actors, and their suitability for dealing with complex regulatory issues such as health policy [...], labour standards [...] and environmental policies [...]. They imply a recognition of the limits of more traditional top-down regulatory approaches" (KASA,

Diante deste novo cenário, concordamos com Carlos Emmanuel Joppert Ragazzo,[15] para quem "o processo de sofisticação da regulação de setores no Brasil vem impondo uma mudança no perfil das variáveis reguladas. Em substituição à regulação de preço e de entrada no mercado, os agentes reguladores vêm apresentando regulações de qualidade e de informação justamente com o objetivo de viabilizar competição, endereçando, no entanto, as preocupações com falhas de mercado (em geral, externalidades e assimetria de informação)".

De fato, a nova ambiência na qual a regulação se alicerça é a da cambialidade; é dizer, de uma regulação intrusiva, que era lastreada no exercício do poder extroverso, para uma regulação de incentivos redutora da assimetria de informações entre regulador e regulados. Essa assimetria de informações pode ser explicada pela chamada *Teoria da Agência*. Segundo a referida teoria, que tem origem no estudo das organizações burocráticas e das estruturas hierárquicas, existem, no âmbito de uma relação econômica, ao menos duas partes: o principal, que determina o objetivo a ser perseguido; e o agente, que executa a tarefa transferida ou imposta pelo principal. Contudo, o principal não dispõe de todas as informações relevantes para verificar se a tarefa transferida ao agente está sendo, adequadamente, cumprida. Isso ocorre, basicamente, por duas razões: (i) primeiro, porque o agente, em diversas oportunidades, tende a omitir, deliberadamente, tais informações; e (ii) segundo, porque o "risco da agência" é sobremaneira incrementado, em razão dos altos custos no estabelecimento de incentivos para que o agente cumpra suas obrigações.[16]

Sjur; WESTSKOG, Hege; ROSE, Lawrence E. Municipalities as Frontrunners in Mitigation of Climate Change: Does Soft Regulation Make a Difference? *Environmental Policy and Governance*, [s. l.], v. 28, p. 98-113, 2018. p. 99).

[15] RAGAZZO, Carlos Emmanuel Joppert. A Regulação da Concorrência. *In:* GUERRA, Sérgio (org.). *A Regulação no Brasil*: uma visão multidisciplinar. Rio de Janeiro: Editora FGV, 2013. p. 1-19.

[16] Segundo Gary J. Miller, do Departamento de Política e Ciência da Universidade de Washington, "Principal-agency theory (PAT) is one modeling technique that specifically addresses various manifestations of Weber's asymmetry. Like Weber, PAT assumes a relationship in which the agent has an informational advantage over the principal and takes actions that impact both players' payoffs. The principal has the formal authority, but in PAT, the attention is on a particular form of formal authority: the authority to impose incentives on the agent. Unlike Weber, PAT focuses on the leverage that these incentives give the informationally disadvantaged principal. In particular, the question is whether the principal can induce the more expert agent to take those actions that the principal would take if the principal had the same information as the agent. By manipulating the agent's incentives, the principal seeks to minimize shirking or agency costs—the losses imposed on the principal by an inability to align the agent's self-interest with that of the

Daí a necessidade de se endereçar um sistema de regulação que reduza a assimetria de informações entre as partes. Ronald Coase, em dois textos seminais, o primeiro, publicado em 1937, denominado *The Nature of The Firm*, e o segundo, em 1960, cujo título é *The Problem of Social Cost*, desenvolveu a Teoria dos Custos de Transação. Em breves palavras, a teoria formulada pelo autor consagra o entendimento de acordo com o qual "quando os direitos de propriedade são bem definidos e o custo de transação é igual a zero, a solução final do processo de negociação entre as partes será eficiente, independentemente da parte a que se atribuam os direitos de propriedade". O núcleo desse teorema está no conceito de "custos de transação". Tal conceito está atrelado à adequada (e realista) concepção de acordo com a qual o livre mercado é dotado de imperfeições, que justificam a intervenção do direito. Dito em outros termos, considera-se que conceitos como o de concorrência perfeita e de simetria de informações entre os agentes econômicos não têm lugar no mundo dos fatos (como defendido pela Teoria Neoclássica).

Tal conceito, sob a perspectiva da assimetria informacional, veio a ser desenvolvido por George Akerlof, em 1970, no artigo "The Market for Lemons: quality uncertainty and the Market Mechanism".[17] Segundo Akerlof, no mercado de venda de carro usados (os *lemons*), o vendedor tem mais informações a propósito dos carros usados, o que importa na presunção, para os compradores, de que todos os carros usados são de baixa qualidade. Segue daí que tal assimetria de informações resulta em duas consequências: (i) na queda dos preços dos carros usados; e

---

principal. This is the motivational question for the mathematical analysis of what PAT calls 'the principal's problem'" (MILLER, Gary J. The Political Evolution of Principal-Agent Models. *Annual Review of Political Science*, [s. l.], v. 8, p. 203-225, 2005).

[17] É que, de acordo com Robert Baldwin, Martin Cave e Martin Lodge, "o mercado pode, no entanto, não produzir informação adequada e pode falhar para um certo número de razões: a informação pode custar dinheiro para produzir (por exemplo, porque a investigação os efeitos de um produto, tal como um medicamento, podem revelar-se caros). Os produtores de informação, no entanto, não podem ser compensados por outros que utilizam essa informação (por exemplo, outros fabricantes do medicamento). O incentivo para produzir informação pode, por conseguinte, ser baixo. Pode também haver incentivos para falsificar informação – onde, por exemplo, os consumidores do produto estão mal posicionados para contestar a falsificação e procurar reparações por danos sofreram ou onde enfrentam custos elevados para o fazer. Áreas em que os consumidores compram um tipo de produto muito pouco frequentemente pode dar origem a este problema. A informação produzida pode, além disso, não ser de ajuda suficiente ao consumidor, por exemplo, porque o consumidor carece de conhecimentos necessários para tornar os dados técnicos úteis" (BALDWIN, Robert; CAVE, Martin; LODGE, Martin. *Understanding Regulation*: Theory, Strategy, and Practice. New York: Oxford University Press, 2013. p. 18).

(ii) no fato de os carros usados de boa qualidade serem excluídos do mercado (seleção adversa).

Em resumo, a assimetria de informações tem lugar, primeiramente, na medida em que as partes costumam ter maiores informações a propósito dos próprios negócios (no que toca ao volume de demanda, custos fixos e variáveis, informações que podem colaborar para a elaboração de um fluxo de caixa para firma). Razão pela qual o regulador não consegue prever, com segurança, como a contraparte se portará, durante a celebração e a execução dos negócios jurídicos. É dizer, ainda que a contraparte revele determinadas informações (no âmbito do procedimento de barganha, por exemplo), isso não importa que todas essas informações serão absorvidas e compreendidas.[18] Ademais disso, essa assimetria de informações poderá importar na prática de condutas oportunistas pelo detentor das informações, valendo-se delas para extrair renda de tal vantagem (*informational rent*).

De outro lado e em consonância com a necessidade do incremento da necessidade de regulação da informação (e da redução da assimetria de informações entre os agentes), o direito público brasileiro, notadamente a partir de 2018, passou a ser permeado por um viés pragmático e consequencialismo, por intermédio da edição da Lei nº 13.655 (Nova LINDB – Lei de Introdução às Normas do Direito Brasileiro). Cuidou-se de normativo que foi resultado de pesquisas acadêmicas, imparciais e empíricas, capitaneadas por Carlos Ari Sundfeld, Floriano de Azevedo Marques Neto e Juliana Palma. Como anota José Vicente Santos de Mendonça,[19] o pragmatismo é uma filosofia das consequências, da experiência e da ação, mas é também, e, principalmente, uma filosofia da transformação. Nada mais distante do pragmatismo filosófico do que uma postura de tibieza diante da realidade e do conformismo, "render-se aos fatos". Assim é que os arts. 20 a 30 da nova LINDB impõem um novo racional às decisões administrativas, que devem ser permeadas pelas suas consequências práticas e pela segurança jurídica – temas que se relacionam diretamente com a presente obra. Nesse quadrante, releva-se uma nova faceta da regulação das infraestruturas, que tem por desiderato reduzir a

---

[18] AURONEN, L. Asymmetric Information: Theory and Applications. *Seminar in Strategy and International Business*, [s. l.], n. 116, p. 45-56, 2003.

[19] MENDONÇA, José Vicente Santos de. *Direito constitucional econômico*: a intervenção do estado na economia à luz da razão pública e do pragmatismo. Belo Horizonte: Fórum, 2014. p. 42.

assimetria de informações entre os reguladores e os agentes privados, antes, durante e depois da vigência de projetos de infraestruturas. Cuida-se de uma nova vertente de reconstrução da função reguladora que se impõe para dar conta das denominadas "concessões em crise" e dos influxos das novas tecnologias sobre os contratos de concessão.

De fato, nos idos dos anos de 2014, foram licitados pelo Governo Federal ativos que vieram a se tornar inexequíveis, como, por exemplo, as modelagens previstas nos contratos de concessão de rodovia celebrados na 3ª Fase do Programa de Rodovias Federais (Procrofe) e nas 2ª e 3ª Fases das Concessões de Infraestrutura Aeroportuária. Tal inexequibilidade restou reconhecida, inclusive, pela instituição de um regime normativo para disciplinar a relicitação de tais ativos, por intermédio da edição da Lei nº 13.448/2017.

Produziu-se um regime jurídico para dar conta das denominadas "concessões em crise" (*v.g.* da Concessão da Rodovia BR-040, da Concessão da Rota do Oeste, da Concessão da Infraestrutura Aeroportuária do Galeão). Exemplo saliente desse cenário se materializou pelo Decreto sem número, de 15 de agosto de 2017, por intermédio do qual se declarou a caducidade da concessão de titularidade da Concessionária de Rodovias Galvão BR-153 SPE S.A. - BR - 153/GO/TO. No âmbito da Lei nº 13.448/2017, se previu, expressamente, os institutos da "prorrogação antecipada" e da "relicitação", por intermédio dos quais se pretende, a partir da criação de um sistema de incentivos para todas as partes (evitando-se a prática de condutas oportunistas), fomentar a realização de novos investimentos, em contratos de concessão, ou estabelecer um regime de extinção amigável, que reduza os custos de transação relacionados à devolução de ativos.

Configurando-se como forma amigável de extinção contratual, a relicitação deve ocorrer de comum acordo entre as partes, cabendo ao poder concedente avaliar a pertinência de sua instauração, tendo em vista os aspectos operacionais, econômico-financeiros e a continuidade do serviço público. No bojo da Exposição de Motivos da Medida Provisória nº 752/2016, posteriormente convertida na Lei nº 13.448/2017, já se veiculava a ideia de que a relicitação era alternativa de "devolução coordenada e negociada" da concessão, que buscava evitar o processo de caducidade, muitas vezes demorado e com longa disputa judicial, o que, ao cabo, prejudicava os próprios usuários do serviço público.

Acontece que as evidências sugerem que tal procedimento negociado de devolução de ativos não logrou êxito – considerando que, até a elaboração desta obra, apenas uma relicitação da concessão de infraestrutura aeroportuária restou ultimada, ao passo que apenas trechos de concessões rodoviárias foram levadas a novos leilões.

Disso decorreram inarredáveis investidas de renegociação de contratos de concessão "em crise". Cite-se, por exemplo, que a Agência Nacional de Transportes Terrestres, no âmbito do contrato de concessão da BR-163/MT (Rota do Oeste), considerou possível a celebração de acordos, tanto no curso do processo de caducidade, quando no decorrer do processo de relicitação. Cuidou-se de solução viável, tendo em vista os alicerces que sustentam o acordo entre as partes, notadamente a consensualidade e a extinção amigável. De outro lado, mais recentemente, ganhou destaque o expediente exógeno de renegociação de contratos de concessão, capitaneado pela SecexConsenso,[20] do Tribunal de Contas da União. Tal modalidade de consenso exógeno representou um importante avanço no tema da "renegociação de contratos de concessão. Claro que os achados ainda são reduzidos, o que nos impede de empreender uma pesquisa quantitativa robusta, mas temos para nós que isso não interdita nem suprime a utilidade da realização de uma investigação qualitativa.

Para além disso, no atual quadrante, não se pode desconsiderar que os contratos de concessão passam a se submeter direta ou indiretamente a eclosão de novas e disruptivas tecnologias, tais como o advento da inteligência artificial, das redes inteligentes de distribuição, da Internet das Coisas (IoT, de *Internet of Things*), dos meios eletrônicos de pagamento de tarifas, pelo *big data*, pela conectividade 5G, entre outros. Motivo pelo qual, ao examinar a sustentabilidade econômico-financeira de cada projeto, o regulador não pode se furtar sua vertente de análise, desconsiderando os impactos experimentados pelas novas tecnologias, que passam a ser parte da realidade operacional das concessionárias.

Todo esse novo cenário traz, para regulação, aspectos mais consensuais e responsivos, que passam a influenciar, diretamente, as arquiteturas sancionatórias dos subsistemas regulados. É que, com o advento da função reguladora (no bojo de um movimento de ascensão da consensualidade), a sanção administrativa, reforçando a sua natureza instrumental.[21] Assim é que a sanção passa a ter como

---

[20] A escolha da SecexConsenso é justificada pelo fato de ser um foro de consensualismo recente, com uma amostra de decisões que, embora não seja suficiente para retratar tendências, pode revelar características dos consensos negociados até o momento.

[21] Instrumentalidade essa que se atrela ao realismo, aqui abordado, como bem destacado por Alexandre Santos de Aragão, para quem: "A necessidade de as normas reguladoras

objetivo conformar a conduta do administrado a determinada pauta regulatória – uma das facetas de uma regulação responsiva, por assim dizer. Punir é apenas uma das formas de disciplinar. Porém, uma forma vetusta, custosa e pouco eficiente – como já demostrado em diversos estudos empíricos.[22]

Nesse quadrante, a o presente livro pretende investigar se (e) como as referidas alterações (lastreada em um sistema de incentivos e no consequencialismo caudatário da LINDB), que foram permeadas por uma racionalidade que colhe elementos dos sistemas de incentivos, da incompletude, da experimentação e da responsividade, empreenderem uma alteração no regime jurídico-econômico da regulação das infraestruturas.

Para tanto, no Capítulo 1, investigaremos o regime jurídico-econômico da regulação, oportunidade na qual apresentaremos as falhas de mercado, que justificam a intervenção reguladora em setores de infraestrutura, bem como a variáveis regulatórias que lhe são correspondentes (preço, entrada, informação, qualidade, quantidade e banimento). Em prosseguimento, investigaremos as peculiaridades da regulação tarifária, destacando como as peculiaridades das suas principais metodologias (custo do serviço, *price cap, yardistick competition*) são servientes a reduzir a assimetria de informação entre o regulador e os concessionários e a produzir incentivos econômicos apropriados. Ainda na oportunidade, o capítulo perpassará pelas especificidades da estruturação dos projetos – apresentando os modelos correntes de realização dos estudos de viabilidade, até a metodologia propugnada pelo Modelo de 5 dimensões, um protocolo de estruturação mais robusto do que os historicamente utilizados no país. Ao final, investigaremos o tema da assimetria regulatória, que ainda vem

---

dos serviços públicos expedidas pela Administração Pública atenderem na prática aos interesses do serviço, tal como previsto na Constituição e na lei que o instituiu, faz com esta relação de adequação deva estar sempre sendo verificada e aperfeiçoada. Uma das importantes consequências da mudança de abordagem da Teoria Geral do Direito, que favoreceu a instrumentalidade das normas jurídicas, foi a de não vincular a eficácia das normas jurídicas apenas à sua ausência de contradição formal com as normas superiores, privilegiando também a sua relação com os fatos, de forma que a sua aplicação não acabe, materialmente, por contrariar os objetivos legais e constitucionais daquele determinado serviço público" (ARAGÃO, Alexandre Santos de. O marco regulatório dos serviços públicos. *Interesse Público*, Belo Horizonte, ano 6, n. 27, 2004.).

[22] TCU – Acórdão nº 1817/2010 – Plenário – Rel. Min. Raimundo Carneiro – Data da sessão: 28.07.2010 e TCU – Acórdão nº 482/2012 – Plenário – Rel. Min. Raimundo Carneiro – Data da sessão: 07.03.2012.

impactando o regime concorrencial entre exploradores de infraestrutura sob o pálio de títulos habilitantes autorizativos e concessórios.

No capítulo 2, buscamos investigar o regime regulatório das concessões "em crise". Para tanto, investigaremos instrumentos jurídicos que retratam a incompletude e a mutabilidade dos contratos de concessão. Em primeiro lugar, perpassaremos pela figura da alteração dos contratos de concessão, para os fins de delimitar suas principais características e seus limites. Ao depois, abordaremos o tema da transferência da concessão e controle acionário dos contratos de concessão. Em prosseguimento, exporemos as principais características dos acordos substitutivos regulatórios, bem como seus principais precedentes. Por derradeiro, pretendemos investigar o regime jurídico da renegociação das "concessões em crise", especialmente à luz dos precedentes produzidos pela SecexConsenso do Tribunal de Contas da União (TCU).

No capítulo 3, investigaremos as principais características do *sandbox* regulatório, com o propósito de delimitar seus aspectos jurídicos à luz do direito brasileiro. Para tanto, percorreremos o seguinte itinerário. Em primeiro lugar, apresentaremos a base teórica do experimentalismo regulatório com o objetivo de apontar o referencial da presente pesquisa. Em um segundo momento, trataremos do regime jurídico do *sandbox* regulatório, abordando, ainda sob o ponto de vista teórico, a natureza jurídica de tal instituto, bem como do título habilitante, por intermédio do qual o ambiente regulatório experimental é instalado. Ao depois, investigaremos o *benchmarking* internacional e nacional sobre o tema, de modo a extrair as suas principais características.

O Capítulo 4 terá por objeto investigar os principais aspectos teóricos da regulação responsiva, com o desiderato de estabelecer a base epistemológica a partir da qual será investigada sua aplicação nos setores de infraestrutura. Em prosseguimento, nos dedicaremos a investigar os casos de aplicação dessa vertente de arquitetura regulatória, por intermédio de uma análise do *benchmark*, internacional e nacional, sobre tema. Tal parte da investigação buscou selecionar os países que instituíram mecanismos inovadores de *enforcement*,[23]

---

[23] Toma-se como um dos parâmetros de análise o *Regulatory Institutions Network*, da Austrália, o qual organiza de forma periódica exemplos da adoção de mecanismos de regulação responsiva em nível internacional. O trabalho capitaneado por Mary Ivec e Valerie Braithwaite tem por objetivo facilitar a discussão, sobretudo entre profissionais do direito e formuladores de políticas públicas, acerca de uma melhor regulação. O propósito seria, então, a criação de uma rede de inovadores e desenvolvedores de regulação

lastreado nos seguintes critérios: (i) uso da estratégia *tit-for-tat*; (ii) institucionalização de pirâmides sancionatórias; e (iii) priorização de soluções regulatórias cooperativas. Em seguida, investigar-se-á o arcabouço normativo que disciplina a Regulação Responsiva no *benchmark* nacional. Nesse ponto, a investigação empreendida se concentrará nas agências reguladoras federais, em razão da maior maturidade de tais subsistemas regulados, o que sugere a produção de uma amostra ampla sobre o potencial de aplicação da regulação responsiva no Brasil. Outro motivo para tal recorte da investigação diz respeito ao fato de que os reguladores federais mantém sistemas processuais abertos ao público, o que possibilita a análise não apenas de atos normativos, mas também dos estudos técnicos-jurídicos que os lastrearam. Para além disso, tal escolha se deve a usual utilização das agências federais, pela agência local, como *benchmark*, ao disciplinar um tema mais novidadeiro.

Temos para nós que o livro que oferecemos ao leitor tem um diferencial: a sua multidisciplinariedade. Ele é escrito por dois advogados e um economista. Não é novidadeiro o embate entre o direito e a economia. Nem entre os economistas e os advogados. De fato, é bastante conhecida a verdadeira ojeriza que John Maynard Keynes tinha por advogados. Cite-se, por exemplo, a famosa reunião de Bretton-Woods, na qual o economista disse que os profissionais do direito eram os únicos capazes de transformar poesia em Jargão. Cuida-se de rusgas que não cessaram nem com o desenvolvimento da literatura do *Law and Economics*, nos idos do primeiro quadrante do século passado. Mas, na de nossa parte, acreditamos que a confluência entre a economia e o direito pode gerar um produto mais completo nos setores de infraestrutura. Esperamos que gostem.

---

responsiva (IVEC, Mary; BRAITHWAITE, Valerie. *Applications of Responsive Regulatory Theory in Australia and Overseas*: Update. Camberra: Regulatory Institutions Network: Australian National University, 2015).

CAPÍTULO 1

VERTENTES ECONÔMICO-JURÍDICAS DA REGULAÇÃO

1.1 Por que regular?

O historiador Robert Heilbroner[24] apontou que o funcionamento da rede de mercados proporciona à ordem social "uma vitalidade nervosa e um esforço constante para inovar que a nada se compara nas sociedades anteriores". A teoria econômica convencional diz que, quando os mercados funcionam livremente, sem qualquer intervenção do Estado, as forças de mercado, por meio da livre iniciativa, produziriam equilíbrio eficiente entre oferta e demanda e a sociedade atingiria a maior eficiência produtiva e a maior eficiência alocativa possível, maximizando o bem-estar econômico. Em outras palavras, quanto mais competitivo é o mercado, maior é o bem-estar dos consumidores (eficiência alocativa) e mais baixo o custo de produção (eficiência produtiva), assim como maior é a eficiência dinâmica. A figura a seguir ilustra esquematicamente as linhas gerais do raciocínio que será apresentado na sequência.

---

[24] HEILBRONER, Robert L.; MILBERG, William. *The making of economic society*. Londres: Pearson Education, 2012. p. 177. Tradução livre.

Figura 1 - Concorrência, eficiência e falhas de mercado.

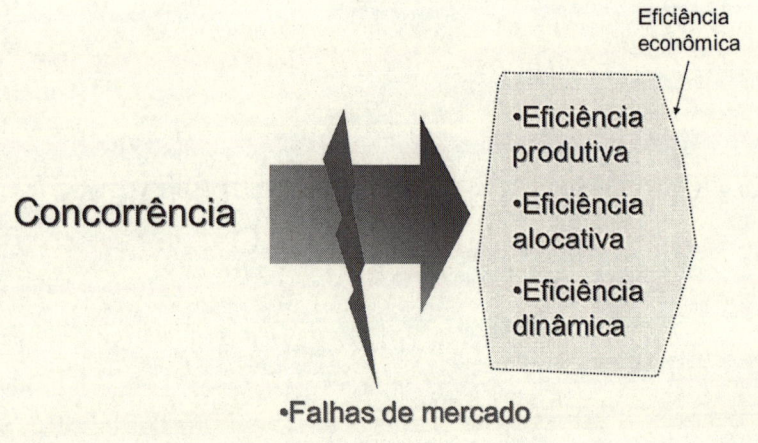

De maneira simplificada, pode-se dizer que a *eficiência produtiva* diz respeito a produzir usando o menor conjunto de insumos. Em outras palavras, uma economia atinge a máxima eficiência produtiva quando não é mais possível produzir mais de um bem, sem produzir menos de algum outro bem. A *eficiência alocativa*, em seu turno, diz respeito à melhor alocação de recursos entre os indivíduos, de tal forma que não é possível realizar transações que melhorem a situação de um indivíduo sem piorar a situação de outro – a situação de melhor eficiência alocativa possível é chamada de Ótimo de Pareto. A *eficiência dinâmica* diz respeito ao progresso técnico e corresponde "à eficiência com a qual uma indústria desenvolve novos e melhores métodos de produção e produtos", contribuindo para padrões de vida melhores.[25]

Foi a partir dos conceitos de eficiência produtiva, alocativa e dinâmica que se forjou o ambiente teórico do modelo de mercados completos desenvolvido, nos anos cinquenta e sessenta, por Kenneth Arrow e Gerard Debreu.[26] De acordo com os autores, existiria um equilíbrio competitivo construído a partir de um conceito de uma

---

[25] VISCUSI, W. Kip; HARRINGTON JUNIOR, Joseph E.; SAPPINGTON, David E. M. *Economics of Regulation and Antitrust*. Cambridge, MA: The MIT Press, 2018.

[26] ARROW, Kenneth; DEBREU, Gerard. Existence of a competitive equilibrium for a competitive economy. *Econometrica*, [s. l.], v. 22, n. 3, p. 265-290, 1954.

economia abstrata que se tornou popular na teoria econômica. No modelo de equilíbrio geral originalmente apresentado por eles, todas as relações contratuais são ótimas e idênticas em termos de análise, a imposição é sempre perfeita e sem custos de transação salientes, e os contratos não apresentam nenhuma incompletude, gerando sempre resultados econômicos Pareto-eficientes.

Se os contratos firmados nesse ambiente são sempre eficientes, inclusive contribuindo para o atingimento da eficiência Pareto, eles não passam de indicadores por escrito do comportamento racional maximizador de cada agente. A contratação entre agentes tem natureza endógena, e não exógena, ou seja, os contratos não têm capacidade de modificar o ambiente econômico, mas apenas surgem em resposta a comportamentos maximizadores de utilidade que resultam em pactos que conduzem à eficiência paretiana da economia, produzindo sempre a máxima eficiência alocativa possível. Nesse sentido, o paradigma do Mundo Arrow-Debreu pressupõe a existência de mercados para o seguro de qualquer tipo de risco.[27] Em um contexto de equilíbrio geral com esta característica, todos os indivíduos podem obter proteção total contra incertezas futuras. Todos os valores são expressos em valores presentes, de forma que as decisões dos agentes econômicos levam plenamente em consideração os fluxos intertemporais – um ambiente marcado pela ergodicidade.[28]

A organização automática e eficiente da "orquestra" dos mercados tem como "batuta" o sistema de preços, que exerce três funções: (i) informar aos agentes econômicos; (ii) direcionar recursos; e (iii) distribuir o produto. O sistema de preços informa aos agentes sobre a importância relativa dos bens ou serviços produzidos ou consumidos na sociedade. Desconsiderando o eventual poder de mercado de alguns agentes, as variações no preço de um bem informam aos produtores e consumidores sobre a sua maior abundância ou escassez corrente e futura. O redirecionamento dos recursos produtivos de atividades menos lucrativas para atividades mais lucrativas é outra importante função do sistema de preços e se baseia na informação nele contida: um aumento de preços sinaliza um ganho maior para os produtores

---

[27] TUROLLA, Frederico A. *Política cambial com dívida indexada em moeda estrangeira no Brasil, 1995-2004*. 2005. Tese (Doutorado em Economia) – Fundação Getúlio Vargas, 2005.
[28] NÓBREGA, Marcos; FREITAS, Rafael Véras; TUROLLA, Frederico. Contratação incompleta de projetos de infraestrutura. *PSP Hub Estudos em Infraestrutura e Urbanismo*, [s. l.], 9 jul. 2023.

de um bem, atraindo recursos até então utilizados na produção de outros bens. O aumento de preços também será interpretado como uma valorização do bem aos olhos da sociedade, gerando a resposta automática em uma maior produção. Por último, o sistema de preços se encarrega de distribuir a renda de forma automática entre os fatores de produção a preços de mercado.

Tais resultados dependem, entretanto, do pleno funcionamento do sistema de preços, em um ambiente de mercados perfeitos e completos. É cediço, entretanto, que o estudo dos mercados perfeitos e completos não passa de um paradigma contra o qual podem ser analisadas as situações imperfeitas – assim como o mundo teórico do paradigma Arrow-Debreu. Na prática, os economistas dedicam mais tempo ao estudo das situações em que os mercados não funcionam perfeitamente, ou seja, às chamadas falhas de mercado e às fricções representadas pelos custos transacionais, em face dos quais a intervenção reguladora estatal é, tradicionalmente, justificada.

Explica-se. A intervenção reguladora do Estado do domínio econômico não é neutra. De fato, ela produz externalidades positivas e negativas em diversos segmentos da sociedade. Não é por outra razão que, ao longo tempo, se desenvolveram diversos parâmetros justificadores de sua atuação na economia, especialmente, considerando-se que, em sistemas econômicos capitalistas (como o brasileiro), o mercado é o lócus legado ao setor privado. Por este motivo, num momento preambular, a base teórica sob a qual se alicerçou a regulação econômica era no sentido da sua desnecessidade, em decorrência da primazia das liberdades individuais. Dito em outros termos, de acordo com tal vertente, a liberdade econômica seria a regra, enquanto a intervenção estatal, a exceção.

De acordo com a vertente clássica, cunhada pela tradição inaugurada por Adam Smith[29] (e posteriormente aprimorada por todo o cabedal da economia neoclássica), o sistema econômico deveria se basear em duas premissas: (i) a da racionalidade ilimitada dos agentes econômicos, e (ii) a da infalibilidade do mercado. A racionalidade ilimitada aponta no sentido de que os agentes econômicos sempre atuariam no mercado, de forma racional, em busca da maximização de seus próprios interesses. De acordo com tal vertente, existiria um *homo economicus*, que sempre buscaria atingir seus objetivos mediante uma

---

[29] SMITH, Adam. *A riqueza das nações*: investigação sobre sua natureza e suas causas. Tradução de Luiz João Baraúna. São Paulo: Abril Cultural, 1983. p. 379.

lógica de incentivos (fundante da *Rational Choice Theory*).[30] De outro lado, a infalibilidade do mercado pressupunha que o mercado seria um instituto perfeito, dentro do qual ocorreria a produção e a circulação de riquezas. Diante da autossuficiência das leis do mercado, a sua regulação deveria ser calibrada em consonância com a lógica da lei da oferta e da demanda. Nesse sentido, a Teoria da Regulação Econômica, cunhada no direito estadunidense, George Joseph Stigler[31] e Richard Posner[32] à frente, lastreou-se no entendimento segundo o qual a regulação estatal seria desnecessária, seja porque tal intervenção incrementaria os custos de transação, seja porque ela já nasceria capturada, para atender os interesses privados ou de burocratas.

Nada obstante, o paradigma da "infalibilidade do mercado" começou a ser desconstruído, a partir da crise econômica de 1929, por ocasião da quebra da Bolsa de Nova Iorque – a qual decorreu da interrupção de uma política de exportação para os países europeus então devastados pela Primeira Guerra Mundial. E, mais recentemente, em diversas ocasiões como, por exemplo, em 2008, pela crise dos

---

[30] O homem econômico, como formulado pelos economistas neoclássicos, é uma construção ideal, um conceito que descreve um agente "perfeitamente racional e onisciente que, ao tomar uma decisão, conhece todas as alternativas de forma que pode escolher com precisão e assim maximizar os resultados de sua decisão. Ele conhece todos os meios que, em cada situação de fato, o levam a atingir seus objetivos" (FONSECA, Eduardo G. Comportamento individual: alternativas ao homem econômico. *Revista Novos Estudos Cebrap*, [s. l.], v. 25, p. 151-176, 1989. p. 160). "O homem econômico é um agente dotado de preferências completas e bem ordenadas, amplo acesso à informação e poderes de processamento de informações irrestritos. Estas condições permitem ao agente realizar todos os cálculos necessários para escolher a ação que satisfaz suas preferências melhor do que qualquer alternativa. O agente é racional, no sentido de que ele maximiza de modo consciente uma função objetiva" (SIMON, Herbert. *El comportamiento administrativo*: estudio de los procesos decisorios en la organización administrativa. Buenos Aires: Aguilar, 1988. p. 84).

[31] STIGLER, George J. The theory of economic regulation. *In*: STIGLER, George J. (org.). *The citizen and the State*: essays on regulation. Chicago: The University of Chicago Press, 1971. p. 114. Nesse sentido, Marçal Justen Filho assevera que: "A doutrina cunhou a expressão 'captura' para indicar a situação em que a agência se transforma em via de proteção e benefício para setores empresariais regulados. A captura configura quando a agência perde a condição de autoridade comprometida com a realização do interesse coletivo e passa a produzir atos destinados a legitimar a realização dos interesses egoísticos de um, alguns ou todos os segmentos empresariais regulados. A captura da agência se configura, então, como mais uma faceta do fenômeno de distorção de finalidades dos setores burocráticos estatais" (JUSTEN FILHO, Marçal. *O direito das agências reguladoras independentes*. São Paulo: Dialética, 2002. p. 97).

[32] POSNER, Richard. Teorias da regulação econômica. *In*: MATTOS, Paulo (coord.). *Regulação econômica e democracia*: o debate norte-americano. Tradução de Mariana Mota Prado. São Paulo: Editora 34, 2004. p. 49. Em sentido complementar, v. PELTZMAN, Sam. *Theory of Regulation After a Decade of Deregulation*: Political Participation and Government Regulation. Chicago: University of Chicago Press, 1998. p. 286-323.

subprimes, nos Estados Unidos, resultante da concessão de empréstimos hipotecários de alto risco por bancos (importando na queda do índice *Dow Jones*), dando impulso à Teoria Econômica das Falhas de Mercado, assim como à consideração da macroeconomia como um ambiente não ergódico e imperfeito.

Supera-se, pois, a crença segundo qual terá lugar um ajuste automático dos mercados. John Keynes, por exemplo, não negava que os mercados se ajustam por si só, mas acreditava que esse ajuste se dá no longo prazo. E, no longo prazo, estaremos todos mortos, dizia. Para evitar recessões, ou superaquecimentos inflacionários, o Estado tem um papel importante de política fiscal. Ele deve utilizar seus próprios gastos (os gastos públicos) para aquecer a economia quando há recessão, ou reduzir seus gastos quando há um superaquecimento que pressiona os preços levando à inflação.[33] Além da política fiscal, os governos praticam a política monetária, outro instrumento de controle da demanda agregada da economia. As políticas monetária e fiscal constituem o kit básico que os governos dispõem para estabilizar as flutuações cíclicas da atividade econômica no curto prazo. Há, ainda, outras políticas na caixa de ferramentas da gestão macroeconômico, como a gestão cambial, industrial ou de rendas.[34]

Os economistas chamam de falhas de mercado a situação em que o livre funcionamento dos mercados não propicia a maior eficiência alocativa ou produtiva possível. Tais falhas de mercado são a mais proeminente justificativa, sob o ponto de vista econômico, para que o Estado tenha funções relevantes. Onde o Mercado falha em criar a máxima eficiência produtiva e alocativa, o Estado deve usar seu poder para fazê-lo. Ou seja, o Estado tem o importante papel de corrigir falhas

---

[33] Uma observação prática é que não se pode perder de vista que a receita keynesiana vem sendo desafiada pela Economia Política, com um histórico crescimento desmesurado de gastos públicos em boa parte até mesmo das democracias maduras, sob falsas justificativas "keynesianas", levando a equilíbrios fiscais instáveis e crises mais frequentes, o que retira credibilidade ao keynesianismo nas suas distintas vertentes que vêm proliferando na Ciência Econômica e que efetivamente combatem entre si. Não se pode ignorar ainda que algumas proposições de políticas que aparentam ter virtudes sociais apenas fazem, no fim do dia, transferência de renda a grupos econômicos mais organizados da sociedade, frequentemente atuando em detrimento dos grupos sociais mais vulneráveis. É preciso, portanto, manter um ceticismo em relação a políticas heterodoxas, submetendo-as à devida e rigorosa análise de custo e benefício.

[34] Políticas alternativas essas frequentemente associadas a heterodoxias derivadas de comportamentos oportunistas de agentes políticos que muitas vezes visam à transferência de renda a grupos específicos da sociedade ou ao simples impulsionamento da economia no horizonte de um ciclo político tradicional – configurando políticas de governo e não de Estado.

de mercado, que constituem a justificativa precípua para a regulação dos mercados. Temos aqui, portanto, a resposta à pergunta que figura no título desta seção: por que regular? A resposta mais pronta e direta, com base na teoria econômica, ou seja, observando a questão sob o prisma da eficiência, tende a ser: para mitigar os efeitos das falhas de mercado. Em outras palavras, quando o sistema de mercado falha em maximizar o bem-estar dos indivíduos, há necessidade de ação do Estado por meio da regulação dos mercados. Há pelo menos as seguintes falhas de mercado, as quais, sob o ponto de vista econômico, justificam a regulação: a instabilidade macroeconômica; o poder de mercado, no qual um caso extremo é a presença de monopólios naturais; a presença de bens públicos, externalidades, ou de falhas de coordenação quando os direitos de propriedade não são plenamente definidos; e a existência de assimetrias de informação.

O debate se aprofunda a partir desse ponto. O artigo clássico de Harold Demsetz,[35] de 1968, tem justamente o título desta subseção: *why regulate utilities?* (por que regular serviços de utilidade pública?). Esse artigo inaugurou um intenso debate na área regulatória, com importantes consequências sobre as estratégias regulatórias em várias partes do mundo. Oliver Williamson, em seu famoso livro, *As instituições econômicas do capitalismo*[36] lembra que Harold Demsetz apresentou, nesse mesmo artigo clássico, o argumento amplamente conhecido do leilão de franquia para monopólio natural, segundo ele para livrar o processo de "complicações irrelevantes" – tais como a durabilidade do equipamento e a incerteza. O leilão de franquia, forma de competição *ex ante*, ou competição sub-rogada, em presença de falhas de mercado de monopólio, passou a ser uma prática internacional que, para muitos economistas, substitui a regulação em sua forma tradicional, enquanto para outros a complementa. Na prática, esse tipo de leilão vem sendo usado em muitos países, inclusive no Brasil, em coexistência com mecanismos de regulação tradicional como a atuação de entidades reguladoras independentes. Sem embrenhar-nos por ora nesse intenso debate, pode-se dizer que ele permeia muitas políticas regulatórias de vários tipos no mundo atual.

---

[35] DEMSETZ, H. Why regulate utilities? *Journal of Law and Economics*, Chicago, v. 11, n. 1, p. 55-65, 1968.
[36] WILLIAMSON, Oliver E. *As instituições econômicas do capitalismo*: firmas, mercados, relações contratuais. Tradução de Frederico Araujo Turolla, André Ricardo Noborikawa Paiva e Luiz Gabriel Negreiro Passos. São Paulo: Pezco, 2012.

É claro que há razões alternativas para a regular mercados. Uma delas pode ser a busca da equidade.[37] Porém, conforme o artigo tradicional de Arthur Okun,[38] há um grande dilema entre eficiência e equidade. Gregory Mankiw[39] uma vez escreveu em um post curto em seu blog que a China, a Rússia, a Índia e muito do resto da Ásia e da Europa Oriental, que tendiam a focar na ideia de que seus indivíduos fossem tratados da mesma forma, mudaram seu tom. E defendeu que "eles não se apaixonaram pela desigualdade, mas vieram a compreender que, no mundo real, os incentivos movem a produtividade, que cria riqueza que é distribuída desigualmente. A alternativa é a igualdade na pobreza, ou pelo menos em um baixo padrão de vida". Mankiw concluiu esse post com a frase "Bem-vindo à Introdução à Economia".[40]

A equidade é um conceito controverso. De forma pura, poderia ser entendida como uma alocação igualitária em que todos os participantes da sociedade seriam igualmente aquinhoados com uma fração homogênea dos bens disponíveis. Uma das visões mais difundidas sobre a equidade atualmente se deve a John Rawls.[41] A visão rawlsiana se opõe frontalmente a uma alocação homogênea dos bens entre os indivíduos, pois esta reduziria os incentivos ao trabalho daqueles mais produtivos. Rawls propôs que uma alocação equitativa é aquela que maximiza a situação dos indivíduos em pior colocação na sociedade.

Para outros autores, a equidade diz respeito a dar a cada um segundo a sua contribuição individual que é diretamente relacionada à produtividade do seu esforço. Trata-se de visão que se parece muito com a ideia de eficiência alocativa; portanto, para alguns, o funcionamento dos mercados oferece a máxima equidade possível. Assim, a consideração da equidade depende da forma como cada autor aborda o conceito. É interessante a observação de que, sob o ponto de vista econômico, os objetivos de eficiência e de equidade dificilmente podem conviver como objetivo único de uma política regulatória. Ainda que, na prática, se balanceiem as duas coisas, a boa teoria contemporânea

---

[37] Aqui, partes do texto são de: TUROLLA, Frederico. Da Ordem Econômica e Financeira. In: SILVA, José Afonso da. *20 anos da Constituição Cidadã*. Rio de Janeiro: Fundação Konrad Adenauer, 2008.

[38] OKUN, Arthur M. *Equality and Efficiency*: The Big Tradeoff. Washington, DC: The Brookings Institution, 1975.

[39] MANKIW, Gregory. Okun's Big Tradeoff. *Greg Mankiw's Blog*: Random Observations for Students of Economics, [s. l.], 24 abr. 2006.

[40] A frase em inglês foi: "Welcome to economics 101", em que o número 101 se refere tipicamente a uma disciplina introdutória.

[41] RAWLS, John. *A theory of justice*. Cambridge, MA: Harvard University Press, 1971.

indica que há um dilema entre elas – de forma que obter mais de uma tipicamente implica renunciar à outra em alguma medida. Populismos e voluntarismos à parte, é possível que esta seja uma das verdades inconvenientes do mundo da Regulação, de difícil compreensão aos que não contam com o devido embasamento teórico nessa complexa disciplina.

Um interessante desdobramento desse debate pode ser encontrado no próprio Direito Constitucional pátrio. De acordo com a Constituição Federal de 1988, a livre iniciativa é um dos fundamentos da República Federativa do Brasil, princípio prescrito no art. 1º do texto constitucional, o qual é revisitado no *caput* do art. 170. Adicionalmente, o inciso IV do art. 170 ainda define o princípio da livre concorrência entre os princípios gerais que devem ser observados na ordem econômica. A importância da livre iniciativa no texto constitucional pode ser relacionada ao princípio econômico de que o livre funcionamento dos mercados propicia a máxima eficiência. Entretanto, a livre iniciativa não produz este efeito em presença de falhas de mercado, assim como não responde ao desafio da equidade, dependendo da forma como se adote este último conceito. Cumpre, portanto, avaliar em que medida o texto constitucional se volta aos objetivos da eficiência quando há falhas de mercado, apontando ou permitindo soluções para estas falhas, e como responde aos requerimentos de equidade.

O princípio fundamental da dignidade da pessoa humana, por sua vez, elencado entre os princípios fundamentais logo no art. 1º, assim como o fim de assegurar a todos uma existência digna, estabelecido no art. 170, parecem refletir uma preocupação direta com a equidade. Uma das possibilidades de leitura deste princípio vai na linha do conceito rawlsiano de equidade. Se é o caso, importa assegurar que a garantia da dignidade aos indivíduos em pior situação tenha mínimos efeitos de comprometimento dos incentivos ao trabalho por parte dos indivíduos mais produtivos. A ótica da eficiência, portanto, não deveria ser posta de lado sequer na consideração da equidade preconizada por este princípio, ainda que se possa argumentar que os indivíduos mais produtivos, no Brasil, serão penalizados por explorarem suas plenas potencialidades, ao sustentar outros indivíduos, reduzindo o seu incentivo *ex ante* à produtividade.

Outro aspecto fundamental da operação de uma economia de mercado diz respeito ao tratamento de setores econômicos sujeitos a falhas de mercado. A presença de externalidades e dos bens públicos estão associadas, em grande parte, às questões do meio ambiente, que também estão tratadas, particularmente, no Título VIII, *Da Ordem Social*. As assimetrias informacionais, que envolvem tratamento analítico mais complexo, estão presentes, por exemplo, nas questões do sistema financeiro. Em particular, os serviços públicos de infraestrutura constituem um foco de preocupação, pois a falha de mercado específica tende a impedir o florescimento de mercados com elevado impacto tanto sobre o crescimento econômico quanto sobre os mais pobres. O subdesenvolvimento dos serviços públicos tende a ter efeitos negativos tanto sobre a eficiência quanto sobre a equidade em qualquer país. Daí a necessidade de investigar cada qual, o que será levado a efeito a partir do próximo item.

1.2 Falhas de mercado: o poder de mercado

Em aulas básicas de Microeconomia, os economistas costumam apresentar uma classificação das estruturas em que se conformam os mercados. A figura esquemática a seguir, elaborada por Frederico Turolla, ilustra a taxonomia típica das quatro estruturas básicas de organização dos mercados. Um mercado com muitos produtores e vendedores é chamado de concorrencial perfeito (tipo 1). Um mercado com um único produtor é chamado de monopolista (tipo 2). Quando há um número razoável de produtores com produtos diferenciados, diz-se que há concorrência monopolística (tipo 3). E, quando pouco produtores concentram o mercado, falamos de um oligopólio (tipo 4).

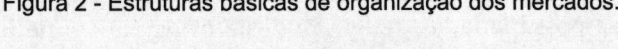
Figura 2 - Estruturas básicas de organização dos mercados.

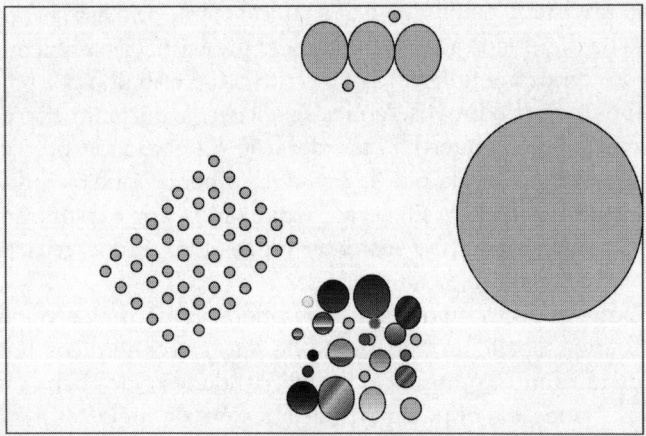

O mercado de competição pura, ou concorrência perfeita (tipo 1), garante o maior bem-estar aos consumidores, pois nesse tipo de mercado as empresas obtêm lucro econômico zero e produzem sempre no menor custo possível, cobrando preços que igualam o seu custo marginal. Trata-se de uma formação rara, ou talvez inexistente, no mundo real: mesmo em mercados de bens altamente homogêneos e com um bom número de players que oferecem produtos razoavelmente similares entre si (como, por exemplo, os mercados interbancários de transação de dinheiro de curtíssimo prazo em economias desenvolvidas que contam com inúmeros bancos ofertando e demandando tais recursos financeiros; ou mercados altamente líquidos de *commodities* negociadas internacionalmente) admitem, muitas vezes, alguns desvios do paradigma da competição perfeita.

Como já foi proposto, qualquer desvio em relação ao mercado competitivo, ou seja, nas demais estruturas de mercado (2 a 4), implica na existência de poder de mercado. Em algum grau, pode-se dizer que, nas estruturas de mercado 2 a 4, existe poder de monopólio. O poder de Monopólio ou de Monopsônio (*monopsônio é um monopólio pelo lado da demanda, ou seja, há um único comprador de um produto*) causam ineficiências econômicas. Isso é, é possível demonstrar que mercados monopolizados produzem menos mercadorias do que o socialmente desejável, a um preço mais elevado.

Para fazer frente ao cenário de desvios mais básicos em relação ao paradigma competitivo, o Estado pode se valer da legislação de *defesa da concorrência ou política antitruste*. Em outras palavras, os mercados imperfeitos requerem defesa da concorrência, conforme a figura abaixo apresenta de forma esquemática. Outras formas de poder de mercado requerem outras formas de regulação, usualmente referidos, de forma livre, pela própria palavra Regulação.

Figura 3 - Mecanismos para evitar falhas de mercado.

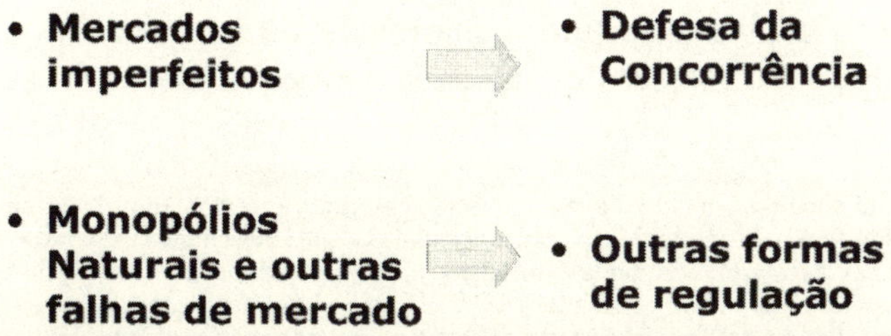

- **Mercados imperfeitos** • **Defesa da Concorrência**

- **Monopólios Naturais e outras falhas de mercado** • **Outras formas de regulação**

A política de defesa da concorrência consiste em: i) controle de estruturas (Atos de Concentração), visando a controlar fusões e aquisições potencialmente danosas à concorrência; e ii) controle de condutas ou práticas anticoncorrenciais, como a formação de cartéis, *dumping*, preço predatório etc. Esse é o objeto do sistema brasileiro de Defesa da Concorrência, tendo o CADE em seu papel central. Trata-se da regulação mais ampla dos setores da economia. As situações setoriais mais particulares são abordadas na regulação setorial, seja ela de natureza contratual ou discricionária.

Note-se que as falhas de mercado que são objeto da política antitruste (poder de mercado advindo de concentrações econômicas ou de condutas) são generalizadas entre os setores econômicos, enquanto as falhas mais particulares (como os monopólios naturais e a presença de fortes assimetrias informacionais) afetam setores que, em geral, são sujeitos a regulação mais específica, em adição à sua sujeição à política antitruste geral do país. A situação mais grave de poder de mercado aparece quando há indivisibilidades técnicas que tornam o monopólio desejável, ou seja, o monopólio natural,[42] que cria um dilema social entre a eficiência produtiva e a eficiência alocativa. Esse é o assunto do próximo tópico.

1.3 Falhas de mercado: monopólios naturais

Um tipo especial de monopólio é o "Monopólio Natural": quando os custos médios são decrescentes, o mercado tende "naturalmente" ao monopólio. Como exemplos, temos os setores de saneamento básico, transmissão de energia elétrica e de infraestrutura de transportes terrestres. Para entender melhor o monopólio natural, basta fazer a si mesmo a seguinte pergunta: você, como consumidor, prefere comprar um produto ou serviço em um mercado altamente competitivo, com muitos ofertantes, ou em um mercado monopolista, com um único ofertante?

Um indivíduo realmente informado, ou formado com um mínimo de conhecimento de Economia, terá que responder: depende

---

[42] Por muito tempo, o monopólio natural esteve associado à própria ideia de infraestrutura, referida como o conjunto de atividades econômicas que apresentam custos fixos elevados e formas de capital altamente específicas, o que tipicamente envolve algum grau de monopólio natural. São atividades essenciais para o desenvolvimento econômico, cujo subdesenvolvimento enseja elevados custos econômicos e sociais. Entretanto, o caráter de monopólio natural vem se reduzindo ao longo do tempo em vários segmentos.

do mercado. Na maioria dos mercados, é realmente melhor para o consumidor adquirir o bem ou serviço de um produtor que esteja em um ambiente de competição feroz. Entretanto, há alguns bens e serviços específicos para os quais o consumidor pode preferir ser atendido por um monopolista. É o caso dos chamados monopólios naturais, onde o custo fixo é tão alto que a duplicação da rede levaria a um custo total muito mais alto para dois ou mais produtores, relativamente a um monopolista que concentrasse a "planta" de oferta do serviço público sujeito a tal indivisibilidade técnica.[43] Mesmo que competissem entre si, teriam que praticar preços altos a tal ponto que um dos dois fatalmente iria à falência.

É dizer, na prestação de tais serviços, só poderá haver um prestador, uma vez que os custos iniciais são elevados (*sunk costs*)[44] e os custos para sua utilização, por cada novo usuário, são baixos (custos incrementais). Assim, para que a atividade se torne economicamente viável, deve-se retirá-la da esfera da concorrência para a obtenção de economias de escala e de economias de escopo, sob pena de a competição por utentes impossibilitar a amortização dos investimentos afundados. A economia de escala é aquela que terá lugar quando, já tendo o operador privado incorrido em um alto custo fixo para o desenvolvimento da atividade (*v.g.* construção de uma rodovia), não tem significativos custos marginais (variáveis) em virtude do aumento da quantidade de usuários. A economia de escopo, por sua vez, terá lugar quando o operador econômico conseguir se valer da mesma infraestrutura para desempenhar mais de uma atividade (*v.g.* a utilização da mesma rede de telefonia para prestar serviços de curta e de longa distância). Em tal hipótese, haverá diluição do custo fixo investido na construção da infraestrutura, justamente pela otimização do uso da rede pela exploração de outras atividades. Razão pela qual qualquer tentativa de aumentar o número de produtores dessa indústria importará na presença de uma ou mais plantas de escala subótima.

---

[43] Indivisibilidade técnica, como se notou, se refere a situações em que uma rede única propicia o método mais econômico de oferta do serviço. Não é o caso de que é tecnicamente impossível ofertar o serviço através de duas ou mais redes paralelas e concorrentes, mas é sim o caso de que a oferta em ambiente competitivo levaria a uma tamanha elevação do custo médio que, sob o ponto de vista do cliente, não compensaria os efeitos de eficiência alocativa advindos de potencial concorrência entre os operadores das redes.

[44] Agrava a situação o fato de que a elevada intensidade de capital de caráter altamente específico produz subincentivo *ex ante* ao investimento, efetivamente reduzindo a disposição à construção de nova infraestrutura.

Mais que isso, a ineficiência alocativa resulta da capacidade dos produtores em estabelecer preços superiores ao custo marginal de produção do bem. Nessas hipóteses, os produtores logram participar da distribuição da renda econômica, obtendo uma parcela maior do que sua contribuição efetiva, à custa dos consumidores. De fato, em um mercado em ambiente de monopólio não regulado, o produtor único tem a prerrogativa de definir o preço que será praticado. Dito em outras palavras, a ausência de competição é um incentivo para que este não seja eficiente na sua operação, refletindo em uma oferta que estará abaixo do ponto de equilíbrio, se comparada com uma situação de competição perfeita. Consequentemente, o preço se torna excessivamente elevado para cumprir o objetivo de maximizar o lucro do produtor, causando redução dos excedentes dos consumidores e produzindo efeitos líquidos negativos.

Trata-se de um verdadeiro dilema (um *trade-off*, em inglês) entre a busca da máxima eficiência produtiva e a máxima eficiência alocativa. Em presença de indivisibilidades técnicas que caracterizam um monopólio natural, não se pode ter os dois ao mesmo tempo. A solução clássica é a seguinte: assegura-se a máxima eficiência produtiva possível limitando-se a competição para aproveitar ao máximo as economias de escala possíveis, ou seja, o critério da eficiência produtiva recomenda a operação de um único produtor. Esta configuração não permite a eficiência alocativa na medida em que cria espaço para a obtenção de rendas econômicas extraordinárias (chamadas de *rents* de monopólio). O sacrifício à eficiência alocativa que seria causado pela posição de monopolista do operador único – seja ele público ou privado – é mitigado pela introdução da regulação, discricionária ou por contrato. Essa regulação deve ter escopo econômico (tarifas, por exemplo) e técnico (qualidade do serviço, por exemplo) pois ambos os aspectos são potencialmente impactados pela posição de monopolista e pela ausência da disciplina de mercados. As assimetrias informacionais tornam a tarefa regulatória ainda mais desafiadora.

É o caso da distribuição de água encanada em uma cidade. Imagine que determinado Município permitisse a entrada de um concorrente ao atual prestador do serviço de água. Esse novo operador construiria uma nova rede de água, paralela à já existente. Essa nova rede, que tem alto custo fixo, levaria à duplicação dos custos fixos da produção de água na cidade. Assim, consumidores inteligentes preferem ser servidos por água produzidos por empresas monopolistas.

A competição neste caso não é uma boa solução, evidenciando que se trata mesmo de uma falha de mercado. Como o monopólio nessas situações é "natural", o monopolista privado fará um preço onde o custo marginal é igual à receita marginal, cobrando um preço muito alto (preço de monopólio). Por isso, é socialmente desejável que haja regulação, em pelo menos uma de suas diversas formas, controlando não apenas suas rendas econômicas através de uma regulação tarifária, como também sua conduta em termos de eficiência na prestação de serviços e no próprio incentivo à realização de investimentos de capital nessa rede que tem alto benefício social. Outros aspectos sujeitos a falhas de mercado, como a sustentabilidade ambiental em decorrência da (insuficiência da) operação e da qualidade dos efluentes gerados, e até aspectos de odor, podem ser também ser regulados nesse contexto. Em muitos casos, é comum que a regulação invada também a seara da equidade, buscando usar um serviço público como veículo de redistribuição de renda em substituição à atuação direta do Estado, mesmo causando ineficiências de outras ordens.

Se a regulação constitui uma restrição à decisão discricionária dos indivíduos ou organizações, garantida pelo poder de sanção, no caso de monopólios naturais, que são a forma mais grave da falha de mercado conhecida como poder de mercado, o governo poderá ofertar ele mesmo os produtos e serviços, por meio de empresas estatais. Nesse caso, não será preciso controlar o poder de monopólio, já que o Estado não tem como objetivo o lucro máximo. Infelizmente, as experiências de empresas estatais têm se mostrado desastrosas por vários motivos, incluindo ineficiências e indicações políticas, muitas vezes penalizando usuários pela busca de lucros sob tais distorções que implicam em tarifas elevadas, impactos fiscais negativos e serviços de má qualidade. Alternativamente, o Estado poderá permitir a exploração privada, mas deverá regular e fiscalizar a prestação privada do serviço por intermédio, por exemplo, de agências reguladoras ou de instrumentos contratuais. As agências reguladoras ganharam muito espaço no debate econômico atual porque elas se destinam a regular setores fundamentais que são caracterizados por um monopólio natural.

Braeutigam[45] afirma que a caracterização de uma indústria como monopólio natural é o principal argumento econômico para a regulação

---

[45] BRAEUTIGAM, Ronald R. Optimal policies for natural monopolies. *In*: SCHMALENSEE, Richard; EILLIG, Robert (ed.). *Handbook of industrial organization*. [S. l.]: Elsevier North-Holland, 1989. v. 2. p. 1289-1346.

e a organização de um setor. Em seu trabalho, o autor analisa estudos realizados após a década de 1970 que discutem a visão tradicional de monopólio natural e a preocupação existente com relação à regulação desse tipo de indústria. Em síntese, o conceito de monopólio natural descreve que a uma dada tecnologia da indústria, ou características do serviço e com produto único, o consumidor pode ser atendido por uma única empresa que opera a um custo mínimo ou receita líquida máxima. Nesse caso, o custo médio declina com o aumento da produção, e, portanto, uma única empresa servindo o mercado inteiro teria custos médios menores que quaisquer outras empresas menores rivais entrantes. Em outras palavras, um monopólio natural, com uma única firma, pode gerar economias de escala, e que apresenta custo unitário menor que para duas ou mais firmas competidoras entre si. A situação de monopólio natural não é definitiva em uma indústria de serviços públicos, já que a indústria pode passar por quatro estágios:[46]

a) *Início:* com a invenção do sistema;
b) *Crescimento:* sistema criado cresce rapidamente, em geral substituindo outro do serviço antigo. As economias de escalas são muito intensas neste estágio;
c) *Maturidade:* sistema cresce e se torna completo, tanto em tecnologia, como em saturação de mercado. As economias de escala tornam-se menos significativas devido ao surgimento de novas tecnologias; e
d) *Reversão à competição:* setor reverte para o sistema competitivo convencional, deixa de ser serviço público e perde características de monopólio natural.

Alessandro Oliveira e Frederico Turolla[47] formularam visualmente esse ciclo de vida dos serviços públicos proposto por William G. Shepherd, incluindo a passagem dos mesmos a uma situação competitiva, conforme a figura a seguir.

---

[46] SHEPHERD, William G. *The Economics of Industrial Organization.* 3. ed. New Jersey: Prentice Hall, 1990.
[47] OLIVEIRA, Alessandro V. M.; TUROLLA, Frederico A. Financiamento da infraestrutura de transportes. *Journal of Transport Literature,* [s. l.], v. 7, n. 1, p. 103-126, 2013.

Figura 4 - Ciclo de vida dos serviços públicos.

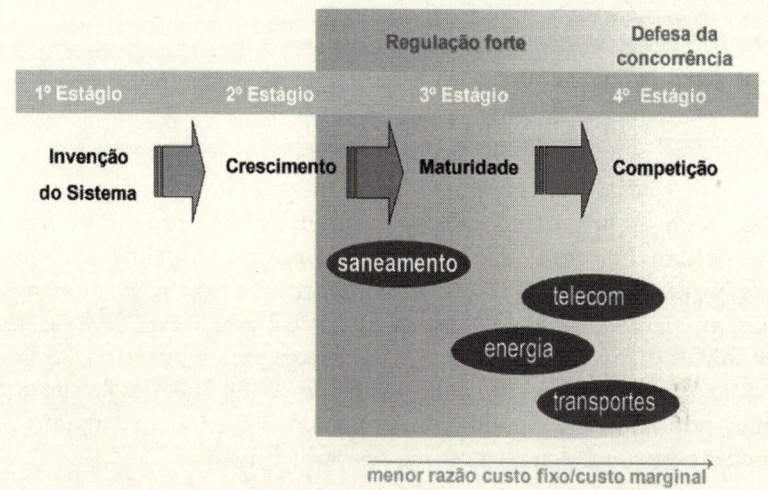

No caso da existência de multiprodutos, o eminente professor William J. Baumol[48] definiu que uma indústria é monopólio natural quando existirem vetores de produtos mais baratos produzidos na indústria por uma única firma (ou empresa) ao invés de um conjunto ou combinação de firmas. Para isso, a função custo da firma na indústria deve ser subaditivada. Tratando-se de empresas multiprodutos, alguns conceitos devem ser considerados, dado que a noção tradicional de economia de escala não é apropriada para definição e caracterização dessas empresas. Para isso, o conceito de custos subaditivados devem ser incorporados. Segundo Braeutigam,[49] por meio da teoria de custos subaditivos, sustenta-se uma melhor definição, do que economia de escala, para uma indústria multiproduto quando esta for monopólio natural.

---

[48] B BAUMOL, William J. On Proper Cost Tests for Natural Monopoly in a Multiproduct Industry. *In:* BAUMOL, William J. *Microtheory*: Applications and Origins. Cambridge, MA: The MIT Press, 1986.

[49] BRAEUTIGAM, Ronald R. Optimal policies for natural monopolies. *In:* SCHMALENSEE, Richard; EILLIG, Robert (ed.). *Handbook of industrial organization*. [S. l.]: Elsevier North-Holland, 1989. v. 2. p. 1289-1346.

Figura 5 - Equação: Monopólio natural

$$\sum_{j=1}^{k} y^j = y; e \qquad (1)$$

$$C(y) < \sum_{j=1}^{k} C(y^j) \qquad (2)$$

A equação acima indica o vetor 'y' de produtos de uma indústria. Este pode ser produzido com um custo menor por uma única firma que por um conjunto de firmas que produzem individualmente a soma dos vetores de produtos da mesma indústria que produz 'y', de acordo com a equação (2) acima. Desde que o custo é subaditivo, é necessário definir os vetores de produtos 'y' relevantes para a indústria. Assim, a definição de monopólio natural, dada por William Baumol, é de que uma indústria é monopólio natural quando, sobre todo o conjunto de produtos, a função custo da firma seja subaditivada.

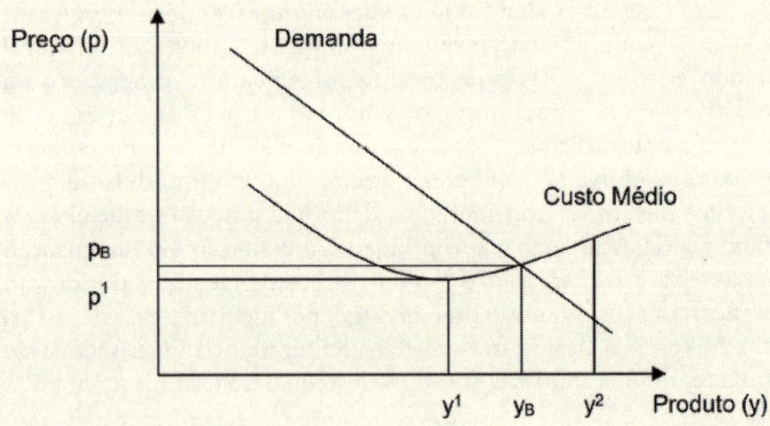

Figura 6 - Demanda e custo médio: Monopólio.

Conforme ilustra a figura acima, a subaditividade da estrutura de custo não precisa demonstrar economias de escala sobre todo o conjunto relevante de produtos. Nesse exemplo dado por Ronald Braeutigam, o nível de produto associado ao custo mínimo, y1, é menor que yB, o nível de produto em que a demanda esperada intercepta o custo médio esperado. Este custo médio tem tipicamente a forma de "U", e a subaditividade pode ser apresentada entre 0 < y < y2, apesar de ser possível encontrar economia de escala do produto no conjunto de 0 < y < yB. Assim, quando o produto é único, a subaditividade não implica economia de escala, mas o contrário é verdadeiro. Portanto, tratando-se de empresas multiproduto e monopolista natural, a economia de escala não implica subaditividade, isso também é justificado pelos escritos de William J. Baumol, dado um conjunto de vários custos complementares e economias de produção somadas, espera-se que economia de escala não represente de maneira adequada o caso do multiproduto.

1.4 Bens públicos, externalidades e problemas de coordenação

A presença de *bens públicos* é frequentemente mal compreendida nos meios jurídicos porque seus fundamentos econômicos utilizam uma definição de direitos de propriedade que pode não corresponder exatamente às definições legais brasileiras. Em sua acepção jurídica, os bens públicos são aqueles objeto de propriedade das pessoas jurídicas de direito público – União, estados, municípios, distrito federal, territórios e autarquias. Nos termos do artigo 98 do Código Civil, são públicos "os bens do domínio nacional pertencentes às pessoas jurídicas de direito público interno; todos os outros são particulares, seja qual for a pessoa a que pertencerem". De outro lado, para fins econômicos, se considera como bem público aquele dotado das características da não rivalidade e da não exclusividade, ou seja, a sua utilização por um determinado indivíduo não impede/exclui a sua utilização por outros. Daí poder-se afirmar que o conceito de bem público, em sua acepção econômica, não está atrelado à propriedade estatal de um bem, mas ao seu regime de acesso (fruição), embora se considere que a intervenção governamental seja necessária para evitar a subavaliação deste patrimônio

Sob o aspecto econômico, ler-se-á que os bens podem ser classificados conforme dois de seus atributos. Um deles é se o bem é *rival*. A rivalidade quer dizer que o custo marginal de provisão de uma unidade adicional do bem é igual a zero. Ou seja, pode-se oferecer o bem a mais uma pessoa, sem que isso aumente o custo de sua provisão. Outro é se o bem é *excludente*. Isso quer dizer que não é possível atribuir direitos de propriedade sobre seu usufruto. O manual de Introdução à Economia de Gregory N. Mankiw[50] apresenta essas definições em uma

---

[50] MANKIW, Gregory. *Introdução à economia*. São Paulo: Thompson Learning, 2007.

matriz de forma bastante útil, na qual inserimos exemplos didáticos. Veja a seguir a referida matriz, que relaciona essas duas características de um bem: sua rivalidade e sua excludência.

Figura 7 - Matriz de bens públicos.[51]

		Rival?	
		Sim	Não
Excludente?	Sim	**Bens privados** • Casquinhas de sorvete • Roupas • Rodovias pedagiada congestionada	**Monopólios naturais** • Combate a incêndios • TV a cabo • Distribuição de eletricidade Rodovia pedagiada não congestionada
	Não	**Recursos comuns** • Peixes no oceano • O meio ambiente • Rodovia não pedagiada mas congestionada	**Bens públicos** • Aviso de tornado • Defesa nacional • Rodovia não pedagiada e não congestionada

Explicando *os bens privados*: a maioria dos bens são *bens privados*, como as casquinhas de sorvete, as roupas, as rodovias pedagiadas e congestionadas. Para esses bens, o consumo de uma pessoa afeta o consumo de uma outra, ou seja, o custo marginal de oferecer uma unidade adicional é positivo, e há como excluir um indivíduo do consumo do bem. Já os *bens públicos* são definidos como:

- Não rivais (isto é, seu custo marginal é nulo, ou CMg = 0); e
- Não excludentes – não há como excluir um indivíduo do consumo do bem.

São exemplos de bens públicos: a defesa nacional e a iluminação pública. A natureza difusa dos ativos de iluminação pública, objeto de debates sobre a cobrança de contribuição específica, casa bem com a definição de bem público, com características não rivais e não excludentes, em algum grau. Veja-se que uma das características dos

---

[51] Baseado em MANKIW, Gregory. *Introdução à economia*. São Paulo: Thompson Learning, 2007.

bens públicos é o fato de que as pessoas não podem ser excluídas de seu consumo, razão pela qual os indivíduos tentarão não pagar pela sua provisão, esperando que outros paguem por eles. Devido à possibilidade de "pegar carona" em outros indivíduos, o mercado deixa de produzir bens importantes. A solução para tal questão é que o Estado poderá prover o bem público, melhorando o bem-estar geral. Essa decisão, contudo, está sujeita à análise de custo-benefício.

O que o Estado pode fazer para corrigir essa importante falha de mercado é fornecer diretamente o bem, que não encontra incentivos privados ao seu fornecimento. Nesse sentido, em quase todos os países do mundo a defesa nacional é realizada por exércitos mantidos diretamente pelo Estado. Isso vale para a iluminação pública, que é provida pelo governo, mesmo que por intermédio de contratos administrativos de curto ou de longo prazo. Os bens públicos, portanto, são bens que deverão ser providos pelo Estado. Caso contrário, não serão fornecidos na quantidade eficiente (podemos pensar que a quantidade eficiente é aquela que o mercado ofereceria se, no equilíbrio, o bem não estivesse sujeito à falha de mercado de ser um bem público). A moderna prática da Administração Pública consiste em contratualizar o fornecimento desses bens em instrumentos que se identificam, no Direito Administrativo pátrio, principalmente com as concessões administrativas. A tendência, entre nós, é a oferta dos serviços sob contratos de parceria público-privada (PPPs) na modalidade de Concessão Administrativa. O próprio desenho legal desse tipo de contrato no Brasil, formatado na Lei nº 11.079 de 2004, tem como substrato econômica a presença da falha de mercado retromencionada.

Os recursos comuns são um importante elemento pertinente ao tema. Comecemos exemplificando. O ar é um bem econômico muito importante. Ele presta vários serviços econômicos importantes:
- Na respiração humana (esta é passiva, ninguém controla a quantidade de ar que aspira, ou a quantidade de ar que expira);
- Como insumo de processos industriais que usam, por exemplo, oxigênio;
- Como veículo de descarte de resíduos da combustão de veículos automotores; e
- Como veículo de descarte de resíduos de processos industriais que envolvem atrito, moagem, fumaça etc.

Se o mercado funciona perfeitamente, a escassez do ar deveria gerar um aumento de preços. Cogite-se agora, o seguinte exemplo:

em um dia de inverno, certo indivíduo está chegando ao Aeroporto de Congonhas, em São Paulo, a bordo de uma aeronave comercial e, olhando a cidade do alto, vislumbra que há uma camada de poluição sobre a cidade. Tal indivíduo logo pensa: "isso quer dizer que os paulistanos enfrentam hoje escassez de ar puro para respirarem, em sua cidade". Em seguida, pensa que os mercados deveriam resolver esse problema. Já que a oferta de ar é relativamente fixa, o preço deveria subir para desestimular a demanda por ar. Assim, menos gente usaria o ar para descartar a poluição de seu automóvel e haveria uma atmosfera mais limpa na cidade de São Paulo. Mas, por que isso não acontece?

A resposta é clara como o ar limpo: o ar é um *recurso comum*, ou *bem de propriedade comum*, como os bens que estão relacionados como recursos comuns no diagrama já apresentado por N. Gregory Mankiw. Aqui, perceberemos que o sistema econômico está intrinsecamente relacionado ao sistema ecológico, uma vez que a natureza é a provedora primária de materiais e energia necessários para serem transformados no sistema econômico, recursos finitos, e é também onde são dispostos e dissipados os resíduos gerados, cuja capacidade é limitada. Como os direitos de propriedade sobre o ar não estão bem definidos, e é difícil defini-los corretamente, o mercado não funciona perfeitamente. Sabemos que o preço do ar é zero. Com preço zero, os indivíduos consomem mais desse bem do que seria desejável (sobreconsomem ar) – e a escassez acaba sendo inevitável.

A intervenção do Estado, por meio de políticas públicas, para controlar a quantidade consumida de ar é inevitável. No Município São Paulo, por exemplo, existe a Operação Horário de Pico (o conhecido rodízio municipal de veículos), pela qual cada automóvel fica proibido de circular em uma grande área da cidade nos horários de maior movimento (entre 7h e 10h e de 17h a 20h). Uma falha de mercado justifica essa restrição à liberdade individual, usada em várias metrópoles mundiais que sofrem do sobreconsumo de ar causado por essa falha de mercado. É que, caso os agentes, de forma racional, visem, apenas, a maximizar seus interesses particulares (sob uma perspectiva microscópica), a coletivização de suas ações no mercado (sob um aspecto macroeconômico), provocará resultados desfavoráveis para os próprios agentes (provocando uma falha de mercado decorrente de problemas de coordenação).

Agora podemos definir melhor os recursos de propriedade comum: são bens que têm rivalidade, mas não são excludentes. Por exemplo, quando alguém lança gases do escapamento de seu carro no ar de São Paulo, há menos ar puro disponível para os demais cidadãos. Porém, não é possível excluir ninguém de respirar o ar existente.

Esta é a base da conhecida Tragédia dos Comuns (*tragedy of the Commons*) popularizada por Garrett Hardin em artigo[52] de 1968. A tragédia dos comuns ilustra o sobreconsumo de recursos comuns. No exemplo trazido pelo referido autor, a criação de ovelhas em uma pequena cidade medieval é feita fora dos muros da cidade, em terras comunais. Todos podem ter ovelhas ali. Os pastores criam ovelhas em excesso, que destroem as pastagens. Sem capim, desaparece a próspera indústria lanífera da cidade e torna-se impossível criar ovelhas. Qualquer semelhança entre a pastagem das ovelhas e o ar da cidade de São Paulo não é mera coincidência. A principal lição da "tragédia dos comuns" é: os incentivos privados são diferentes dos incentivos sociais. Dito em outras palavras, a falta da definição dos direitos de propriedade produz sobre consumo dos recursos, exaurindo-os. Isso levou à escassez de ar puro para respiração humana na cidade de São Paulo, com consequências dramáticas para a vida na maior cidade brasileira.

Assim, os direitos de propriedade (na acepção da Teoria Econômica) mal definidos estão associados a problemas de coordenação. De acordo com o Teorema de Coase,[53] que, para Steve Medema,[54] é uma das ideias mais influentes e controversas que surgiram na economia pós-Segunda Guerra Mundial, agentes racionais envolvidos em uma negociação contratual irão estabelecer entre si um contrato perfeito quando não houver custos de transação. Como antes assinalado, o Teorema de Coase se deve ao economista britânico Ronald Coase, que ganhou o Prêmio Nobel de Economia de 1991 por essa formulação. O teorema diz que, quando houver condições para negociação simples entre dois agentes, não importa a alocação inicial dos direitos de propriedade entre eles, que estabelecerão um contrato eficiente. Coase propôs, por exemplo, que duas emissoras de rádio poderiam operar na mesma frequência, sendo capazes de interferir na transmissão da outra. Se os custos de transação entre elas forem baixo (isso é, se

---

[52] HARDIN, Garrett. The tragedy of the commons: the population problem has no technical solution; it requires a fundamental extension in morality. *Science*, [s. l.], v. 162, n. 3859, p. 1243-1248, 1968.

[53] COASE, Ronald H. The Problem of Social Cost. *The Journal of Law and Economics*, [s. l.], v. 56, n. 4, 837-877, 2013.

[54] MEDEMA, Steven G. The Coase Theorem at Sixty. *Journal of Economic Literature*, [s. l.], v. 58, n. 4, p. 1045-1128, 2020.

elas puderem negociar) a emissora que conseguir dar o melhor uso à frequência pagará a outra para não intervir. Dessa forma, não importa quem recebe os direitos iniciais de uso das frequências, a solução final será sempre eficiente se elas puderem estabelecer um contrato sem custos relevantes.

Os usuários de ar da cidade de São Paulo (para tomar só um grupo deles, fiquemos apenas com os seres humanos que são consumidores passivos desse ar, ou seja, a totalidade da população viva da cidade) enfrentariam um custo de transação proibitivo, caso resolvessem negociar com um outro grupo de usuários do ar (para tomar somente um grupo desses, fiquemos com os proprietários de veículos que emitem gases carbônicos na atmosfera da cidade). Pode-se imaginar o quão inimaginável seria uma tentativa de contrato entre esses dois grupos de forma que o primeiro grupo (seres humanos que respiram) se "sentasse" à mesa de negociação com o segundo grupo (os proprietários de veículos, um grupo que inclusive apresenta sobreposição em relação ao primeiro) visando a formar um preço que, via mercado, regulasse as emissões de forma a reestabelecer a qualidade de ar desejada pelos humanos respiradores. É, justamente, a impossibilidade fática dessa "transação" que ilustra a presença de custos transacionais proibitivos e que impede qualquer tipo de solução de mercado direta para o problema da poluição atmosférica do ar metropolitano paulistano.

Diante da situação descrita do "mercado" de ar respirável ou utilizável como veículo de emissão de gases residuais dos motores a combustão, o segundo grupo (o dos proprietários de automóveis) impõe ao primeiro grupo (os indivíduos que possuem nariz) um elevado custo que não se materializa em qualquer compensação econômica negociável em mercados. Essa situação, conhecida como externalidade negativa, é o tema da seção seguinte.

1.5 As externalidades

Uma vez definidos os bens na Teoria Econômica, pode-se abordar um conceito relacionado, o de *externalidades*. Estas ocorrem quando a ação de um agente econômico afeta o bem-estar de outro agente econômico. As externalidades referem-se à falta de compensação do impacto da ação de uma pessoa sobre o bem-estar de outras que não participam da ação. Elas ocorrem quando alguém exerce uma atividade que influencia o bem-estar de outras pessoas e não recebe nem paga nenhuma compensação por aquele efeito. As externalidades podem ser *positivas* ou *negativas*. As *externalidades positivas* ocorrem, por exemplo, quando ocorre pesquisa de novas tecnologias das quais alguém poderá usufruir no futuro; quando a restauração de prédios históricos no centro de uma cidade traz agradáveis lembranças aos seus moradores, além do prazer de passear por lugares de importância histórica; uma nova avenida é construída, valorizando determinado imóvel, sem que o morador deva compensar o Estado pela melhoria.

Daí porque, por externalidades, devemos entender a situação em que a adoção de determinada conduta por um ou mais agentes no mercado produza efeitos que recaiam sobre terceiros, partes estranhas à relação originária. Nas externalidades positivas, não há qualquer falha a ser corrigida, na medida em que a adoção de condutas que beneficiam outros agentes de mercado não se constitui como um efeito negativo, a ser corrigido, por meio da intervenção regulatória. As externalidades negativas, diversamente, predicam uma intervenção regulatória corretiva, visto que distorcem, indevidamente, os interesses dos agentes.

O governo costuma agir para reduzir algumas externalidades, positivas e negativas. Por exemplo, no caso das externalidades negativas, em vários lugares há leis que proíbem o fumo em ambientes públicos. Essa lei tem como objetivo precisamente conter uma externalidade, ou seja, resolver uma situação que reduz o bem-estar dos indivíduos e que não consegue ser resolvida pelos mecanismos de mercado. Isso se dá quando os agentes de mercado ou os indivíduos realizam ações que levam em consideração somente os benefícios e os custos privados, e não os custos e os benefícios sociais. Diante desse tipo de conduta, os custos serão absorvidos por toda a sociedade.[55]

Apesar de se chamar positiva, a externalidade positiva não é boa para o sistema econômico. Justamente o fato de que os causadores da externalidade não conseguem se apropriar de seus benefícios é que reduz um incentivo para que essa externalidade seja gerada. Por exemplo, se os ganhos de valorização imobiliária decorrentes de uma obra viária importante pudessem ser apropriados, ao menos em parte, pelo poder público, haveria muito mais incentivo para a construção de obras viárias necessárias, reduzindo o congestionamento das cidades e tornando o sistema viário urbano mais completo e eficiente.

---

[55] ALLEN, Douglas W. What are transaction costs? *Research in Law and Economics*, [s. l.], n. 14, p. 1-18, 1991. COASE, Ronald H. O custo social. *In:* SALAMA, Bruno Meyerhof (org.). *Direito e economia*: textos escolhidos. São Paulo: Saraiva, 2010. COASE, Ronald H. *The Firm, the Market and the Law*. Chicago: University of Chicago Press, 1988. COOTER, Robert D. The Cost of Coase. *Journal of Legal Studies*, [s. l.], n. 11, p. 1-33, 1982.

Note-se que alguns países cobram tributos como a contribuição de melhoria, cujo objetivo é justamente internalizar uma externalidade positiva. Nesse sentido, as externalidades positivas não devem ser bem-vistas como seu nome nos faria supor à primeira vista. Tanto é verdade que modelos de captura do valor imobiliário (*land value capture*) em projetos de infraestrutura e urbanismo, são justamente mecanismos de internalizar privadamente as externalidades positivas de um empreendimento, em benefício da Administração Pública.

1.6 Falhas de mercado: a assimetria de informações

Uma assimetria de informação ocorre quando uma parte tem mais acesso à informação relevante do que a outra. Pode-se dizer que em todas as transações há, em algum grau, um diferencial de acesso à informação entre as partes, beneficiando o comprador ou o vendedor. Por exemplo, a falta de informação completa no momento da compra de um automóvel usado aumenta o risco da aquisição e reduz o valor do automóvel. Isso gera a chamada seleção adversa, que faz com que algumas transações socialmente desejáveis não sejam realizadas.

Em um exemplo clássico, no mercado de automóveis usados, a maior parte dos bons automóveis usados não será oferecida no mercado, porque os compradores sempre acreditam que encontrarão os piores carros para comprar – e não são capazes de avaliar corretamente se se trata de um bom carro ou não. Uma das soluções para a seleção adversa é a sinalização de mercado. Os vendedores podem usar *sinais* para transmitir informações sobre a qualidade do produto aos compradores, o que reduz os problemas causados pela existência de informação assimétrica. Por exemplo, os carros vendidos em concessionárias costumam ser vistos como mais confiáveis que os vendidos na rua.

Outra falha decorrente da assimetria é o risco moral (*moral hazard*), que ocorre, por exemplo, quando a assinatura de um contrato muda os incentivos que regem o comportamento das partes. Um exemplo é quando um indivíduo fechou um contrato de seguro contra roubo de seu carro. Após assinar o contrato, ele passou a descuidar do automóvel, expondo-o ainda mais ao risco de roubo, já que transferiu esse risco à seguradora. Para lidar com essa falha, os contratos de seguro contêm cláusulas específicas para evitar essa mudança indesejável de comportamento. No caso do mercado de crédito, o tomador sabe mais das suas reais condições de solvência do que o credor. O credor, por sua vez, cobra uma taxa de juros mais elevada do que o socialmente desejável.

O setor financeiro é particularmente sujeito às falhas de mercado da assimetria informacional, o que ensejou um tratamento constitucional específico. A principal peculiaridade do setor bancário é a sua importância no conjunto das cadeias produtivas. Quando o setor funciona bem, oferecendo crédito a taxas razoáveis a tomadores bem selecionados, há benefícios para toda a complexa gama de cadeias produtivas, revertendo em vantagens macroeconômicas para o país. Por outro lado, um mercado de crédito ineficiente constitui uma restrição ao crescimento econômico.

No Capítulo IV, inserido originalmente na Constituição de 1988, o país assistiu a uma importante fonte de ineficiências introduzida no texto constitucional, advinda de limitação de cobrança de taxa de juros real. O texto dispunha que "as taxas de juros reais, nelas incluídas comissões e quaisquer outras remunerações direta ou indiretamente referidas à concessão de crédito, não poderão ser superiores a doze por cento ao ano; a cobrança acima deste limite será conceituada como crime de usura, punido, em todas as suas modalidades, nos termos que a lei determinar". Conforme Pinheiro e Saddi,[56] o dispositivo nunca chegou a ser inteiramente aplicado, pois exigia regulamentação por Lei Complementar que nunca ocorreu. O que restou deste capítulo, atualmente, é o *caput* do art. 192: "o sistema financeiro nacional, estruturado de forma a promover o desenvolvimento equilibrado do País e a servir aos interesses da coletividade, em todas as partes que o compõem, abrangendo as cooperativas de crédito, será regulado por leis complementares que disporão, inclusive, sobre a participação do capital estrangeiro nas instituições que o integram".

Assim é que as assimetrias informacionais são falhas de mercado com forte impacto no mercado de financiamentos. Qualquer empreendimento é financiado por uma variedade de fontes de capital próprio e de terceiros, entre os quais frequentemente se poderia esperar a ocorrência dos chamados conflitos de agência. No caso dos instrumentos de dívida, é frequente a participação de debêntures, cujos detentores se reúnem em assembleias de debenturistas, com perfis variados de investidores, com baixa disposição para aprovação de reestruturação.

---

[56] PINHEIRO, Armando Castelar; SADDI, Jairo. *Direito, economia e mercados*. Rio de Janeiro: Elsevier, 2005.

Não se admite, contudo, um mecanismo de supermaioria de credores (*supermajority of creditors*), na mesma linha geral do mecanismo para dívida soberana uma vez proposto por Anne Krueger quando a pauta era, desde as crises mexicana, asiática e russa dos anos 1990, encontrar meios para prevenção e resolução mais efetivas de crises monetárias e financeiras através de melhoria do desenho dos instrumentos de dívida mobiliária dos países emergentes. O próprio desenho do mecanismo encerra uma manifestação *ex ante* de conflitos de agência: no caso das debêntures, quando o debenturista entra no projeto, avalia provavelmente como renda fixa, tendo em vista que a probabilidade do evento adverso é bastante baixa.

Tal leitura decorre do próprio perfil do mercado de capitais, que consiste em um mecanismo de "quebrar volumes" para sensibilizar as curvas de aversão ao risco na faixa mais propensa ao risco. Essa consideração do mercado de capitais é relevante por influenciar no custo envolvido na falência da empresa ou na própria reestruturação da dívida em caso de manifestação de um cenário adverso.

No Direito Administrativo, são eloquentes as considerações sobre as consequências da assimetria informacional sobre as transações (licitações) de venda de contratos de longo prazo, como os de concessão ou de parceria público-privada. Por exemplo, Nóbrega, Veras e Turolla[57] bem caracterizaram que essa assimetria informacional no contexto de contratos administrativos de longo prazo se manifesta diretamente no processo de licitação, quando o Concedente possui um conjunto de informações decorrentes de seus estudos de viabilidade e o Concessionário enfrenta a decisão sobre o nível de informação que deverá produzir com seus próprios estudos. A literatura caracteriza bem as consequências do diferencial de informação na transação de bens e serviços – desde Akerlof[58] e a tradição dali desenvolvida – que implicam em seleção adversa de qualidade do bem ofertado. Essa é uma possibilidade que deve ser considerada, mas neste momento é relevante a decisão do potencial "comprador" do projeto (na figura do licitante) sobre o nível de investimento em informação, ou o investimento em seus próprios estudos de viabilidade, envolvido na preparação de sua

---

[57] NÓBREGA, Marcos; FREITAS, Rafael Véras; TUROLLA, Frederico. Contratação incompleta de projetos de infraestrutura. *PSP Hub Estudos em Infraestrutura e Urbanismo*, [s. l.], 9 jul. 2023.

[58] AKERLOF, George A. The Market for "Lemons": Quality Uncertainty and the Market Mechanism. *The Quarterly Journal of Economics*, [s. l.], v. 84, issue 3, p. 488-500, 1970.

oferta a ser apresentada no momento da licitação. Assim, na prática, a presença das assimetrias informacionais influencia até mesmo o investimento em estudos por parte dos potenciais licitantes, implicando em um maior poder de influência do Concedente sobre as ofertas apresentadas pelos licitantes.

É diante de tal perspectiva que se insere o contrato de concessão, na qualidade de um instrumento de regulação, com o objetivo de minorar os efeitos da exploração monopólica e da assimetria de informações entre os diversos agentes que integram a relação concessionária. Serve, pois, como um móvel para a revelação das informações das partes, de modo que elas possam maximizar seus próprios interesses, sem descurar dos interesses públicos enredados na exploração do ativo. Cuida-se de uma arquitetura regulatória endógena, que tem por objetivo minorar os efeitos do risco moral (*moral hazard*), da seleção adversa e do efeito *hold up*.[59] O risco moral tem lugar quando o concessionário passa a adotar uma conduta oportunista, após a celebração do contrato (*ex post*). Nesse sentido, Marcos Nóbrega[60] leciona que tal fenômeno ocorreria, por exemplo, nas hipóteses "de uma empresa começar a executar um contrato e ir baixando a qualidade do insumo utilizado, com o fito de reduzir os seus custos". A seleção adversa, porém, tem lugar em momento anterior, em razão da assimetria de informações, *ex ante*, que pode importar na contratação de firmas ineficientes.[61] E o efeito *hold up*

---

[59] O mesmo entendimento restou plasmado no trabalho de Alexandre Forchy Arigoni que, a despeito de desconsiderar as amplas pesquisas realizadas pelo autor da presente tese de doutoramento, merece ser transcrito "A licitação é um importante instrumento para minimizar esse risco, permitindo que, por meio da disputa pelos bens escassos, os agentes privados sejam incentivados a apresentarem a proposta mais vantajosa para o interesse público. Posteriormente, como o preço é fixado no contrato, o concessionário tem incentivo para ser mais eficiente, reduzindo custos para maximizar seu retorno. Diante dessa grande assimetria informacional, as formas e os valores realmente necessários para fins de reequilíbrio do contrato são de difícil previsão em cada contrato pelo poder público. A administração pública não dispõe dos dados necessários acerca dos custos dos serviços prestados. Em tais casos, 'a realidade das relações econômicas mostra uma tendência relativamente forte de aproveitamento de informações em benefício próprio, na busca das chamadas rendas informacionais' (ARIGONY, Alexandre Foch. A recomposição do equilíbrio econômico-financeiro nas concessões: custos, riscos e consequências do grau de determinação da norma. *Fórum de Contratação e Gestão Pública*, Belo Horizonte, ano 18, n. 214, p. 22-38, out. 2019).

[60] NÓBREGA, Marcos. Análise Econômica do Direito Administrativo. *In:* TIMM, Luciano Benetti. *Direito e economia no Brasil*. São Paulo: Atlas, 2012. p. 404-416.

[61] Nesse sentido, Lauren Auronen: "Akerlof argumenta que esta assimetria de informação incentivo o vendedor a vender produtos de qualidade inferior à média do mercado. A qualidade média dos bens no mercado irá então diminuir, tal como a dimensão do mercado. [...] Akerlof observa uma semelhança entre este modelo, em que os maus carros expulsam os bons carros, e a lei de Gresham, mas observa que no modelo dos carros

se aplica, segundo Patrícia Sampaio e Thiago Araújo,[62] "especialmente a contratos de longa duração e que requeiram investimentos em ativos específicos por uma das partes contratantes, gerando uma situação de dependência econômica de um dos agentes com a relação contratual". São variáveis que devem orientar o desenho regulatório e o equilíbrio econômico-financeiro desses instrumentos contratuais.

Tal modelo de regulação contratual tem por objetivo reduzir a assimetria de informações entre regulador e regulado. É que, como assevera Karl-Gustaf Lofgren, Torsten Persson e Jorgen Weibull[63] "os agentes econômicos informados em tais mercados podem ter incentivos para tomar medidas observáveis e dispendiosas para sinalizar, de forma crível, as suas informações privadas aos agentes não informados". Em prosseguimento, os autores concluem que "esses modelos têm sido utilizados para explicar a emergência de muitas instituições sociais que combatem os efeitos negativos das assimetrias de informação". Nada obstante, como visto, a assimetria de informações entre as partes impede que todas essas informações sejam reveladas, *ex ante*, diante do que se predica do desenho de mecanismos regulatórios *ex post*.[64]

O grau de investimento em estudos por parte de um licitante é uma *proxy* do seu perfil de risco: licitantes de tipo melhor realizam investimentos adequado em estudos, normalmente refletindo também a sua aversão a risco (ou neutralidade frente aos riscos). Já os licitantes de tipo pior ("aventureiros") são os que subinvestem em estudos e apresentam propostas menos embasadas em estimativas consistentes, normalmente refletindo um perfil propenso ao risco (*risk lover*). Frequentemente, esse último tipo é o que atribui alta probabilidade de ocorrência de um comportamento de flexibilidade por parte do Poder

---

esta situação se deve à informação assimétrica. O processo relativo aos piores exemplares (automóveis) começarem a dominar o mercado é designado por seleção adversa" (AURONEN, L. Asymmetric Information: Theory and Applications. *Seminar in Strategy and International Business*, [s. l.], n. 116, p. 45-56, 2003).

[62] SAMPAIO, Patrícia; ARAÚJO, Thiago. Previsibilidade ou resiliência? Notas sobre a repartição de riscos em contratos administrativos. *Revista de Direito da Procuradoria Geral*, Rio de Janeiro, edição especial: Administração Pública, risco e segurança jurídica, p. 311-333, 2014.

[63] LOFGREN, Karl-Gustaf; PERSSON, Torsten; WEIBULL; Jorgen W. Markets with Asymmetric Information: The Contributions of George Akerlof, Michael Spence and Joseph Stiglitz. *The Scandinavian Journal of Economics*, [s. l.], v. 104, n. 2, p. 195-211, jun. 2002.

[64] CRASWELL, Richard. The "incomplete contracts" literature and efficient precautions. *Case Western Reserve Law Review*, Cleveland, v. 56, n. 1, p. 151-168, 2005-2006.

Concedente nas negociações, após a assinatura do contrato, ou seja, acredita no sucesso de pleitos de reequilíbrios econômico-financeiros ou de ajustes contratuais que reduzem suas obrigações ou aumentam seus ganhos relativamente ao cenário contratado (a isso voltaremos doravante).

1.7 Regulação discricionária vs. Regulação contratual

Esta seção discute a Regulação Contratual (RC),[65] ou *regulation by contract*, em oposição à Regulação Discricionária (RD),[66] que pode ser exemplificada a partir da comparação de dois paradigmas conhecidos, apresentados na Tabela a seguir.

Figura 8 - Modelo francês e modelo norte-americano.

Modelo Francês	Modelo Norte Americano
Contrato Administrativo (pacto) *Pacta sund servanda*	Capital
Reequilíbrio Econômico-Financeiro	Justa Remuneração
Serviço Público	Serviço de utilidade pública (*public utilities*)
Regime Jurídico Administrativo – prerrogativas administrativas	Regulação para mitigar falhas de mercado

Fonte: Nóbrega, Veras e Turolla.

---

[65] A regulação por contrato *(Regulation by Contract)*, por sua vez, tem lugar pelo estabelecimento, *ex ante*, após a realização do leilão, dos custos que serão incorridos pela firma. Em resumo, essa modalidade de regulação contratual estabelece, desde a modelagem inicial, uma variação do preço obtido no âmbito do procedimento licitatório: (i) pelo reajuste anual; (ii) pelo estabelecimento de uma adequada matriz de riscos contratuais; (iii) pelo estabelecimento de níveis qualitativos de serviços; (iv) pela previsão de obrigações de investimentos, entre outros arranjos contratuais. Por meio dessa modalidade, se estabelece que a formação do "preço" se dará pela exploração do monopólio natural, diante da competição pelo mercado *(Competition for the Market)*.

[66] A regulação discricionária *(discretionary regulation)* tem por desiderato estabelecer uma estrutura de custos para o agente regulado, a ser remunerada por determinada taxa de rentabilidade, ou preços que sejam compatíveis com os custos subjacentes em regime de incentivo à eficiência. Utilizando-se de tal metodologia, pode-se, por exemplo, estabelecer uma remuneração pelos investimentos realizados e/ou previstos *(Capital Expenditure – CAPEX)* e pelos custos operacionais incorridos e/ou previstos *(Operational Expenditure – OPEX)*.

No modelo contratual, a remuneração foi fixada *ex ante* valendo para todo o prazo contratual. Como já tivemos oportunidade de asseverar,[67] esquadrinha-se aqui uma matriz de riscos e obrigações contratuais, valendo-se de juízos prospectivos e probabilísticos, que comporão o equilíbrio econômico-financeiro do contrato. Daí que, materializado um risco alocado a uma das partes, mas que produza impactos econômico-financeiros à outra, exsurgirá o direito de reequilíbrio contratual.

Como assevera Marcos Nóbrega *et al.*,[68] se o caso brasileiro fosse tomado como referência, "apesar de a doutrina tradicional dos contratos administrativos ter origem no direito francês, a prática jurisprudencial de reequilíbrio de contrato, devido ao avanço natural do mercado, se nutre mais das teorias inglesas e americanas". E concluem: "embora o direito administrativo brasileiro ainda seja muito influenciado pelas matrizes do direito francês, os conceitos modernos que estão associados à operacionalização do equilíbrio econômico de contratos de concessão não são derivados daquele direito". Em outra passagem, os autores são enfáticos, ao afirmarem que "os conceitos da jurisprudência norte-americana se misturam na operacionalização da regulação por incentivos, e isso foi finalmente adaptado na forma do artigo 37, XXI da Constituição c/c o artigo 175 e posteriormente na Lei nº 8.987/95, depois também na Lei nº 8.666/1993, na Lei nº 11.079/04 e na Lei nº 14.133/2021".

Em resumo, a regulação discricionária (*discretionary regulation*) tem por finalidade estabelecer uma estrutura de custos para o agente regulado, a ser remunerada por determinada taxa de rentabilidade. Utilizando-se de tal metodologia, estabelece-se uma remuneração pelos investimentos realizados e/ou previstos (*Capex Capital Expenditure* – CAPEX) e pelos custos operacionais incorridos e/ou previstos (*Operational Expenditure* – OPEX). Trata-se de uma modalidade de regulação que tem por objetivo primeiro interditar que o agente

---

Trata-se de uma modalidade de regulação que tem por objetivo primeiro interditar que o agente monopolista cobre preços supracompetitivos, entre outros comportamentos associados a falhas de mercado, por intermédio da emulação de um mercado competitivo (*Competition in the Market*).

[67] FREITAS, Rafael Véras de. Regulação por contratos de concessão em situações de incerteza. *Interesse Público*, Belo Horizonte, v. 23, n. 125, jan./fev. 2021.

[68] NÓBREGA, Marcos. Contratos incompletos e infraestrutura: contratos administrativos, concessões de serviço público e PPPs. *Revista Eletrônica de Direito Administrativo Econômico*, Salvador, v. 18, p. 1-16, 2009.

monopolista cobre preços supracompetitivos, por intermédio da simulação de um mercado competitivo (*Competition in the Market*).[69]

A regulação por contrato (*Regulation by Contract*), por sua vez, tem lugar pelo estabelecimento, *ex ante*, após a realização do leilão, dos custos que serão incorridos pela firma. Em resumo, essa modalidade de regulação contratual estabelece, desde a modelagem inicial, uma variação do preço obtido no âmbito do procedimento licitatório: (i) pelo reajuste anual; (ii) pelo estabelecimento de uma adequada matriz de riscos contratuais; (iii) pelo estabelecimento de níveis qualitativos de serviços; (iv) pela previsão de obrigações de investimentos, entre outros arranjos contratuais.[70] Por meio dessa modalidade, se estabelece que a formação do "preço" se dará pela exploração do monopólio natural, diante da competição pelo mercado (*Competition for the Market*).[71] A regulação por contrato se baseia nos termos estabelecidos em contrato entre o titular e o prestador do serviço para a definição da tarifa necessária para cobrir os custos previstos e recuperar adequadamente o capital investido. É desejável que o contrato seja o mais completo possível, contemplando metas e penalidades em caso de não cumprimento, investimentos requeridos e compatíveis com o objetivo da universalização do acesso, padrões mínimos de qualidade do serviço prestado, matriz de riscos, entre outros aspectos relevantes.

1.8 Regulação de entrada e Teoria dos leilões

A regulação de entrada, em contratos de concessão, tem por objetivo extrair, *ex ante*, eficiências de um mercado que será explorado de forma monopólica. Para tanto, uma das primeiras formas de regulação incidente sobre tais mercados é a realização de um leilão (*franchise bidding*), por intermédio do qual se pretende, num ambiente de pressão competitiva, estabelecer um regime de competição pelo mercado. Por intermédio dos leilões, no âmbito da instauração de uma competição *ex ante*, se garantiria os melhores preços *ex post*

---

[69] O principal risco da regulação discricionária é a captura dos reguladores e as condutas oportunistas dos agentes regulados (GOMEZ-IBANEZ, José. *Regulating infrastructure*: monopoly, contracts and discretion. Cambridge, MA: Harvard University Press, 2003).
[70] GOMEZ-IBANEZ, José. *Regulating infrastructure*: monopoly, contracts and discretion. Cambridge, MA: Harvard University Press, 2003.
[71] CAMACHO, Fernando Tavares; RODRIGUES, Bruno da Costa Lucas. Regulação econômica de infraestrutura: como escolher o modelo mais adequado? *Revista do BNDES*, Rio de Janeiro, n. 41, p. 285-287, jun. 2014.

(tal modalidade de regulação dará origem à regulação contratual, doravante desenvolvida).[72]

Um segundo objetivo é o de garantir a manutenção das eficiências decorrentes da exploração monopólica de uma utilidade pública, impedindo que cada agente, maximizando os seus próprios interesses, ingresse em um mercado que não comporta sua exploração em regime concorrencial (o que configuraria uma falha de mercado decorrente de problemas de coordenação). Daí a importância regulatória da licitação nas concessões (prevista no art. 14 da Lei nº 8.987/1995), bem como do estabelecimento do seu regime concorrencial, na forma do art. 16 da Lei nº 8.987/1995, segundo o qual "a outorga de concessão ou permissão não terá caráter de exclusividade, salvo no caso de inviabilidade técnica ou econômica justificada no ato a que se refere o art. 5º desta Lei".

A regulação de entrada também será serviente a impedir a prática de subsídios cruzados quando firmas multiprodutos pretendam privilegiar as atividades mais rentáveis (*cream skimming*) em determinados segmentos, se aproveitando da condição de monopolista em outros. Nesse sentido, a regulação de entrada será serviente, justamente, a preservar a viabilidade econômico-financeira dos monopólios naturais. Assim, por exemplo, cogite-se da hipótese em que uma concessionária de transmissão de energia elétrica se valha da condição de monopolista, nesse segmento, para subsidiar condutas anticoncorrenciais nos segmentos da geração e da comercialização por ela explorados. Outra utilidade desse instrumento é o estabelecimento de um regime de transição entre um ambiente monopolista e um ambiente competitivo. Nessas hipóteses, a regulação de acesso terá por objetivo reduzir as vantagens competitivas que o monopolista consolidado tem no setor, seja pela detença da propriedade das redes, seja pelo acesso aos consumidores cativos (*bottleneck*).

Tal se dá, por intermédio do controle estrutural das firmas (*unbundling*), ou da variável "preço" na interconexão. Nesse sentido, cite-se, por exemplo, o que se passou, no setor de telecomunicações, no âmbito do qual, quando de sua abertura nos idos da década de noventa, foram criados regimes concorrenciais assimétricos entre as denominadas "empresas espelho", que detinham todos os ativos do Sistema Telebrás, e os novos entrantes. Por fim, é de se destacar a função

---

[72] PHILLIPS JUNIOR. Charles F. *The regulation of Public Utilities*: Theory and Practice. Arlington: Public Utilities Report. 1993; DEMSETZ, Harold. Why Regulate Utilities? *Journal of Law and Economics*, Chicago, v. 11, n. 1, p. 55-65, 1968.

da regulação de saída, que tem por desiderato interditar soluções de continuidade dos serviços prestados à população. Nesse sentido, o art. 39 da Lei nº 8.987/1995 prescreve que o "contrato de concessão poderá ser rescindido por iniciativa da concessionária, no caso de descumprimento das normas contratuais pelo poder concedente, mediante ação judicial especialmente intentada para esse fim". Cuida-se de prescrição que interdita que o concessionário interrompa os serviços prestados na hipótese de inadimplemento contratual do poder concedente.

Não é por outra razão que, em 2007, Leonid Hurwicz, Eric S. Maskin e Roger B. Myerson receberam o Nobel de Economia por sua contribuição à Teoria do Desenho de Mecanismos e sua aplicação econômica. Em síntese, os autores verificaram que a análise econômica baseada exclusivamente na matemática seria insuficiente para elucidar todos os problemas correlatos à alocação eficiente de recursos. Segundo Lara Bonemer e Marcia Ribeiro,[73] a teoria conjuga os mecanismos necessários para que os agentes sejam "corretamente incentivados a revelar as informações privadas ao agente central". Nesse sentido, para que o desenho funcione, seria preciso estabelecer os incentivos apropriados para que os agentes revelassem, com honestidade, as informações privadas.

A ideia da teoria do desenho de mecanismos pode ser traduzida como "teoria dos jogos reversa", em que, no caso do jogo licitatório, onde pretende-se escolher a proposta mais vantajosa, o Estado deveria criar regras para incentivar os licitantes a divulgarem suas informações sobre o produto e sobre o preço.[74] Em outras palavras, o desenho de

---

[73] ROCHA, Lara Bonemer; RIBEIRO, Marcia Carla Pereira. Teoria do desenho de mecanismos: uma proposta de aplicação aos contratos incompletos. *Revista da Faculdade Mineira de Direito*, Belo Horizonte, v. 20, n. 40, p. 215-244, 2018.

[74] MCAFEE, R. Preston; MCMILLAN, John. Auctions and Bidding. *Journal of Economic Literature*, [s. l.], v. 25, n. 2, p. 699-738, jun. 1987; MYERSON, Roger. Optimal Auction Design. *Mathematics of Operations Research*, Chicago, v. 6, n. 1, p. 58-73, 1981; ORTEGA REICHERT, Armando. *Models for Competitive Bidding Under Uncertainty*. 1968. Tese (Doutorado em Filosofia) – Universidade de Stanford, Stanford, 1968; RILEY, John; SAMUELSON, William. Optimal Auctions. *American Economic Review*, Pittsburgh, v. 71, n. 3, p. 381-392, jun. 1981; MILGROM, Paul; ROBERTS, John. *Economics, Organization and Management*. New Jersey: Prentice Hall, 1992; VICKREY, William. Counterspeculation, Auctions, and Competitive Sealed Tenders. *The Journal of Finance*, [s. l.], v. 16, n. 1, p. 8-37, mar. 1961; WILSON, Robert. *The Structure of Incentives for Decentralization under Uncertainty*. Paris: Editions du Centre National de la Recherche Scientifique, 1969; MILGROM, Paul. Putting Auction Theory to Work: The simultaneous ascending auction. *Journal of political economy*, Chicago, v. 108, n. 2, p. 245-272, 2000. No Direito Brasileiro, Marcos Nóbrega leciona que "a literatura sobre licitações no Brasil questiona apenas a conformidade das ações dos

mecanismos corresponde à construção de regras e procedimentos para fazer uma escolha coletiva.

Isso porque, em contextos de decisão coletiva, uma regra de seleção de resultados pode ser chamada de descentralizada se ela se basear, ainda que parcialmente, na informação detida por cada indivíduo. A partir de tal regra descentralizada, os participantes de uma licitação podem achar melhor, visando ao próprio interesse, distorcer as informações na qual a seleção do resultado se baseia, de modo não detectável por outros participantes. Esse é um problema de incentivo que pode surgir em qualquer regra de decisão coletiva, e a ideia por trás da teoria dos desenhos é obter o equilíbrio das informações, através das estratégias de mecanismos criados.[75]

Nesse sentido, a própria ideia de leilão subjaz à ideia de mecanismos. Como elucidado pelo Conselheiro Vicente Bandeira de Aquino Neto, da Agência Nacional de Telecomunicações – Anatel, no bojo do processo que analisou a submissão à Consulta Pública de proposta de Edital de Licitação para disponibilização de espectro de radiofrequências de quinta geração (5G): "o leilão pode ser conceituado como um mecanismo de formação de preços e parametrizado por uma série de regras para especificar a forma de determinação do vencedor e quanto este deve pagar, em um ambiente marcantemente caracterizado pela assimetria de informações".[76] Por isso, o propósito do leilão é estabelecer um mecanismo de mercado sólido para promover a distribuição e o uso eficiente de recursos e produzir preços de mercado.

Razão pela qual, segundo Marcos Nóbrega e Bradson Camelo,[77] é necessário realizar uma mudança de perspectiva, no sentido de que a busca pela eficiência não deve se dar apenas pela melhor alocação dos recursos, mas também considerar os incentivos envolvidos. É claro que

---

agentes envolvidos com as regras pré-estabelecidas. É necessário ir mais além, discutindo porque essas regras são dessa forma e qual o sentido e o caminho de aperfeiçoá-las [...]. A teoria econômica clássica apenas responde indagações de como alocar mais eficientemente os recursos escassos baseadas na ideia de informação perfeita e ausência de custos de transação" (NÓBREGA, Marcos; CAMELO, Bradson. O que o prêmio Nobel de Economia de 2020 tem a ensinar a Hely Lopes Meirelles? O modelo de licitações que temos no Brasil é eficiente? *Jota*: Jornalismo e Tecnologia, [s. l.], 15 out. 2020).

[75] TEMPORAL, Ricardo. *Um exame da teoria de desenho de mecanismos e suas aplicações práticas.* 2011. Dissertação (Mestrado em Economia) – Instituto de Ensino e Pesquisa, São Paulo, 2011. p. 13.

[76] Análise nº 132/2019/VA, juntada ao Processo nº 53500.004083/2018-79.

[77] NÓBREGA, Marcos; CAMELO, Bradson. O que o prêmio Nobel de Economia de 2020 tem a ensinar a Hely Lopes Meirelles? O modelo de licitações que temos no Brasil é eficiente? *Jota*: Jornalismo e Tecnologia, [s. l.], 15 out. 2020.

a legislação brasileira que rege a licitação estabelece, por assim dizer, um "pacote" de incentivos, porém, não é o melhor. Por exemplo, há sistemas licitatórios que possibilitam o estabelecimento de regras de lances abertos ou fechados, deixando para os órgãos a flexibilidade de desenhar seus mecanismos de acordo com as contratualizações desejadas.

O exemplo sobre a assimetria de informação, em leilões petrolíferos, trazido por Lucia Helena Salgado e Gabriel Fiuza,[78] é ilustrativo sobre o ponto. Para o ponto que interessa à presente investida, os autores assumem duas premissas: (i) no caso do setor de petróleo, os participantes de um leilão têm níveis de informações diferentes sobre o objeto licitado; e (ii) a comunicação entre os licitantes de forma confiável pode facilitar a colusão e impedir tal comunicação não é tarefa simples. A adoção de leilões fechados, em que o valor do proponente é estabelecido em envelope fechado, sem o conhecimento dos demais participantes, a princípio, parece a melhor alternativa. Até o ano de 2008, os leilões de exploração de petróleo e gás realizados no país eram do tipo "primeiro preço" e fechados em blocos. Igualmente, se caracterizavam como leilões simultâneos e sequenciais e "os lances de um jogador para um conjunto de blocos pertencentes a um mesmo setor estavam reunidos em um leilão de proposta fechada. Assim, o processo do bloco seguinte só começava após os resultados dos leilões de um setor serem conhecidos. Além disso, o processo era público, transparente e permitia a organização de consórcios, com ou sem a participação da empresa incumbente (Petrobras). Uma regra restritiva adicional foi introduzida na oitava rodada, estabelecendo um número máximo de blocos conquistados pelos participantes".[79]

Baseado em evidências empíricas, Lucia Helena Salgado e Gabriel Fiuza indicam que modelo de leilões de petróleo e gás adotado pela experiência brasileira resultou em uma quantidade razoável de participantes, variando entre seis e quarenta e dois, contudo: (i) houve grande quantidade de blocos sem qualquer lance, em especial, entre

---

[78] SALGADO, Lucia Helena; BRAGANÇA, Gabriel Godofredo Fiuza de. Desenho de leilões para os acordos de partilha na área do pré-sal: questões em aberto. *In*: CAVALCANTE, Luiz Ricardo Mattos Teixeira; NASCIMENTO, Paulo A. Meyer M. (org.). *Radar*: tecnologia, produção e comércio exterior. Brasília: Ipea, 2012. p. 20-22.

[79] SALGADO, Lucia Helena; BRAGANÇA, Gabriel Godofredo Fiuza de. Desenho de leilões para os acordos de partilha na área do pré-sal: questões em aberto. *In*: CAVALCANTE, Luiz Ricardo Mattos Teixeira; NASCIMENTO, Paulo A. Meyer M. (org.). *Radar*: tecnologia, produção e comércio exterior. Brasília: Ipea, 2012. p. 20-22.

a quinta e a sétima rodada; e (ii) em todas as rodadas, a Petrobras participou de modo expressivo, variando entre 38% e 84% das áreas leiloadas, sendo que a sua taxa de sucesso variou entre 71% e 99%, aumentando a cada rodada. Assim, de acordo com os autores, "quando competindo pelo direito de explorar um campo com um incumbente, sob as condições de um leilão fechado, os demais participantes do leilão estão sujeitos à assimetria de informações extrema".[80]

Assim, é de se concluir que o modelo de leilão de primeiro-preço selado, aplicado até 2008, evita que os proponentes sejam capazes de obter sinais sobre o verdadeiro valor dos campos, se eles não conseguem observar as propostas de outros participantes. E, se isso diminui o risco de conluio, também torna os outros participantes, que não a Petrobras, a se tornarem excessivamente cautelosos. Em síntese, o resultado de leilões realizados em ambientes de acentuada assimetria de informações entre os proponentes pode levar a resultados insatisfatórios de um ponto de vista socioeconômico, gerando menos concorrência, eficiência e receitas ao leiloeiro.[81]

A assimetria de informações durante o processo licitatório pode gerar, também, ao final da licitação: (i) o "arrependimento dos perdedores" (*losers' regret*), se um licitante perdedor poderia ter ganhado com um lance mais alto; e (ii) o "arrependimento do vencedor" (*winner's regret*), se um licitante vencedor poderia ter ganhado dando menos pelo lance. Embora isto possa não ser surpreendente do ponto de vista comportamental, é relevante do ponto de vista do projeto do mecanismo, que exige o emprego do mecanismo mais eficiente possível.[82]

---

[80] SALGADO, Lucia Helena; BRAGANÇA, Gabriel Godofredo Fiuza de. Desenho de leilões para os acordos de partilha na área do pré-sal: questões em aberto. *In:* CAVALCANTE, Luiz Ricardo Mattos Teixeira; NASCIMENTO, Paulo A. Meyer M. (org.). *Radar*: tecnologia, produção e comércio exterior. Brasília: Ipea, 2012. p. 22.

[81] Na análise didática de Milgrom, os problemas causados por informações inadequadas podem ser encontrados em toda a economia. Um arquiteto que exige o uso de materiais de certa qualidade pode não saber que o construtor na verdade usou um substituto menos caro e menos durável. Os comerciantes do mercado oculto que encobrem suas transações ou pessoas que informam incorretamente a renda podem frustrar o sistema tributário de um governo. Os problemas de assimetria de informação são os mais relevantes para a teoria dos leilões. Eles surgem pela simples razão de que os licitantes sabem mais sobre seus valores do que o leiloeiro (MILGROM, Paul. *Putting Auction Theory to Work*. Cambridge: Cambridge University Press, 2004. p. 26-33.)

[82] KAGEL, John H.; LEVIN, Dan. *Auctions*: A Survey of Experimental Research. Columbus: Ohio State University, 2014. p. 7.

Milgrom e Weber[83] destacam que, em determinadas modelagens, quanto maior for a informação disponível para os participantes, maior tenderá a ser a receita esperada para o leilão. Maurício Bugarin, ao descrever o desenho de leilão simultâneo ascendente de múltiplas rodadas (*simultaneous ascending auction*), projetado por Milgrom e Wilson e aplicado na prática, explica que "nesse leilão, em cada rodada todos os participantes podem dar lances simultâneos para qualquer uma das faixas de radiofrequência sendo leiloada. Existe uma regra de atividade para que um participante ainda continue com o direito de dar lances em um segmento, de forma que, se deixar de dar lances para esse segmento por um número elevado de rodadas, o participante perde o direito de concorrer por esse segmento. Ademais, existe uma regra de aumento mínimo do valor dos lances entre duas rodadas consecutivas. O primeiro leilão nesse formato ocorreu em julho de 1994, teve a duração de 47 rodadas e gerou 617 milhões de dólares à época com a venda das 10 licenças oferecidas".[84]

A Teoria do Desenho de Mecanismo distingue claramente o aparato sob o controle do designer, que chamamos de "mecanismo", e o mundo das coisas que estão além do controle do designer, chamado de "ambiente". O mecanismo consiste nas regras que governam os participantes, o que os participantes têm permissão para fazer e como essas ações permitidas determinam os resultados. O ambiente compreende três listas: uma lista de participantes ou potenciais

---

[83] MILGROM, Paul; WEBER, Robert. A Theory of Auctions and Competitive Bidding. *Econometrica*, [s. l.], v. 50, n. 5, p. 1089-1122, 1982.

[84] BUGARIN, Mauricio. Leilões: a Teoria dos Jogos e o Prêmio Nobel de Economia de 2020. *Revista Conceito Jurídico*, Brasília, v. 4, n. 47, p. 77-83, 2020. p. 82. Para maiores detalhes sobre o caso, ver: "This is an auction for multiple items in which bidding occurs in a series of rounds. In each round, bidders make sealed bids for as many spectrum licenses as they wish to buy. At the end of each round the 'standing high bid' for each license is posted along with the minimum bids for the next round, which are computed by adding a pre-determined bid increment, such as 5 % or 10 %, to the standing high bids. These standing high bids remain in place until superceded or withdrawn. An "activity rule" limited a bidder's ability to increase its activity late in the auction, thus providing an incentive to bid actively early in the auction. For example, a bidder who has been actively bidding for ten licenses may not, late in the auction, begin bidding for eleven licenses. The theory of simultaneous ascending auctions is best developed for the case when the licenses being sold are substitutes. During the course of the auction, as prices rise, bidders who are outbid can switch their demands to bid for cheaper licenses, allowing effective arbitrage among substitute licenses. One of the clearest empirical characteristics of these auctions is that licenses that are close substitutes sell for prices that are also close - a property that is not shared by most older auction designs" (MILGROM, Paul. *Putting Auction Theory to Work*. Cambridge: Cambridge University Press, 2004. p. 4).

participantes, outra de possíveis resultados e outra de possíveis tipos de participantes, ou seja, suas capacidades, preferências, informações e crenças.[85]

Por exemplo, em um modelo de mecanismo político, os participantes podem ser legisladores, e um resultado é o conjunto de projetos de lei que são promulgados ou os participantes podem ser eleitores, e o resultado um conjunto de autoridades eleitas. O analista de mecanismos pode investigar como um determinado processo legislativo afeta a probabilidade de impasse ou como o sistema eleitoral distorce as escolhas de políticos preocupados com a reeleição. A teoria do mecanismo avalia projetos alternativos com base em seu desempenho comparativo.

O objetivo é determinar qual desempenho é possível e como os mecanismos podem ser mais bem projetados para atingir os objetivos do projetados.[86] Nesse quadrante, o desenho de mecanismo deve: (i) permitir o cumprimento das regras pelos próprios agentes, simplificando a supervisão regulatória, que representa um custo; (ii) gerar normas autoaplicáveis (*self-enforcement*), que demonstrem aos agentes que existe uma estratégia lícita, para cada estratégia ilícita, que é mais atrativa; e (iii) buscar equacionar os incentivos, sem perder de vista que a revelação honesta da informação se relaciona à seleção adversa (*adverse selection*), ao passo que o respeito aos comandos institucionais se relaciona ao perigo moral (*moral hazard*)[87-88].

---

[85] MILGROM, Paul. *Putting Auction Theory to Work*. Cambridge: Cambridge University Press, 2004. p. 26-33.

[86] MILGROM, Paul. *Putting Auction Theory to Work*. Cambridge: Cambridge University Press, 2004. p. 26-33.

[87] Nesse sentido, Carlos Oliveira Cruz e Joaquim Miranda Sarmento lecionam que "O desenho dos contratos de concessão é particularmente afetado em duas dimensões. O primeiro, e muito mais consensual, é que, quanto mais antiga a concessão, maior a probabilidade de ser renegociada. A razão simples para isso é que a informação será revelada ao longo do tempo – seja econômica, tecnológica, social ou política –, naturalmente forçará mudanças nos termos do acordo. A segunda dimensão diz respeito à matriz de alocação de risco, que é em grande medida afetada por todos os grupos anteriores de variáveis. Aqui, aspectos financeiros são preponderantes (por exemplo, requisitos e valores de investimento, financiamento privado exclusivo e garantias de renda), mas também especificidades setoriais e de projetos que influenciam como os riscos são alocados entre parceiros (por exemplo, atrasos de construção, riscos de demanda e receita durante a fase operacional e processo de arbitragem clara) (CRUZ, Carlos Oliveira; SARMENTO, Joaquim Miranda. *Manual de Parcerias Público-privadas e Concessões*. Belo Horizonte: Fórum, 2019. p. 467).

[88] ROCHA, Lara Bonemer; RIBEIRO, Marcia Carla Pereira. Teoria do desenho de mecanismos: uma proposta de aplicação aos contratos incompletos. *Revista da Faculdade Mineira de Direito*, Belo Horizonte, v. 20, n. 40, p. 215-244, 2018. p. 233-234. Ricardo Temporal destaca que um mecanismo deve conter quatro características: compatibilidade de incentivos,

1.9 Regulação Tarifária e seus Incentivos

Como visto, segundo a teoria econômica, em uma situação de concorrência perfeita, as forças de mercado, por meio da livre iniciativa, produziriam equilíbrio eficiente entre oferta e demanda e maximizando o bem-estar econômico. A concorrência perfeita, contudo, pressupõe condições que não necessariamente estarão presentes agentes tomadores de preços; ausência de poder de mercado; mercados completos e; racionalidade das decisões. Para além disso, a hipótese de que o livre mercado conduz ao melhor resultado em termos de bem-estar econômico não considera fatores como: existência de bens públicos (bens de uso comum); externalidades (ação de um agente sobre os demais agentes); assimetria de informações; existência de problemas distributivos que imporiam diferentes efeitos renda sobre a demanda; rigidez de preços; custos transacionais temas que foram tratados neste capítulo.

Nos casos em que as ressalvas acima sejam inquestionáveis, ou seja, em que haja um claro distanciamento da concepção de concorrência perfeita, justifica-se a figura de um agente externo para regular as atividades do mercado em questão, para evitar abusos e preservar o bem-estar social. A regulação almeja impedir excessos advindos do poder de mercado, como a apropriação de lucros exorbitantes pelo prestador, produção abaixo do potencial e redução do esforço de gestão. Existem duas abordagens, não excludentes, sobre o tema, abaixo colacionada:

Comando e controle: envolve a imposição de regras e de limitações a serem respeitadas pelo regulado, com constante monitoramento, fiscalizações e punições em caso de descumprimento. Trata-se de abordagem baseada nas obrigações estabelecidas, sejam contratuais, de legislação ou de normas regulatórias;

Mecanismos de incentivo: simula ambiente competitivo, induzindo o comportamento do regulado para práticas desejáveis, mas não obrigatórias (objetivos sociais), permitindo liberdade de ação do regulado. Parte do pressuposto de incentivar a eficiência adotando a dinâmica de mercados competitivos.

---

voluntariedade, equilíbrio orçamentário e eficiência (TEMPORAL, Ricardo. *Um exame da teoria de desenho de mecanismos e suas aplicações práticas*. 2011. Dissertação (Mestrado em Economia) – Instituto de Ensino e Pesquisa, São Paulo, 2011. p. 18.)

A regulação tem como objetivo promover os incentivos adequados que emulem um ambiente de mercado competitivo. Nesse contexto, se a regulação for efetiva, a oferta do serviço será maximizada, o que significa que o prestador buscará atender ao maior número de usuários possíveis para que o seu resultado seja o maior possível. Consequentemente, o bem-estar social aumentará, ampliando as externalidades positivas. Note-se que a importância da regulação para o bem-estar social está tanto nos ambientes de tarifação subótima, quanto na tarifação sobre ótima, que aproveita a capacidade de monopólio para, sob regulação inadequada, transferir rendas a operadores, criando ineficiências alocativas.

No caso da regulação subótima, a prática regulatória apresenta complexidades que não são diretamente captadas pelos principais modelos regulatórios. O principal deles se situa no campo da Economia Política e diz respeito à constante pressão política que exige baixas tarifas por serviços essenciais – o que pode ser agravado pela ineficiência e altos custos quando o serviço tem prestação pública ou interferência política sensível. Diante desse fato, o maior desafio do regulador migra do controle das rendas econômicas excessivas do monopólio natural (via preços tetos ou controle dos custos ou do retorno) para a garantia da sustentabilidade econômico-financeira do serviço, evitando que a manipulação política das tarifas, particularmente nos momentos de transição dos ciclos eleitorais, produza uma corrosão dos investimentos e da própria operação dos serviços. Muitas vezes, as pressões pela compressão artificial das tarifas com esse fulcro vêm revestidos de falsos argumentos de equidade. Em outras vezes, tais pressões confundem a compressão tarifária com a busca da modicidade tarifária – dois conceitos completamente distintos. É essencial que a regulação, em bases técnicas, possa diferenciar as pressões de natureza política dos argumentos puros de equidade tarifária, bem como afastar qualquer confusão proposital entre tarifas politicamente orientadas e a busca legítima da modicidade tarifária. O caso do setor de saneamento básico, por exemplo, é useiro e vezeiro em tarifação subótima,[89]

---

[89] Frederico Turolla comentou sobre este setor que "em especial, os usuários representados tendem a privilegiar tarifas mais baixas, o que não deve ser confundido com modicidade tarifária. No limite, a tarifa de interesse do usuário é a mais baixa possível, enquanto a tarifa de interesse do regulado é a mais alta possível. Cabe, portanto, acentuar o caráter de independência do regulador para a definição desse reajuste" (TUROLLA, Frederico A. Participação social na definição de tarifas. *In*: GALVÃO JUNIOR, Alceu; XIMENES, Marfisa. *Regulação*: controle social da prestação dos serviços de água e esgoto. Fortaleza: Associação Brasileira das Agências de Regulação, 2007).

gerando incentivos ao sobreconsumo de recurso natural água escasso e ineficiência produtiva no uso dos recursos para a prestação dos serviços.

Um ambiente regulatório maduro influencia positivamente a percepção da relação risco/retorno da atividade. Se o regulador encontra um ambiente de independência e faz uso de critérios estritamente técnicos para avaliar a atividade, estabelecer as metas e métricas de desempenho, e define a tarifa apropriadamente, o fluxo de caixa da operação será, muito provavelmente, suficiente para manter o equilíbrio econômico-financeiro, com consequente redução na percepção de risco e no custo do capital (tanto o próprio quanto o de terceiros), com impacto sobre a tarifa média requerida.

No âmbito da regulação tarifária, o modelo de regulação contratual pode se valer da regulação por taxa de retorno ou do custo do serviço (*rate of return*), metodologia por meio da qual se garante ao agente regulado a manutenção da Taxa Interna de Retorno – TIR do projeto em face dos custos por ele despendidos.[90] Trata-se de metodologia regulatória que tende a evitar o risco moral, porquanto, na medida em que o valor de exploração do ativo é fixado no leilão, considerando a pressão competitiva, a firma tem maiores dificuldades para, valendo-se da assimetria de informações com o regulador, apresentar custos irreais. Do mesmo modo, tal metodologia poderá evitar a seleção adversa, na medida em que, como o preço é definido do leilão, o valor ofertado pela exploração do ativo tende a ser o mais próximo de uma firma eficiente.

Acontece que, malgrado se trate de modelo, habitualmente, utilizado em projetos de infraestrutura, a sua desvantagem consiste nos incentivos gerados pelo superdimensionamento da base de ativos, considerando a garantia de uma rentabilidade fixa (Efeito Averch-Johnson[91]) para o concessionário. O efeito Averch Johnson se tornou famoso na literatura regulatória internacional, ao designar um incentivo regulatório que produz uma substituição ineficiente de trabalho por capital além do ponto ótimo de eficiência alocativa ou

---

[90] Cuida-se de modelo contratual previsto da regulação do saneamento básico, na regulação exercida pelas empresas estaduais de saneamento. É o que dispõe o art. 2º da Lei nº 6.528/1978, cuja redação é a seguinte: "Art. 2º - Os Estados, através das companhias estaduais de saneamento básico, realizarão estudos para fixação de tarifas, de acordo com as normas que forem expedidas pelo Ministério do Interior. §2º As tarifas obedecerão ao regime do serviço pelo custo, garantindo ao responsável pela execução dos serviços a remuneração de até 12 % (doze por cento) ao ano sobre o investimento reconhecido."

[91] AVERCH, Harvey; JOHNSON, Leland L. Behavior of the firm under regulatory Constraint. *American Economic Review*, [s. l.], v. 52, n. 5, p. 1052-1069, 1962.

produtiva, ou a própria ampliação desnecessária da base de capital. Entre seus remédios, conforme Bruno Carrara e Frederico Turolla,[92] está a capacidade que o regulador deve possuir em glosar investimentos imprudentes e ativos fora de operação.

Este modelo se referencia nos custos incorridos pelo prestador para definir a tarifa que garanta o nível de remuneração. As tarifas assim determinadas são consideradas justas, pois possibilitam aos prestadores a recuperação dos custos e limitam a apropriação de lucros exorbitantes característicos do monopólio. Na Regulação pelo Custo, não há necessariamente uma periodicidade pré-definida para se revisar as tarifas.

Os custos são constantemente monitorados e a revisão pode ser feita quando se percebe o desequilíbrio econômico-financeiro. Entretanto, se a tarifa for calculada somente com base nos custos incorridos pelo prestador, sem considerar critérios de eficiência operacional ou prudência no investimento, há a tendência à ineficiência e inchaço destes custos, resultando em tarifas elevadas. Não há incentivos à operação eficiente e à redução dos custos operacionais. Há ainda o risco de manipulação contábil por parte do prestador, além da exigência de altos custos administrativos para o regulador, pois requer o processamento e análise de muitas informações e frequentes ajustes de preços.

Mesmo com essas desvantagens ainda é possível obter bons resultados com a Regulação pelo Custo, desde que: a taxa de retorno seja suficiente apenas para atrair o investimento necessário para manutenção do nível de qualidade e possibilitar a expansão; os investidores tenham segurança de que o capital investido será recuperado; sejam incentivadas práticas gerenciais eficientes; a estrutura tarifária estimule a racionalização do consumo; as regras sejam estáveis e previsíveis. A maior crítica à Regulação por Taxa de Retorno está na falta de incentivos à eficiência operacional. Para estimulá-la, o regulador pode desconsiderar parte dos custos operacionais e investimentos quando da revisão tarifária. Mas, mesmo que o regulador não glose parcelas ineficientes dos custos na definição das tarifas, o simples fato de estas permanecerem constantes por um período representa um estímulo à eficiência, pois permite lucro adicional por um tempo.

---

[92] MELO, Bruno Carrara de; TUROLLA, Frederico A. Modelos de Regulação Tarifária e a Lei no. 11.445/2007. *In*: GALVÃO JUNIOR, Alceu de Castro; MELO, Alisson J. M.; MONTEIRO, Mário A. P. (org.). *Regulação do Saneamento Básico*. São Paulo: Ed. Manole, 2013.

A remuneração do modelo de Regulação por Taxa de Retorno advém da aplicação da taxa de remuneração (TdR) permitida sobre a base de remuneração (BdR), que tem relação direta com os investimentos realizados. Assim, para evitar investimentos em excesso e desnecessários, é fundamental que o regulador os monitore, considerando apenas os investimentos prudentes, úteis e em uso na base de remuneração. Outra consequência deste modelo é que o prestador não terá incentivos para operar sistemas já completamente depreciados ou amortizados, pois a tarifa cobrirá apenas os custos operacionais e os impostos.

O regulador também poderá se valer de um preço-teto (*price cap*), metodologia conhecida como regulação por incentivos, por intermédio da qual, ao se fixar um preço máximo para a tarifa, pretende-se criar incentivos para que o concessionário aumente a sua rentabilidade, pela gestão eficiente de seus custos. De acordo com Mario Luiz Possas, João Fagundes Pondé e Jorge Fagundes tal metodologia[93] "compreende uma regra de reajuste por índice público de preços, acompanhada de previsão de redução de custos por aumento de produtividade, com o objetivo de estimular, de forma muito simples e transparente, a busca de aumento de eficiência microeconômica".

A Regulação pelo Preço (Preço Teto ou *Price Cap*) foi desenvolvida no Reino Unido, de forma a compor o modelo regulatório de empresas privatizadas do setor elétrico na década de 1990. Neste modelo, as tarifas são dissociadas dos custos incorridos pelos prestadores e mantidas constantes por um período pré-determinado, a não ser por reajustes anuais que consideram a inflação e um fator de ajuste (Fator X). Assim, o aumento do lucro é obtido através da redução dos custos durante o período do ciclo tarifário. Ao permitir que as empresas retenham o excedente de lucro por um tempo, espera-se que essas sejam estimuladas a reduzir seus custos e, assim, revelem ao regulador o potencial de sua eficiência. Ao final do ciclo tarifário, o regulador pode redefinir os preços em uma Revisão Tarifária, convertendo o ganho de produtividade em prol da modicidade[94] para beneficiar o usuário, e

---

[93] POSSAS, Mario Luiz; PONDÉ, João Luiz; FAGUNDES, Jorge. Regulação da concorrência nos Setores de Infraestrutura no Brasil: elementos para um quadro conceitual. *In*: INSTITUTO DE PESQUISA ECONÔMICA APLICADA. *Infra-estrutura*: perspectivas de reorganização-regulação. Rio de Janeiro: IPEA, 2004.

[94] A modicidade tarifária não deve ser confundida com "tarifas baratas" ou com seu nível real. Trata-se de conceito relativo, observado em relação aos custos: tarifas módicas não sobrecarregam o usuário com rendas indesejáveis decorrentes das falhas de mercado subjacentes.

calcular um novo Fator X. Quanto mais longo o ciclo, maior o incentivo ao aumento da eficiência, mas eleva-se a possibilidade de o prestador auferir altos lucros excedentes, o que não é bem aceito pela sociedade. Os ciclos desse modelo costumam ter duração de 4 ou 5 anos.

A regra de reajuste é mantida, durante um ciclo pré-determinado, de forma a permitir que o prestador absorva o ganho de produtividade excedente e tenha incentivos para aumentar a eficiência operacional. A variação do preço médio do prestador no ciclo tarifário é limitada por um índice que inclui a inflação, representada por um índice de preços como o IPCA[95] ou por uma fórmula paramétrica, e um fator que geralmente reflete o ganho de produtividade esperado (x), a ser distribuído com os usuários. Reporta-se, na literatura, um efeito indesejado relacionado ao "efeito catraca" (*ratchet effect*), segundo o qual a ênfase no desempenho atual para definir metas futuras pode desencorajar o esforço e reduzir o desempenho.[96]

---

[95] O tema do índice de preços que deveria ser utilizado como referência de reajustes tarifários vale uma discussão em si. De maneira geral, a Pezco Economics nota que há dois elementos-chave nos contratos para determinar o reajuste: periodicidade e fórmula de cálculo. Quanto à periodicidade, podem ser estipulados pontos referentes a períodos fixos ou variados, cuja definição dependerá das expectativas inflacionárias. Quanto à fórmula de cálculo, a principal discussão é se o índice para correção deve seguir algum índice de inflação ou alguma outra forma paramétrica. Visto que o reajuste contratual busca a atualização dos valores do contrato em relação à inflação, evidentemente, deve haver a previsão contratual para a utilização de um indicador pois, sem a previsão contratual de reajuste tarifário, o risco inflacionário ficará sob a responsabilidade do concessionário (distorções). Podem ser métricas de atualização os índices de inflação como o Índice Nacional de Preços ao Consumidor Amplo (IPCA) e o Índice Geral de Preços ao Mercado (IGP-M). Esses indicadores podem não refletir, necessariamente, o aumento dos custos da prestadora de serviço. Como reajustes periódicos devem ser utilizados nos contratos de concessão, ao longo do tempo, essas diferenças entre o índice inflacionário e os custos reais podem aumentar (as estimativas podem ser superestimadas ou subestimadas). Uma alternativa que pode se adequar melhor à realidade dos custos são as fórmulas paramétricas.

[96] O debate sobre o efeito catraca continua atual e desafia os defensores da regulação por incentivos, além de gerar questionamentos sobre a própria efetividade do Fator X na regulação de mercados. O trabalho recente de Martin Cave (2024) aponta que "economists quickly identified shortcomings in the simple approach. A partial set of such shortcomings includes that of collecting the data required to produce a value of X in the formula without under-or over-rewarding investors – a task that overlaps with that required of rate of return regulation. Moreover, in world in which a succession of, say, five-year caps are expected, firms are likely to conjecture that the observation of low cost or high profits towards the end of a current price cap will influence the regulator's value of X in the succeeding period - to the firm's disadvantage: this will cause them reduce effort – via a so-called ratchet effect. Thus, while it has often been said that incentive (alternatively, price cap) regulation is the most important development in regulation over the past 40 years, it was quickly recognised that it did not avoid all the shortcomings of its predecessor (Joskow, 2006)" (CAVE, Martin. Incentive Regulation: Expectations, Surprises, and the Road Forward. *Review of Industrial Organization*, [s. l.], v. 65, p. 431-453, 2024).

Entre os benefícios da Regulação por Preço Teto, destacam-se: os incentivos a melhorar a eficiência operacional; a atenuação dos efeitos de assimetria de informação entre o prestador e o regulador; a redução do incentivo a investimentos não prudentes; a maior liberdade de ação do prestador; os menores custos administrativos para o regulador durante o ciclo tarifário, devido à simplicidade dos reajustes; maior estabilidade de preços; possibilidade de estabelecimento de trajetória de preços.

Ao dissociar as tarifas dos custos, aloca-se maior parcela de risco ao prestador, pois variações nos custos dos insumos e de demanda não são compensadas pela tarifa. Esta alocação de risco é, em tese, benéfica, pois é esse o agente que pode gerir o risco e mitigá-lo através de seu plano estratégico. Entretanto, ao submeter a empresa a maior risco, há elevação no custo do capital, que pode comprometer os investimentos em aumento de capacidade. Como o maior incentivo é dirigido à eficiência operacional, pode haver deterioração da qualidade dos serviços ou baixo investimento em expansão. No início do ciclo, o prestador tende a investir prioritariamente em ganho de produtividade, que gera aumento de lucro, e no fim do ciclo, próximo à revisão tarifária, em aumento de capacidade, pois a remuneração do próximo ciclo pode depender do investimento realizado. Como a assimetria de informação faz com que o regulador desconheça a eficiência potencial do prestador e como o regulador não pode comprometer a sustentabilidade da atividade, é possível que se estabeleça um preço inicial relativamente alto, que garanta a cobertura dos custos e não coloque em risco o equilíbrio econômico-financeiro da empresa regulada.

Caso isso ocorra, a empresa pode auferir significativos excedentes no período entre revisões tarifárias com redução dos custos, constituindo um problema moral perante a sociedade. Se o regulador utilizar as informações de desempenho passado para definir o novo preço teto, as questões associadas ao modelo de Regulação pelo Custo ressurgem. Se o prestador antecipar que a variação da produtividade obtida no ciclo tarifário pode ser usada no futuro para reduzir preços, não há tanto incentivo à eficiência.

Mas há mecanismos que amenizam o problema, como utilizar informações fora do controle do prestador, como medidas de desempenho de outras empresas. Pode-se ainda dissociar completamente os preços do custo do prestador, inclusive na revisão tarifária, intensificando os incentivos à eficiência. Os custos operacionais reconhecidos podem ser determinados através de comparação com outros prestadores (*benchmarking*) ou pela construção de uma Empresa de Referência, baseada nas melhores práticas do setor adaptadas às características da concessão. Também poderá se valer o regulador da denominada regulação por desempenho (*yardstick competition*), por meio da qual se coletam as informações de diversas firmas reguladas (ou de uma empresa espelho), com o objetivo de estabelecer índices de produtividade e a redução dos custos das firmas. Sobre o tema, Gabriel Godofredo Fiuza de Bragança e Fernando Tavares Camacho[97] lecionam que "o objetivo do regulador seria obter alguma base de comparação simples para avaliar o potencial da firma regulada, ao invés do desempenho passado ou presente da própria". E concluem que, "conforme posto por Dassler, Parker e Saal (2009), desde que o regulador seja capaz de identificar ao menos uma firma de referência (*benchmark*), ele pode usá-la para diminuir significativamente a assimetria de informação".

De fato, um dos grandes desafios a ser superado na tarefa da avaliação econômico-financeira é a assimetria de informações entre regulado e regulador. Para diminuir essa assimetria, um dos aspectos mais importantes é conhecer, o melhor possível, a realidade do prestador do serviço. Duas alternativas são possíveis: analisar o desempenho histórico do prestador ou estreitar o relacionamento com este – sendo que as duas alternativas não são mutuamente excludentes. Adicionalmente, podem ser realizadas avaliações em bases comparativas com outros prestadores (regulação por comparação ou *benchmarking*).

O *benchmarking* costuma ser útil na análise das informações obtidas do prestador, tanto para a identificação das ineficiências (que poderão ser desconsideradas na análise para fins regulatórios) quanto para a detecção de outros tipos de problemas no reporte de informações. Se o regulador optar por dissociar a tarifa dos custos, ainda que parcialmente para estimular alguma eficiência operacional, é necessário que seja criado um ambiente virtual de competição para induzir o gerenciamento eficiente dos custos. Esse ambiente pode ser simulado, por meio de empresa de referência ou por comparação.

Como o custo do capital de terceiros é inferior ao custo do capital próprio, o prestador pode ser induzido a buscar um percentual de endividamento superior ao adotado no cálculo do custo médio

---

[97] BRAGANÇA, Gabriel Godofredo Fiuza de; CAMACHO, Fernando Tavares. Uma nota sobre o repasse de ganhos de produtividade em setores de infraestrutura no Brasil (fator x). *Radar*, Brasília, n. 22, p. 7-16, nov. 2012. p. 12.

ponderado de capital (WACC, do inglês *weighted average cost of capital*) para definição tarifária, pois assim incorrerá em custo de capital inferior ao reconhecido e haverá maior lucro durante o ciclo tarifário. Apesar de ser possível definir tarifas mais baixas no curto prazo pela consideração de um peso maior ao capital de terceiros, no longo prazo acarreta o alto endividamento da empresa.

Cada modelo regulatório tem um objetivo. É importante identificar o momento da prestação do serviço para definir o modelo regulatório que prevalecerá como parâmetro na avaliação econômico-financeira e na definição das tarifas. Percebe-se que o preço teto é o ideal para prestadores já estabelecidos, com 100% de cobertura. Por outro lado, para os prestadores que precisam cumprir a universalização do acesso, pode ser mais interessante a aplicação do modelo de taxa de retorno. Contudo, há que se monitorar excesso de custos ou de investimentos não necessários para evitar que a remuneração seja superior ao justo. Nada impede que o regulador opte por modelos híbridos, que combinem o melhor de cada um.

A distância entre o resultado efetivo e a meta pode ser uma *proxy* da ineficiência. A simplicidade dos indicadores deve ser valorizada como importante instrumento para: diagnóstico e avaliação inicial da eficiência dos prestadores e dos pontos a serem trabalhados; facilidade de entendimento pelos diversos agentes; permitir a regulação por exposição (*Sunshine Regulation*),[98] que contribui para o controle social. Entretanto, o uso de indicadores tem limitações, devido à subjetividade na agregação de diferentes dimensões (eficiência, qualidade e abrangência) para criação de um ranking entre prestadores. Além disso, não considera variáveis de contexto (ambientais) que interferem

---

[98] A *sunshine regulation* consiste na adoção de medidas de *soft regulation* destinadas a promover a transparência e o *disclosure* por meio da geração e sistematização de dados e informações. As informações reveladas, por sua vez, podem influenciar o comportamento dos agentes do mercado regulado. Além disso, o mecanismo proposto também proporciona mais transparência para a sociedade, permitindo que seja mais bem entendido, por exemplo, o custo de oportunidade presente na relação entre o regulador e concessionários. Com maior transparência, o nível de informação aumenta, e isso incrementa a qualidade das escolhas a serem feitas pela sociedade. Cuida-se de alternativa regulatória adotada por algumas agências subnacionais em prol da universalização dos serviços de saneamento, na qualidade de uma regulação de incentivo e reveladora de informações. Assim, por exemplo, cite-se que a Agência Reguladora de Serviços de Abastecimento de Água e de Esgotamento Sanitário do Estado de Minas Gerais e a Agência Reguladora de Serviços Públicos do Estado de São Paulo (ARSESP) possuem normativos que instituem a regulação *sunshine*, respectivamente, a Resolução ARSAE-MG nº 108/2018 e a Deliberação ARSESP nº 1.138/2021.

na eficiência medida, mas não são gerenciáveis pelo prestador, como densidade, verticalização, topografia, entre outras. Outro método de avaliação de eficiência consiste na elaboração de índices de produtividade, que mensuram a relação insumo/produto.

Não é por outra razão que as melhores práticas internacionais, em concessões e parcerias público-privadas, recomendam, no âmbito de sua gestão, que sejam: (i) bem definitivas as instâncias contratuais, que irão disciplinar o seu monitoramento; (ii) estabelecidas formas de monitorar e fazer cumprir as obrigações de desempenho do serviço pelo concessionário. Tal se passa, por intermédio do estabelecimento de um caderno de encargos, o qual se deve definir, com objetividade e tecnicidade, os requisitos de exploração do ativo. Assim é que, a despeito das especificidades do projeto de infraestrutura, o caderno de encargos deve conter, ao menos, informações a propósito: (i) da definição do objeto e do prazo da concessão; (ii) do enquadramento legal, que irá reger o contrato de concessão; (iii) das obrigações e direitos de ambas as partes (poder concedente e concessionária); (iv) da alocação de riscos; (v) das regras de apresentação, revisão, apreciação e aprovação de projetos; (vi) dos mecanismos de remuneração, de incentivos e de penalidades; e (vii) dos princípios gerais relativos à qualidade e segurança na concepção, construção e exploração do ativo concessionado.

Os itens (vi) e (vii) materializam as cláusulas de desempenho do contrato de concessão, as quais devem se delineadas, por intermédio de especificações técnicas, que definam a qualidade e a quantidade dos serviços que serão disponibilizados pelo concessionário.[99] Tais cláusulas devem ser aferidas, por meio de *key performance indicators* (KPIs), os

---

[99] Nesse sentido, Bruno Miguel Ribeiro Lima conclui que "the analysis of several case studies allows to conclude that all of the concession contracts establish a performance monitoring system. This system incorporates essentially all data records relating to the performance of the various services provided by the concessionaire, the PMS developed and implemented by the concessionaire (based on KPIs) and approved by the grantor, and a set of mechanisms to report compliance with the KPIs to grantor. Finally, based on the literature review conducted, in particular the studies prepared by the authors Yuan *et al.* (2009) and Ismail (2009), and based on the analysis of the concession contracts, it was possible to conceive the model presented in chapter 4. This model comprises a very varied set of KPIs, which denotes, therefore, the need for a very diverse set of technical skills for its definition, and subsequently for to ensure its fulfillment. It should also be noted that was introduced a new group of indicators (relational KPIs), that must, just as the other groups, be integral part of the concession contracts." (LIMA, Bruno Miguel Ribeiro. *Definition of Indicators for Monitoring of Concessions*. 2013. Dissertação (Mestrado em Engenharia Civil) – Técnico Lisboa, Universidade de Lisboa, Lisboa, 2013. p. 11.)

quais estabelecem o nível mínimo de qualidade contratada, a serem monitorados, a partir de métricas pré-estabelecidas.[100]

Basicamente, existem dois tipos de métodos para mensurar o nível de eficiência: os de base econométrica (estatística), também chamados de estocásticos ou paramétricos; e os métodos baseados em uma programação matemática, que são conhecidos como "não paramétricos", ou determinísticos. Os modelos não paramétricos, como o DEA, determinam a fronteira de eficiência a partir dos mais eficientes e verificam a distância dos prestadores em relação a ela. Têm a vantagem de não impor, *a priori*, uma forma funcional, além da facilidade de entendimento. Por outro lado, se mostram sensíveis aos valores extremos (outliers), inclusive aqueles devidos a entrada de dados errados, e não permite o uso de técnicas estatísticas para avaliação de testes de hipótese. Ademais, estabelecer o custo da empresa mais eficiente como referência pode eliminar o incentivo econômico, transformando-o em penalidade. Os modelos paramétricos estimam parâmetros, com a definição, *a priori*, de uma função matemática e de técnicas econométricas. É preciso conhecer bem o setor para escolher as variáveis explicativas relevantes, preferencialmente tendo uma variável explicativa para cada dimensão (escala, qualidade e condições de contexto, sem relação uma com a outra). Os métodos de análise de eficiência vêm convergindo entre si.

Como a medida relativa de eficiência (*ranking*) depende do método empregado para comparação, recomenda-se proceder à análise de consistência pelo confronto de resultados de diversas técnicas e verificar se os resultados são coerentes, o que permite fortalecer a posição do regulador frente às prestadoras. O regulador pode enviar os resultados às prestadoras, para receber seus comentários, envolvendo-as no processo de *benchmarking* e contribuindo para que as informações utilizadas sejam confiáveis e os resultados, compreensivos e justificáveis. O *benchmarking* se converte, assim, em um processo interativo, que contribui para reduzir a assimetria de informação.

Hodiernamente, contudo, o que se observa na prática é que os processos de *benchmarking* não vêm trazendo resultados palpáveis em termos dos ganhos que pretendem incentivar, seja pelo aspecto

---

[100] YUAN, Jingfeng; ZENG, Alex Y.; SKIBNIEWSKI, Miroslaw J.; LI, Qiming. Selection of Performance Objectives and Key Performance Indicators in Public-Private Partnerships Projects to Achieve Value for Money. *Construction Management and Economics*, [s. l.], v. 27, n. 3, p. 253-270, 2009.

estrutural do "efeito catraca" seja pela própria limitação das ferramentas à disposição dos reguladores para a implementação dos incentivos desejados. Ademais, a exagerada complexidade dos modelos empregados vem tornando a regulação muito prolixa e, consequentemente, pouco transparente à sociedade, o que dificulta o seu escrutínio e, por vezes, pode acabar trazendo soluções travestidas de tecnicalidade, mas que somente refletem "contas de chegar".

Por tudo isso, o momento é de um movimento de questionamento e de revisão do uso excessivo de ferramentas aparentemente sofisticadas de apuração de ganhos de produtividade como o Fator X, e de busca de mecanismos de incentivo alternativos que possam trazer ferramentas efetivas aos reguladores – já que o Fator X e as metodologias relacionadas não foram capazes de entregar resultados notáveis. Não tratamos aqui de uma desqualificação absoluta dos modelos de eficiência, mas sim de uma chamada pela racionalidade no seu emprego prático no ambiente regulatório brasileiro. Essa chamada é tanto mais relevante quanto menos desenvolvida é a institucionalidade do marco regulatório setorial ou regional.

1.10 O ciclo de vida dos projetos: a etapa de estruturação de projetos e seu impacto sobre a regulação

De maneira típica, o contrato de Participação do Setor Privado (PSP) é o elemento central do ciclo de vida de praticamente todos os setores de infraestrutura econômica e social. Uma representação desse ciclo de vida, elaborado pela Pezco Economics, é apresentado a seguir, contendo várias das etapas principais de tal ciclo.

Figura 9 - O ciclo de vida da infraestrutura.

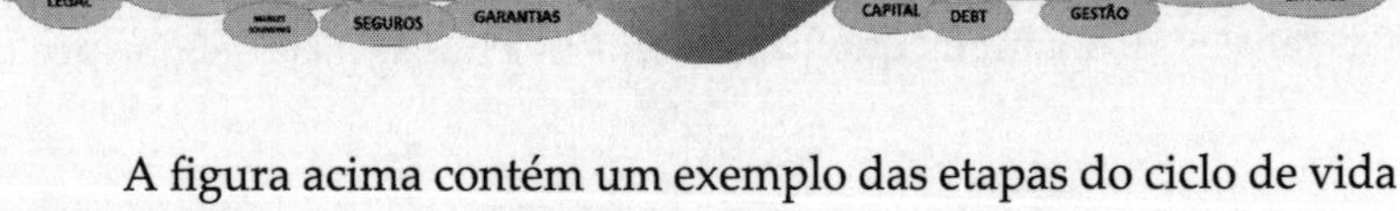

A figura acima contém um exemplo das etapas do ciclo de vida típico da infraestrutura, abordadas de forma sumária:

Fase pré-contratual
- Marco legal: desenvolvimento da legislação setorial;
- ACB: realização da Análise de Custo-Benefício;
- Planejamento: instrumentos de planejamento setorial e do projeto;
- Demanda: análise e projeção da demanda pelo empreendimento;
- EVTEA: Estudo de viabilidade técnica, econômica e ambiental, também conhecido como estruturação do projeto, incluindo a consulta e audiência pública do edital e a sua revisão conforme contribuições da sociedade e dos interessados;
- *Market sounding*: sondagem junto aos atores de mercado para aprimoramento do desenvolvimento do edital;
- CAPEX: estimativa das despesas de capital, como parte do EVTEA;
- OPEX: estimativa das despesas operacionais, como parte do EVTEA;
- M5D: estruturação de projetos por meio do Modelo de Cinco Dimensões;
- Business case: formulação do caso de negócios para licitação;
- VfM: análise de *Value for Money* (valor pelo dinheiro), ligada à vantajosidade do projeto;
- *Roadshow*: apresentação pública do edital a potenciais interessados;
- Licitação do ativo em ambiente público, majoritariamente, no Brasil, realizado atualmente no ambiente da B3: Brasil Bolsa Balcão (bolsa de valores);
- Garantias: estruturação do pacote de seguros e garantias de parte a parte.

Fase pós-contratual
- Constituição jurídica da SPE: Sociedade de Propósito Específico;
- Capital: levantamento do financiamento (*equity* e *debt*/dívida) para a viabilização e operacionalização do projeto;
- Reequilíbrio: ajuste econômico-financeiro do contrato conforme a sua alocação de riscos;
- Regulação: tema amplo conforme tratado nesta obra;
- Tarifas: regulação tarifária do contrato, podendo incluir avaliação do Custo Médio Ponderado de Capital (WACC);

- VI: Verificador Independente;
- Gestão: gestão contratual, procedimento amplo de responsabilidade do Poder Concedente;
- LC: avaliação de Lucros Cessantes;
- Sinistros: ocorrências previstas em apólices de seguros e garantias;
- DD: *Due Dilligence* de ativos para transferência de controle e outras finalidades;
- Ativos: gestão dos ativos e sua destinação ao final do contrato;
- Litígios: questões contratuais, tratadas de diversas formas.

A estruturação dos projetos é uma etapa pré-contratual, em que várias decisões importantes são tomadas sobre o projeto, com inquestionável relevância sobre a definição de elementos centrais do ambiente regulatório no seu ambiente pós-contratual. A estruturação dos projetos corresponde, em linhas gerais, ao Estudo de Viabilidade Técnica, Econômica e Ambiental (EVTEA), podendo ser realizado por meio de diferentes metodologias. A atividade envolve um conjunto de etapas pré-definidas (a metodologia ou protocolo de estruturação) que envolvem uma equipe pública e de assessores privados, combinando competências nas áreas de engenharia, ambiental, operacional, econômico-financeira, jurídica, comunicação, entre outras a depender do projeto. A estruturação define e licita um contrato incompleto que especifica a relação público-privada ao longo de sua duração e uma matriz de alocação de riscos, sob algum grau de assimetria informacional que pode tornar a informação do estudo mais ou menos relevantes aos potenciais licitantes privados.[101]

O artigo "Novos protocolos na estruturação de projetos de infraestrutura no Brasil",[102] de Frederico Turolla, Rodolfo Benevenuto, Diego Botassio e Rafael Igrejas, traçou, de forma pioneira, uma linha de evolução da estruturação de projetos no Brasil, classificando protocolos de estruturação de parcerias predominantes no Brasil em três grupos principais: os modelos ad hoc; o modelo tradicional preconizado pelo guia dos multilaterais; e o modelo de cinco dimensões (M5D).

---

[101] NÓBREGA, Marcos; FREITAS, Rafael Véras; TUROLLA, Frederico. Contratação incompleta de projetos de infraestrutura. *PSP Hub Estudos em Infraestrutura e Urbanismo*, [s. l.], 9 jul. 2023.

[102] TUROLLA, Frederico; BENEVENUTO, Rodolfo; BOTASSIO, Diego; IGREJAS, Rafael. Novos protocolos na estruturação de projetos de infraestrutura no Brasil. *PSP Hub*: Estudos em Infraestrutura e Urbanismo, [s. l.], 7 dez. 2023.

Há diversos modelos de estruturação de projetos que foram empregados no Brasil desde os anos 90, quando o país retomou a estruturação de contratos de longo prazo de infraestrutura. Esses contratos começaram a ser estruturados antes mesmo da Lei federal nº 8.987 de 1995, notadamente nos setores de rodovias e de portos. No caso das rodovias, o Decreto nº 94.002 de 1988 já autorizava o DNER a contratar concessões rodoviárias e o Programa de Concessões de Rodovias Federais (Procrofe, de 1993, deu impulso ao tema. No caso dos portos, a Lei de Modernização setorial (Lei nº 8.630 de 1993) já abordava o regime de concessão no setor. Diversos outros projetos foram estruturados tanto no nível federal quanto nos governos infranacionais a partir de meados dos anos 90, na esteira da Lei das Concessões, e a partir de 2004 com a Lei das PPPs (Lei nº 11.079/2004), utilizando variadas metodologias.

A Estruturadora Brasileira de Projetos - EBP, fundada em 2008, assumiu um papel de concentrador de um grande volume de estruturações e mostrou algum avanço em termos de geração de metodologias próprias de estruturação de projetos. No livro EBP,[103] aponta-se um conjunto de boas práticas que teriam emergido da atuação da empresa. Estas incluem a utilização de uma variante de árvore lógica conhecida como árvore de questões (*issue tree*), que embasa a seleção dos potenciais parceiros técnicos. No restante do processo, a metodologia EBP parece ter ênfase no papel dos parceiros técnicos, a partir das boas práticas identificadas pela equipe da empresa. Nesse sentido, apontaram que "a forma adotada pela EBP – que é mera reprodução de boas práticas adotadas por empresas e também pelo setor público em outros países". Trata-se, portanto, em nossa visão, de um modelo *ad hoc*, o que não quer dizer que não apresente qualidade, considerando o estágio de desenvolvimento dos mecanismos de PSP na época.

Os modelos *ad hoc* são variados e não apresentam uma estrutura padronizada de processos, portanto não serão explorados em detalhe neste livro. Pode-se dizer, entretanto, que sua utilização é hoje minoritária no universo dos principais projetos de PSP estruturados no Brasil. A maioria dos projetos segue o que passamos a chamar de "modelo tradicional" que é, em alguma medida, baseado ou inspirado no guia de referência preparado por diversas instituições multilaterais.

---

[103] ESTRUTURADORA BRASILEIRA DE PROJETOS. *A Prática da Estruturação de PPPs e Concessões de Infraestrutura no Brasil*. Rio de Janeiro: EBP, 2015. p. 16-17.

A *metodologia tradicional* está associada ao esforço realizado por instituições multilaterais para a construção de uma taxonomia unificada de estruturação de projetos. Esse esforço foi consubstanciado no *PPP Reference Guide*, atualmente em sua versão 3.0,[104] doravante *Guia de Referência*. O documento foi uma produção conjunta de um conjunto de instituições multilaterais: Asian Development Bank (ADB), European Bank of Reconstruction and Development (EBRD), Global Infrastructure Hub (GI hub), Inter-American Development Bank (IDB), Islamic Development Bank (IsDB), Organisation for Economic Co-operation and Development (OECD), United Nations Economic and Social Comission for Asia and the Pacific (UNESCAP) e do Banco Mundial.

É importante notar que o *Guia de Referência*, nas palavras que o acompanham, "não é um kit de ferramentas ou um guia passo a passo"[105] e não cobre as especificidades dos contratos em nenhum país ou setor. Por seus propósitos, o *Guia de Referência* se propõe a responder às seguintes questões:

- O que são PPPs e por que utilizá-las?
- Que tipo de quadro político, jurídico e institucional é necessário para garantir que as PPP atinjam os seus objetivos declarados de forma eficiente e eficaz?
- Qual é o processo para desenvolver e implementar um projeto de PPP?

Nota-se que boa parte do conteúdo trazido em tal *Guia* é resultado de uma extensa revisão bibliográfica que inclui publicações e exemplos relacionados às práticas de PPPs em diversos países. Ainda, parte significativa do documento se concentra em evidenciar os benefícios de contratos firmados dentro de tal modalidade.

Apesar dos objetivos listados pelo *Guia* não incluírem a padronização de um protocolo único de estruturação de projetos, esse material se tornou uma referência para diversos manuais nacionais e subnacionais voltados à estruturação de projetos, influenciando toda uma geração de projetos estruturados no Brasil e em diversos outros países em desenvolvimento. De maneira iterativa, esse encadeamento de referências gera, portanto, um processo de *feedback*, onde novas

---

[104] WORLD BANK. *PPP Reference Guide 3.0*. Washington, DC: World Bank Group, 2017.
[105] WORLD BANK. *PPP Reference Guide 3.0*. Washington, DC: World Bank Group, 2017.

versões do *Guia* compilam experiências internacionais que muitas vezes foram inspiradas em suas próprias versões anteriores. Em linhas gerais, o *Guia de Referência* apresenta um processo típico de estruturação de projetos sumariado na figura a seguir.

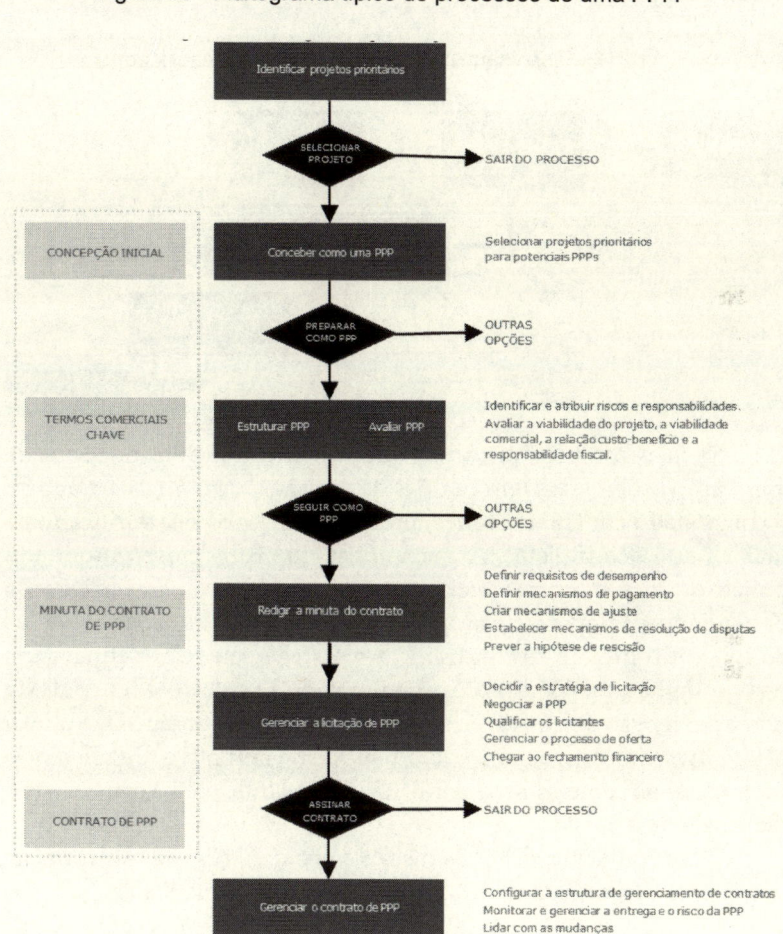

Figura 10 - Fluxograma típico de processos de uma PPP.[106]

```
                    ┌─────────────────────────────┐
                    │ Identificar projetos prioritários │
                    └─────────────────────────────┘
                                    │
                                    ▼
                            ◇ SELECIONAR ◇ ─────► SAIR DO PROCESSO
                            ◇  PROJETO  ◇
                                    │
                                    ▼
CONCEPÇÃO INICIAL    ┌─────────────────────────┐   Selecionar projetos prioritários
                     │ Conceber como uma PPP   │   para potenciais PPPs
                     └─────────────────────────┘
                                    │
                                    ▼
                            ◇ PREPARAR ◇ ─────► OUTRAS
                            ◇ COMO PPP ◇         OPÇÕES
                                    │
                                    ▼
TERMOS COMERCIAIS   ┌──────────────┬──────────┐   Identificar e atribuir riscos e responsabilidades.
     CHAVE          │ Estruturar PPP │ Avaliar PPP │   Avaliar a viabilidade do projeto, a viabilidade
                    └──────────────┴──────────┘   comercial, a relação custo-benefício e a
                                                  responsabilidade fiscal.
                                    │
                                    ▼
                            ◇ SEGUIR COMO ◇ ─────► OUTRAS
                            ◇     PPP     ◇         OPÇÕES
                                    │
                                    ▼
                                                  Definir requisitos de desempenho
MINUTA DO CONTRATO  ┌─────────────────────────┐   Definir mecanismos de pagamento
    DE PPP          │ Redigir a minuta do contrato │ Criar mecanismos de ajuste
                    └─────────────────────────┘   Estabelecer mecanismos de resolução de disputas
                                                  Prever a hipótese de rescisão
                                    │
                                    ▼
                                                  Decidir a estratégia de licitação
                    ┌─────────────────────────┐   Negociar a PPP
                    │ Gerenciar a licitação de PPP │ Qualificar os licitantes
                    └─────────────────────────┘   Gerenciar o processo de oferta
                                                  Chegar ao fechamento financeiro
                                    │
                                    ▼
CONTRATO DE PPP             ◇ ASSINAR ◇ ─────► SAIR DO PROCESSO
                            ◇ CONTRATO ◇
                                    │
                                    ▼
                    ┌─────────────────────────┐   Configurar a estrutura de gerenciamento de contratos
                    │ Gerenciar o contrato de PPP │ Monitorar e gerenciar a entrega e o risco da PPP
                    └─────────────────────────┘   Lidar com as mudanças
```

---

[106] WORLD BANK. *PPP Reference Guide 3.0*. Washington, DC: World Bank Group, 2017.

Observa-se, no entanto, que dentro do contexto brasileiro, a implementação de tais processos muitas vezes ocorre de maneira simplificada, enfatizando-se especialmente os estudos iniciais (demanda, engenharia e operação, impactos ambientais) e as subsequentes modelagens econômico-financeira e jurídica, conforme pode ser identificado pela figura a seguir.

Figura 11 - Visão simplificada dos estudos de viabilidade.

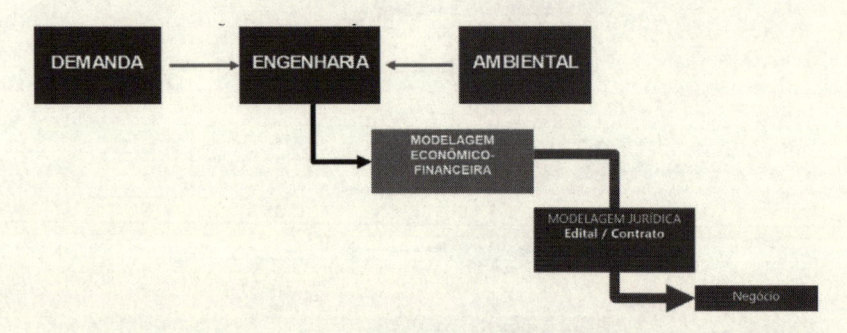

Nota-se também que, ainda que de maneira sucinta, o sistema de aprovação progressiva (em portões de decisão, ou *gateways*) é também recomendado em tal arcabouço, muito embora não seja verificado na maior parte dos projetos. Argumenta-se que isto ocorre porque um projeto de infraestrutura envolve um conjunto de escolhas com elevada dependência temporal (*path dependence*). Muitas decisões tomadas ao longo do projeto se mostram irreversíveis, ou seja, definem um espaço limitado para as ações seguintes do projeto. Foi no contexto dessa percepção que o Governo Federal, através da então SDI/SEPEC/ME,[107] investiu na promoção de um modelo alternativo, de referência internacional, como diretriz geral, não vinculante, para a estruturação de projetos no país.

Para Kubota *et al.*,[108] "os mecanismos (*facilities*) de estruturação de projetos disponíveis no Brasil são claramente insuficientes para dar

---

[107] Secretaria de Desenvolvimento da Infraestrutura (SDI), da Secretaria Especial de Produtividade e Competitividade (SEPEC), do Ministério da Economia (ME).

[108] KUBOTA, Luis; SILVA FILHO, Edison; SILVA, Rogério; TUROLLA, Frederico; MORAIS, José; ROSA, Mauricio; PAULA-FERNANDES, Maria Eduarda. Infraestrutura e produtividade no Brasil: análise e recomendação de políticas. *In*: SILVA FILHO, Edison Benedito; OLIVEIRA, João Maria; ARAÚJO, Bruno Cesar Pino Olivera de. *Eficiência produtiva*: análise e proposições para aumentar a produtividade no Brasil. Brasília, DF: IPEA, 2023.

conta do volume necessário para um avanço significativo nos diversos serviços públicos. Nos mecanismos existentes é preciso incorporar mais elementos de interação com os mercados, o que poderá contribuir para o próprio desenvolvimento da maturidade desses mercados. Nesse sentido, um novo protocolo de estruturação de projetos foi endossado pela SDI, o Modelo de 5 Dimensões (M5D), que constitui uma versão adaptada ao Brasil do modelo britânico *Five Case Model*,[109] utilizado pela Autoridade de Infraestrutura e Projetos (IPA, de *Infrastructure and Projects Authority*) do Reino Unido".

O Modelo de Cinco Dimensões (M5D) é uma metodologia de estruturação de propostas de investimento desenvolvida e aprimorado ao longo de mais de uma década pelo governo do Reino Unido[110] com base nos princípios estabelecidos como melhores práticas em planejamento de infraestrutura pelo G20[111]. Sob a coordenação do Ministério da Economia e com o apoio do Banco Interamericano de Desenvolvimento (BID) a metodologia do M5D foi traduzida e adaptada para o contexto brasileiro, incorporando também contribuições provenientes de consultas públicas.[112] Sua credibilidade é também atestada pelo Tribunal de Contas da União (TCU), que, por meio do Acórdão nº1472/2022, endossa sua aplicabilidade como referência no domínio do planejamento de projetos de infraestrutura.

O guia brasileiro do M5D é formalmente reconhecido como melhor prática pelo Comitê Interministerial de Planejamento da Infraestrutura (CIP-INFRA) e pelo Comitê Interministerial de Governança (CIG), ratificando sua utilidade para todas as esferas da administração pública atuantes no setor de infraestrutura. Destaca-se ainda sua inclusão como diretriz no Guia de Planejamento Tático de Transportes[113] e no Sistema de Estruturação de Projetos da Secretaria de Fomento e Parcerias com o Setor Privado, conforme Portaria SFPP/MDR nº 3.041/2022, do Ministério da Integração e Desenvolvimento

---

[109] Na tradução brasileira, a SDI optou pela tradução "Dimensões" para a palavra britânica "cases" do M5D.

[110] Disponível em: https://assets.publishing.service.gov.uk/media/66449468ae748c43d3793bb8/Project_Business_Case_2018.pdf. Acesso em: 27 ago. 2024.

[111] As melhores práticas do G20 estão disponíveis em: https://cdn.gihub.org/umbraco/media/2570/g20-principles-for-the-project-prep-phase.pdf. Acesso em: 27 ago. 2024.

[112] Disponível em: https://www.gov.br/mdic/pt-br/assuntos/choque-de-investimento-privado/modelo-de-cinco-dimensoes/guia-modelo-de-cinco-dimensoes.pdf. Acesso em: 27 ago. 2024.

[113] Disponível em: https://www.gov.br/transportes/pt-br/assuntos/PIT/politica-e-planejamento/Guia_4320027_2021_06_02_Guia_Orientacao_Planos_Setoriais.pdf. Acesso em: 27 ago. 2024.

Regional (MIDR), consolidando sua importância na esfera estratégica e operacional.

De maneira pragmática, o M5D também já é adotado no processo de qualificação de projetos da Secretaria Especial do Programa de Parcerias e Investimentos (SEPPI) da Casa Civil da Presidência da República, que em sua Resolução CPPI nº 249/2022 estabelece que:

> Art. 1º As propostas de qualificação de empreendimentos no âmbito do Programa de Parcerias de Investimentos - PPI serão instruídas com Proposta Inicial de Investimento, elaborada com base no Guia para Estruturação de Propostas de Investimento em Infraestrutura - Modelo de Cinco Dimensões.

Nesse contexto, observa-se que o M5D tem se mostrado uma maneira estruturada de avaliar progressivamente os aspectos estratégicos, econômicos, comercial, financeiros e gerenciais de um projeto. O modelo foi projetado para garantir que os projetos sejam bem fundamentados, financeiramente viáveis e contribuam para os objetivos gerais do governo, sendo aplicável tanto para PPPs quanto para contratações públicas tradicionais. As cinco dimensões são brevemente descritas na tabela a seguir.

Figura 12 - As dimensões do M5D.

(continua)

#	Dimensão	Conteúdo
1	Estratégica	Examina o quão bem o projeto se alinha com as políticas governamentais e objetivos estratégicos. Garante que o projeto apoie metas mais amplas nacionais ou regionais, contribuindo para o planejamento e desenvolvimento a longo prazo.
2	Econômica	Avalia o impacto socioeconômico do projeto, considerando custos, benefícios e externalidades para a sociedade. Ajuda a determinar a viabilidade socioeconômica geral do projeto, garantindo que ele forneça uma otimização do *Value for Money* e contribua positivamente para um desenvolvimento socioeconômico sustentável.
3	Comercial	Avalia a estratégia de aquisição e os aspectos comerciais do projeto, além de garantir que o projeto seja adquirido e entregue de maneira a maximizar a eficiência, minimizar riscos e incentivar a inovação do setor privado

(conclusão)

#	Dimensão	Conteúdo
4	Financeira	Examina a viabilidade financeira do projeto e as fontes de financiamento disponíveis para o projeto, avaliando se o projeto pode ser financiado dentro das restrições orçamentárias e se representa um investimento financeiro sólido para o governo e para o parceiro privado.
5	Gerencial	Concentra-se na entregabilidade do projeto, incluindo gestão de riscos e planos de implementação. Garante que o projeto seja bem gerenciado, que os riscos sejam identificados e mitigados, e que o plano de implementação seja realista e alcançável.

Entre as principais características do M5D, ressalta-se sua abordagem holística, que garante uma avaliação abrangente, considerando fatores quantitativos e qualitativos. Além disso, o M5D oferece uma tomada de decisão progressiva, fornecendo uma base estruturada de evidências para orientar a tomada de decisões, ajudando as autoridades a priorizar e selecionar sua carteira de projetos.

A estruturação de propostas de investimento segundo o M5D também promove maior transparência e *accountability* entre as partes envolvidas, permitindo aos órgãos de controle tenham acesso à uma trilha de auditoria que justifica os porquês das escolhas em cada etapa. Por fim ressalta-se a flexibilidade do M5D, que tem se revelado um modelo adaptável a diferentes tipos de projetos de infraestrutura em diferentes contextos como Reino Unido, Indonésia e Brasil.

Um ponto a ser destacado em tal metodologia é sua natureza processual, segmentando o ciclo de planejamento e estruturação de projetos em propostas de investimento (*business cases*) intercaladas por portões de decisão, também conhecidos como sistema de *gateways*. Cada portão representa uma etapa crítica onde o projeto é avaliado para determinar se deve prosseguir para a próxima fase. Isso torna a tomada de decisões mais estruturada, garantindo que as decisões não sejam apressadas e que o projeto seja revisado minuciosamente em seus principais pontos que merecem atenção.

O crivo imposto aos projetos em tais portões também facilita a identificação e mitigação de riscos em várias etapas. Nesse sentido, os portões atuam como pontos de controle de qualidade, garantindo que apenas os projetos mais maduros e alinhados estrategicamente progridam em seu ciclo de vida. Em resumo os principais pontos avaliados em cada portão são mostrados na figura a seguir.

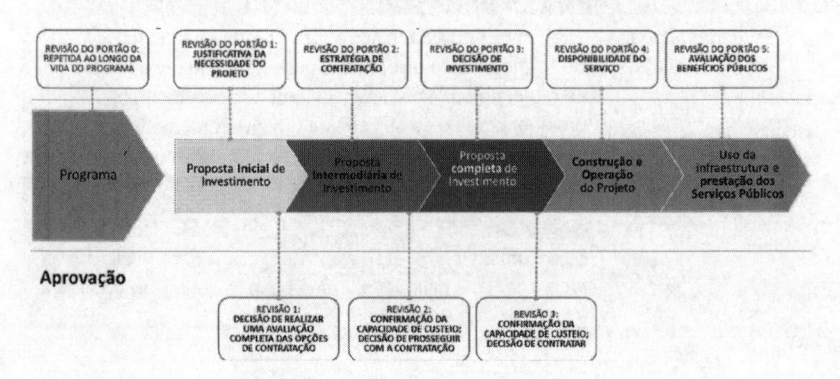

Figura 13 - Pontos avaliados em cada "portão" do M5D.

[Figura: fluxograma do M5D mostrando as fases Programa, Proposta Inicial de Investimento, Proposta Intermediária de Investimento, Proposta completa de Investimento, Construção e Operação do Projeto, Uso da infraestrutura e prestação dos Serviços Públicos; com revisões de portão 0 a 5 na parte superior e revisões de aprovação 1 a 3 na parte inferior.]

O M5D mostra-se, portanto, relevante no contexto de projetos de infraestrutura, pois promove uma avaliação minuciosa de várias dimensões, garantindo que os projetos estejam alinhados estrategicamente, sejam economicamente viáveis, comercialmente sólidos, financeiramente factíveis e bem gerenciados ao longo de seu ciclo de vida. Nesse contexto, ressalta-se a importância da Proposta Inicial de Investimento (*Early Business Case*) para garantir que projetos sejam criados de maneira transparente, alinhada às políticas públicas e aos planos setoriais, com condições favoráveis para financiamento e operação.

No contexto do M5D, esse aspecto é considerado desde como uma fase inicial, equivalente a um estudo de pré-viabilidade, que serve como a base para todo o desenvolvimento do projeto. A proposta inicial de investimentos no M5D notadamente concentra-se na avaliação detalhada da necessidade do projeto, bem como na triagem preliminar das possíveis soluções que apresentam uma melhor aderência aos fatores críticos necessários para o sucesso do projeto em questão.

A formulação dessa proposta de investimento fornece uma base de evidências que facilita a decisão de prosseguir com estudos mais detalhados. Além de aumentar as chances de sucesso do projeto, uma proposta inicial de investimento sólida fundamenta as fases subsequentes, contribuindo para a viabilidade do projeto. A figura a seguir detalha as ações recomendadas para elaboração de uma proposta inicial de investimentos.

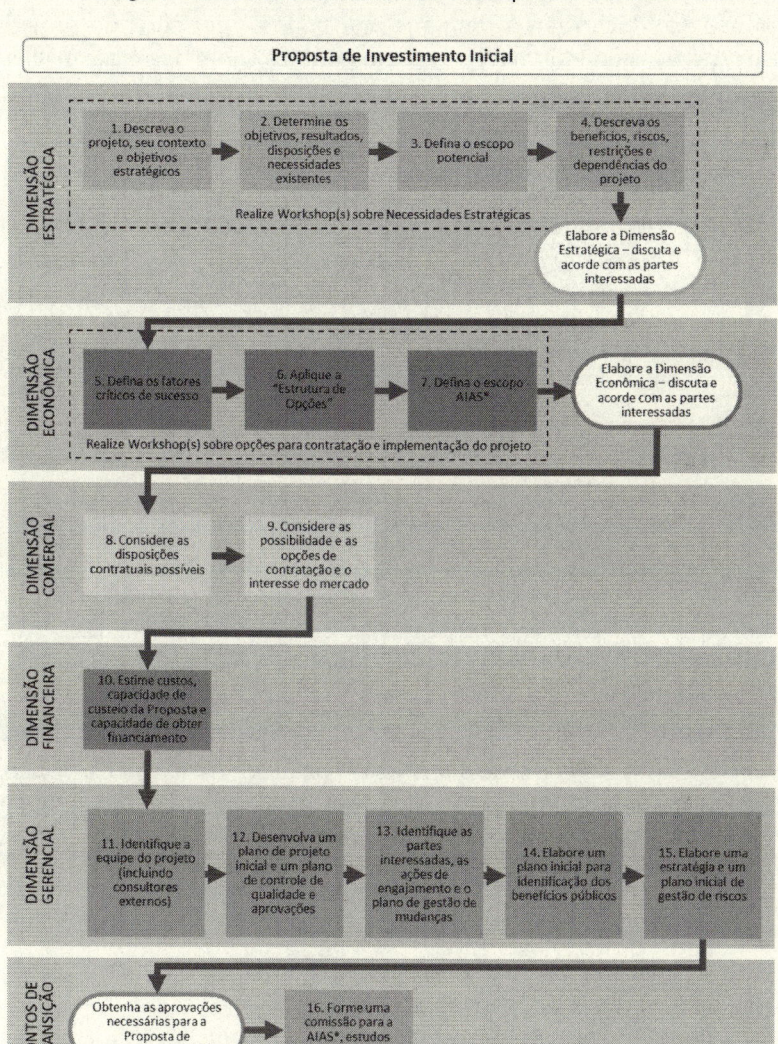

Figura 14 - Pontos avaliados em cada "portão" do M5D.

A introdução do M5D oferece diversas vantagens adicionais em relação ao modelo tradicional de estruturação de projetos de parceria no Brasil. Em seguida são sumariadas algumas dessas vantagens. A tabela a seguir é construída a partir da perspectiva do M5D em relação ao modelo tradicional e apenas aborda alguns aspectos, sem esgotar o assunto, com avaliações qualitativas. Conforme a tabela, os efeitos do uso do M5D estão fortemente associados à *qualidade* do projeto estruturado, podendo haver impactos dúbios sobre *celeridade (tempo)* e *custo de estruturação*.

Figura 15 - Comparação entre M5D e modelo tradicional.

TEMA	VANTAGEM	Atributo de vantagem		
		Tempo	Qualidade	Custo
Priorização	Conexão com planejamento e políticas públicas	•	•	•
Avaliação de alternativas	Seleção de projetos mais assertiva	•	•	•
KPIs e SLAs[114]	Desenho mais efetivo na Dimensão Comercial	•	•	•
Visão dinâmica	Processo iterativo de estruturação	•	•	•
Robustez	Tomada de decisões mais estruturada (portões)	•	•	•
Consistência interna	Alinhamento entre as dimensões do projeto	•	•	•
Avaliação dos riscos	Flexibilidade entre alternativas	•	•	•
Resultados ESG	Projetos com maior impacto	•	•	•

A priorização de projetos deve estar mais conectada aos planos nacionais ou regionais, bem como aos setoriais.

1) A priorização de projetos pode se beneficiar da conexão fortalecida da estruturação com o processo de planejamento subjacente, principalmente devido ao protocolo da dimensão estratégica. É frequente que projetos estruturados sob o modelo tradicional resultem de escolhas políticas que não são tecnicamente avaliadas; em outras palavras, a ordem

---

[114] Siglas para *Key Performance Indicators (KPIs)* e *Service Level Agreements (SLAs)*.

de estruturação pelo governo já pressupõe que o projeto é relevante, o que nem sempre ocorre. Adicionalmente, o M5D propicia uma tomada de decisão progressiva, fornecendo uma base estruturada de evidências para orientar a tomada de decisões. Dessa forma, o M5D oferece uma grande vantagem de qualidade de projetos, conectados ao planejamento público subjacente, incluindo o planejamento setorial, assim como às diretrizes de políticas públicas que sempre devem guiar a priorização e a seleção de projetos.

Uma das principais fontes de vantagens do M5D está justamente no tema da seleção de projetos, com as seguintes vantagens, que já conta com a abordagem progressiva e dinâmica:

2) A *avaliação de alternativas* se torna mais assertiva, devido à realização das Propostas Iniciais de Investimento (*Early Business Cases*), com opção de abandono mais explícita que no modelo tradicional, ou seja, afetando principalmente a sua vantagem de qualidade do projeto estruturado. O custo será mais alto devido à realização de mais etapas na estruturação, mas há um mitigador: por evitar levar adiante projetos que poderão trazer surpresas durante o processo, é possível que o uso do M5D traga economicidade do processo visto como um todo. Há uma dúvida em relação ao fator tempo: o maior cuidado na seleção inicial deverá requerer um tempo maior de estruturação, relativamente ao modelo tradicional. Esse acréscimo de tempo tende a ser da ordem de alguns meses nos processos normais de estruturação no Brasil, o que não compromete o projeto se este for executado em padrões razoáveis de tempo.

A seleção de indicadores de desempenho e de níveis de serviço é sempre um desafio dos estruturadores de projeto.

3) No ambiente do M5D, há uma oportunidade de *preparação de KPIs e SLAs* de forma mais integrada aos objetivos gerais do projeto (o planejamento subjacente), o impacto sobre os beneficiários, entre outros, tendo em vista as dimensões gerencial e comercial.

- A Dimensão Gerencial inclui a identificação das partes interessadas. Uma das formas pelas quais os beneficiários do projeto terão seu impacto assegurado será, tipicamente, através dos indicadores de desempenho.

- A Dimensão Comercial pode discutir padrões a serem exigidos dos futuros concessionários, compondo a carteira de opções a serem avaliadas na Dimensão Econômica do projeto. Especificações ESG podem ser asseguradas nesta dimensão. Torna-se fundamental a integração com a Dimensão Estratégica.

O processo de estruturação costuma ter como desafio o *path dependence* na tomada de decisões em algumas etapas do processo, o que pode ser mitigado pelo M5D através de uma visão dinâmica, relativamente ao ciclo estático do modelo tradicional:

4) A *visão dinâmica* do processo de estruturação, relativamente à visão estática do modelo tradicional, decorre da análise na proposta de investimentos com portões referentes à proposta inicial, intermediária e completa.

A estruturação de projetos, por ser complexa e envolver interação entre diferentes profissionais especialistas, está sempre sujeita a erros que ensejam revisões. Nesse sentido, a *robustez* da estruturação pode ser conseguida através de processos do M5D.

5) A segmentação do ciclo de planejamento e de estruturação de projetos em propostas de investimento (business cases) intercaladas por portões de decisão (sistema de gateways) voltados às etapas críticas onde o projeto é avaliado para determinar se deve prosseguir para a próxima fase torna a tomada de decisões mais estruturada, garantindo que as decisões não sejam apressadas e que o projeto seja revisado minuciosamente em pontos-chave. Isso também implica mitigação de riscos nas várias etapas de desenvolvimento do projeto.

A *consistência interna* na estruturação do projeto de parceria também se beneficia do M5D:

6) A avaliação minuciosa das várias dimensões garante que os projetos estejam alinhados estrategicamente, sejam economicamente viáveis, comercialmente sólidos, financeiramente factíveis e bem gerenciados ao longo de seu ciclo de vida. A Proposta Inicial de Investimento (Early Business Case) é especialmente relevante para assegurar que projetos sejam criados de forma transparente, alinhada às políticas

públicas e aos planos setoriais, com condições favoráveis para financiamento e operação.

No tocante a *avaliação dos riscos*, pode-se apontar que:
7) Incentivo à consideração dos riscos, com a sugestão de utilização de metodologias como a de simulação de Monte Carlo na parte econômica, desde a etapa do *Early Business Case*. Conforme Brandão e Igrejas,[115] uma ferramenta de Análise de Cenário permite, na prática, apenas um número limitado de alternativas, enquanto a simulação de Monte Carlo permite considerar uma quantidade muito maior de alternativas possíveis com o objetivo de fornecer uma distribuição probabilística dos resultados do projeto.

A conexão entre a estruturação e a geração de *resultados ambientais, sociais e de boa governança (ESG)* pelo projeto é outro aspecto importante da estruturação pelo M5D:
8) Conexão fortalecida da estruturação com as suas dimensões ESG, principalmente devido ao protocolo da dimensão econômica e o desenvolvimento da análise socioeconômica de custo-benefício (ACB) em vez das metodologias mais simples de *Value for Money* empregadas no modelo tradicional. Tal abordagem permite uma avaliação comparativa não apenas dos impactos diretos, mas também das externalidades de cenários alternativos (com projeto) *versus* os impactos do cenário contrafactual (sem projeto).

Dessa forma, pode-se dizer que os principais impactos ESG do M5D em relação ao modelo tradicional vêm das dimensões estratégica, econômica e gerencial, mas também do seu ciclo de desenvolvimento e de aprovações. Trata-se, assim, de uma evolução importante em relação ao modelo tradicional. Uma questão frequentemente colocada pela Administração Pública diz respeito à adequação desse modelo à sua cultura organizacional. Este é um interessante ponto de discussão.

---

[115] BRANDÃO, Luiz Eduardo; IGREJAS, Rafael. Modelagem econômico-financeira em parcerias público-privadas. *In*: NASCIMENTO, Carlos; CASTILHO, Rafael. *Guia Prático para Estruturação de Programas e Projetos de PPP*. [S. l.]: Radar PPP, 2014.

1.11 Assimetrias regulatórias

Para encerrar esse capítulo introdutório, abordar-se-á um dos temas mais discutidos nos setores de infraestrutura, que é a instituição de um ambiente concorrencial entre agentes submetidos aos títulos habilitantes autorizativos e concessórios. Embora essas controvérsias apareçam renovadas, elas já foram objeto de agudas discussões em setores regulados na última década. Citem-se, como exemplos, as inúmeras contendas entre os arrendatários e os autorizatários que, ainda sob a vigência da revogada Lei de Portos (Lei nº 8.630/1993), exploravam a infraestrutura portuária.[116] A controvérsia foi também objeto da ADPF nº 46[117] entre a ECT e os distribuidores de encomendas

---

[116] Tal assimetria regulatória gerou aguda controvérsia, sob a vigência da Lei nº 8.630/1983, em razão da assimetria regulatória existente entre os arrendatários de terminais portuários, especialmente utilizada na movimentação de contêineres, e os terminais privativos de uso misto, os quais estavam autorizados a realizar o transporte de "carga própria" e de "carga de terceiros". Essa conhecida controvérsia, já bem abordada por diversos juristas de nomeada, resultou no ajuizamento da Arguição de Descumprimento Fundamental – ADP nº 139. Essa ação perdeu o objeto, com o advento no Novo Marco Regulatório do Setor Portuário, em razão da assimetria regulatória ainda existente entre os arrendatários dos agora Terminais Privados. Mas o CADE teve a oportunidade de analisar essa assimetria e assim se posicionou: "Carecem de fundamento as alegações da ABRATEC de que haveria assimetrias regulatórias que ensejariam uma concorrência desleal por parte dos terminais privativos frente aos terminais públicos. Mais especificamente, (i) não existe uma obrigação de universalização e continuidade dos serviços ofertados pelos terminais públicos que pudesse gerar a prática de *cream-skimming*; (ii) não há a prática de *free riding*, visto que todos os terminais pagam as mesmas taxas quando se utilizam dos serviços comuns oferecidos pelo porto organizado; e (iii) todos os terminais são obrigados a se utilizarem do OGMO, fato este que apenas ajuda a elevar o Custo Brasil". Ao final, concluiu o órgão regulador que as "restrições à liberdade dos agentes também acarretam ineficiências desnecessárias, visto que os preços relativos dos produtos/serviços variam com o tempo, não havendo racionalidade econômica em obrigar um determinado terminal transportar um tipo de carga havendo outro tipo que se torne mais rentável. Isso significa uma utilização sub-ótima dos recursos escassos de infraestrutura do país" (Ato de Concentração nº 08012.007452/2009-31. Conselho Administrativo de Defesa Econômica – CADE. Relator: Conselheiro César Costa Alves de Mattos. Requerente: Odebrecht Investimentos em Infra-Estrutura Ltda. e DP World FZE. Julgamento em: 10.05.2010).

[117] Ocasião em que ficou decidido que: "A atividade econômica em sentido amplo é gênero que compreende duas espécies, o serviço público e a atividade econômica em sentido estrito. Monopólio é de atividade econômica em sentido estrito, empreendida por agentes econômicos privados. A exclusividade da prestação dos serviços públicos é expressão de uma situação de privilégio. Monopólio e privilégio são distintos entre si; não se os deve confundir no âmbito da linguagem jurídica, qual ocorre no vocabulário vulgar. [...] 5. É imprescindível distinguirmos o regime de privilégio, que diz com a prestação dos serviços públicos, do regime de monopólio sob o qual, algumas vezes, a exploração de atividade econômica em sentido estrito é empreendida pelo Estado. [...] 7. Os regimes jurídicos sob os quais em regra são prestados os serviços públicos importam em que essa atividade seja desenvolvida sob privilégio, inclusive, em regra, o da exclusividade" (ADPF nº 46/DF, Tribunal Pleno. Relator original Ministro Marco Aurélio, redação para o acórdão Ministro Eros Grau, julgamento em: 05.08.2009, publicado em 26.02.2010).

na exploração do serviço postal e apresentou-se, ainda, na celeuma em torno da construção do terceiro aeroporto da Região Metropolitana de São Paulo, em Caieiras, em confronto com os interesses dos atuais concessionários dos aeroportos de Viracopos e Guarulhos.

O tema perpasse pela regulação dos serviços públicos. Como é cediço, a regulação dos serviços públicos teve a sua gênese atrelada à necessidade de apartação do Direito Administrativo do Direito Privado. Nas primeiras décadas do século XX, para uma vertente sociológica, desenvolvida pela escola de Bordeaux, León Duguit[118] à frente, o Estado não seria caracterizado estritamente pelos atos de soberania, pelo exercício do seu poder extroverso baseado na desigualdade entre soberanos e súditos. De acordo com tal concepção, sua atuação estaria atrelada ao dever de prestação um de serviço público, um núcleo prestacional consistente não num plexo de prerrogativas, mas num conjunto de deveres de provimento das necessidades afetas à coesão social.

Foi, contudo, a partir da consolidação da escola de Bordeaux empreendida por Gaston Jèze,[119] que a noção tradicional de serviço público ganhou corpo. De acordo com o autor, no contexto permeado pelo advento de um Estado Social, toda vez que se estiver diante de uma atividade considerada serviço público, sobre ela incidirá um regime especial, um plexo de prerrogativas, voltado à sua regular execução. Ainda para Jèze, esse regime jurídico especial pressuporia as seguintes características: (i) a titularidade de tais atividades pelo Estado; (ii) a interdição de sua prestação em regime de liberdade, só sendo admitida a sua prestação por particulares recebedores de uma outorga específica do poder público; e (iii) a sujeição de todos os prestadores a um regime jurídico único, fortemente regulado e pautado por prerrogativas publicísticas (*publicatio*).[120]

---

[118] Na obra de Duguit, o serviço público assume a posição de critério de identidade do Direito Administrativo. Tudo o que diz respeito à organização e ao funcionamento dos serviços públicos passa a ser considerado inserido no âmbito do Direito Administrativo. A nova escola do serviço público afasta o Direito Público das relações desiguais de poder-sujeição, e passa a considerá-lo um conjunto de regras e princípios essenciais para determinar a organização e o funcionamento regular e ininterrupto dos serviços públicos (DUGUIT, Léon. *Traité de Droit Constitutionnel*. Paris: Fontemoing, 1921. t. II. p. 59).

[119] JÈZE, Gaston. *Princípios Generales del Derecho Administrativo*. Tradução Julio N. San Millan Almargo. Buenos Aires: Depalma, 1948. t. II, v. 6.

[120] Para uma ampla contextualização das principais características dos serviços públicos, v. MARQUES NETO, Floriano de Azevedo; GAROFANO, Rafael Roque. Notas Sobre o Conceito de Serviço Público e Suas Configurações na Atualidade. *Revista de Direito Público da Economia*, Belo Horizonte, ano 12, n. 46, 2014. p. 63-77.

Forte nessas características, a doutrina pátria, a partir da década de 40,[121] encampou o entendimento segundo o qual a ideia de serviço público encerraria a subtração dessas atividades do regime de livre concorrência. Nesses quadrantes, o serviço público passa a ser considerado um privilégio estatal, oponível aos cidadãos, e não um dever do Estado. Mais que isso, tratar-se-ia de atividade antípoda à lógica de mercado, que seria avocada pelo Estado. Entendimento ainda predominante na doutrina pária. Por todos, veja-se Marçal Justen Filho,[122] para quem "a previsão da exclusividade não exterioriza incompatibilidade com o disposto no artigo 170. Trata-se de decorrência da titularidade estatal sobre os serviços públicos, de que deriva seu monopólio estatal. Os princípios da livre iniciativa e livre concorrência aplicam-se às atividades econômicas em sentido restrito. No tocante aos serviços públicos, faz-se sua atribuição ao Estado, com inevitável cunho de exclusividade".

Foi entre nós, contudo, Eros Grau,[123] na virada dos anos oitenta para os noventa, quem melhor sintetizou esta formulação. Na sua inigualável síntese, a Constituição traria uma apartação essencial entre "serviços públicos" e "atividades econômicas em sentido estrito". De acordo com o referido autor, as atividades econômicas seriam o gênero, no qual se incluiriam a "prestação de serviços públicos" e as "atividades econômicas em sentido estrito". Estes (serviços públicos) seriam de titularidade estatal, prestados em regime de exclusividade, compondo uma espécie de "livre iniciativa pública" para a exploração dessas atividades. Aquelas (atividades econômicas em sentido estrito) deveriam ser abertas à exploração privada, só cabendo ao Estado a sua exploração, excepcional e subsidiariamente, nos termos dos artigos 173 e 177 da Constituição.[124]

---

[121] Notadamente, por meio das obras de Viveiros de Castro, Mário Masagão, Francisco Campos, Tito Prates da Fonseca, Oswaldo Aranha Bandeira de Mello, Meirelles Teixeira, Luís de Anhaia Melo, Bilac Pinto e Temístocles Brandão Cavalcanti.

[122] JUSTEN FILHO. *Teoria Geral das Concessões de Serviço Público*. São Paulo: Dialética, 2003. p. 44.

[123] GRAU, Eros Roberto. *A Ordem Econômica na Constituição de 1988*. 5. ed. São Paulo: Malheiros, 2000. p. 141 e seguintes.

[124] O referido entendimento foi sufragado pelo Supremo Tribunal Federal (STF) em diversas oportunidades, na pena do próprio Eros Grau, quando no exercício da função de Ministro daquela Corte. Sobre tema, veja-se a ADI nº 3237-DF ("Adin do Petróleo"), em que o referido Ministro, em seu voto condutor, deixou assentado que: "O conceito de monopólio pressupõe apenas um agente apto a desenvolver as atividades econômicas a ele correspondentes. Não se presta a explicitar características da propriedade, que é sempre exclusiva, sendo redundantes e desprovidas de significado as expressões

Neste quadrante, em sede de serviços públicos, sequer caberia falar em intervenção estatal, pois que "não se intervém no que é próprio". Essa construção a propósito da *publicatio* refletiu-se no entendimento segundo o qual os serviços públicos referidos pelo texto da Constituição de 1998, especialmente os previstos nos artigos 21 e 175, somente poderiam ser prestados pelo próprio Estado e em regime de exclusividade, interditando-se à iniciativa dos particulares, salvo na condição de delegatários pelo Estado (por concessão ou permissão). O referido entendimento encontrou guarida na jurisprudência do Supremo Tribunal Federal. Cite-se, por exemplo, o Recurso Extraordinário nº 49.988/SP, relatado pelo então Ministro Hermes de Lima, no qual aquela corte se manifestou no sentido de que a instituição de um serviço público (naquele particular, o funerário) impõe a sua prestação fora da lógica concorrencial de mercado.[125]

Nada obstante, tais caracteres da *publicatio* restaram definidamente delimitadas pelo STF, por ocasião do julgamento da ADPF nº 46/DF, relatada pelo então Ministro Eros Grau, ocasião em que se debateu a possibilidade de a Empresa Brasileira de Correios e Telégrafos – ECT, pessoa jurídica de direto privado, prestar serviços em "regime de exclusividade". Em seu voto condutor, o referido ministro deixou assentado que "é imprescindível distinguirmos o regime de privilégio, que diz com a prestação dos serviços públicos, do regime de monopólio sob o qual, algumas vezes, a exploração de atividade econômica em sentido estrito é empreendida pelo Estado".

Acontece que tal conceito, como é sabido, vem cedendo terreno ao conceito de Serviço Econômico de Interesse Geral (SIEG), consagrado no âmbito da União Europeia. De acordo com essa concepção, central no regime comunitário europeu[126] – posto que cunhada com fins de

---

'monopólio da propriedade' ou 'monopólio do bem'. 2. Os monopólios legais dividem-se em duas espécies: (i) os que visam a impelir o agente econômico ao investimento – a propriedade industrial, monopólio privado; e (ii) os que instrumentam a atuação do Estado na economia. A Constituição do Brasil enumera atividades que consubstanciam monopólio da União [artigo 177] e os bens que são de sua exclusiva propriedade [artigo 20]."

[125] Confira-se trecho da emenda: "Organização de serviços públicos municipais. Entre estes estão os serviços funerários. Os municípios podem, por conveniência coletiva e por lei própria, retirar a atividade dos serviços funerários do comercio comum."

[126] Confira-se o teor do artigo 86.2 do Tratado de Roma, com redação dada pelo Tratado de Amsterdam: "[...] as empresas encarregadas da gestão de serviços de interesse econômico geral ou que tenham a natureza de monopólio fiscal ficam submetidas ao disposto no presente Tratado, designadamente às regras de concorrência, na medida em que a aplicação destas regras não constitua obstáculo ao cumprimento, de direito ou de facto, da missão particular que lhes foi confiada. O desenvolvimento das trocas comerciais não deve ser afectado de maneira que contrarie os interesses da Comunidade".

integração –, os SIEG são todas as atividades de relevância pública, prestados sob o regime de direito privado e abertos à concorrência, que são acometidos de deveres de natureza pública, notadamente os de universalização e de continuidade. Essa concepção é sobremaneira distinta do conceito de serviço público à francesa, posto que contraria a lógica de que os serviços de relevância pública deveriam ser titularizados pelo estado e, por conseguinte, excluídos de um regime concorrencial. Pelo contrário, a regulação dos SIEG aponta para uma regulação pró-competição, seja no mercado, seja pelo mercado – pautada pela subsidiariedade –, de tal modo que qualquer restrição a essa diretriz predicará a devida fundamentação do Poder Público, tendo em vista a necessidade de atingimento de outras finalidades.

Em síntese, como já se teve a oportunidade de asseverar,[127] essa nova vertente dos SIEG foi sendo construída pela interpretação conferida pelo Tribunal de Justiça das Comunidades Europeias (TJCE), de acordo com três pilares: (i) na garantia da liberdade iniciativa; (ii) na primazia da concorrência, quando técnica e economicamente viável; e (iii) na garantia da preservação de interesses gerais, que justifiquem restrições a essa liberalização. Nesse mesmo contexto, a partir do Ato Único de 1986, surge o conceito de "Serviços Universais", assim considerados como o conjunto de atividades essenciais, que devem ser acessíveis a todos a preços justos e em níveis qualitativos mínimos, que guardam, em si, os deveres de universalidade, continuidade e igualdade. Uma importante elaboração teórica sobre o tema é erigida por Christian Stoffaës. Este autor afirma que se pode representar o "serviço universal" e o "serviço de interesse econômico geral", por meio de dois círculos concêntricos. Nessa metáfora visual, o menor seria quase um nó, traduzindo o campo de abrangência do serviço universal. O círculo maior, que o envolveria, seria o âmbito dos "serviços de interesse econômico geral".[128] De acordo com essa sistemática, existiriam duas doses distintas de incidência regulatória sobre tais atividades. A primeira, mais intensa e pautada por prerrogativas publicísticas, com o fim de assegurar a prestação dos Serviços Universais a todos os usuários. A segunda, menos intrusiva, aberta à concorrência, sendo a

---

[127] MARQUES NETO, Floriano de Azevedo. Os Serviços de Interesse Econômico Geral e as Recentes Transformações dos Serviços Públicos. *In:* ALMEIDA, Fernando; MARQUES NETO, Floriano; MIGUEL, Luiz; SCHIRATO, Vitor. *Direito Público em Evolução*: Estudos em Homenagem à Professora Odete Medauar. Belo Horizonte: Fórum, 2013. p. 546.

[128] JUSTEN, Monica Spezia. O Serviço Público na Perspectiva do Direito Comunitário Europeu. *Revista de Direito Público da Economia*, Belo Horizonte, ano 1, n. 1, 2003. p. 137-175.

sua derrogação cabível apenas quando o seu advento implicar ameaça à prestação dos Serviços Universais.

Essa fragmentação de regimes jurídicos resultou no entendimento segundo o qual o regime jurídico de privilégios em favor do estado só deverá ser utilizado quando necessário à manutenção e à universalização dos serviços delegados, como ficou assentado, por exemplo, no famoso caso *Corbeau* (processo C-320/91, de 19 de maio de 1993). O caso versava sobre a violação que teria sido perpetrada pelo comerciante Paul Corbeau ao Monopólio Postal Belga, o qual era explorado pela Régie des Postes, pessoa jurídica de direito público daquele país.

Tal violação estaria ocorrendo, em razão de o referido comerciante estar prestando, no Município de Liège, serviços expressos de recolhimento e de distribuição de correspondências, o que traria prejuízos ao dever de universalização do serviço prestado pela referida entidade. Ao examinar a questão, o TJCE aduziu que a empresa encarregada de uma missão de interesse geral trabalha de modo a compensar os prejuízos dos serviços menos rentáveis com outros mais lucrativos, razão pela qual poderia ser prejudicada nas hipóteses de abertura de seus serviços à concorrência. Mas, neste caso específico, concluiu que "o equilíbrio financeiro do serviço de interesse econômico geral assumido pelo titular do direito exclusivo não restou prejudicado, pela especificidade dos serviços prestados por aquele comerciante (tradução livre)".

Com base nessa diretriz, busca-se consagrar, assim, o valor da livre-iniciativa como um direito que deve ser considerado pela Administração Pública na prestação de seus serviços, valor este que pode, inclusive, interditar a atuação pública. Como grande preocupação de fundo está, portanto, a racionalização da intervenção econômica no domínio privado. Não se mostra mais suficiente, se é que algum dia o tenha sido, que a Administração Pública reserve para si, na qualidade de titular da modelagem e da prestação, determinada atividade com base em fórmulas abstratas, como prerrogativas estatais e os conceitos de serviços públicos e interesse público. Do conceito de serviço de interesse econômico geral, extrai-se que a transformação mais significativa corresponde ao regime jurídico que rege as atividades compreendidas nesta noção. A consagrada visão monista do regime dos serviços públicos (regime único) é substituída por uma visão de fragmentação de regimes. Conceitos e princípios de direito público, suficientes para o quadro dos serviços públicos, não são mais suficientes para a disciplina dos serviços de interesse econômico geral.

É justamente essa a lógica que deve orientar a instituição de uma assimetria regulatória entre autorizatários e concessionários. Assim como nos Serviços de Interesse Econômico Geral Europeu, os serviços públicos previstos pelo ordenamento jurídico brasileiro (a exemplo da exploração da infraestrutura portuária) não predicam a existência de um regime jurídico-administrativo único, que encerraria a subtração dessas atividades do regime de liberdade e da livre concorrência. É que, como se extrai da leitura dos artigos 21 e 175, o Estado tem a obrigação de prestar determinadas atividades essenciais (*v.g.* portos, telecomunicações, aeroportos), mas isso não significa que essas prestações tenham de ser levadas efeito por meio de um regime jurídico único, dotado de prerrogativas para o estado e excluído de um regime concorrencial.

De fato, considerando que, à luz da Constituição brasileira, os princípios da liberdade de iniciativa e da livre concorrência são orientadores da intervenção do Estado no Domínio, a livre concorrência deverá ser aplicada aos serviços públicos, exceto se, por meio de um processo de ponderação de interesses, tenha de ser restrita em face de outros princípios.[129] Tanto é verdade que o artigo 16 da Lei nº 8.987/1995, dispõe que "a outorga de concessão ou permissão não terá caráter de exclusividade, salvo no caso de inviabilidade técnica ou econômica justificada no ato a que se refere o artigo 5o desta Lei". É dizer, não há qualquer antijuridicidade, *per se*, na instauração de um regime concorrencial assimétrico entre exploradores de títulos delegatórios e detentores de títulos habilitantes autorizatórios.

Mais que isso, tal entendimento veio a ser expressamente consagrado pela Lei nº 13.448/2017, que estabelece diretrizes gerais para prorrogação e relicitação dos contratos de parceria, que produzirá efeitos no setor portuário. Tal diploma alterou a redação do artigo 34-A da Lei nº 10.233/2011, que passou ostentar a seguinte redação:

> Art. 34-A. As concessões e as suas prorrogações, a serem outorgadas pela ANTT e pela Antaq para a exploração de infraestrutura, precedidas ou não de obra pública, ou para prestação de serviços de transporte ferroviário associado à exploração de infraestrutura, poderão ter caráter

---

[129] SCHIRATO, Vitor Rhein. *A livre iniciativa nos Serviços Públicos*. Belo Horizonte: Editora Fórum, 2012.

de exclusividade quanto a seu objeto, nos termos do edital e do contrato, devendo as novas concessões ser precedidas de licitação disciplinada em regulamento próprio, aprovado pela Diretoria da Agência. (Redação dada pela Lei nº 13.448, de 2017).

A leitura do referido dispositivo permite concluir que, nos setores portuário, rodoviário e ferroviário, tradicionalmente considerados como serviços públicos, tal entendimento foi alterado não só para os contratos de parceria como também para os demais contratos e suas prorrogações. De fato, a referida alteração normativa desconstrói o entendimento segundo o qual os serviços públicos deveriam ser explorados, em caráter de exclusividade, mesmo que o projeto de infraestrutura não seja qualificado como um "empreendimento público", para os fins do disposto na lei que Lei nº 13.334/2016.

Porém, a concorrência também não deve ser absoluta. Ela não é um fim em si, mas um instrumento para o atendimento de outros valores constitucionais, entre os quais se incluem a prestação de adequados serviços à população. Entre estes dois pilares é que devem ser entendidas as restrições e condicionamentos próprios da regulação estatal. Se, por um lado, não pode haver uma interdição à concorrência (inclusive no que toca aos novos entrantes para além dos concessionários ou permissionários estatais), por outro, deve haver restrição à atuação de agentes se e quando esta colocar em risco a continuidade ou a universalidade da oferta dos serviços à população.

Caberá, pois, à regulação, como uma metodologia de equilíbrio de subsistemas jurídico-econômicos,[130] modular "as doses" de concorrência que incidirão na prestação de serviços de utilidade pública, de modo que possam ser equacionados: de um lado, o direito do cidadão de receber serviços essenciais; e, de outro, o direito de exploração de atividades econômicas por particulares. Para tanto, o regulador deverá se valer

---

[130] Isto porque, como já teve a oportunidade de asseverar, "a regulação é uma atividade estatal pela qual o Estado usa o seu poder extroverso para intervir e modelar comportamentos privados. Porém, o faz a não a partir de comandos binários proibido-permitido, vedado-autorizado, conduta-sanção, ordem-sujeição, mas sim perseguindo objetivos públicos pautados no ordenamento jurídico em concertação com os atores econômicos e sociais. Sendo assim, podemos concluir a função reguladora como sendo a modalidade de intervenção estatal indireta no domínio econômico ou social destinada à busca do equilíbrio de interesses aos sistemas regulados e à satisfação de finalidades públicas, condicionada aos limites e parâmetros determinados pelo ordenamento jurídico" (KLEIN, Aline Lícia; MARQUES NETO, Floriano de Azevedo. Funções Administrativas do Estado. *In*: DI PIETRO, Maria Sylvia Zanella (coord.). *Tratado de direito administrativo*. São Paulo: Revista dos Tribunais, 2019. p. 512).

de estudos econômicos, da oitiva dos setores regulados, de aspectos consequencialistas, de análises de custo-benefício, e não meramente de ensinamentos doutrinários de outrora considerados imutáveis.

Tudo isso resultará na instituição de uma adequada assimetria regulatória, assim caracterizada pela distinção de atividades, aplicando-se lhes uma maior ou menor dose de concorrência, de acordo com as peculiaridades de cada uma delas.[131] Nesse sentido, Floriano de Azevedo Marques Neto[132] assevera que "a maior transformação neste cenário parece ser mesmo a introdução da competição em um mesmo serviço com distintas incidências regulatórias, ou seja, com a concomitância entre prestadoras sujeitas ao regime público e ao regime privado, ainda que ambas subordinadas a restrições de acesso para a exploração da atividade específica (necessidade de prévia licença – concessão, permissão, ou autorização, conforme o caso)".

A intensidade diferenciada de regulação em prol da abertura à concorrência tem lugar em diversos setores como é o caso, por exemplo, do setor de energia elétrica. Neste setor, as diversas atividades deste serviço – que outrora eram prestadas sob o regime monopolístico – foram desverticalizadas nos seguintes segmentos: (i) geração, que pode ser explorada por concessionário, produtor independente (PIE) e autoprodutor (respectivamente, previstos nos artigos 4º, §5º, I, 11 e 5º, III, todos da Lei nº 9.074/1995); (ii) transmissão, atividade de condução da energia elétrica explorada por concessionários e autorizatários (artigos 17 e 14, respectivamente, da Lei nº 9.074/1995); (iii) distribuição, atividade de fornecimento de energia aos consumidores, prestada por concessionários (artigo 4º, §3º, da Lei nº 9.074/1995); e (iv) comercialização, atividade exercida por agentes econômicos comercializadores (artigo 26, II, da Lei nº 9.427/1996).[133] Do mesmo modo, no setor de Telecomunicações, o serviço de Telefonia Fixo

---

[131] ARAGÃO, Alexandre Santos de. *Direito dos Serviços Públicos*. Rio de Janeiro: Forense, 2007. p. 434.

[132] MARQUES NETO, Floriano de Azevedo. A Nova Regulamentação dos Serviços Públicos. *Revista Eletrônica de Direito Administrativo Econômico*, Salvador, n. 1, 2005.

[133] Nesse sentido, confiram-se os ensinamentos de Marcos Juruena Villela Souto: "Os serviços de energia elétrica compreendem as etapas de geração, transmissão e distribuição; somente a segunda e terceira etapas, que utilizam os sistemas e redes públicas e envolvem o consumidor (usuário), é que, inicialmente, seriam consideradas serviços públicos. A comercialização é tida como atividade econômica" (SOUTO, Marcos Juruena Villela. *Direito Administrativo das Concessões*. 5. ed. Rio de Janeiro: Lúmen Júris, 2004. p. 54). Em igual sentido: TOLMASQUIN, Mauricio Tiomno. *Novo Modelo do Setor Elétrico*. Rio de Janeiro: Sinergia, 2011. p. 56.

Comutado - STFC, à luz do disposto no artigo 65 da Lei nº 9.472/1997, poderá ser prestado sob distintos regimes regulatórios, assimetria que teve a sua constitucionalidade placitada pelo Supremo Tribunal Federal - STF, por maioria de votos, na decisão proferida na ADI nº 1.668/DF.

Em outro precedente, o Supremo Tribunal Federal atestou a constitucionalidade da assimetria regulatória introduzida no setor de transporte coletivo interestadual e internacional de passageiros (TRIIP). Cuida-se da ADI nº 5.549/DF,[134] julgada em conjunto com a ADI nº 6.270/DF, proposta em face dos dispositivos legais que permitiram a prestação regular de serviços de TRIIP, desvinculados da exploração da infraestrutura, por meio de autorização, desconstituindo a exigência de licitação prévia. Em síntese, o fundamento para a propositura das ADIs residia na pretensa ofensa aos arts. 21, XII, 'e', 37, *caput* e XXI e 175, *caput*, da CRFB, tendo em vista que a delegação desse serviço público, sem a precedência de procedimento licitatório, ofenderia o dever fundamental de licitar.[135]

O voto condutor do acórdão, prolatado pelo Ministro Luiz Fux, indicou o cerne da ação residia na "forma de outorga dos serviços de transportes desvinculados da exploração de infraestrutura, que o dispositivo impugnado alterou de permissão para autorização", sendo que "o principal reflexo da norma consiste na inexigibilidade do procedimento licitatório prévio, embora permissão e autorização se diferenciem também por outros elementos".

De acordo com o referido voto, na sistematização adotada pela Constituição, desenvolvida sob várias vertentes pela doutrina jusadministrativista, as formas de outorga da prestação de serviços de titularidade estatal são a concessão, a permissão e a autorização. Significa dizer que, ao prever que a União também poderia explorar um rol de serviços mediante autorização, a Constituição elegeu setores que, em função de sua dinâmica de funcionamento, abrigam atividades em que a oferta pode ser compartilhada entre os agentes econômicos, tendo em vista que tais atividades são caracterizadas, em geral, "por

---

[134] STF – ADI nº 5549/DF – Tribunal Pleno – Relator Ministro Luiz Fux – DJe: 1º.06.2023.
[135] Em específico, a ADI nº 5.549/DF e a ADI nº 6.270/DF foram propostas, respectivamente, pela Associação Nacional das Empresas de Transporte Rodoviário Interestadual de Passageiros (ANATRIP) e pelo Procurador-Geral da República, em que ambos objetaram o art. 3º, da Lei nº 12.996/2014, que deu nova redação ao art. 13, IV e V, 'e', e ao art. 14, III, 'j', da Lei nº 10.233/2001; e a ANATRIP, singularmente, em face do art. 2º, I a IV, e parágrafo único, art. 3º, I a III, e §1º e §2º, da Resolução nº 71/2019, do Conselho do Programa de Parcerias de Investimentos; e em face dos arts. 2º, 3º, 4º, 5º, 6º, 7º, 8º, 9º, 10º e 11, da Deliberação ANTT nº 955/2019.

custos de entrada menores, por uma cadeia produtiva subdividida em etapas e por diferentes perfis de usuários".

Na visão do Ministro Luiz Fux, citando texto doutrinário de nossa autoria,[136] o desafio regulatório, diante de tal assimetria entre as formas de delegação de serviço público, consiste em encontrar o grau ótimo de intervenção estatal perante a participação de agentes privados, de acordo com suas características, buscando eficiências produtiva e alocativa. Dessa forma, a abertura à competição de um setor não significa, necessariamente, descontrole ou desregulamentação. O "acompanhamento incisivo da agência reguladora garante que os serviços autorizados estão sendo cumprido de forma adequada, bem como que os seus resultados são satisfatórios".[137]

O voto citou, ainda, experiências em que a autorização prevista constitucionalmente foi empregada para a habilitação de particulares, tendo sido constatado que "sua implantação não se dá de forma isolada, mas antes inaugura um modelo de assimetria regulatória, em que sob um mesmo setor podem recair diferentes modalidades de outorga".

A título exemplificativo, citou-se a Lei Geral de Telecomunicações (Lei nº 9.472/1997), a qual dispõe sobre a autorização de serviços no regime privado, quando preenchidas as condições objetivas e subjetivas necessárias, devendo os termos da autorização conterem previsão expressa quanto à ausência de qualquer exclusividade contratual. Além disso, o setor elétrico foi reestruturado, notadamente a partir da quebra da cadeia produtiva nas fases de geração, transmissão, distribuição e comercialização. Para cada uma dessas atividades, a Lei nº 9.074/1995 estabelece um regramento específico da interação entre o Poder Concedente e as empresas. Nos setores de transporte aquaviário e aéreo, a assimetria regulatório se instituiu por intermédio de autorizações, "consideradas as particularidades do setor regulado e a necessidade de abertura do mercado".[138]

---

[136] MARQUES NETO, Floriano de Azevedo; FREITAS, Rafael Véras de. Uber, Whatsapp, Netflix: os novos quadrantes da *publicatio* e da assimetria regulatória. *Revista de Direito Público da Economia*, [s. l.], ano 14, n. 56, 2016. p. 102.

[137] E prossegue o voto do Ministro Luiz Fux: "Com o fortalecimento da agência reguladora, a descentralização operacional ocorre paralelamente à centralização normativa, tendência que confere maior normatividade ao comando constitucional contido no *caput* do artigo 174 da Constituição Federal".

[138] No que tange ao setor de transporte aéreo, o voto indicou que: "já o setor de transporte aéreo teve sua abertura positivada em 2005, por meio da Lei 11.182, alinhada às possibilidades de outorga facultadas pelo artigo 21 da Constituição. Ao instituir a Agência Nacional de Aviação Civil (ANAC), a lei lhe atribui a competência de conceder, permitir

No que se refere ao setor de transporte rodoviário, objeto das ADIs, o STF indicou que a assimetria regulatória também possui respaldo constitucional. De acordo com o Supremo Tribunal, a Constituição elencou o TRIIP na esfera de escolha da via de delegação pela União, na forma do art. 21, XII, 'e'. O texto constitucional traz a previsão de que compete à União explorar, diretamente ou mediante autorização, concessão ou permissão os serviços de transporte rodoviário interestadual e internacional de passageiros.

Para além disso, o marco regulatório infraconstitucional também demonstra a assimetria no setor de transporte terrestre. Isso porque a Lei nº 10.233/2001 estabeleceu que haverá *concessão* quando a exploração do serviço for associada à infraestrutura, *permissão* quando se tratar de transporte regular interestadual semiurbano e *autorização* nos casos de regime de afretamento ou transporte coletivo regular interestadual e internacional de passageiros. Na visão do STF, o que se observa é que o instituto da autorização "não mais se restringe à interpretação tradicionalmente conferida, qual seja, permitir contratações emergenciais e transitórias". A maior frequência com que o instituto tem sido instrumentalizado, sobretudo no setor de infraestrutura, "descortina uma tendência da Administração, amparada na expressa previsão constitucional".

Disso decorre que "a assimetria regulatória estabelecida no artigo 21, XII, 'e', da Constituição Federal assegurou a possibilidade de se outorgar a prestação de transporte rodoviário interestadual e internacional de passageiros por autorização", uma vez que "havia restrições de oferta suficientemente capazes de justificar a oposição de barreiras à entrada de cunho regulatório no setor, o que incentivou a descentralização dos poderes à Agência Reguladora".[139]

---

ou autorizar a exploração de serviços aéreos (art. 8º, XIV). Na esteira dos regramentos anteriores, o referido marco normativo ratificou a liberdade tarifária para o setor. Sem prever qualquer modalidade de licitação, a lei conferiu abertura ao mercado de aviação civil, admitindo o ingresso de todas as empresas que cumpram os requisitos fixados nas normas regulatórias. No que se refere à regulamentação do transporte aéreo regular de passageiros, o Código Brasileiro de Aeronáutica (CBA Lei 7.565, de 1986) estabelece que a delegação dos serviços ocorre por meio de concessão. Em sentido convergente, a Lei 8.666/1993, em seu artigo 122, traz a previsão de que nas concessões de linhas aéreas, observar-se-á procedimento licitatório específico, a ser estabelecido no Código Brasileiro de Aeronáutica. Note-se, então, que tampouco há procedimento licitatório para a outorga de transporte aéreo. Na prática, a concessão de linhas aéreas não era precedida de procedimento licitatório, mas sim de uma outorga por meio de decretos. Institui-se um modelo de habilitação de várias prestadoras, com restrições pontuais".

[139] Para fins de completude, confira-se a síntese do Ministro Luiz Fux acerca dos argumentos aduzidos em seu voto: "Adianto que, consideradas as especificidades do setor em questão,

Como se pode depreender, o STF atestou a constitucionalidade da instituição de assimetrias regulatórias, baseando-se nas distintas formas de delegação dos serviços públicos (*i.e.* concessão, permissão e autorização). Tal assimetria regulatória não implica uma "carta em branco" para o agente privado, tendo em vista que as agências reguladoras continuarão detendo poderes para assegurar a observância de aspectos qualitativos inerentes à adequada prestação do serviço. Daí porque concordamos com Carlos Emmanuel Joppert Ragazzo[140] para quem "é de vital importância regular apenas as variáveis estritamente necessárias, a fim de evitar efeitos perversos para a sociedade em benefício de poucos".

Para esse efeito (da instituição de uma adequada assimetria regulatória), deverá o regulador observar as seguintes fases, necessariamente, interdependentes: (i) estabelecer uma finalidade, ou seja, um fim a ser alcançado; (ii) escolher as variáveis que serão reguladas para o atingimento dessa finalidade (*v.g.* preço, qualidade, informação, entrada, quantidade);[141] e (iii) edição de uma medida regulatória, que imponha, após a ponderação dos interesses setoriais, condutas aos agentes regulados.[142] Assim é que a assimetria regulatória entre os referidos agentes passará pela escolha da variável que será regulada em cada atividade.

A assimetria regulatória calcada na regulação da variável "preço" tem o propósito de prescrever conduta aos agentes no tocante aos preços máximos e mínimos oferecidos no mercado de determinado produto ou serviço. Cuida-se de variável adequada a corrigir distorções concorrenciais provocadas pela prática de *dumping*, pela configuração de monopólios naturais e para evitar comportamentos heuristicamente indesejados.[143] A assimetria regulatória baseada na variável "entrada",

---

concluo pela improcedência da presente ação direta. Como se verá, a constitucionalidade das alterações promovidas pelo artigo 3º da Lei 12.996/2014 e posterior legislação fundamentam-se nos seguintes elementos: (i) a inexistência de restrições à oferta que justifiquem a oposição de barreiras à entrada de concorrentes no setor; (ii) a descentralização normativa à ANTT de poderes para assegurar a observância de aspectos qualitativos inerentes à adequada prestação do serviço; e (iii) a universalização do serviço e demais benefícios à população usuária, decorrentes da abertura do mercado para novos entrantes".

[140] RAGAZZO, Carlos Emmanuel Joppert. *Regulação Jurídica, Racionalidade Econômica e Saneamento Básico*. Rio de Janeiro: Renovar, 2011. p. 138-139.
[141] VISCUSI, W. Kip. *Economics of Regulation and Antitrust*. Cambridge, MA: The MIT Press, 2005.
[142] FREITAS, Rafael Véras de. *Expropriações Regulatórias*. Belo Horizonte: Fórum, 2016.
[143] Tal variável regulatória vem sendo manejada no Setor Portuário, como bem expõe Bruno de Oliveira Pinheiro e Sandro José Monteiro, para quem "Nesse contexto, o Poder

por sua vez, será levada a efeito pelo estabelecimento de requisitos qualitativos e quantitativos a determinar "quantos" agentes poderão iniciar a exploração de determinada atividade, a fim de evitar que haja excesso de agentes prestadores, diante da competitividade que seja fática ou economicamente suportável naquele mercado. A assimetria regulatória instituída com base na variável "qualidade" tem por objetivo estabelecer critérios, balizamentos e padrões de exigência, dentro do quais a atividade deve ser prestada, variável serviente a coibir a produção de externalidades negativas, tendencialmente observáveis em mercados monopolizados.

A assimetria regulatória instituída pela variável "quantidade" tem por objetivo a fixação de uma quantidade máxima ou mínima de produtos ou serviços que deverá ser imposta ao agente regulado, a fim de coibir hipóteses de crises de desabastecimento de mercados não competitivos. Por fim, a Assimetria Regulatória instituída pela variável "informação" terá por propósito impor ao agente prestador de determinada atividade a divulgação aos consumidores de informações imprescindíveis para que estes realizem uma correta avaliação da relação custo/benefício da conduta que devem adotar.[144]

Por todas essas razões, temos para nós que a assimetria regulatória entre os concessionários e os autorizatários é predicadora da instituição de uma assimetria regulatória ótima entre estes agentes, que considere a regulação da variável regulatória estritamente necessária para evitar distorções concorrenciais.

Público vale-se de mecanismos de regulação, como regulação de preços (tanto o preço ao consumidor como o preço de interligação de redes e cadeias verticais), restrições de quantidade, controle do número de empresas atuantes, estabelecimento de padrões mínimos de qualidade e imposição de limites mínimos de investimento, entre outros. Num segundo momento, quando a competição estiver até certo grau estabelecida, cessa a regulação intensa, que dá lugar à regulação do mercado através de outros meios de intervenção, como a utilização de instrumentos de transparência de atos e decisões e a utilização dos mecanismos de defesa da concorrência (com atuação não só das agências setoriais, mas especialmente através dos demais órgãos específicos de defesa da concorrência)" (PINHEIRO, Bruno de Oliveira; MONTEIRO, Sandro José. Regulação tarifária e expansão das autorizações: dois avanços, lado a lado, da Lei no 10.233, de 2001. In: TOJAL, Sebastião Botto de Barros; SOUZA, Jorge Henrique de Oliveira (coord.). *Direito e infraestrutura*: portos e transporte aquaviário – 20 anos da Lei nº 10.233/2001. Belo Horizonte: Fórum, 2021. v. 1).

[144] Sobre o tema, no Brasil, v. TRAVASSOS. Marcelo Zenni. *A legitimação jurídico-moral da Regulação Estatal à luz de uma premissa liberal-republicana*: autonomia privada, igualdade e autonomia pública. Rio de Janeiro: Renovar, 2015. RAGAZZO, Carlos Emmanuel Joppert. *Regulação Jurídica, Racionalidade Econômica e Saneamento Básico*. Rio de Janeiro: Renovar, 2011.

CAPÍTULO 2

REGULAÇÃO DAS CONCESSÕES EM CRISE

2.1 Concessões em crise

Recentemente, o Governo Federal realizou investida de desistência de procedimento de relicitação em curso, a qual foi objeto de consulta, formulada pelo Ministro de Portos e Aeroportos e pelo Ministro dos Transportes acerca da interpretação dos arts. 14, §2º, inciso III e 15, inciso I, da Lei nº 13.448/2017, os quais prescrevem que a adesão ao processo relicitatório é condicionada à apresentação, pelo contratado, "de declaração formal quanto à intenção de aderir, de maneira irrevogável e irretratável, ao processo de relicitação do contrato de parceria" e, ainda, que o termo aditivo relicitatório deve conter cláusula de aderência irrevogável e irretratável à relicitação do empreendimento.

Nesse sentido, o Tribunal de Contas da União, por intermédio do Acórdão nº 1593/2023, consignou que o Brasil passou por cinco anos de crise econômica, a qual impactou a execução de contratos de concessão. Diante do que "a revisão de condições inicialmente pactuadas não é novidade no âmbito de contratos de concessão", tendo em vista que "essa previsão existe nos próprios contratos e é aderente às melhores práticas regulatórias, à doutrina sobre mutabilidade da concessão e à possibilidade de resolução consensual". Na visão do tribunal, tais previsões de adaptabilidade são alvissareiras, na medida em que as condições econômicas, financeiras e sociais, subjacentes ao contrato, sofrem alterações, ao longo do transcurso de 20, 25 ou 30 anos de vigência contratual.

À luz de tais fundamentos, o voto do relator se valeu do exemplo do Aeroporto Internacional de Viracopos para evidenciar os impactos produzidos, por eventos externo, no âmbito de módulos concessórios. Nesse caso, apontou que os estudos de mercado referenciados para o ano de 2022 demonstraram que o terminal de passageiros do aeroporto possuía capacidade para atender 25 milhões de passageiros. Nada obstante, apontou que o estudo de demanda, referente ao procedimento licitatório, previu que a infraestrutura aeroportuária poderá atender a 21,6 milhões de passageiros até o ano de 2052. E concluiu que "não se trata de contrassenso, tampouco de erro dos estudos que referenciaram a licitação originária. Tais números refletem, a meu ver, o efeito das crises econômicas de 2014-2016 e da pandemia do coronavírus de 2020-2022".

É dizer, de acordo com o TCU, a lógica da mutabilidade e da incompletude contratual, tão salientes nas concessões "em crise", pode ser evidenciada pelos resultados dos estudos de demanda para tal infraestrutura aeroportuária. Tanto é verdade que a "revisão da demanda corresponde a uma redução de 75% em relação ao estudo originário", o que, na visão do TCU, gera impactos nas "estimativas de investimentos mínimos necessários, de custos operacionais e de receitas tarifárias e comerciais do empreendimento". Motivos pelos quais os novos estudos, para fundamentar o processo relicitatório ou de renegociação, devem ser lastreados pela adequação ou reavaliação das condições inicialmente contratadas.

Fixadas tais premissas, o TCU respondeu aos questionamentos que lhe foram formulados, para atestar a possibilidade de desfazimento do processo de relicitação, por iniciativa do poder concedente, desde que de comum acordo entre as partes, tendo em vista que o termo aditivo de relicitação foi construído com base no acordo consensual, de modo que, para desfazê-lo, é obrigatória a renegociação consensual entre as partes. Além disso, o processo de negocial deve respeitar, necessariamente, as balizas fixadas pelo TCU, no âmbito do Acórdão nº 1593/2023.[145]

Foi, justamente, em razão do Acórdão nº 1593/2023, que foi editada a Portaria nº 848, de 25 de agosto de 2023, do Ministério dos Transportes, a qual estabelece a política pública e os procedimentos relativos à readaptação e otimização dos contratos de concessão, no que

---

[145] Já sumarizamos as condicionantes em: FREITAS, Rafael Véras de. *Equilíbrios econômico-financeiros das concessões*. Belo Horizonte: Fórum, 2023. p. 186-187.

se refere à exploração da infraestrutura de transporte rodoviário federal. Tal normativo teve como motivos: (i) as características excepcionais de Contratos de Concessão, e complexidade das decisões que permeiam a implementação da política pública; (ii) a necessidade de se aprimorar a qualidade do processo decisório, garantir a conformidade com os princípios éticos e as normas legais, aumentar a confiança e a legitimidade da gestão perante os atores interessados; (iii) a importância da administração pública primar por ações e por boas práticas de governança, gestão de riscos, integridade e transparência.

Na linha do recomendado pelo TCU, tal renegociação deverá demonstrar a vantajosidade de celebração de termo aditivo de readequação e otimização do contrato de concessão. No âmbito de tal procedimento, poderão ser renegociadas algumas características estruturantes do módulo concessório, entre as quais: (i) a previsão de ciclo de execução de obras de manutenção e restauração de pavimento e sinalização em todo trecho, de forma a reestabelecer as condições mínimas de segurança e trafegabilidade no primeiro ano do termo aditivo; (ii) a revisão de ciclo de execução de sinalização e restauração de pavimento, de natureza estrutural, em até três anos, nos trechos que apresentem parâmetros inferiores ao estabelecido; (iii) a previsão de prorrogação contratual de, no máximo, quinze anos; (iv) a renúncia de todos os processos judiciais, administrativos e arbitrais existentes.

Mais recentemente, ganhou destaque o expediente exógeno de renegociação de contratos de concessão, capitaneado pela SecexConsenso, do Tribunal de Contas da União. Cuida-se de procedimento de solução consensual de controvérsias, instituído pela Instrução Normativa nº 91/2022, a qual pretende estabelecer um modelo de renegociação exógeno de contratos de concessão "em crise". Em síntese, a solicitação de solução consensual pode ser formulada por três categorias de agentes: (i) pelas autoridades elencadas no art. 264 do Regimento Interno do TCU, tais como os presidentes da República, do Senado, da Câmara e do STF, o Procurador-Geral da República e o Advogado-Geral da União; (ii) pelos dirigentes máximos das agências reguladoras, nos termos do art. 2º da Lei nº 13.848/2019; e (iii) por relator de processo em tramitação no TCU.

No âmbito da SecexConsenso, a proposta de repactuação passará, nos termos da IN nº 91/2022: por análise prévia da SecexConsenso e exame de admissibilidade do Presidente do TCU; instauração da Comissão de Solução Consensual, a qual terá 90 (noventa) dias, contados da sua constituição, para elaborar proposta de solução, podendo ser prorrogada por 30 (trinta) dias; análise do Ministério Público junto ao TCU, no prazo de 15 (quinze) dias; e apreciação da proposta pelo Plenário do Tribunal de Contas, que poderá sugerir alterações na proposta de solução, acatá-la integralmente ou recusá-la. Até o momento, a SecexConsenso logrou êxito na repactuação de contratos dos setores de energia, de aeroportos, de ferrovias, de telecomunicações e de rodovias.

Tal cenário recente, que é paradigmático no âmbito das denominadas "concessões em crise", traz os seguintes questionamentos: (i) quais são os limites para a alteração de um contrato de "concessão em crise"?; (ii) a transferência de "concessões em crise" é uma alternativa juridicamente válida?; (iii) qual o regime jurídico atual das formas de extinção antecipada dos contratos de concessão?; (iv) qual é o regime jurídico dos acordos celebrados, no âmbito de "concessões em crise"? Sem pretender formular respostas aprioristicas e definitivas, o presente capítulo busca traçar parâmetros para dar cabo de tal ordens de questionamentos, por intermédio de investigação empírica e do *benchmarking* internacional das melhores práticas das concessões e parcerias público-privadas.

2.2 Regime de alteração de contratos de concessões

Os contratos de concessão que veiculam a exploração de infraestruturas são, por essência, incompletos.[146] Essa incompletude decorre da impossibilidade (decorrente da racionalidade limitada) e dos elevados custos de transação de se tentar redigir um contrato completo.

Cuida-se de entendimento consagrado no texto seminal *Incomplete Contracts and Control*, no âmbito do qual o economista Oliver Hart[147] demonstrou que, realisticamente, é impossível redigir contratos completos, "onde tudo o que pode acontecer está escrito", em razão de contingências que são imprevisíveis. Baseando-se em aportes econômicos, o autor demonstra que, no âmbito contratual: (i)

---

[146] HART, Oliver. Incomplete Contracts and Control. *American Economic Review*, Pittsburgh, v. 107, n. 7, p. 1731-1752, 2017; HART, Oliver. Rethinking incomplete contract. *Harvard University*, [s. l.], 2010; GUASCH, José; LAFFONT, Jean Jacques; STRAUB, Stéphane. *Renegotiation of Concession Contracts in Latin America*. Washington, DC: The World Bank, 2003. Já abordamos o tema, de modo exaustivo, em: FREITAS, Rafael Véras de. *Equilíbrios econômico-financeiros das concessões*. Belo Horizonte: Fórum, 2023. p. 296-313.

[147] HART, Oliver. Incomplete Contracts and Control. *American Economic Review*, Pittsburgh, v. 107, n. 7, p. 1731-1752, 2017.

as ineficiências contratuais surgem porque os investimentos específicos, provisionados no início de sua vigência, são distorcidos no devir da execução do contrato; e (ii) a distorção nos investimentos pode ser superada se outros investimentos forem contratáveis, *ex post*.[148]

O modelo formal de incompletude contratual apela à ideia de que é difícil descrever, antecipadamente, todas as condições que irão reger o contrato, pois isso depende de um estado futuro de eventos que podem alterá-lo.[149] Tal incompletude contratual se evidencia, de forma mais saliente, nos denominados contratos relacionais, os quais, segundo Ian MacNeil,[150] tem por objetivo disciplinar, por intermédio de um sistema de regulação endocontratual: (i) o funcionamento diário das relações e transações de troca ou comportamento contratual (dimensão comportamental); (ii) a intervenção do Estado sobre esse comportamento (dimensão jurídica); e (iii) estudos jurídicos relacionados a esse comportamento (dimensão acadêmica).

Daí porque Vinícius Klein,[151] ao comentar a obra de MacNeil, assevera que "nas relações modernas, o planejamento está menos ligado à substância da troca e mais às estruturas e processos que regulam a relação entre as partes. Além disso, o planejamento é necessariamente incompleto, embora possa ser flexível". Ainda nas palavras do referido autor, "a relação contratual é necessariamente incompleta, ou seja, não se pode identificar previamente todas as alterações da realidade que serão significativas para a relação contratual". Em linha com o exposto, Marcos Nóbrega *et al.*[152] asseveram que "esses contratos

---

[148] Por exemplo, as partes podem redigir um contrato que prevê que a usina deve se localizar próxima à mina em troca de um pagamento adiantado, compensando o poder de retenção posterior.

[149] No mesmo sentido, no direito brasileiro, Armando Castelar Pinheiro e Jairo Saddi asseveram que "é impossível pressupor todos os acontecimentos ou eventos que poderão ter lugar entre os seres humanos, em especial no futuro. Essas lacunas serão preenchidas *ex post*, uma vez iniciado o cumprimento (ou não) do contrato. Somente é possível alocar o risco com eficiência mediante a criação de incentivos ou de sanções no desenho do contrato se as partes forem bem-sucedidas em fazer com que, na execução, tais cláusulas sejam validadas" (PINHEIRO, Armando Castelar; SADDI, Jairo. *Direito, economia e mercados*. Rio de Janeiro: Elsevier, 2005. p. 117).

[150] MACNEIL, Ian R. Relational Contract. What We Do and Do Not Know. *Wisconsin Law Review*, Wisconsin, v. 4, p. 484, 1985.

[151] KLEIN, Vinicius. *Os contratos empresariais de longo prazo*: uma análise a partir da argumentação judicial. Rio de Janeiro: Lumen Juris, 2015. p. 113.

[152] CAMELO, Bradson; NÓBREGA, Marcos; TORRES, Ronny Charles. As licitações como um jogo: teoria dos leilões. *In*: CAMELO, Bradson; NÓBREGA, Marcos; TORRES, Ronny Charles. *Análise econômica das licitações e contratos*: de acordo com a Lei nº 14.133/2021 (nova Lei de Licitações). Belo Horizonte: Fórum, 2022. p. 222.

relacionais são de longo prazo, podendo durar décadas, e têm uma relação distinta dos contratos de curto prazo, podendo ser descritos como jogos repetitivos". De acordo com os autores, "para esse tipo de relacionamento duradouro, existe ampla evidência sugerindo que os contratados e as autoridades públicas geralmente esperam uma certa quantidade de adaptações *ex post*, independentemente de quão bem o projeto foi planejado e executado".

Em direção semelhante, para Oliver Williamson,[153] "as partes serão confrontadas com a necessidade de se adaptarem a perturbações imprevistas que surjam em razão de lacunas, erros e omissões no contrato original". De acordo com o autor, "os atores humanos não são apenas confrontados com necessidades de adaptação ao imprevisto (por razão de racionalidade limitada), mas também afeitos a comportamentos estratégicos". Assim é que, a seu ver, "nesse caso, os esforços devem ser no sentido da ordenação privada para conceber estruturas de governança, que sirvam para endereçar tais situações".

Como já tivemos a oportunidade de asseverar,[154] em razão da racionalidade limitada e da assimetria de informações entre as partes, a previsão de todos os eventos que podem acometer um contrato de longo prazo e relacional incrementaria os custos de transação do desenho contratual *ex post*. Segue daí o racional econômico de se modelar uma estrutura contratual lastreada em incompletudes, deliberadamente deixadas pelas partes. Significa dizer que, nos casos em que não é possível provisionar um evento futuro, tal como aqueles advindos de cenários de crise, será mais eficiente delegar a sua colmatação para um procedimento negociado, *ex post*, do que tentar arbitrar suas consequências, *ex ante*.[155]

---

[153] Trecho em tradução livre. WILLIAMSON, Oliver E. The Theory of the Firm as Governance Structure: from Choice to Contract. *Journal of Economic Perspectives*, [s. l.], v. 16, n. 3, p. 174, 2002.

[154] FREITAS, Rafael Véras de. *Equilíbrios econômico-financeiros das concessões*. Belo Horizonte: Fórum, 2023. p. 307-308.

[155] De fato, como exposto por Eric Brousseau e Jean-Michel Glachant, "os contratos estão incompletos porque existem informações e custos de medição significativos em torno da maioria das transações comerciais. Quando existe um grande número de contingências possíveis em relação a eventos futuros, o uso do contrato completo e totalmente contingente da teoria econômica é muito caro. Os negociadores usam contratos incompletos nessas circunstâncias, não apenas para evitar os 'custos de tinta' significativos de escrever contratos totalmente contingentes, mas, mais importante, porque contratos incompletos evitam os custos desnecessários de pesquisa e negociação que, de outra forma, seriam suportados pelos operadores" (BROUSSEAU, Eric; GLACHANT, Jean-Michel. *The Economics of the Contracts*: Theories and Applications. Cambridge: Cambridge University Press, 2002. p. 60).

De fato, notadamente em contratos de concessão, como assevera que J. Luis Guasch,[156] tal incompletude decorre da "incapacidade ou do custo de prestar contas de todas as contingências possíveis nos contratos". Por tais razões, de acordo com o autor, "a redação de um contrato às contingências verificáveis e previsíveis podem ser demasiado dispendiosas. Assim, as partes têm de decidir que contingências querem incluir no regramento dos contratos de longo prazo" e, por consequência, quais contingências serão tratadas no devir contratual.

Nesse sentido, não se pode olvidar que, por se tratar de contratos incompletos, com prazos diferidos, os módulos concessórios estão sujeitos a diversas ordens de alterações contratuais, seja pela necessidade de sua atualização (como um dos consectários da adequada prestação do serviço público), seja por força das alterações políticas que permeiam os objetivos desses ajustes.[157] Diante disso, temos para nós o regime de alteração de contratos de concessão, sob o aspecto econômico, está, diretamente, ligado à incompletude que lhe é congênita. Por outro lado, os limites às alterações nos contratos de concessão têm suscitado controvérsias sobre os *standards* que devem guiar o devido procedimento para se levar a efeito suas alterações.

No âmbito internacional, as melhores práticas de concessões e parcerias público-privadas apontam determinados parâmetros que, uma vez ultrapassados, representam violação ao regime jurídico de alteração do módulo contratual. Cite-se, por exemplo, o *Public Contracts Regulations 2015*,[158] do Reino Unido, o qual admite alterações contratuais, desde que não sejam qualificadas como "modificações substanciais", as quais, necessariamente, requereriam a realização de um novo certame licitatório. De acordo com o documento, as "modificações substanciais" são aquelas que atendem os seguintes requisitos:

a) A modificação torna o contrato materialmente diferente em comparação com aquele inicialmente celebrado;

---

[156] GUASCH, José. *Granting and Renegotiating Infrastructure Concessions*: Doing It Right. Washington, DC: The World Bank, 2004. p. 71.

[157] GORDILLO. Agustín. *Tratado de Derecho Administrativo*. Buenos Aires: Fundación de Derecho Administrativo,1997. t. 1. p. XI-39; DROMI, Roberto. *Derecho administrativo*. Buenos Aires: 1995. p. 413; GARCIA, Flávio Amaral. *A mutabilidade nos contratos de concessão*. São Paulo: Malheiros, 2023. p. 136; FREITAS, Rafael Véras de. *Equilíbrios econômico-financeiros das concessões*. Belo Horizonte: Fórum, 2023. p. 307.

[158] Disponível em: https://www.legislation.gov.uk/uksi/2015/102/regulation/72/made. Acesso em: 27 set. 2024.

b) A modificação introduz condições que, se tivessem feito parte do procedimento licitatório original, teriam:
   b.1) Permitido a admissão de outros proponentes além daqueles inicialmente selecionados;
   b.2) Permitido a aceitação de uma proposta diferente da originalmente aceita; ou
   b.3) Atraído proponentes adicionais para o processo licitatório.
c) A modificação altera o equilíbrio econômico-financeiro do contrato em favor do contratante, de uma forma que não estava prevista no contrato original;
d) A modificação amplia consideravelmente o escopo do contrato;
e) Um novo contratante substitui o original, além das hipóteses admitidas pela *Public Contracts Regulations*.

Em igual medida, a Diretiva 2014/23/EU, aplicável ao Direito Comunitário europeu, veda modificações substanciais ao módulo concessório, compreendendo como substancial a alteração que: (i) introduz condições que, se tivessem feito parte do procedimento inicial da licitação, teriam permitido a admissão de outros proponentes, ou a aceitação de uma proposta que não a inicialmente aceita; (ii) altera o equilíbrio econômico em favor do concessionário, de uma forma que não estava prevista no instrumento original; (iii) alarga consideravelmente o âmbito da concessão; ou (iv) substitui o contratado original fora dos casos admitidos pela Diretiva 2014/23/EU.

Já, no México, a *Ley de Asociación Público Privada*, publicada em 2012, dispõe que, durante o prazo original de um projeto de PPP, somente poderão ser feitas modificações quando tiverem por objetivo: (i) melhorar as características da infraestrutura; (ii) aumentar os serviços ou seu nível de desempenho; (iii) atender a aspectos relacionados à proteção ambiental, bem como à preservação e à conservação dos recursos naturais; (iv) ajustar o escopo dos projetos devido a circunstâncias imprevisíveis no momento da preparação e concessão do projeto; ou (v) restabelecer o equilíbrio econômico do projeto.[159]

---

[159] Segundo o art. 117 da *Ley de Asociación Público Privada*, "a modificação não implicará transferência de riscos de uma das partes para a outra, em termos diferentes daqueles acordados no contrato original. Se o contrato de parceria público-privada ou, conforme o caso, as respectivas autorizações para o desenvolvimento do projeto forem modificados, os demais documentos deverão ser modificados". Além disso, menciona-se o teor do art. 118, o qual estabelece determinados limites para as modificações, em razão de eventual contrapartida adicional ou implicarem redução das obrigações, veja-se: "Artigo 118 -

No direito pátrio, como já tivemos a oportunidade de asseverar,[160] o tema das alterações nos contratos administrativos tem como primeiro limite o dever de licitar, previsto no art. 37, XXI, da Constituição. Chega a ser acaciano imaginar que à Administração Pública fosse dado o direito de alterar tais ajustes, sem qualquer limitação, descaracterizando os termos da avença original. Tal importaria, ao fim e ao cabo, celebrar, sem a realização do referido procedimento, um novo ajuste com o particular contrato. Mas não é só. Para além de representar uma violação ao princípio da isonomia na *concorrência pelo mercado*, fato é que tal expediente poderia servir para aumentar os valores que são devidos ao particular (pelo incremento de suas obrigações contratuais), ou mesmo para tornar a prestação do serviço inexequível.

Bem por isso, tais alterações devem estar amparadas pelos princípios da isonomia e da impessoalidade. Nada obstante, casos há em que os princípios da eficiência e da economicidade recomendam a realização de alterações nos contratos administrativos. De fato, à medida em que os contratos administrativos são celebrados para dar conta de um interesse público subjacente a uma necessidade da máquina administrativa, a própria cambialidade, inerente ao interesse público,[161] justifica modificações no que foi pactuado.

Nos casos das Seções I, II e IV do Artigo 117 acima, as alterações deverão obedecer ao seguinte: I. Se não exigirem qualquer contrapartida adicional ou implicarem diminuição das obrigações do incorporador, poderão ser acordadas a qualquer tempo. II. Se as modificações exigirem uma compensação adicional ou implicarem uma diminuição das obrigações do desenvolvedor, todos e cada um dos seguintes requisitos deverão ser atendidos: a. Conformidade com uma ou mais das condições estabelecidas nas seções I, II e IV do artigo 117 acima, a necessidade e os benefícios das modificações, e a necessidade e os benefícios das modificações, bem como o valor da compensação adicional ou da compensação ou redução de obrigações, devem ser demonstrados com a opinião de especialistas independentes. b. Durante os dois primeiros anos imediatamente após a adjudicação do projeto, o valor das modificações, como um todo, não poderá exceder o equivalente a vinte por cento do custo acordado da infraestrutura, bem como a contraprestação pelos serviços durante o primeiro ano de sua prestação; e c. Quando, após os dois primeiros anos do projeto, as modificações autorizadas ou a serem autorizadas excedam o equivalente a vinte por cento do custo pactuada de infraestrutura ou a contraprestação pelos serviços, devem ser expressamente aprovados por escrito pelo chefe do órgão ou entidade contratante. O Regulamento estabelecerá as diretrizes, métodos de cálculo e atualização para determinar os valores mencionados nesta seção. As modificações acordadas podem incluir, entre outras, a extensão dos termos do contrato e das autorizações para o desenvolvimento do projeto".

[160] FREITAS, Rafael Véras de. *Concessão de rodovias*. Belo Horizonte: Fórum, 2018. p. 136.
[161] Como bem retratada por Alice Gonzalez Borges: "na realidade moderna atual, tão rica e complexa, tão mutante e variada, deparamos, entretanto, com uma multiplicidade de interesses, igualmente públicos, igualmente primários, igualmente dignos de proteção, porém que assumem diferentes dimensões. Temos, por exemplo, interesses individuais

Afora isso, em situações concretas, o custo para a realização de um novo procedimento licitatório, para dar conta das alterações no escopo do que foi contratado, poderá deixar o próprio interesse público subjacente à contratação desatendido, seja pelo tempo necessário para realizar tal procedimento, seja pelo valor que será devido ao particular, a título de indenização pela rescisão do contrato (a isso voltaremos adiante). Nesse quadrante é que a Lei nº 8.987/1995 prescreve a possibilidade de alterações contratuais no art. 9º, §4º, da Lei nº 8.987/1995, o qual dispõe que "em havendo alteração unilateral do contrato que afete o seu inicial equilíbrio econômico-financeiro, o poder concedente deverá restabelecê-lo", bem como no art. 23, o qual estabelece como cláusula essencial do contrato a relativa "aos direitos, garantias e obrigações do poder concedente e da concessionária, inclusive os relacionados às previsíveis necessidades de futura alteração e expansão do serviço e consequente modernização, aperfeiçoamento e ampliação dos equipamentos e das instalações".

Da mesma forma, a Lei nº 14.133/2021 (que rege os tradicionais contratos de empreitada) faculta à Administração Pública a prerrogativa de alterar os contratos de que é parte, nos termos dos arts. 104, I,[162] 124, I[163] e 125.[164] As alterações contratuais disciplinadas pela Lei nº 14.133/2021 podem ter natureza: (i) quantitativa; (ii) qualitativa; e (iii) qualitativa, com efeitos quantitativos. É assente o entendimento segundo o qual a alínea 'a' do inciso I do art. 124 se refere às alterações *qualitativas*, que terão lugar nas hipóteses de alterações relacionadas

---

também públicos, no mais elevado grau possível, porque correspondentes a direitos fundamentais; temos interesses transindividuais, coletivos e difusos, que freqüentemente entram em conflito entre si. Em pelo menos três aspectos a Constituição dá, ainda, um caráter biface a certos direitos, tornando-os também deveres dos cidadãos: meio ambiente, educação e saúde" (BORGES, Alice Gonzalez. Supremacia do interesse público: desconstrução ou reconstrução? *Interesse Público*, Belo Horizonte, v. 8, n. 37, 2006).

[162] "Art. 104. O regime jurídico dos contratos instituído por esta Lei confere à Administração, em relação a eles, as prerrogativas de: I - modificá-los, unilateralmente, para melhor adequação às finalidades de interesse público, respeitados os direitos do contratado".

[163] "Art. 124. Os contratos regidos por esta Lei poderão ser alterados, com as devidas justificativas, nos seguintes casos: I - unilateralmente pela Administração: a) quando houver modificação do projeto ou das especificações, para melhor adequação técnica a seus objetivos; b) quando for necessária a modificação do valor contratual em decorrência de acréscimo ou diminuição quantitativa de seu objeto, nos limites permitidos por esta Lei".

[164] "Art. 125. Nas alterações unilaterais a que se refere o inciso I do *caput* do art. 124 desta Lei, o contratado será obrigado a aceitar, nas mesmas condições contratuais, acréscimos ou supressões de até 25% (vinte e cinco por cento) do valor inicial atualizado do contrato que se fizerem nas obras, nos serviços ou nas compras, e, no caso de reforma de edifício ou de equipamento, o limite para os acréscimos será de 50% (cinquenta por cento)".

às especificidades técnicas do projeto, ao passo que a alínea 'b' do mesmo dispositivo se refere às alterações *quantitativas*, as quais se relacionam com as quantidades do bem ou do serviço fornecidos pelos particulares.[165]

Ainda sobre a temática, outra questão que se põe é a de se investigar se os limites previstos no art. 125 da Lei nº 14.133/2021 (25%) se aplicam às hipóteses de alteração *qualitativa* ou *quantitativa*.[166] Embora tal questão ainda comporte divergência, vem predominando o entendimento no sentido de que tais limites se aplicam apenas às alterações quantitativas.[167] Segue-se daí o seguinte questionamento: os limites, previstos na Lei nº 14.133/2021, se aplicam aos contratos de concessão que veiculam a exploração de infraestruturas?

Temos para nós[168] que não, por três ordens de razão: primeiro, porque tais ajustes, como já exposto, por se tratar de contratos de longo prazo, possuem uma cambialidade mais acentuada que não se coaduna com os limites às alterações em contratos de empreitada; segundo, porque se trata de contrato de receita, remunerado, tradicionalmente, pelos usuários, e não de despesa; assim, por não envolver aportes do Tesouro, não vislumbramos a necessidade/adequação da incidência de tais limites;[169] terceiro, porque, em regra, por se tratar de pactos celebrados em setores regulados e qualificados como serviços públicos, tais alterações podem advir da determinação de uma agência reguladora

---

[165] SUNDFELD, Carlos Ari. *Licitação e contrato administrativo*. São Paulo: Malheiros, 1994.

[166] Ressalta-se que o dispositivo da lei federal é reproduzido pelo art. 143, §1º, Lei Estadual nº 9.433/2005, o qual prescreve a obrigação de o contratado aceitar, nas mesmas condições contratuais, os acréscimos ou supressões que se fizerem nas obras, serviços ou compras, limitando-os ao patamar de 25% do valor inicial atualizado do contrato. No caso de reforma de edifício ou de equipamento, o limite de acréscimo é de 50%.

[167] Por todos, veja-se Floriano de Azevedo Marques Neto, para quem: "A referência que se faz aos limites, desde os dispositivos citados, é exclusiva à segunda hipótese de alteração unilateral, ou seja, aquela que agrega ou retira quantidades ao objeto, que modifica o escopo oferecido aos particulares na licitação. Na primeira hipótese, modificações no projeto ou nas especificações ditadas por necessidades técnicas supervenientes que obstam a plena realização dos seus objetivos, não há qualquer menção aos limites, certamente porque o legislador estava ciente da impossibilidade de se limitar tais alterações, estranhas à vontade das partes, ditadas por imperativos técnicos supervenientes. Repetimos à farta: onde o legislador diferiu as hipóteses, não podemos nós, intérpretes procurar uniformizá-las" (MARQUES NETO, Floriano de Azevedo. Contrato administrativo: superveniência de fatores técnicos dificultadores da execução da obra – inaplicabilidade dos limites de 25% de acréscimos. *Boletim de Licitações e Contratos*, São Paulo, v. 14, n. 2, p. 94-110, 2001).

[168] FREITAS, Rafael Véras de. *Concessão de rodovias*. Belo Horizonte: Fórum, 2018. p. 139.

[169] No mesmo sentido, veja-se MARQUES NETO, Floriano de Azevedo. Alteração em contrato de concessão rodoviária. *Revista Tributária e de Finanças Públicas*, [s. l.], n. 44, p. 212-214, 2002.

setorial, a qual, para equilibrar o subsistema jurídico regulado, não pode estar limitada pelos percentuais destinados aos singelos contratos de empreitada. Por exemplo, é justificável, sob perspectiva econômica, que os contratos de mera prestação de serviços, os quais não envolvem investimentos significativos, estejam submetidos frequentemente à licitação, para fins de adequação de suas condições aos padrões de mercado. Por outro lado, a necessidade de preservação do vínculo entre a Administração Pública e a concessionária, por prazos longos, há que ter "como contrapartida a possibilidade de adequação desse vínculo às vicissitudes que naturalmente decorrem da passagem do tempo".[170]

Para além disso, como bem destacam Maurício Portugal Ribeiro e Lucas Navarro Prado,[171] sob o aspecto formal, a Lei nº 11.079/2004, estatuto jurídico que rege as PPP, disciplinou, expressamente, os dispositivos da então vigente Lei de Licitações (Lei nº 8.666/1993), que seriam aplicáveis às PPPs, sem fazer referência ao artigo que estabelece limites quantitativos para alterações contratuais, o que reforçaria a tese na inaplicabilidade dos limites às alterações qualitativas.

Todo esse racional veio a ser incorporado pelo disposto na Lei nº 13.448/2017, que disciplinou, no âmbito federal, os regimes da prorrogação antecipada e da relicitação. De acordo com o art. 22 do diploma legal, "as alterações dos contratos de parceria decorrentes da modernização, da adequação, do aprimoramento ou da ampliação dos serviços não estão condicionadas aos limites fixados nos §§1º e 2º do art. 65 da Lei nº 8.666, de 21 de junho de 1993 [atual art. 125, da Lei nº 14.133/2021]". Ao comentar o dispositivo, Gabriela Engler[172] destaca

---

[170] RIBEIRO, Maurício Portugal; PRADO, Lucas Navarro. Alteração de contratos de concessão e PPP por interesse da Administração Pública – Problemas econômicos, limites teóricos e dificuldades reais. *Revista de Contratos Públicos*, Belo Horizonte, ano 2, n. 2, p. 103-135, set. 2012/fev. 2013.

[171] RIBEIRO, Maurício Portugal; PRADO, Lucas Navarro. Alteração de contratos de concessão e PPP por interesse da Administração Pública – Problemas econômicos, limites teóricos e dificuldades reais. *Revista de Contratos Públicos*, Belo Horizonte, ano 2, n. 2, p. 103-135, set. 2012/fev. 2013. Além desse aspecto formal, os autores destacam que "a lógica econômica dos contratos de concessão e PPP é diferente da dos contratos de mera prestação de serviços, de obra ou de aquisição de equipamentos".

[172] De acordo com a autora: "antes, porém, é preciso esclarecer que é premissa deste trabalho que o artigo 22 da Lei 13.448/17 aplica-se indistintamente a todos os contratos de parceria – inclusive àqueles em vigor à época da promulgação da Lei –, e não apenas aos setores rodoviário, ferroviário e aeroportuário, que são objeto específico da Lei 13.448/17. As razões desse entendimento serão melhor explicadas em outra oportunidade, mas apenas o fato de o artigo 22 situar-se topograficamente nas 'disposições finais', junto a outros artigos que regulam matérias estranhas aos temas específicos do diploma legal (prorrogação antecipada e relicitação) já é indício claro de que a pretensão legislativa foi

o seu âmbito de aplicação generalizado, qualificando-o como uma "revolução silenciosa", no âmbito das decisões relativas às alterações contratuais.

Nada obstante, isso não significa dizer que os contratos de concessão possam ser alterados, ilimitadamente, sob pena de subversão do próprio procedimento licitatório. Nesse sentido, Luis Roberto Barroso,[173] manifestando-se sobre a inclusão de trecho rodoviário em concessão pré-existente, asseverou a legalidade da alteração de contratos concessórios. Nada obstante, de acordo com o autor, a alteração pretendida deveria respeitar os seguintes parâmetros, os quais, uma vez ultrapassados, imporiam o dever de realização de uma nova e independente licitação:

a) A administração pode impor alterações unilateralmente, mas apenas no que diz respeito às cláusulas de execução ou regulamentares. O equilíbrio econômico-financeiro do contrato de concessão deverá ser preservado, de modo que se as aliterações envolvendo a execução do objeto contratual repercutirem sobre o equilíbrio, ele deverá ser restaurado;[174]

b) As alterações contratuais – unilaterais ou consensuais – devem contar com justificativa expressa, nas quais o administrador explicite a necessidade das alterações, tendo em conta o interesse público a atingir, e demonstre a preservação do dever de licitar e dos princípios da isonomia e da impessoalidade;

c) Qualquer alteração apenas poderá ser considerada legítima uma vez que ela não possa ser objeto de licitação autônoma, por ser inviável a competição entre o concessionário e eventuais interessados;

d) Quando se trate de alterações quantitativas, o administrador deve considerar os limites percentuais previstos no art. 65 da Lei nº 8.666/1993 [correspondente ao art. 125 da Lei

---

no sentido de conferir ampla aplicabilidade ao art. 22" (PINTO, Gabriela Engler. Novos investimentos em concessões e PPPs: contornos e limites. *Revista Eletrônica OAB/RJ*, [s. l.], Edição Especial de Infraestrutura, 2019).

[173] BARROSO, Luís Roberto. Alteração dos contratos de concessão rodoviária. *Revista de Direito Público da Economia*, Belo Horizonte, v. 4, n. 15, p. 99-129, 2006.

[174] Sobre os limites de alterações unilaterais, confira-se o texto de Leonardo Coelho Ribeiro e Luiz Eduardo Lessa Silva: RIBEIRO, Leonardo Coelho; SILVA, Luiz Eduardo Lessa. Alteração da garantia à execução do contrato de concessão ferroviária. *Revista de Direito Público da Economia*, Belo Horizonte, ano 9, n. 36, 2011.

nº 14.133/2021] como marcos a serem respeitados no geral e cuja superação, ainda que possível, deverá ser acompanhada de motivação mais analítica, que demonstre a conveniência da alteração para o interesse público e sua compatibilidade com os princípios constitucionais que vinculam a Administração Pública.

Em igual medida, Carlos Ari Sundfeld[175] leciona que a alteração contratual pressupõe a demonstração da inviabilidade de licitar autonomamente o objeto que se pretende incluir no contrato pré-existente. Tal "inviabilidade de licitar (a exploração autônoma de novo objeto), não significa uma inviabilidade em tese, e sim contextualizada, isto é, em condições adequadas pelo ângulo dos interesses públicos envolvidos no contexto específico".

Veja-se que a posição dos autores converge para a necessidade de se demonstrar que o objeto, a ser incluído em contrato de concessão existente, não pode ser licitado de modo autônomo. Tal demonstração, por envolver questões econômicas e técnicas, há de ser realizada diante do contexto fático em que se inscreve a Administração Pública, não havendo um parâmetro geral rígido, a ser aplicado sobre todo e qualquer caso.

Diante do exposto até aqui, pode-se afirmar que a incompletude intrínseca aos módulos concessórios autoriza que as partes, deliberadamente, deixem lacunas, a serem colmadas ao longo de sua vigência. Embora não existam parâmetros claros acerca dos limites às alterações de contratos de concessão, parece-nos que não há dúvida jurídica sobre: (i) a necessidade de se respeitar o dever geral de licitar, prescrito no art. 37, XXI, da CRFB; e (ii) a inaplicabilidade dos limites quantitativos previstos no art. 125 da Lei nº 14.133/2021, seja em razão da distinção econômica entre os contratos de empreitada e os contratos de concessão, seja em virtude do permissivo legal genérico incluído no art. 22 da Lei nº 13.448/2017 (dispositivo aplicável, em âmbito federal, mas que pode vir a ser fonte de interpretação analógica pelas demais entidades da federação).

Em relação à necessidade de respeitar o dever de licitar, as melhores práticas internacionais e a doutrina nacional têm indicado

---

[175] SUNDFELD, Carlos Ari. Condições Jurídicas para a ampliação do contrato de concessão rodoviária. *In*: SUNDFELD, Carlos Ari. *Pareceres*: Volume II: Direito Administrativo Contratual. Revista dos Tribunais: São Paulo, 2013. p. 139.

que a alteração contratual: (i) não pode importar na inclusão de objeto que possa ser licitado, de forma autônoma; e (ii) deve ser justificada pelo Poder Concedente, mediante juízos que demonstrem a isonomia, a impessoalidade, a eficiência e a economicidade da alternativa regulatória escolhida. Nesse último aspecto, por exemplo, deve-se demonstrar que a alteração pretendida não modificaria o objeto original da licitação (*e.g.* aumento dos proponentes ou aceitação de outra proposta).

Tais *standards* de alteração contratual foram objeto de análise em casos paradigmáticos debatidos no Brasil, em sede judicial e administrativa.

Nesse sentido, cite-se a Ação Direta de Inconstitucionalidade nº 5991/DF,[176] por intermédio da qual o Supremo Tribunal Federal apreciou a constitucionalidade da prorrogação antecipada de contratos de concessão. Cuida-se de ação ajuizada pela Procuradoria-Geral da República (PGR), com o desiderato de declarar a inconstitucionalidade do art. 6º, §2º, II, art. 25, §1º, §3º, §4º e §5º e art. 30, da Lei nº 13.448/2017, os quais prescreveram o regime de prorrogação antecipada de concessões ferroviárias federais.

Para o ponto que interessa ao presente trabalho, a PGR argumentou que os arts. 25, §1º e 30, §2º, da Lei nº 13.448/2017 são incompatíveis com a Constituição porque "a permissão para que a concessionária faça investimentos em malhas de interesse da União viola, porém, duplamente o dever de licitação imposto pela Constituição". Primeiro, porque a nova obrigação, "travestida de mero equilíbrio econômico-financeiro, altera substancialmente o objeto da concessão". Segundo, porquanto transfere "a obrigação de investimento do Poder Público para a concessionária, que poderá realizá-lo diretamente, com a consequente burla ao procedimento licitatório".[177]

O voto relator do acórdão, proferido pela Ministra Cármen Lúcia, indicou que o cerne da controvérsia residia nas normas que autorizavam as concessionárias, como contrapartida, a realizar investimentos em malha ferroviária própria ou nas de interesse da Administração

---

[176] STF – Ação Direta de Inconstitucionalidade nº 5991/DF – Tribunal Pleno – Relatora Ministra Cármen Lúcia – DJe: 10.03.2021.

[177] E complementa a PGR no seguinte sentido: "ou seja, o investimento, a princípio, uma obrigação do Poder Público, a ser executado diretamente ou por terceiro, mediante prévia licitação, será efetuado, de outro modo, pela concessionária, sem se submeter às regras da contratação pública". Em síntese, a PGR entendeu por inconstitucionais os dispositivos que "permitem a realização de investimentos pelas concessionárias em malhas de interesse da Administração Pública sem que sejam observadas as regras da licitação".

Pública, "substituindo-se a obrigação de pagar por obrigação de fazer: é o denominado investimento cruzado".[178] Além disso, o referido voto aduziu que o termo aditivo que materializa a prorrogação antecipada deve respeitar os princípios da Administração Pública, conforme art. 37, *caput*, da Constituição, razão pela qual o "aditivo de prorrogação não deve ampliar o objeto do contrato de concessão, ainda que a pretexto de atender ao interesse público, sob pena de se vulnerar o princípio da licitação, previsto no art. 175 da Constituição da República".

Mas isso não importa na imutabilidade do objeto concedido. De acordo com a Ministra Cármen Lúcia, a imutabilidade do objeto da concessão não impede que o contrato seja alterado para se adequar "às necessidades econômicas e sociais decorrentes da dinâmica do serviço público concedido e do longo prazo contratual estabelecido", desde que "observados o equilíbrio econômico-financeiro do contrato e os princípios constitucionais pertinentes". Daí porque o investimento cruzado, discutido nos autos, não configuraria hipótese de alteração do objeto da concessão, mas "alteração contratual para adequar-se às necessidades mutáveis do interesse público". O investimento cruzado guardaria natureza de "medida política" manejada com o objetivo de: (i) propiciar a integração da rede ferroviária que ultrapassa os limites específicos de cada concessão; (ii) garantir maior agilidade na execução de obras nas malhas ferroviárias; e (iii) incrementar investimentos na deficitária malha ferroviária brasileira.

O Ministro Gilmar Mendes, em voto-vogal, também se manifestou sobre o tema.[179] O voto observou que a possibilidade de imposição de investimentos, em malhas de interesse da Administração Pública, foi uma opção deliberada para "modernizar o desenho regulatório, garantindo que os investimentos decorrentes da prorrogação antecipada fossem efetivamente revertidos para a infraestrutura ferroviária". De

---

[178] Ainda de acordo com o voto: "as melhorias na infraestrutura ferroviária realizadas por investimentos cruzados, na malha concedida ou em outras de interesse da Administração Pública, serão realizadas pelo particular com recursos privados. Ao poder concedente compete avaliar, autorizar e aprovar a realização desses novos investimentos restritos à infraestrutura ferroviária brasileira para que estejam em conformidade com o interesse público, destinatário final e essencial da prestação do serviço público".

[179] Registre-se que o Ministro Edson Fachin divergiu do entendimento da Ministra Cármen Lúcia, mas restou vencido. No seu entender, "a flexibilização dos requisitos para renovação das concessões, nos moldes da Lei nº 13.448/2017, mitiga a possibilidade de participação de mais interessados e viola, ainda, o princípio da competitividade e a regra da licitação, que têm assento constitucional e que permite à Administração a contratação da melhor proposta".

acordo com o ministro, cuida-se de solução inovadora, a qual vincula a pactuação dos aditivos de prorrogação a obrigações de fazer voltadas a investimentos em malhas definidas de acordo com a necessidade logística da estrutura ferroviária nacional. De acordo com o voto-vogal, a "assunção de novas obrigações de fazer para investimento em malhas do interesse da Administração Pública não desfigura o objeto do contrato de concessão". Isso porque, a seu ver, sendo o contrato de concessão um acordo bilateral que opera no interesse da Administração Pública, "nada impede que, de forma acessória à obrigação principal de prestação adequada do serviço dentro da malha licitada, sejam também pactuadas obrigações não diretamente relacionadas ao empreendimento".[180]

O tema foi abordado, ainda, na ADI nº 7048/SP.[181] Cuida-se de ação direta ajuizada em face do: (i) Decreto nº 65.574/2021, do Estado de São Paulo, que autorizou a prorrogação antecipada, pelo prazo de 25 anos, da concessão do serviço de transporte coletivo intermunicipal por ônibus e trólebus no Corredor Metropolitano São Mateus-Jabaquara, executado pela empresa Metra, com a incorporação, na condição de novos investimentos, do Sistema BRT-ABC e do Sistema Remanescente; e (ii) Decreto nº 65.575/2021, que aprovou o regulamento da concessão do serviço de transporte coletivo dos sistemas corredor metropolitano de ônibus e trólebus São Mateus-Jabaquara, Sistema BRT-ABC e Sistema Remanescente.[182]

---

[180] O Ministro Gilmar Mendes indicou, ainda, que "também não reputo violado o princípio licitatório ante a transferência da obrigação de investimento do Poder Público. É que o preceito constitucional da licitação incide tão somente sobre contratações da Administração Pública com particulares, e não sobre aquelas havidas por agentes privados entre si, ainda que tais agentes sejam delegatários de serviço público".

[181] STF – Ação Direta de Inconstitucionalidade nº 7048/SP – Tribunal Pleno – Relatora Ministra Cármen Lúcia – Redator do Acórdão Ministro Gilmar Mendes – DJe: 08.09.2023. É válido indicar que a ADI foi recebida e julgada como Arguição de Descumprimento de Preceito Fundamental. Confira-se o teor da ementa: "Ação direta de inconstitucionalidade conhecida como Arguição de Descumprimento de Preceito Fundamental. 2. Decreto n. 65.574/2021 e Decreto n. 65.575/2021 do Estado de São Paulo. 3. Prorrogação antecipada, pelo prazo de 25 anos, da concessão do serviço de transporte coletivo intermunicipal por ônibus e trólebus no Corredor Metropolitano São Mateus-Jabaquara com a incorporação, na condição de novos investimentos, do Sistema BRT-ABC e do Sistema Remanescente. 4. Possibilidade. Estudo técnico que fundamente vantagem da prorrogação do contrato de parceria em relação à realização de nova licitação para o empreendimento. Demonstração de vantajosidade para a administração pública. 5. Arguição de descumprimento de preceito fundamental julgada improcedente".

[182] De acordo com o autor da ação "a ação direta de inconstitucionalidade aqui tratada volta-se contra os Decretos ns. 65.574 e 65.575, de 18.03.2021, do Governador do Estado de São Paulo – estes apoiados na Lei Estadual n. 16.933/2019 -, que ora se sustenta violarem,

A relatora da ação, Ministra Cármen Lúcia, proferiu voto no sentido de declarar a inconstitucionalidade dos referidos decretos, em razão do desvirtuamento do objeto licitado mediante ampliação do contrato de concessão explorado pela Metra – Sistema Metropolitano de Transportes Ltda. De acordo com o voto, a justificativa de que a exploração do Sistema BRT e do Sistema Remanescente se incorporarão à prorrogação antecipada, a título de "novos investimentos" não "resiste ao teste de constitucionalidade, por afronta direta aos princípios da prévia licitação para a contratação administrativa, da legalidade, da isonomia, da moralidade e da impessoalidade".

Nesse quadrante, ao seu ver, o aporte de novos investimentos pode ser previsto em concessões, mas isso não "deve importar a alteração do objeto do contrato inicialmente firmado, sob pena de burla à exigência constitucional de licitação prévia para a delegação de serviços públicos", conforme art. 175, da Constituição. É dizer, de acordo com a ministra, embora a prorrogação tenha nomeado a contrapartida como "novos investimentos", a incorporação do BRT e do Sistema Remanescente ao módulo concessório implicaria na ampliação do escopo do contrato, "cabendo à concessionária a implantação, manutenção e operação de novos sistemas de transporte público metropolitano, e a percepção dos resultados econômicos correspondentes". O voto relator consignou que o termo aditivo de prorrogação ensejaria a extinção de dezesseis permissões públicas concedidas para outras empresas, concluindo no seguinte sentido: "causa estranheza e não se demonstra fundamentada que a concessionária beneficiada com a prorrogação antecipada assuma toda a chamada Região Remanescente, podendo, inclusive, subcontratar os serviços de operação de transporte de passageiros".[183]

Diferente foi a conclusão do voto divergente proferido pelo Ministro Gilmar Mendes, o qual prevaleceu no caso e foi encampado pela maioria do Tribunal Pleno. O Ministro Gilmar Mendes

---

frontalmente, os artigos 37, *caput* e inciso XXI, e 175, *caput*, da Constituição Federal. Isto porque beneficiam uma única empresa, a Metra – Sistema Metropolitano de Transportes Ltda. – com um contrato de 25 (vinte e cinco) anos, SEM LICITAÇÃO, ao custo de quase R$ 23.000.000.000,00 (vinte e três bilhões de reais) –, que passará a operar sozinha o Corredor ABD (como é conhecido o Corredor Metropolitano São Mateus-Jabaquara). Na verdade, é relevante dizer, os Decretos em questão ampliarão em quase 700% (setecentos por cento) o número de linhas deste Corredor ABD".

[183] Além disso, a Ministra Cármen Lúcia observou: "se a intenção do administrador é ampliar o objeto da concessão, há de se realizar, necessariamente, prévia e nova licitação pública para a delegação desses serviços, com garantia de acesso de quantos se acharem em condições de oferecerem vantagens administrativas aos órgãos públicos".

assentou o entendimento de que, do ponto de vista do controle de constitucionalidade, não cabe ao Supremo Tribunal Federal perquirir o mérito da decisão administrativa de prorrogação *vis-à-vis* a realização de novos procedimentos licitatórios em situações concretas. Tais avaliações "devem ser desempenhadas pelo próprio Poder Concedente, em alinho com os órgãos de controle da Administração Pública". No caso em concreto, o Ministro constatou que foram realizados diversos estudos técnicos que apontaram a vantajosidade para a administração diante da contrapartida proposta, "especialmente considerando o histórico e a qualidade dos serviços de transporte prestados na região". Diante disso, concluiu indicando que "não vejo violação ao princípio da licitação na prorrogação antecipada pelos decretos impugnados".

Alinhando-se com o entendimento manifestado, no julgamento da ADI nº 5991/DF, o Ministro Gilmar Mendes apontou que a assunção de novas obrigações de investimento não desfigura o objeto do contrato de concessão original. Isso porque o contrato de concessão perfaz um acordo bilateral que opera no interesse do Poder Concedente, nada impedindo que, de forma acessória à obrigação principal de prestação adequada do serviço, sejam também pactuadas novas obrigações. Nada obstante a permissibilidade da alteração contratual, a seu ver, é importante que o aplicador da política pública seja controlado e fiscalizado, a fim de se garantir que a assunção dos compromissos de investimento "seja opção tão ou mais vantajosa do que o recolhimento de outorga ou do que qualquer outra contraprestação que poderia ser imposta em favor do Poder Público".[184]

Aberta a divergência, o Ministro Alexandre de Moraes se manifestou, indicando que os estudos técnicos e financeiros demonstraram que a prorrogação antecipada implicaria economia de recursos orçamentários e melhoria na qualidade do serviço público prestado à população. Nesse sentido, a alteração produzida pela prorrogação deve se adequar às "necessidades econômicas e sociais decorrentes das condições do serviço público concedido", ou, ainda, às "necessidades mutáveis do interesse público". O referido Ministro apontou, ainda, que as áreas incorporadas ao contrato de concessão explorado pela Metra não possuíam viabilidade licitatória própria. Significa dizer

---

[184] No caso concreto, o Ministro entendeu que: "pelas razões detalhadas nos pareceres técnicos, parece ser clara a vantajosidade para a administração pública e para a sociedade paulista mediante a assunção de novos investimentos no sistema de transporte pela concessionária Metra".

que "a inclusão da Área 05, além de alinhamento de escopo com o objeto do contrato prorrogado, apresenta fundamento técnico e operacional, decorrente da inviabilidade de exploração em separado do serviço público para essa fração do território", fato que "demonstra a inviabilidade de licitação específica, referida pela Nota Técnica NT-DMQ-003/2022, do Departamento de Monitoração da Qualidade Operacional".[185]

Destaca-se, por oportuno, que o caso da Metra foi debatido, no âmbito do Tribunal de Contas do Estado de São Paulo (TCE/SP), nos processos TC-024546.989.21-1, TC-024589.989.21-9 e TC-008190.989.21-0. Em específico, o TCE/SP analisou: (i) o Termo Aditivo nº 12 e o Termo Aditivo nº 13, este último responsável por prorrogar o contrato de concessão da Metra; e (ii) representação intentada em face do termo aditivo que firmou a prorrogação.

A representação que contestou o Termo Aditivo nº 13 aduziu, em síntese, que houve violação aos arts. 37 e 175, da CRFB, notadamente "quanto a não promoção de licitação num objeto que fora indevidamente ampliado com a incorporação do Sistema BRT ABC e do Sistema Remanescente, composto pelas linhas alimentadoras e complementares referentes à Área 5 da RMSP, os quais não constavam do contrato de concessão original", além de linhas de ônibus a serem futuramente implantadas em determinados municípios.[186]

---

[185] A questão também foi objeto das ADPFs nºs 971/SP, 987/SP e 992/SP, todas propostas contra a Lei nº 17.731/2022, do Município de São Paulo, que estabelece diretrizes gerais para a prorrogação e a relicitação de contratos de parceria. As ações foram julgadas de modo conjunto sob relatoria do Ministro Gilmar Mendes. Em seu voto, o Ministro observou que, nos últimos anos, diversos setores econômicos regulados têm passado por mudanças legislativas que objetivam adaptar contratos firmados na década de 1990 a transformações sociais, econômicas e tecnológicas que não puderam ser antecipadas pelo Poder Concedente. Na sua essência, esse fenômeno implica uma crise da velha noção de *publicatio* e, por conseguinte, a necessidade de se repensar a rigidez de alguns institutos clássicos do Direito Administrativo. Nesse quadrante, a legislação questionada confere à gestão municipal os instrumentos que permitem acompanhar a mutabilidade "a que estão sujeitos os contratos administrativos, potencialmente diminuindo gastos com licitações convencionais e proporcionando maior celeridade e economicidade na realização de licitações e contratos". Por isso, os mecanismos de gestão contratual, sujeitos à discricionariedade do administrador, deverão observar a presença dos requisitos constitucionais e legais explicitados quando do julgamento da ADI nº 5991/DF: (i) que o contrato a ser prorrogado tenha sido previamente licitado; (ii) que o edital de licitação e o contrato original autorizem a prorrogação; (iii) que a decisão de prorrogação seja discricionária da Administração Pública e (iv) que tal decisão seja sempre lastrada no critério da vantajosidade (STF – Arguição de Descumprimento de Preceito Fundamental nº 971/SP – Tribunal Pleno – Relator Ministro Gilmar Mendes – DJe: 02.08.2023).

[186] Confira-se trecho do Acórdão do TCE/SP que resume os argumentos da representação: "(a) a partir deste termo de prorrogação antecipada, tem-se que o objeto original foi

Ao decidir o tema, sob a relatoria do Conselheiro Robson Marinho, o TCE/SP cingiu a discussão em saber se o Termo Aditivo nº 13 representou ampliação e desnaturação do objeto da concessão, na medida em que inseriu o Sistema BRT-ABC e incorporou a chamada Área 5 da RMSP ao contrato. De acordo com o Tribunal de Contas estadual, o referido termo aditivo não promoveu o desvirtuamento da concessão, tendo em vista que o Poder Concedente demonstrou a inviabilidade de tratar os serviços como autônomos.

Nesse quadrante, o TCE/SP entendeu ter o Poder Concedente demonstrado, nos estudos prévios da prorrogação, que: (i) com a implantação do Sistema BRT, a demanda dos outros sistemas (corredor ABD e Área 5 da RMSP) seria sensivelmente afetada; (ii) com a implantação e operação do Sistema BRT, sem qualquer providência adicional, os demais sistemas precisariam de reajustes tarifários elevados, ou de aporte de recursos estatais, para que os contratos permanecessem economicamente viáveis; (iii) se o Estado tentasse realizar a concessão separada da Área 5 da RMSP, apesar de todo o histórico de licitações desertas em relação ao serviço, a operação seria deficitária, o que inviabilizaria a exploração autônoma da Área 5 da RMSP.

O voto do Conselheiro relator reproduziu, ainda, os principais aspectos da ADI nº 7048/SP, aduzindo que: "torna-se forçoso, sob o meu entendimento, que aqui se reconheça as conclusões dos votos condutores do v. Acórdão, de que não houve indevida ampliação e desnaturação do objeto da concessão com a inclusão do Sistema BRT-ABC e da Área 5 da RMSP, a título de novos investimentos nos termos do art. 5º da Lei estadual nº 16.933/2019". Além disso, o TCE/SP

---

mantido, sob denominação de Sistema Existente, e acrescido de outros dois grupamentos: (i) Sistema Remanescente: linhas alimentadoras e complementares, originários da chamada Área 5 de transporte metropolitano da EMTU, cuja operação era viabilizada por meio de permissionários; e (ii) Sistema BRT ABC: integrado pelo corredor São Bernardo do Campo/Tamanduateí e sua extensão até o Terminal Sacomã, a implantar; (b) a concessionária, que possuía 12 linhas operacionais ao longo do Corredor ABD, passou a explorar potencialmente mais 97 linhas advindas da Área 5, desconsiderando-se eventuais racionalizações e linhas adicionais quando tiver inaugurado o BRT-ABC; (c) considerando que o sistema BRT-ABC tem extensão aproximada prevista de 17 quilômetros, é possível aferir que o aditamento amplia a malha concedida em 51%, tendo em vista apenas a exploração do BRT, complementado ainda pela malha do Sistema Remanescente; (d) o sistema BRT-ABC exigirá significativas e complexas intervenções de engenharia, compreendendo obra bruta, mão de obra especializada para pavimentação, construção ou requalificação de conjunto de edificações, implantação de sistemas elétricos, hidrossanitários, de lógica, entre outros".

considerou vantajoso, para a Administração Pública, o desconto ofertado ao desequilíbrio econômico-financeiro já constatado, como contrapartida para a prorrogação do contrato de concessão da Metra.[187] É dizer, o desequilíbrio econômico-financeiro foi "ponto de relevância na decisão por prorrogar antecipadamente o contrato de concessão em apreço".

O Tribunal de Contas da União (TCU) também exarou recomendações acerca dos limites para alterações contratuais de módulos concessórios. Nesse sentido, cite-se o Acórdão nº 1174/2018,[188] relativo ao acompanhamento do primeiro estágio de desestatização do lote rodoviário denominado Rodovia de Integração do Sul (RIS). No caso RIS, a unidade instrutora do Tribunal de Contas expôs que a inclusão de novos investimentos em excesso, inclusive para fins de reequilíbrio, poderia constituir burla ao procedimento licitatório, na medida em que desvirtuaria o objeto da licitação. Dessa forma, dever-se-ia estabelecer, *ex ante* à licitação, os limites e as premissas para a inserção e exclusão de obras ou obrigações contratuais.

O voto condutor do acórdão, de lavra do Ministro Bruno Dantas, asseverou "ser fato incontroverso que a modelagem contratual da 3ª etapa de concessões de rodovias tem levado a problemas graves de inexecução e à incessante busca de inclusão de novas obras por parte das atuais concessionárias". Daí porque o Ministro reputou necessário o estabelecimento de regulação que reduza os incentivos de modificação de investimentos, na medida em que frustram a justa expectativa de os usuários verem os investimentos previstos serem executados conforme pactuado. Para além disso, o TCU indicou, no que tange à fixação de limites para a inclusão de novos investimentos, que "o art. 22 da Lei 13.448/2017 prescreve que os limites a que alude o art. 65, §§1º e 2º, da Lei 8.666/93, não se aplicam aos contratos de concessões". Apesar disso, o Tribunal compreendeu que, "ainda que não se adote o valor

---

[187] Veja-se o trecho do voto sobre o tema: "a tudo isso agrego justificativas da Administração estadual à sua opção pela prorrogação antecipada. Tais justificativas apontaram que, a respeito do reconhecido desequilíbrio econômico-financeiro do contrato de concessão da ordem de R$ 738 milhões na data base de dezembro/2020, as negociações para a prorrogação antecipada levaram a um desconto de 25%, correspondente a R$ 184,65 milhões, que o reduziu a R$ 553,95 milhões a serem pagos nas seguintes condições: 20% de sinal, já pagos em até 10 dias após a assinatura do aditivo contratual, e o restante em 24 parcelas iguais (sem correção monetária e sem incidência de TIR), mensais e sucessivas, sendo a primeira após 30 dias do pagamento do sinal".

[188] TCU – Acórdão nº 1174/2018 – Plenário – Relator Ministro Bruno Dantas – Data da sessão: 23.05.2018.

preconizado pela lei de licitações, seria recomendável que algum limite fosse escolhido e estabelecido no edital e no contrato, transparecendo a regra do jogo aos futuros participantes da licitação, e aos usuários, e conferindo maior segurança jurídica".

De acordo com o TCU, a fixação de um parâmetro objetivo cumpriria o propósito de combater eventuais "interesses oportunistas e casuísticos no futuro, além de infindáveis discussões sobre desvirtuamento do objeto no caso concreto". Apesar de reconhecer a diferença de modelagens, o TCU apontou que esse tipo de regra foi adotado em licitações rodoviárias promovidas pelo Estado de São Paulo, tais como as Cláusulas 24.2 dos contratos decorrentes da Concorrência nº 3/2016 (Lote Florínea-Igarapava) e da Concorrência nº 5/2016 (Lote Rodovia dos Calçados).

Nesse quadrante, o Tribunal de Contas reputou que a inclusão de novos investimentos deveria ser solucionada pela agência reguladora, por intermédio do aprimoramento de normas regulatórias ou da modelagem contratual, em razão de se tratar de tema afeto ao espaço de discricionariedade da Administração Pública. Para além disso, de acordo com a Corte de Contas, a regra a ser criada deveria adotar mecanismos que permitam incorporar aos orçamentos os efeitos que seriam verificados caso as obras ou serviços passassem por um procedimento competitivo.[189] Com base nesses fundamentos, o Acórdão expediu as seguintes determinações à ANTT:

> 9.2. determinar à Agência Nacional de Transportes Terrestres (ANTT) que, previamente à publicação do edital de concessão da BR-101/290/386/448/RS, com fundamento no artigo 43, inciso I, da Lei 8.443/1992, c/c o art. 250, inciso II, do Regimento Interno do TCU:

---

[189] Confira-se o trecho do voto condutor do Ministro Bruno Dantas: "Por julgar que essa questão envolve discricionariedade do Poder Concedente, ela deve, nesta oportunidade, ser endereçada na forma de recomendação. Reputo que a atuação mais consistente do regulador quanto ao aspecto de inclusão de novos investimentos passará também pelo aprimoramento das normas atualmente vigentes, a exemplo da Resolução-ANTT 3.651/2011, procurando adotar mecanismos que permitam incorporar aos orçamentos os efeitos que seriam verificados caso as obras ou serviços passassem por um procedimento competitivo. Outro aspecto diz respeito à própria efetividade da atuação da Agência no procedimento de inclusão de novos investimentos. Contudo, como muito bem colocado pelo eminente Procurador, este processo não é foro adequado para tratar dessas duas questões. Seja pelo escopo de abrangência destes autos, qual seja o acompanhamento de um processo concessório específico, seja pela insuficiência de avaliação das reais causas desses problemas".

9.2.1. aprimore as regras da minuta de contrato concernentes à inclusão de obras, investimentos e obrigações, em atenção ao disposto no art. 37, inciso XXI, da CF/88, e no art. 9º, §4º, da Lei 8.987/1995;

9.2.2. estabeleça no edital e na minuta de contrato limites e condições para a inserção e exclusão de obras ou obrigações do contrato de concessão, de forma a evitar o desvirtuamento do objeto do contrato, em atendimento ao princípio da licitação (CF/88, art. 175, *caput*, e art. 37, inciso XXI) e aos princípios da impessoalidade, moralidade e eficiência da Administração Pública (CF/88, art. 37, *caput*, e Lei 9.784/1999, art. 2º, *caput*);

9.2.3. compatibilize a inclusão de novas obras e obrigações no contrato de concessão ao disposto no art. 9º da Lei 8.987/1995, evitando repassar totalmente aos usuários os custos delas decorrentes, podendo-se levar em conta outros mecanismos como o estoque de melhorias, conforme contratos anteriores, em atenção aos princípios que regem a Administração Pública, sobretudo a impessoalidade, a moralidade e a eficiência (art. 37, *caput*, da CF/88).

Disso decorre a constatação de que, no âmbito do Acórdão nº 1174/2018, o TCU fixou os seguintes quadrantes sobre a alteração de módulos concessórios: (i) a inserção de novos investimentos deve respeitar os limites e as condições previstos na regulação setorial e no contrato de concessão; (ii) em tais renegociações, deve-se interditar que todos os custos sejam repassados para os usuários; e (iii) os orçamentos do novo investimento devem reproduzir os efeitos que seriam verificados caso as obras ou serviços passassem por um procedimento competitivo.

As conclusões do TCU foram reiteradas, no âmbito do Acórdão nº 1096/2019,[190] o qual tratou do acompanhamento da desestatização do lote rodoviário que compreende os segmentos das rodovias BR-364/365/GO/MG entre os Municípios de Jataí/GO e Uberlândia/MG. Nesse caso, o corpo técnico do Tribunal de Contas asseverou que a minuta de contrato deveria afastar a possibilidade de inclusão "ilimitada" e sem "qualquer compatibilidade com o objeto da licitação", de modo a "harmonizar a imprevisibilidade de um contrato de longa duração com o dever constitucional de licitar".

---

[190] TCU – Acórdão nº 1096/2019 – Plenário – Relator Ministro Bruno Dantas – Data da sessão: 15.05.2019.

Ao prolatar o voto condutor do Acórdão, o Ministro Bruno Dantas reiterou o posicionamento do Acórdão nº 1174/2018, no sentido de que a inclusão de novas obras deve ser objeto de regulação e melhorias na governança das agências. Além disso, destacou-se que a fixação de limites para alterações contratuais, ainda que acompanhadas de cláusulas que o relativizem no caso "de interesse público relevante, é medida que revela confiança, por parte do Poder Concedente, em seu planejamento", além de passar "a mensagem adequada aos usuários de que a concessão não vai ser modificada indiscriminadamente e constitui fator de estabilidade e segurança jurídica ao concessionário e aos seus financiadores". Nada obstante, o TCU reiterou que a fixação do limite de alteração é uma escolha regulatória do Poder Concedente, destacando-se que: "se por um lado a fixação de um limite objetivo para modificação contratual é uma opção do Poder Concedente, entendo que ele não deve se furtar de especificar o objeto concedido de maneira clara e precisa, em consonância com art. 18, incisos I e II, da Lei 8.987/1995 e o princípio da transparência".

Como se pode depreender dos precedentes analisados, o maior óbice à alteração dos contratos de concessão é o desvirtuamento do objeto licitado, bem como a necessidade de se comprovar a inviabilidade de licitação autônoma do objeto incorporado.

O tema, porém, restou bem endereçado em novidadeira legislação do Setor Portuário.

Dentro do plexo de opções disponíveis à Administração Pública, para promover alterações nos contratos portuários, está o adensamento de áreas no âmbito do Porto Organizado. Cuida-se de instituto previsto na Lei nº 12.815/2013, regulamentado pelo Decreto nº 9.049/2017 e pela Portaria MInfra nº 530/2019. O art. 6º, §6º, da Lei nº 12.815/2013, possibilita ao Poder Concedente autorizar, mediante requerimento do arrendatário portuário, a expansão da área arrendada para área contígua, dentro da poligonal do Porto Organizado, "sempre que a medida trouxer comprovadamente eficiência na operação portuária".

Inicialmente, o dispositivo foi regulamentado pelo Decreto nº 8.033/2013, o qual limitou a possibilidade de utilização do adensamento para os casos nos quais fosse "comprovada a inviabilidade técnica, operacional e econômica de realização de licitação de novo arrendamento". Ocorre que o Decreto nº 9.048/2017 alterou a disciplina do tema, para o fim de autorizar a expansão de áreas arrendadas para áreas contíguas, dentro da poligonal do Porto Organizado, quando: (i) a medida trouxer comprovados ganhos de eficiência à operação portuária;

ou (ii) quando for comprovada a inviabilidade técnica, operacional ou econômica de realização de licitação de novos arrendamentos portuários.

Ao regulamentar a matéria, o então Ministério da Infraestrutura, por intermédio da Portaria MInfra nº 530/2019, indicou que a "comprovação dos ganhos de eficiência à operação portuária ocorrerá por meio da comparação dos resultados advindos da exploração da área total expandida com os resultados que seriam obtidos com a exploração das áreas isoladamente, observados os aspectos concorrenciais e as diretrizes de planejamento setorial" (art. 33, §1º).

De acordo com o art. 33, §2º, da Portaria MInfra nº 530/2019, a análise comparativa dos ganhos de eficiência "será qualitativa e poderá considerar cenários alternativos de aglutinação da área objeto do pleito de expansão a outras instalações portuárias". Daí porque, ao pleitear a expansão da área explorada, o arrendatário deverá apresentar ao Poder Concedente: (i) desenho esquemático da área que se pretende incorporar ao objeto do contrato; (ii) informações quanto ao impacto da expansão pretendida na eficiência da operação portuária realizada na área arrendada; e (iii) plano de investimentos que se pretende realizar na área a ser expandida.

Cuida-se, pois, de permissivo legal à expansão de áreas portuárias, desde que a medida traga ganhos de eficiência à operação, ou reste comprovado a inviabilidade técnica, operacional ou econômica da realização de uma nova licitação. Dito em outros termos, a expansão de áreas portuárias é uma hipótese de exceção legal ao dever de licitar, que privilegia a eficiência na prestação do serviço delegado à iniciativa privada.

Em síntese conclusiva, os precedentes analisados denotam que: (i) a imutabilidade do objeto da concessão não impede que o contrato seja alterado para se adequar às necessidades econômicas e sociais decorrentes da dinâmica do serviço público concedido e do longo prazo contratual (ADI nº 5991/DF e ADI nº 7048/SP); (ii) nada impede que, de forma acessória à obrigação principal, sejam pactuadas outras obrigações (ADI nº 5991/DF); (iii) a alteração contratual deve ser precedida de estudos técnicos que apontem a vantajosidade desta opção (ADI nº 7048/SP, TC-024546.989.21-1, TC-024589.989.21-9 e TC-008190.989.21-0); (iv) os serviços incorporados ao objeto da concessão não podem possuir viabilidade licitatória própria (ADI nº 7048/SP, TC-024546.989.21-1, TC-024589.989.21-9 e TC-008190.989.21-0); e (v) é possível autorizar a expansão do serviço quando a medida trouxer comprovados ganhos de eficiência à operação ou quando for comprovada a inviabilidade técnica, operacional ou econômica de realização de licitação autônoma (Portaria MInfra nº 530/2019).

Como se pode depreender do exposto, não existem limites legais fixos para a alteração de módulos concessórios. Até porque investida de tal ordem tenderia ao fracasso, tendo em vista a particularidade de cada concessão, a incompletude contratual e a incerteza acerca dos eventos que serão experimentados com as crises que acometem os módulos concessórios. Diante disso, as melhores práticas internacionais, a doutrina pátria e os precedentes nacionais buscaram traçar parâmetros que visam a guiar a decisão de alteração de contratos de concessão de PPPs. Sem prejuízo dos quadrantes acima apontadas, temos para nós que os parâmetros recomendados podem ser assim sumarizados: (i) as alterações devem ser justificadas pela Administração Pública, mediante demonstração da necessidade da mudança contratual, tendo em vista o interesse público que se pretende atingir, e da não violação do dever de licitar, no que tange à isonomia, impessoalidade, eficiência e economicidade (*e.g.* deve-se buscar demonstrar que o objeto introduzido, se tivesse feito parte do procedimento inicial da licitação, não alteraria o interesse dos proponentes ou a proposta que foi aceita); e (ii) o objeto que se busca incluir no contrato pré-existente não pode ser licitado de forma autônoma, por ser inviável a competição entre a concessionária e eventuais interessados.

2.3 Transferência da concessão

É assaz recorrente a afirmação de que o Direito Administrativo está mais dinâmico. Alterações econômicas nos países e os efeitos da globalização vêm influenciando, cada vez mais, esse ramo do Direito Público. O instituto da transferência de concessões é exemplo disso. A velocidade das relações empresariais, notadamente em momentos de crise econômica, fez com que o velho dogma de que o contrato administrativo seria personalíssimo (*intuitu personae*) fosse desconstruído. E não porque "desconstruir" paradigmas esteja em voga, mas porque a realidade não se compactua com entendimentos que impeçam a celebração de contratos mais vantajosos para o Poder Público.

Se esse entendimento já vem sendo alterado no bojo dos tradicionais contratos de empreitada, com muito mais razão não faz qualquer sentido que permaneça inalterado nos contratos de concessão. Isso porque, como antes assinalado, os referidos contratos se inserem na categoria de contratos incompletos, os quais serão integrados por toda sorte de efeitos – econômicos, políticos e sociais – durante a sua vigência. Portanto, nada mais natural que, durante a sua execução, sejam pactuadas novas relações societárias. E mais: que essas relações societárias possam influir na própria qualidade do serviço público delegado.

O exame da história recente das concessões põe em ainda mais relevo esse exame no Brasil. Os escândalos de corrupção deflagrados por operações da Polícia Federal colocaram em xeque a situação econômica de diversos concessionários de serviços públicos, notadamente de construtoras. Trata-se de circunstância que fomentou a celebração de ajustes que envolvam a alteração subjetiva de seus pactos concessórios, até mesmo porque um dos maiores ativos dessas sociedades é justamente os direitos econômicos decorrentes de seus contratos de concessão.

E isso não necessariamente desatende ao interesse público. Pelo contrário, a transferência da concessão pode representar um incremento na qualidade do serviço prestado ao usuário, em razão de o cessionário possuir melhores condições de prestar o serviço do que o cedente. Daí a importância de se investigar a natureza jurídica do ato de transferência da concessão (aqui, referida em sentido amplo, posto que também envolve a transferência de controle societário), previsto no artigo 27 da Lei nº 8.987/1995.

Nesse sentido, a abordagem clássica da transferência de controle nas concessões está ligado à ideia de que os contratos administrativos possuiriam caráter *intuitu personae* – na medida em que tanto a cessão da posição contratual, quanto a alteração de controle societário resultam na alteração subjetiva do contrato. Ou seja, tais ajustes seriam pactuados em razão das características pessoais do contratado – as quais seriam aferidas por ocasião do procedimento licitatório.[191] Esse entendimento tem origem na sistemática prevista na Lei nº 8.666/1993 (atual Lei nº 14.133/2021), segundo a qual a modificação do polo subjetivo do contrato – por meio da subcontratação, associação do contratado com outrem, cessão, transferência, fusão, cisão ou incorporação, não

---

[191] Nesse sentido, ensina Hely Lopes Meirelles que "O Contrato administrativo é sempre consensual e, em regra formal, oneroso, comutativo e realizado *intuitu personae*. [...] é *intuitu personae* porque seve ser executado pelo próprio contratado, vedadas, em princípio, a sua substituição por outrem ou a transferência do ajuste" (MEIRELLES, Hely Lopes. *Direito administrativo brasileiro*. 24. ed. São Paulo: Malheiros, 1998. p. 194).

admitidas no edital e no contrato – daria ensejo à sua rescisão unilateral pelo Poder Público[192] (art. 78, VI e XI c/c art. 79, I, da Lei nº 8.666/1993).[193] De acordo com esse juízo, em razão da pessoalidade que envolveria a celebração de contratos com a Administração, as alterações subjetivas nesses instrumentos dariam origem a uma nova relação jurídica, com outro agente que não teria participado do procedimento licitatório. Tratar-se-ia, portanto, de alteração contratual que violaria os princípios da isonomia e da moralidade.[194] Dito em outros termos, se a Administração realizou uma licitação para selecionar a proposta mais vantajosa, escolhendo um licitante específico, não poderia, *a posteriori*, admitir que outro agente econômico, estranho a esse procedimento, executasse o contrato.

Nesse sentido, o Tribunal de Contas da União já teve a oportunidade de asseverar que "a alteração subjetiva dos contratos

---

[192] Nesse sentido, Mukai: "Portanto, a leitura do inciso VI do art.78 não pode infringir o princípio da vedação da sub-rogação das obrigações e, em especial, o da vedação da subcontratação, cessão ou transferência totais do objeto contratual" (MUKAI, Toshio. *Licitações e contratos públicos*. 4. ed. São Paulo: Saraiva, 1998. p. 120). Da mesma forma, Bittencourt: "Também a associação do contratado com outrem, a cessão ou a transferência (total ou parcial), bem como a fusão, a cisão ou a incorporação, figuras específicas do Direito da Empresa, poderão acarretar a rescisão, na ausência de prévia permissão no instrumento convocatório e no contrato, devido a incerteza que essas mudanças na constituição do contratado poderão provocar na relação contratual que, relembre-se, buscou, na sua origem, com a habilitação preliminar, a celebração com uma empresa, em que, em função das ditas alterações, não mais existe" (BITTENCOURT, Sidney. *Licitação passo a passo*: comentando todos os artigos da Lei nº 8.666/1993 totalmente atualizada, levando também em consideração da Lei Complementar nº 123/2006, que estabelece tratamento diferenciado às microempresas e empresas de pequeno porte nas licitações públicas. 6. ed. Belo Horizonte: Fórum, 2010. p.535).

[193] Dispositivo que é parcialmente correspondente ao art. 137, III, da Lei nº 14.133/2021.

[194] Tal entendimento é defendido por Pereira Junior: "Fica claro, portanto, que dará causa à rescisão do contrato qualquer ato que implique substituição do contratado por outra pessoa, ainda que esta signifique desdobramento daquele, como ocorre na incorporação, na fusão e na cisão, irrelevante que as sociedades resultantes assumam todos os direitos e obrigações da que foi incorporada, fundida ou cindida. A ratio está em que a empresa substituta, não tendo participado da licitação, não teve sua habilitação aferida, nem disputou preço com os demais concorrentes, sendo, portanto, uma estranha a Administração" (PEREIRA JUNIOR, Jessé Torres. *Comentários à lei de licitações e contrações da administração pública*. 5. ed. Rio de Janeiro: Renovar, 2002. p. 717). No mesmo sentido, o Tribunal de Contas da União já se posicionou no sentido "de que, em contratos administrativos, é ilegal e inconstitucional a sub-rogação da figura da contratada ou a divisão das responsabilidades por ela assumidas, ainda que de forma solidária, por contrariar os princípios constitucionais da moralidade e da eficiência (art. 37, *caput*, da Constituição Federal), o princípio da supremacia do interesse público, o dever geral de licitar (art. 37, XXI da Constituição) e os arts. 2º, 72 e 78, do inciso VI da Lei 8.666/93" (TCU – Acórdão nº 1419/2003 – Plenário – Rel. Min. Benjamin Zymler – Data da sessão: 24.09.2012).

administrativos representa fraude direta à ordem constitucional positiva e à legislação infraconstitucional no que toca ao dever de licitar. Essa situação seria veiculadora, ainda, de iminente risco para a Administração, já que a empresa subcontratada, por ser escolhida pela Contratada, não sofreria, necessariamente, análise dos critérios exigidos para contratação com o Poder Público, como, por exemplo, idoneidade, qualificações técnica e econômico-financeira, habilitação jurídica e, entre outros, regularidade fiscal".[195]

Nessas hipóteses, o contrato administrativo deveria ser rescindido, unilateralmente, pela entidade contratante, o que poderia acarretar na aplicação de sanções administrativas aos contratados (*v.g.* advertência, multa, suspensão temporária de participação em licitações, impedimento de contratar com a Administração e a declaração de inidoneidade do contratado). Além disso, tais condutas permitiriam que a entidade contratante: (i) assumisse, de forma imediata, o objeto do contrato; (ii) realizasse a ocupação do local; e (iii) executasse as garantias contratuais, ou retivesse os créditos decorrentes do contrato até o limite dos prejuízos causados pelo contratado.[196]

Tal entendimento, contudo, não nos parece o melhor. A licitação tem por escopo a seleção, por meio de um procedimento administrativo pautado pelos princípios da isonomia, da verdade real e da moralidade, da melhor proposta de um dos licitantes que estão competindo para contratar com a Administração. Esse procedimento nada tem com os efeitos do contrato. É dizer: o contrato tem um regime jurídico próprio, que deve se adaptar às mudanças supervenientes que alterem a sua execução; do contrário, estar-se-ia negando aplicabilidade à lógica da mutabilidade dos contratos da Administração. Isso porque uma coisa é a instauração de um procedimento licitatório para a obtenção da melhor proposta para a Administração; outra, bem diversa, é a vinculação subjetiva do contratado à execução do objeto contratual.

---

[195] TCU – Acórdão nº 368/2004 – Plenário – Rel. Min. Benjamin Zymler – Sessão de 08.09.2004.

[196] Esse é o entendimento, por exemplo, de Di Pietro: "Todos os contratos para os quais a lei exige licitação são firmados *intuitu personae*, ou seja, em razões das condições pessoais do contratado, apuradas no procedimento da licitação. Não é por outra razão que a Lei nº 8.666/1993, no artigo 78, VI, veda a subcontratação, total ou parcial, do seu objeto, a associação do contratado com outrem, a cessão ou transferência, total ou parcial; essas medidas somente são possíveis se expressamente previstas no edital de licitação e no contrato. Além disso, é vedada a fusão, cisão ou incorporação que afetem a boa execução do contrato [...]. Todas essas medidas constituem motivos para a rescisão unilateral do contrato, sujeitando, ainda, o contratado, às sanções administrativas previstas nos artigos 87 e às conseqüências assinaladas no artigo 80" (DI PIETRO, Maria Sylvia Zanella. *Direito administrativo*. 23. ed. São Paulo: Atlas, 2010. p. 267).

Um exemplo ilustra o ponto: como expõe Fábio Barbalho Leite,[197] nas licitações que se utilizam do tipo "menor preço", na forma do art. 33, I, da Lei nº 14.133/2021, embora vários licitantes possam restar, objetivamente, habilitados, será declarado vencedor aquele que tiver apresentado o menor preço. Em prosseguimento, o referido autor afirma que "o contrato administrativo atrela-se, pois, não propriamente à pessoa do contratado (o qual, no mais das vezes em certames do tipo menor preço, não é considerado o único capaz de dar exeqüibilidade ao escopo contratual: todos os licitantes habilitados o são), mas sim à objetividade da proposta vencedora. E sobre esta é que a Constituição (CF, art. 37, XXI) e a Legislação (Lei nº 8.666/93, art. 65) constroem mais estreitos limites a sua alteração".

Ademais, não seria consentâneo com o princípio da liberdade de iniciativa (arts. 1º, inciso IV e 170, *caput*, da Constituição) que o contrato administrativo servisse para engessar as atividades empresariais, impedindo que o contratado realizasse operações negociais. Além disso, não se pode olvidar que a realização de operações societárias – a exemplo da transferência da concessão ou controle societário – pode, inclusive, contribuir para o incremento da qualidade dos serviços prestados à Administração Pública. Isso pode ocorrer, por exemplo, nas hipóteses em que o cedente transfere a prestação objeto do contrato para um cessionário que esteja em melhores condições financeiras, ou que detenha maior expertise em determinado setor econômico.

Mas isso não significa dizer que tal alteração possa ser levada a efeito sem o estabelecimento de critérios mínimos, que assegurem a segurança das contratações administrativas e a observância dos princípios que regem as atividades administrativas.

Em outras palavras, se, por um lado, o contrato administrativo não pode impedir o desenvolvimento das atividades empresárias, de outro, não pode ser instrumento para violação aos princípios da impessoalidade e da moralidade. Tal cenário pode ser vislumbrado quando a alteração subjetiva do contrato: (i) violar o direito de outros licitantes que participaram do certame, mas não tiveram o objeto do contrato adjudicado, ou (ii) objetivar o conluio entre eles, mediante a cessão de posição contratual para um concorrente.[198]

---

[197] LEITE, Fabio Barbalho. A licitude da cessão de contrato administrativo e operações similares e o mito do personalismo dos contratos administrativos. *Boletim de Licitações e Contratos*, São Paulo, v. 18, n. 8, p. 576-593, ago. 2005.

[198] Nesse sentido, como adverte a Organização para Cooperação para o Desenvolvimento Econômico - OCDE: "Os esquemas de cartel em licitações frequentemente incluem

Daí a necessidade de prévia anuência do Poder Público para que tais operações sejam levadas a efeito. Não se trata de um provimento de natureza, puramente, discricionária, mas de um ato que deve observar certas diretrizes. Nesse sentido, Floriano de Azevedo Marques Neto[199] assevera que tal ato deve considerar se: (i) inexiste norma legal vedando a cessão para aquele contrato em especial; (ii) o objeto do contrato permite a cessão; (iii) o certame licitatório que antecedeu a contratação não oferece óbice; (iv) o cessionário reúne as condições pessoais para assegurar a continuidade e a ultimação da execução; (v) as cláusulas contratuais não proíbem expressamente a cessão; e acrescentamos (vi) não há indícios de cartelização, por meio de subcontratação.[200]

Diante do exposto, é possível concluir que a natureza personalíssima (*intuitu personae*) não se coaduna mais com a feição atual dos contratos administrativos. Primeiro, porque o que o contratante visa é à qualidade dos serviços prestados, e não à contratação de determinado agente (salvo nas hipóteses de contratação por inexigibilidade); segundo, porque a mutabilidade das relações contratuais pode apontar no sentido de que a alteração subjetiva do contrato seria a melhor forma de atender ao interesse público.[201] Se tal assertiva é verdadeira para os

---

mecanismos de partilha e distribuição entre os conspiradores dos lucros adicionais obtidos através da contratação por preço final mais elevado. Por exemplo, os concorrentes que combinam não apresentarem propostas ou apresentarem propostas para perder podem ser subcontratados ou obter contratos de fornecimento do concorrente cuja proposta foi adjudicada, de forma a dividir com este os lucros obtidos através da proposta com o preço mais elevado, alcançados de forma ilegal" (ORGANIZAÇÃO PARA A COOPERAÇÃO E DESENVOLVIMENTO ECONÔMICO. *Diretrizes para combater o conluio entre concorrentes em contratações públicas*. Paris: OECD, 2009).

[199] MARQUES NETO, Floriano de Azevedo. A cessão de contrato administrativo entre estado e município como alternativa para evitar a interrupção de obras públicas. *Boletim de Direito Administrativo*, [s. l.], v. 12, n. 7, p. 423-432, 1996.

[200] FREITAS, Rafael Véras de. O regime jurídico dos Contratos de Patrocínio celebrados pelo Poder Público. *Revista de Direito Público da Economia*, Belo Horizonte, ano 11, n. 43, p. 215-234, jul./set. 2013.

[201] Nesse sentido, há fundamento nos sempre lúcidos ensinamentos de Schirato: "No desenvolvimento da exposição dos diferentes tipos de arranjos contratuais existentes, duas observações de grande relevo não podem passar sem menção: de um lado, a mitigação paulatina que vai sofrendo o regime jurídico tradicional dos contratos administrativos no Brasil, na medida em que novas figuras contratuais vão surgindo; e, de outro, a contradição existente no Brasil, com relação à aplicação mais pura da teoria do contrato administrativo. Quanto à mitigação do regime jurídico do contrato administrativo, procurei deixar claro que o regime típico de verticalidade, marcado por cláusulas exorbitantes, proveniente do Direito francês, foi sendo mitigado na medida em que evoluíram as regras disciplinadoras da atividade contratual da Administração Pública. De uma aplicação em pretenso regime único da Lei nº 8.666/93, chega-se a uma completa inaplicabilidade nos casos de associações e mecanismos consensuais de exercício de funções autoritárias" (SCHIRATO, Vitor Rhein. A interação entre Administração Pública e particulares nos contratos administrativos.

contratos tradicionais de empreitada, com muito mais razão deve ser transposta para os contratos de concessão.

Daí porque o artigo 27 da Lei nº 8.987/1995 autoriza a transferência de concessão, ou do controle societário da concessionária, desde que mediante prévia anuência do Poder Concedente. Confira-se o teor do dispositivo:

> Art. 27. A transferência de concessão ou do controle societário da concessionária sem prévia anuência do poder concedente implicará a caducidade da concessão.
>
> §1º Para fins de obtenção da anuência de que trata o *caput* deste artigo, o pretendente deverá:
>
> I - atender às exigências de capacidade técnica, idoneidade financeira e regularidade jurídica e fiscal necessárias à assunção do serviço; e
>
> II - comprometer-se a cumprir todas as cláusulas do contrato em vigor.

Ressalte-se, por relevante, que não se trata de uma hipótese de subconcessão, mas de um trespasse da concessão. Como alerta Marcello Caetano,[202] "não se deve confundir o trespasse da concessão com a subconcessão. Naquele há uma sucessão do novo concessionário ao antigo em todos os direitos e obrigações pelo que o primitivo concessionário perde a sua posição transferida ao novo". Em termos objetivos: no trespasse da concessão, não se inaugura uma nova relação jurídica; ocorre, tão somente, a mudança de um dos polos contratuais.[203] Tal entendimento comporta críticas, vez que, em razão da manutenção da base objetiva do negócio jurídico, o requisito da realização de prévio procedimento licitatório já restou atendido por ocasião da seleção do concessionário originário.[204] No mais, a transferência de controle

---

Fórum de Contratação e Gestão Pública, Belo Horizonte, ano 12, n. 138, p. 51-69, jun. 2013).

[202] CAETANO, Marcello. *Manual de Direito Administrativo*. Coimbra: Almedina, 2013. p. 1.128-1.129.

[203] No mesmo sentido, Justen Filho leciona que: "A cessão não se constitui em uma nova concessão. Mantém-se o vínculo originariamente estabelecido, restrita a mudança à pessoa do concessionário. Portanto, as condições previamente estabelecidas não são alteradas, na hipótese do art. 27" (JUSTEN FILHO, Marçal. *Concessões de serviços públicos*: Comentários às Leis nº 8.897/1995 e 9.074. São Paulo: Dialética, 1997. p. 283).

[204] Schirato, a fim de resguardar o princípio isonomia nos atos de transferência de controle, propõe o seguinte: "Ademais, o dever de licitar previsto no *caput* do artigo 175 da Constituição Federal é decorrência direta dos princípios da igualdade, da publicidade e da moralidade e estes não se esvaem uma vez realizados, mas sim renovam-se e impõem-se obrigatórios sempre que necessário diante do caso concreto, tal como ocorre no caso da transferência de concessões de serviços públicos. Posto isto, necessário faz-se propormos

configura celebração de contratos privados, uma das prerrogativas do desenvolvimento da atividade empresária e que não seria sequer licitável, por se tratar de hipótese de inviabilidade de competição, prevista no artigo 74, *caput*, da Lei nº 14.133/2021.[205]

É evidente que a transferência da concessão ou do controle acionário da concessionária, em razão de se tratar da veiculação de um serviço público, só poderá ser deferida pelo Poder Concedente, desde que não acarrete modificações nas condições originalmente por ele contratadas, tampouco prejuízos à prestação dos serviços públicos. Esse raciocínio não é uma peculiaridade brasileira, estando consignado, por exemplo, no artigo 214, da Lei de Contratos do Setor Público Espanhol (*Ley nº 9/2017*), o qual dispõe que a modificação subjetiva é admitida por cessão contratual, desde que "as qualidades técnicas ou pessoais do cedente não tenham sido motivo determinante para a adjudicação do contrato, e a cessão não resulte em restrição efetiva da concorrência no mercado".[206]

É dizer: o novo titular desta relação jurídica (cessionário) deverá possuir, no mínimo, os mesmos requisitos – capacidade técnica, idoneidade financeira e regularidade jurídica e fiscal – do concessionário

---

uma solução que assegure a viabilidade jurídica da transferência da concessão de serviços públicos. A nosso ver, tal solução repousa no *modus* de transferência da concessão. Não defendemos aqui que o Poder Concedente realize outro procedimento licitatório com todas as formalidades daquele originalmente realizado para a outorga da concessão, mas sim que apenas seja realizado procedimento público que possibilite a outros eventuais interessados apresentar propostas para adquirir a concessão a ser transferida. Tal procedimento seria, portanto, um procedimento licitatório bastante simplificado, que apenas teria por escopo assegurar a observância dos sobreditos princípios aplicáveis à Administração Pública" (SCHIRATO, Vitor Rhein. Aspectos jurídicos da transferência de concessão de serviços públicos. *Revista de Direito Público da Economia*, Belo Horizonte, ano 3, n. 12, p. 197-216, out./dez. 2005).

[205] Em situação semelhante, que versava sobre a possibilidade da instauração de procedimento licitatório para se aferir a *affectio societatis*, Luís Roberto Barroso teve a oportunidade de asseverar que: "É bem de ver, no entanto, que o inciso XXI do art. 37 não se aplica ao contrato de associação celebrado entre a empresa consulente e a Petrobrás, por razões que se cumulam. Em primeiro lugar porque não se enquadra ele na tipificação constitucional, uma vez que não tem por objeto obra, serviço, compra ou alienação. De parte esta leitura de cristalina clareza do dispositivo, outros fundamentos, de cunho sistemático e teleológico, corroboram a tese da inaplicabilidade do princípio licitatório à espécie. Sem desprezo ao princípio da moralidade e com ênfase no dever de eficiência imposto ao administrador público, hipóteses existem em que, precisamente para cumprir a Constituição, não se deverá proceder à licitação, sob pena de tolher-se a Administração e frustrar seus fins. Admite-se, assim, na própria cláusula inicial do inciso XXI do art. 37, situações de contratação direta, desde que especificadas na legislação" (BARROSO, Luis Roberto. *Temas de direito constitucional*. Rio de Janeiro: Renovar, 2001, p. 411 a 419, Tomo I).

[206] Tradução livre. A versão original pode ser consultada em: https://www.boe.es/buscar/act.php?id=BOE-A-2017-12902. Acesso em: 05 out. 2024.

original (cedente). Nesse sentido, o Tribunal de Contas da União[207] já teve a oportunidade de asseverar que "a própria dicção dos preceitos contidos no art. 27 da Lei nº 8.987/95, revela inexistirem óbices legais à transferência do controle acionário da Concessionária de serviço público a terceiros", desde que atendidas as seguintes condições legais: (i) prévia anuência do Poder Concedente; (ii) atendimento, pelo pretendente à transferência, das exigências de qualificação técnica, idoneidade financeira e regularidade jurídica e fiscal, necessárias à assunção do serviço, bem como o seu comprometimento em cumprir todas as cláusulas do contrato em vigor.

Dito em outros termos, quando da análise de anuência do pedido de transferência do concessionário, o que o Poder Concedente deverá aferir se serão mantidas as condições objetivas da contratação, especialmente as relacionadas à manutenção da adequada prestação dos serviços públicos – em razão do disposto no artigo 6º da Lei nº 8.987/1995 – do que se depreende a constitucionalidade da alteração subjetiva dos contratos de concessão.

Destaca-se que o Supremo Tribunal Federal já teve a oportunidade de apreciar a constitucionalidade do art. 27 da Lei nº 8.987/1995, por intermédio do julgamento da Ação Direta de Inconstitucionalidade nº 2.946/DF. O Ministro relator, Dias Toffoli, com lastro em obras doutrinárias de nossa autoria,[208] bem como de parcela relevante da doutrina, se posicionou pela constitucionalidade do dispositivo, com base na ideia de que "a licitação que antecede a contratação não tem nenhuma relação com os efeitos do respectivo contrato, os quais estão subordinados a um regime jurídico próprio".

De acordo com o STF, a licitação não esgota suas finalidades com a seleção da proposta mais vantajosa para a Administração Pública, tendo em vista que "seus efeitos jurídicos são suficientemente preservados com a observância, no respectivo contrato, dos termos da proposta selecionada no certame, ocupando a posição de contratado, logicamente, o licitante vencedor". Tal é o "desfecho natural do procedimento licitatório, cujo sucesso independe das intercorrências que sobrevenham ao longo da execução contratual". Além disso, o Ministro

---

[207] TCU – Acórdão nº 634/2007 – Plenário – Rel. Min. Augusto Nardes – Sessão de 18.04.2007.
[208] Em específico: FREITAS, Rafael Véras de. A subconcessão de serviço público. *Revista Brasileira de Infraestrutura*. Belo Horizonte, ano 5, n. 10, p. 75-101, 2016; FREITAS, Rafael Véras de. O regime jurídico do ato de transferência das concessões: um encontro entre a regulação contratual e a extracontratual. *Revista de Direito Público da Economia*, Belo Horizonte, ano 13, n. 50, 2015.

relator observou que, no sistema jurídico brasileiro, o que interessa à Administração Pública é, sobretudo, a seleção da proposta mais vantajosa, independentemente da identidade do particular contratado ou dos atributos subjetivos de que disponha, razão pela qual, "como regra geral, as características pessoais, subjetivas, ou psicológicas são indiferentes para o Estado. No tocante ao particular contratado, basta que seja pessoa idônea, ou seja, que tenha comprovada capacidade para cumprir as obrigações assumidas no contrato, o que também é aferido por critérios objetivos e preestabelecidos".

Tal precedente teve origem na transferência da concessão da Linha 6 do metrô em São Paulo. Inicialmente, firmado com o Consórcio Move São Paulo S.A. (composto pelas empresas Odebrecht Transport S.A., Construtora Queiroz Galvão S.A., UTC Participações S.A. e Eco Realty - Fundo de Investimentos em Participações), o contrato de concessão foi transferido, posteriormente, para a concessionária Linha Universidade S.A. (SPE formada pelas empresas Acciona Construcción S.A., Acciona Conseciones S.L.).

O Consórcio Move São Paulo S.A. se sagrou vencedor da Concorrência Internacional nº 04/2013, na data de 07.11.2013, e assinou contrato com o Estado de São Paulo, na data de 18.12.2013. O Estado de São Paulo apontou que, em razão de "dificuldades no cumprimento do contrato da concessão pela concessionária originariamente responsável pela sua execução (Move São Paulo S.A.), que implicaram inclusive paralisação das obras de implantação do empreendimento, o contrato de concessão acabou sendo transferido pelo Estado de São Paulo para a Concessionária Linha Universidade S.A., decisão tomada nos termos da previsão contida no art. 27 da Lei nº 8.987/95 e fundada em minuciosa análise da sua vantajosidade econômica, técnica e operacional".

Tal transferência passou a produzir efeitos a partir da data de 06.10.2020. Para tanto, dois termos aditivos ao contrato de concessão da Linha 6 foram assinados: (i) o Termo Aditivo nº 01 ao Contrato nº 15/2013, que tratou da própria transferência; e (ii) o Termo Aditivo nº 02 ao Contrato nº 15/2013, que tratou da readequação contratual para viabilizar a retomada das obras, concedendo à nova concessionária prazo correspondente à recomposição do equilíbrio econômico-financeiro do contrato – ambos firmados em 06.07.2020.

Antes da transferência, no entanto, o Decreto Estadual nº 63.915/2018 havia declarado a caducidade da parceria público-privada contratada pelo Estado de São Paulo, com a Concessionária Move São Paulo S.A. Nos termos do art. 2º do Decreto, a caducidade produziria efeitos apenas a partir de 13.08.2019, "permanecendo, até essa data, a Concessionária Move São Paulo S.A. responsável pelo cumprimento de todas as obrigações assumidas no contrato, em especial as necessárias à preservação da segurança dos imóveis vinculados à concessão e à estabilidade das obras neles realizadas, nos termos da cláusula 30.3 do contrato ao qual alude o artigo 1º deste decreto".

O prazo determinado, no art. 2º, foi alterado sucessivamente por outros Decretos Estaduais,[209] até que, em virtude do prazo estabelecido no Termo Aditivo nº 01 ao Contrato nº 15/2013, o prazo da caducidade foi estendido pelo Decreto Estadual nº 65.045/2020 até a data de 06.10.2020. Por fim, o Decreto Estadual nº 65.223/2020 revogou o Decreto que declarou a caducidade da PPP, possibilitando a ocorrência da transferência dentro do prazo estipulado pelo Termo Aditivo nº 01. Nesse ínterim, as seguintes condições suspensivas tiveram de ser satisfeitas, nos termos da cláusula 2.2. do Termo Aditivo celebrado entre as partes:

> a) Protocolo de petição conjunta contemplando pedido de desistência às pretensões formuladas na Arbitragem CCBC nº 21/2018, processada junto ao Centro de Arbitragem e Mediação da Câmara de Comércio Brasil-Canadá, assumindo a MOVE SP integralmente os custos derivados do procedimento;
>
> b) Pagamento pela MOVE SP ao PODER CONCEDENTE das multas previstas na cláusula 5.1[210] deste TERMO ADITIVO, corrigidas e acrescidas dos encargos moratórios previstos no CONTRATO até a data de sua efetiva quitação;
>
> c) Conclusão das condições precedentes e atos de fechamento da transação previstos no Instrumento Particular de Cessão e Outras Avenças, celebrado em 4 de fevereiro de 2020 entre a MOVE SP, a LINHA UNIVERSIDADE e acionistas da MOVE SP e da LINHA UNIVERSIDADE;

---

[209] Decreto nº 64.382 de 09.08.2019, Decreto nº 64.572 de 08.11.2019, Decreto nº 64.782 de 07.02.2020, Decreto nº 64.882 de 22.03.2020, Decreto nº 64.988 de 23.05.2020, Decreto nº 65.025 de 21.06.2020, Decreto nº 65.039 de 30.06.2020 e Decreto nº 65.045 de 06.07.2020.

[210] "5.1. A MOVE SP, por este TERMO ADITIVO, reconhece a responsabilidade pelo pagamento do valor correspondente a R$ 50.832.131,96 (cinquenta milhões, oitocentos e trinta e dois mil, cento e trinta e um reais e noventa e seis centavos), correspondente aos Autos de Infração nºs 01, 02, 03, 05, 07 e 08 atualizados até 16.06.2020, valor este que o PODER CONCEDENTE considera o suficiente para quitação de todas as multas contratuais imputadas ou pretendidas pelo PODER CONCENTE face à MOVE SP em decorrência do CONTRATO".

d) Integralização do capital social da LINHA UNIVERSIDADE no valor conforme previsto no Termo Aditivo Nº 2 ao Contrato de Concessão Patrocinada nº 15/2013; e

e) Protocolo de petição, contemplando pedido de desistência às pretensões formuladas na (i) Ação de Rescisão Contratual, objeto do processo nº 1002909-09.2018.8.26.0053 e (ii) no Mandado de segurança, objeto do processo nº 1007093-08.2018.8.26.0053.

Em síntese, a transferência ocorreu mediante pagamento de valores devidos pela concessionária original ao Estado, desistência conjunta das duas concessionárias de demandas em sede de arbitragem e judicial, trâmites contratuais particulares entre ambas e elevação do capital social subscrito da nova concessionária. Quanto a este último tópico, o Termo Aditivo nº 2 estabeleceu que a cláusula 18.2. do contrato de concessão passaria a ter a seguinte redação: "o capital social inicial subscrito da Concessionária é de R$ 520.000.000,00 (quinhentos e vinte milhões de reais), devendo ser aumentado para R$ 890.000.000,00 (oitocentos e noventa milhões de reais)".

Por outro lado, o Termo Aditivo nº 2 alterou o prazo original da concessão, de 25 anos, para um novo prazo de 28 anos, seis meses e 22 dias, com a finalidade de recompor o seu equilíbrio econômico-financeiro – em razão de atrasos e alterações de local por parte do Poder Concedente –, impactado por paralisações nas obras da Linha 6 pela Move São Paulo S.A., enquanto concessionária (cláusula 4.1.).

Daí ser possível concluir esse item no sentido de que a transferência da concessão, consagrada no art. 27, da Lei nº 8.987/1995, dispositivo que teve a constitucionalidade placitada pelo Supremo Tribunal Federal, no âmbito da ADI nº 2.946/DF, possui a relevante função de viabilizar a manutenção de pactos concessórios "em crise", os quais são executados por concessionárias que perderam sua capacidade para fazer frente ao cumprimento de suas obrigações contratuais.

2.4 Extinção antecipada de contratos de concessão e seu regime jurídico

Não se pode olvidar que a realização de investimentos, em bens reversíveis (e, portanto, a própria reversibilidade dos bens), é parte integrante da equação econômico-financeira da concessão. Tais investimentos devem constar da proposta comercial da concessionária. Deve-se adotar como premissa a amortização integral dos ônus projetados para a concessão, em decorrência da realização de investimentos na aquisição ou construção de ativos. Isto tudo, a partir do fluxo de caixa esperado ao longo da vigência contratual (o recebimento das tarifas pagas pelos usuários e eventuais outras receitas auferidas pela concessionária).

Se os tais investimentos não forem integralmente amortizados até o momento da extinção do termo contratual (em virtude, por exemplo, da extinção prematura do contrato de concessão), o particular fará jus ao recebimento de indenização das parcelas remanescentes. Deverá ser observado, por evidente, os termos da alocação de riscos contratuais. Este é o racional previsto no art. 36 da Lei nº 8.987/1995, de acordo com o qual "Art. 36. A reversão no advento do termo contratual far-se-á com a indenização das parcelas dos investimentos vinculados a bens reversíveis, ainda não amortizados ou depreciados, que tenham sido realizados com o objetivo de garantir a continuidade e atualidade do serviço concedido".

Disso decorre que a reversão poderá se manifestar como uma forma de devolução dos ativos estatais, nas hipóteses nas quais são transferidas infraestruturas para suportar o serviço concedido. Há, nesse caso, uma espécie, por assim dizer, de propriedade resolúvel, assim considerada como aquela que reverterá ao proprietário originário, na hipótese de advento do termo, na forma do art. 1.360, do Código Civil.

A questão pode ser ainda explicada por uma outra abordagem. Os investimentos realizados pelo concessionário em bens reversíveis podem ser equiparados a um financiamento do particular ao Poder Concedente. O particular aportará os recursos para a aquisição, construção ou reforma dos bens, com investimentos próprios ou de terceiros (financiadores). Posteriormente, será remunerado pelas receitas da concessão (que equivalem ao "pagamento" pelo Poder Concedente). Caso o valor que foi investido pelo particular não possa ser integralmente ressarcido (amortizado) pelas receitas recebidas durante a vigência contratual, o Poder Público tem o dever de "quitar" o saldo que ainda não foi pago (ou seja, as parcelas não amortizadas). Isto sob pena de um enriquecimento seu causa, nos termos que dispõem os art. 884 e 473 do Código Civil – que se aplicam, subsidiariamente, às concessões. Trata-se de uma forma mais didática de compreender a origem da obrigação do Poder Concedente de indenizar o concessionário pelos investimentos não amortizados em bens reversíveis. Seja como for, o cabimento de indenização pelos bens reversíveis não amortizados também conta com amplo reconhecimento da doutrina administrativista brasileira.

Nesse sentido, Marçal Justen filho destaca[211] que "a reversão não se faz gratuitamente. Como regra, o valor dos bens reversíveis é amortização no curso do prazo da concessão. [...] as tarifas deverão ser calculadas de modo a amortizar o valor dos bens empregados pelo particular e que serão ou consumidos na prestação do serviço ou integrados no domínio público ao final do prazo". E conclui que "daí por que tenho para mim que a translação da propriedade dos particulares, sem a amortização dos investimentos realizados no ativo, se equipara ao regime das desapropriações, a exigir o pagamento de uma indenização prévia e justa (nos termos art. 5º, XXIV, da CRFB)".

Cuida-se de uma indenização que terá de ser composta pelo valor de depreciação, assim considerado como o valor utilizado para reduzir o valor de determinado bem, em razão do desgaste natural do ativo (reduzindo exações tributárias) e pelo valor de amortização dos investimentos em bens vinculados à prestação dos serviços, que será calculado com lastro no fluxo de receitas diferido no tempo. Bem por isso, é possível se inferir que o regime jurídico dos bens reversíveis está muito mais ligado à estrutura econômica do pacto concessório do que à qualidade ou à importância do bem afetado à prestação do serviço.

Caso, porém, não sejam indicados os bens reversíveis, nem a metodologia indenizatória, o mais adequado seria que pelo menos a modelagem contratual estabelecesse que um terceiro, equidistante às partes, um árbitro[212] ou um Verificador Independente, com a necessária expertise técnica, pudesse mensurar os valores de tais investimentos e avaliar o inventário de bens reversíveis, de forma imparcial. É que, como é sabido, a Lei nº 8.987/1995 disciplina dois regimes jurídicos distintos para a extinção de contratos de longo prazo. O primeiro é o da extinção normal dessa avença, que terá lugar na hipótese de advento do termo contratual. O segundo, o da extinção anômala ou antecipada, o qual terá lugar nas hipóteses de encampação, caducidade, rescisão, anulação e devolução consensual (como o presente).

---

[211] JUSTEN FILHO, Marçal. *Teoria geral das concessões de serviço público*. São Paulo: Dialética, 2003. p. 570.
[212] Sobre o tema, ver: FREITAS, Rafael Véras de. Novos desafios da arbitrabilidade objetiva nas concessões. *Revista de Direito Público da Economia*, Belo Horizonte, ano 14, n. 53, p. 199-227, jan./mar. 2016.

Para efeito de fixação da metodologia para fixação da indenização pelos bens reversíveis não amortizados,[213] o Poder Público, usualmente, poderá se valer de dois critérios: (i) o contábil, que se utilizará do valor registrado na contabilidade da concessionária; ou (ii) o patrimonial (ou Valor Novo de Reposição - VNR), que se utilizará do valor de reposição do ativo; é dizer, de modo a garantir que o valor seja serviente à substituição do bem inutilizado para prestação do serviço público.

Ao se adotar o critério contábil, o Poder Público deverá se utilizar dos registros contábeis da própria concessionária para calcular os valores devidos pelos bens vertidos ao patrimônio público, preocupando-se com a recuperação imediata do investimento, e não com a rentabilidade do projeto. Assim é que, como bem aportado por Maria Elisabeth Andrade e Eliseu Martins[214] o método contábil "não representa o novo valor de venda no mercado do ativo, mas sim o investimento feito no ativo atualizado monetariamente ou o valor de uma despesa ou de uma receita também atualizado pelos efeitos inflacionários. Seu objetivo é somente refletir os efeitos da inflação e não produzir valores de mercado." Em resumo, tal metodologia considera o equivalente ao valor do ativo intangível não depreciado da companhia, mas sujeito a um conjunto de deduções como: definição de bens reversíveis e não reversíveis, investimentos não obrigatórios, outorga fixa e juros de correção e atualização, juros capitalizados de empréstimos e financiamentos, transações com partes relacionadas, margem de construção, obras em andamento, reequilíbrio econômico e financeiro, despesas pré-operacionais e BDI.

Por fim, mas não menos relevante, é de destacar o pertinente alerta de Bernardo Strobel Guimarães,[215] no sentido de que, mais do estabelecer a adequada metodologia indenizatória, deve o Poder Público garantir que haja disponibilidade de recursos para fazer frente a tal indenização. Nas suas palavras, "nesta linha, o Executivo deve indicar nos termos do art. 16 e 17 da LC 101/2000 de onde retirará os recursos necessários para pagar a indenização devida. Com efeito, o Executivo não pode pretender criar uma despesa para a qual não tenha disponibilidade orçamentária".

---

[213] FREITAS, Rafael Véras de. *Concessão de rodovias*. Belo Horizonte: Fórum, 2018. p. 157.
[214] ANDRADE, Maria Elisabeth; MARTINS, Eliseu. Desafios na política pública de mensuração dos ativos para a formação das tarifas no setor elétrico: alguém deve ser beneficiado e alguém deve ser sacrificado? *Revista Contabilidade & Finanças*, [s. l.], v. 28, n. 75, 2017. p. 344-360.
[215] GUIMARÃES, Bernardo Strobel. Encampação de contrato concessão: pressupostos e procedimentos. *Jota*: Jornalismo e Tecnologia, [s. l.], 3 dez. 2019.

2.5 *Benchmarking* da extinção antecipada de módulos concessórios no Brasil e no Exterior

2.5.1 *Benchmarking* internacional e regime indenizatório das concessões

De acordo com as orientações sobre disposições contratuais de parcerias envolvendo o Poder Público e o setor privado em documento elaborado pelo Banco Mundial,[216] a extinção voluntária de contratos de parceria, decorrente da intenção de todas as partes, recomenda que a extinção do contrato seja acompanhada de indenização ao parceiro privado e, até mesmo, aos investidores do projeto concedido. O referido guia indica que, nos casos de extinção voluntária, a concessionária deverá ser reembolsada pelo valor utilizado para financiar o projeto (capital próprio e eventuais dívidas), como também deverá ser recompensada pelo retorno do capital próprio que havia previsto, seja por um número especificado de anos, a ser negociado entre as partes, ou pelo prazo restante do contrato extinto.[217] Com base nessa diretriz geral, recomendada por um organismo mundial orientador de atividades econômicas, é que se analisa, a título de *benchmarking*, a extinção consensual de módulos concessórios no: (i) Reino Unido; (ii) Itália; e (iii) Espanha.

No âmbito do Reino Unido, o Infrastructure Standardisation of Contracts PF2, elaborado em 2012, é o documento que padroniza os contratos de infraestrutura celebrados com a iniciativa privada. De acordo com o item 23.5 do referido documento, a indenização devida em função da extinção voluntária do contrato, por ato do Poder Concedente, deve contemplar todos os recursos necessários para deixar a Concessionária "na posição em que estaria se o contrato estivesse em pleno andamento".[218] Verifica-se, portanto, que a indenização prevista

---

[216] WORLD BANK. *Guidance on PPP Contractual Provisions*. Washington, DC: World Bank Group, 2019.

[217] Ainda de acordo com o documento elaborado pelo Banco Mundial: "*In order to be left in the same position as if the PPP Contract had not been terminated, the Private Partner will also expect the amount to include compensation for costs payable as a result of the early termination of specified financing agreements and Project Agreements, as well as related employee redundancy payments incurred*" (WORLD BANK. *Guidance on PPP Contractual Provisions*. Washington, DC: World Bank Group, 2019. p. 137).

[218] Tradução livre. No original: "23.5.1 The intention of all parties to a Contract should be that it will run its full course. There may be circumstances, however, in which the Authority is no longer able to continue the relationship it has with the Contractor under a Contract. For example, there may be a policy change which makes further provision of the Service

no modelo britânico tem por objetivo assegurar a compensação integral pela extinção do contrato, contemplando dois fatores principais: (i) o montante necessário à quitação de todos os valores devidos aos credores da Concessionária, incluindo os eventuais encargos decorrentes da extinção antecipada de contratos firmados entre a Concessionária e terceiros; (ii) a restituição e remuneração do capital próprio da Concessionária.[219] Em relação ao montante necessário à quitação dos valores devidos aos credores da Concessionária, o governo britânico recomenda que o próprio contrato especifique, *ex ante*, quais são os custos que serão indenizáveis, incluindo, se for o caso, eventuais lucros cessantes. De qualquer forma, o contrato deve conter mecanismos para evitar que sejam indenizados custos com terceiros que não tenham sido revertidos à realização de investimentos.

No que tange à restituição e remuneração do capital próprio da Concessionária, a indenização é calculada a partir de uma entre três metodologias distintas, que é previamente escolhida pela Concessionária no momento do processo licitatório. A primeira metodologia consiste na remuneração pela TIR projetada, originalmente, na proposta, incidente anualmente no período entre a data do aporte de cada parcela do capital próprio e a data de extinção antecipada do contrato. Tal metodologia assegura ao acionista o retorno pelo capital que havia sido estimado na proposta econômica, ao longo do período em que esse capital permaneceu alocado ao projeto. A segunda metodologia envolve a definição do valor presente líquido do fluxo de caixa de uma eventual nova Concessionária. Explica-se: essa metodologia consiste na remuneração do valor aportado pela Concessionária, segundo seu valor de mercado, considerando o período restante do contrato. Nesse caso, o valor da indenização reflete o que seria devido caso um potencial interessado quisesse assumir a posição contratual da Concessionária que está deixando a concessão.[220]

---

redundant. In order to cater for such circumstances, the Authority may wish to retain the right to terminate the contract voluntarily. [...] 23.5.3.1 The Contractor should receive a termination payment which leaves it in the position it would have been in had the Contract run its full course".

[219] NUNES, Thiago Mesquita. *Relatório do Grupo de Trabalho sobre Extinção Antecipada de Contratos de Parceria*. São Paulo: Centro de Estudos da Procuradoria-Geral do Estado de São Paulo, 2022. p. 63.

[220] Essa foi a metodologia adotada, no Brasil, no âmbito do Contrato de Concessão para a exploração do trecho rodoviário da BR-163/MT, que foi trespassada da Concessionária Rota do Oeste S.A. para a MT Participações e Projetos (MT-PAR).

A terceira metodologia visa a remunerar o capital próprio da Concessionária, com base no retorno que havia sido projetado para o projeto, mas apenas referente ao período compreendido entre a data de extinção contratual e a data prevista, originalmente, para o término de sua vigência. O cálculo indenizatório considera, de acordo com a terceira metodologia, os valores previstos na modelagem econômico-financeira do projeto "descontados até a data do encerramento antecipado, mediante a utilização da TIR do acionista definida originalmente quando da proposta, a qual deve ser aplicada considerando as datas em que os valores deveriam ter sido pagos ou distribuídos pela concessionária".[221]

A minuta de contrato padrão de projetos, com a iniciativa privada, elaborada pelo Ministero dell'Economia e delle Finanze dell'Italia,[222] aduz que o critério do custo histórico deve ser adotado para o cálculo indenizatório, decorrente da extinção contratual por encampação, rescisão, caducidade e força maior. Para o que interessa ao presente livro, a indenização devida à Concessionária, na hipótese de rescisão, deve contemplar: Montante de investimentos não amortizados, extraído dos registros contábeis da Concessionária, descontado o valor do lucro auferido pelo parceiro privado; custos incorridos pela Concessionária, em virtude da extinção dos contratos celebrados com terceiros, para o financiamento do projeto; e indenização a título de lucros cessantes, correspondente a 10% do valor do serviço que ainda deveria ter sido prestado, apurado nos termos da modelagem econômico-financeira.[223]

---

[221] NUNES, Thiago Mesquita. *Relatório do Grupo de Trabalho sobre Extinção Antecipada de Contratos de Parceria*. São Paulo: Centro de Estudos da Procuradoria-Geral do Estado de São Paulo, 2022. p. 76.

[222] Disponível em: https://www.mef.gov.it/documenti-allegati/2015/Paper_24_novembre_2015_-_25-11-15_Finale.pdf. Acesso em: 13 out. 2024.

[223] De acordo com o item 31.2 da minuta de contrato padrão disponibilizada pelo governo italiano: *"In caso di revoca della Concessione ai sensi del presente articolo, il Concedente dovrà corrispondere al Concessionario: a) il valore dell' Opera realizzata conformemente alla Documentazione progettuale approvata, come risultante dal Certificato di Collaudo con esito positivo, più gli oneri accessori, al netto degli ammortamenti; ovvero, nel caso in cui l'Opera non abbia superato la fase di Collaudo, i costi indicati nella contabilità dei lavori e sostenuti dal Concessionario per la realizzazione delle opere, eseguite conformemente alla Documentazione progettuale approvata; il valore dei Servizi eventualmente già erogati. Il tutto al netto di quanto già corrisposto al Concessionario medesimo; b) le penali e ogni altro costo o onere sostenuto o da sostenere dal Concessionario in conseguenza della revoca della Convenzione. Con riferimento al Contratto di finanziamento, il Concedente dovrà corrispondere i soli costi finanziari dei finanziamenti contratti. [Le Parti specificheranno il dettaglio degli oneri connessi ai costi dei finanziamenti da riconoscere]; c) un indennizzo, a titolo di risarcimento del mancato guadagno, pari al 10 per cento del valore delle opere ancora da eseguire ovvero della parte di gestione ancora da svolgere, valutata sulla base del Piano Economico-Finanziario".*

O regime jurídico italiano prevê, ainda, que o montante indenizatório será calculado com a participação da Concessionária interessada, sendo o valor da indenização alocado com prioridade no orçamento do Poder Público. Em qualquer caso, a eficácia da extinção do módulo concessório estará sujeita ao pagamento de toda e qualquer indenização contratualmente prevista.[224]

No ordenamento jurídico espanhol, o artigo 211, item 1, alínea "c" c/c artigo 294 da Ley nº 9/2017, que dispõe sobre os contratos firmados pelo setor público, estabelece, de forma clara, que o acordo mútuo entre o Poder Concedente e o contratado é causa de extinção contratual.[225] A lei espanhola prevê que a extinção consensual do contrato será regida pelo que as partes estiverem estipulado de comum acordo, na forma do artigo 213 da Ley nº 9/2017. Nada obstante, o artigo 213, item 4 da Ley nº 9/2017 indica que, quando a extinção consensual for decorrente da impossibilidade de cumprir as obrigações da forma como inicialmente pactuadas, a Concessionária terá direito a uma indenização correspondente a 3% do valor da execução contratual não realizada. Já no caso em que o Poder Concedente assume o serviço para a sua gestão direta, o artigo 294, alínea "c" e o artigo 295, item 4 da Ley nº 9/2017 preveem que a Administração Pública deve indenizar a Concessionária: (i) por todos danos e prejuízos incorridos, inclusive, os lucros futuros que a Concessionária deixou de receber; (ii) pela perda do valor das obras e instalações que não reverterão para o Poder Concedente; (iii) pelo valor das obras e instalações que serão revertidos à Administração, levando-se em conta seu grau de amortização.[226]

---

[224] De acordo com o item 31.6 da minuta de contrato padrão disponibilizada pelo governo italiano: *"L'efficacia della revoca della Concessione, ai sensi di quanto disposto dall'articolo 158, comma 3, del Codice dei contratti pubblici, è in ogni caso sottoposta alla condizione del pagamento al Concessionario di tutte le eventuali somme previste nel presente articolo".*

[225] Veja-se o teor dos dispositivos:
"Artículo 211. Causas de resolución. 1. Son causas de resolución del contrato: [...] c) El mutuo acuerdo entre la Administración y el contratista".
"Artículo 294. Causas de resolución. Son causas de resolución del contrato de concesión de servicios, además de las señaladas em el artículo 211, con la excepción de las contempladas en sus letras d) y e), las siguientes".

[226] "Artículo 295. Efectos de la resolución. [...] 4. En los supuestos de las letras b), c), d) y e) del artículo 294, y en general en los casos en que la resolución del contrato se produjera por causas imputables a la Administración, sin perjuicio de lo dispuesto en el apartado 1 de este artículo, la Administración indemnizará al contratista de los daños y perjuicios que se le irroguen, incluidos los beneficios futuros que deje de percibir, cuantificados conforme a lo establecido en la letra a) del apartado 3 del artículo 280 y a la pérdida del valor de las obras e instalaciones que no hayan de revertir a aquella, habida cuenta de su grado de amortización".

2.5.2 O *benchmarking* brasileiro de extinção antecipada e do regime indenizatório das concessões

2.5.2.1 Regime Indenizatório nas concessões rodoviárias federais

O setor rodoviário federal possui diversos exemplos de extinções consensuais que estão em curso, para fins de relicitação, que servem a propósito de investigação do regime de extinção antecipada e indenizatório dos contratos de concessão. Menciona-se, como primeiro exemplo, o Termo Aditivo firmado entre a Concessionária BR 040 S.A. e a Agência Nacional de Transportes Terrestres (ANTT), em 17.11.2020, com o objetivo de estabelecer as condições de prestação do serviço durante o período de transição e transferência da concessão para a exploração do sistema rodoviário da BR-040/DF/GO/MG.

Nesse caso, a ANTT considerou, nos termos do Voto DEB nº 356/2019, que, independentemente dos fatores que levaram à perda de condições técnicas e financeiras para a prestação eficiente, no caso concreto, a relicitação seria a melhor forma de preservar a continuidade da prestação do serviço. Para além disso, a Procuradoria Geral junto à ANTT, por meio do Despacho nº 14399/2019/PF-ANTT/PGF/AGU, recomendou que a extinção da concessão fosse acompanhada: (i) da manutenção dos fatores voltados ao reequilíbrio contratual; e (ii) de metodologia para o cálculo de indenização e para a identificação de bens reversíveis. O Termo Aditivo celebrado entre a Concessionária BR 040 S.A. e a ANTT dispõe, em sua Cláusula Nona, a respeito do pagamento das indenizações devidas pela relicitação. Em linhas gerais, a disposição contratual prevê que a Concessionária será indenizada pelos investimentos vinculados a bens reversíveis não amortizados ou depreciados. A indenização requer, também, a certificação por empresa de auditoria independente.

No bojo dos atos que acompanharam a relicitação da Rodovia BR-040/DF/GO/MG, o Tribunal de Contas da União, por meio do Acórdão nº 2.611/2020,[227] determinou que a ANTT considerasse, no cálculo da indenização devida à concessionária: (i) as normas contábeis contidas no ICPC01 e pronunciamentos correlatos, que estabelecem que o investimento realizado para a aquisição ou construção de bens

---
[227] TCU – Acórdão nº 2.611/2020 – Plenário – Rel. Min. Ana Arraes – Data da sessão: 30.09.2020.

reversíveis deve ser contabilizado como ativo intangível da concessionária, tendo seu valor contábil periodicamente submetido ao teste de *impairment*; e (ii) um teto ao montante indenizatório, a exemplo dos valores dos ativos previstos no EVTEA.

O exemplo demonstra que o órgão de controle considerou que o cômputo do cálculo indenizatório deve se dar em base robustas, de acordo com as melhores metodologias contábeis aplicáveis às concessões. Em igual medida, a Concessionária Autopista Fluminense S.A. e a ANTT firmaram, em 15.06.2022, o 2º Termo Aditivo ao Contrato de Concessão da Rodovia BR-101/RJ, prevendo-se a extinção consensual do módulo concessório, após a fase relicitatória. No entendimento da agência reguladora, manifestado pelo Voto DFR nº 26/2021, a opção pela extinção do contrato era a que traria maiores benefícios, tendo em vista a incapacidade superveniente da Concessionária de cumprir as obrigações contratuais, em razões de aspectos financeiros da concessão. Tratou-se, portanto, em consonância com a manifestação da ANTT, de medida de caráter pragmático. Nesse sentido, a Cláusula Nona do 2º Termo Aditivo dispõe a respeito do pagamento das indenizações devidas à Concessionária, estipulando-se a instauração de processo administrativo específico para a apuração de haveres e deveres, nos seguintes termos:

> 9.2. Em até 60 (sessenta) dias da assinatura deste Termo Aditivo, a ANTT instaurará processo para apuração de haveres e deveres, observando as disposições da Resolução ANTT nº 5.926/2021, no qual deverá intimar a Concessionária para se manifestar e, se aplicável, listar pleitos e/ ou haveres decorrentes eventos ocorridos durante a vigência do CONTRATO DE CONCESSÃO ORIGINÁRIO e pendentes de solução.
>
> 9.2.1. Após a instrução do processo e deliberação pela ANTT quanto ao VALOR RECONHECIDO, a Concessionária poderá instaurar controvérsia perante juízo arbitral a respeito do VALOR CONTROVERSO, na forma prevista no inciso IV do *caput* do art. 8º, do Decreto nº 9.957/2019.
>
> 9.2.2. No processo de apuração de haveres e deveres a ANTT deverá aprovar o VALOR RECONHECIDO em relação aos débitos e créditos já apurados e liquidados antes da assinatura do NOVO CONTRATO DE CONCESSÃO, sem prejuízo da continuidade do processo para liquidação de eventual saldo residual a ser pago após esta data

Em 09.04.2020, a Concessionária das Rodovias Centrais do Brasil S.A. protocolou, junto à ANTT, requerimento de relicitação, para a extinção amigável da Contrato de Concessão para a exploração do sistema rodoviário BR-060, BR-153 e BR-262/DF/GO/MG. Nesse quadrante, a Concessionária e a ANTT firmaram o 2º Termo Aditivo, tendo por objeto estabelecer as condições de prestação dos serviços de manutenção, conservação, operação e monitoração dos investimentos essenciais, até que a extinção amigável estivesse concluída. De acordo com a Cláusula 9.1 do 2º Termo Aditivo, a Concessionária deve ser "indenizada pelos investimentos vinculados a bens reversíveis não amortizados ou depreciados, segundo metodologia constante da Resolução ANTT nº 5.860/2019, mediante certificação por verificador independente". Por derradeiro, menciona-se que a Concessionária de Rodovia Sul-Matogrossense S.A. e a ANTT firmaram, por intermédio do 1º Termo Aditivo, a extinção consensual da concessão da MS Via. Da mesma forma, as partes convencionaram, na forma da Cláusula 9.3 do referido instrumento, que o valor reconhecido[228] da indenização será pago pelo futuro contratado, conforme será previsto no edital de relicitação, "constituindo condição para o início da vigência do novo contrato de concessão, nos termos do art. 15, §3º, da Lei nº 13.448/2017 e art. 11, §2º, do Decreto nº 9.957/2019" (Cláusula 9.3).[229]

2.5.2.2 Regime indenizatório nas concessões aeroportuárias federais

No setor de aeroportos, por meio do Decreto nº 10.472, de 24.08.2020, restou qualificado, no âmbito do Programa de Parcerias de Investimentos (PPI), o empreendimento do setor aeroportuário Aeroporto Governador Aluízio Alves, localizado no Município de São Gonçalo do Amarante/RN (ASGA), para fins de relicitação.

Baseando-se no referido decreto, a Agência Nacional de Aviação Civil (ANAC) e a Inframérica Concessionária do Aeroporto de São Gonçalo do Amarante S.A. celebraram, em 19.11.2020, o 7º Termo Aditivo

---

[228] Conceituado pela Cláusula 1.1, item "v" do 2º Termo Aditivo como "valor reconhecido pela ANTT e que deverá ser pago antes do início do NOVO CONTRATO DE CONCESSÃO, o qual abarca a indenização pelos bens reversíveis não amortizados ou depreciados, com os descontos previstos no art. 11 do Decreto nº 9.957/2019, na Resolução nº 5.926, de 2 de fevereiro de 2021, e neste Termo Aditivo".

[229] Segundo a Cláusula 9.4, "eventual valor controverso da indenização e demais haveres e deveres decorrentes de decisão judicial, arbitral ou outro mecanismo privado de resolução de conflitos, em conformidade ao previsto no §2º do art. 11 do Decreto nº 9.957/2019, serão apurados e pagos posteriormente".

ao Contrato de Concessão nº 001/ANAC/2011-SBSG, convencionando a extinção amigável do contrato concessório. A Cláusula 3.22 do 7º Termo Aditivo ao Contrato de Concessão estabelece que "considerando a extinção do Contrato de Concessão por relicitação, a Concessionária fará jus a indenização referente ao valor dos investimentos vinculados a Bens Reversíveis ainda não amortizados, que será calculada nos termos da metodologia disposta na Resolução ANAC nº 533, de 7 de novembro de 2019".

Além disso, o 7º Termo Aditivo previu que a indenização será custeada pelo futuro concessionário, até a assunção das operações pelo novo operador, sem prejuízo de outros valores a serem pagos posteriormente, decorrentes de decisões judiciais ou arbitrais, nos termos da Cláusula 3.23. Também se previu que seriam considerados, no cálculo indenizatório, para fins de desconto ou acréscimo, na forma da Cláusula 3.25, "eventuais valores oriundos de processos de reequilíbrio econômico-financeiro do Contrato, aprovados pela Diretoria da ANAC, e que não tenham sido objeto de recomposição até o momento da indenização, em especial eventuais valores devidos em razão da devolução antecipada da Estação Prestadora de Serviços de Telecomunicações Aeronáuticas e de Tráfego Aéreo (EPTA) do Aeroporto".[230]

O TCU, no bojo dos atos de acompanhamento da relicitação da concessão do ASGA, veio a estabelecer as premissas para a indenização de contratos extintos amigavelmente. Por intermédio do Acórdão nº 8/2023,[231] a Corte de Contas assentou o entendimento de que é necessário concluir o cálculo da indenização, a ser paga à Concessionária relicitante, antes de prosseguir com o certame licitatório que irá trespassar a concessão ao novo operador.

O relator do caso, Ministro Aroldo Cedraz, aduziu que o valor da indenização a ser paga ao atual concessionário pelos investimentos realizados e não amortizados, aprovado pela ANAC, deveria ter sido disponibilizado ao TCU, baseando-se em metodologia com "elevado grau de segurança".[232] Na visão do Tribunal de Contas, a mera

---

[230] A Cláusula 3.26 dispõe que eventuais valores que ainda não tenham sido apurados definitivamente por ocasião do pagamento da indenização podem ser estimados e descontados ou acrescidos pelo Poder Concedente na indenização, até a sua apuração definitiva.
[231] TCU – Acórdão nº 8/2023 – Plenário – Rel. Min. Aroldo Cedraz – Data da sessão: 18.01.2023.
[232] Nos termos do voto do relator: "Como visto, a pasta ministerial protocolou o EVTEA em julho de 2021, contemplando um valor da indenização não aprovado pela sua Diretoria com a única finalidade de cumprir uma formalidade da IN TCU 81/2018, pois defende

"possibilidade de se conduzir o processo de cálculo da indenização em separado do certame licitatório traz riscos ao interesse público". Isso porque, nos termos do art. 15, §3º da Lei nº 13.448/2017, o pagamento da indenização pelos bens reversíveis não amortizados à Concessionária relicitante é condição para o início do novo contrato. O Acórdão nº 8/2023 também definiu que, em relação ao certame licitatório, os licitantes devem conhecer o valor da indenização aprovado pela agência reguladora juntamente com a publicação do edital, "como meio de garantir a isonomia do certame", tornando-se necessário que se tenha "um valor da indenização concluído e auditado que não interfira no prazo de início da operação aeroportuária".

Nesse sentido, o TCU expediu as seguintes determinações e recomendações, que podem ser consideradas como aplicáveis às formas de extinção amigável de contratos concessórios: determinação à agência reguladora que se abstenha de dar efetividade ao futuro contrato de concessão sem encaminhar ao TCU o cálculo da indenização certificado por empresa de auditoria independente; recomendação para que, nas próximas relicitações, a agência se abstenha de publicar edital de relicitação sem tornar público aos interessados o valor aprovado da indenização referente aos bens reversíveis não amortizados ou depreciados devida à Concessionária; e recomendação para que haja acompanhamento frequente dos bens considerados reversíveis e de seus valores para que a indenização devida aos concessionários ocorra de forma célere.

O julgamento foi objeto do Informativo de Licitações e Contratos nº 452/2023 do TCU,[233] de acordo com o qual: "no caso de relicitação de contrato celebrado no âmbito do Programa de Parcerias de Investimentos (PPI), é recomendável que a agência reguladora publique o edital de licitação da concessão já contemplando o valor

---

a possibilidade de se publicar o edital de licitação sem a conclusão do procedimento de quantificação do valor a ser indenizado ao antigo parceiro privado".

[233] Destaca-se, ainda, o seguinte trecho: "trazendo mais segurança e previsibilidade ao certame. Ao apreciar processo de acompanhamento dos atos e procedimentos que culminarão na relicitação da concessão do Aeroporto de São Gonçalo do Amarante/RN, qualificado no âmbito do Programa de Parcerias de Investimentos (PPI), o relator assinalou em seu voto, preliminarmente, que os técnicos da Agência Nacional de Aviação Civil (Anac) encaminharam à unidade instrutiva a Nota Técnica 23/2021/GEIC/SRA/ANAC, contemplando as principais metodologias de cálculo do valor dos bens não amortizados, as justificativas para a escolha regulatória e o valor preliminar da indenização, restando pendentes a contestação da concessionária, a manifestação da Diretoria da Anac sobre a matéria e a contratação de auditoria independente para certificar o cálculo da indenização, obrigações essas decorrentes expressamente da Lei 13.448/2017 e do Decreto 9.957/2019".

da indenização, devidamente aprovado, a que faz jus a concessionária anterior (art. 15, §3º, da Lei 13.448/2017), referente aos bens reversíveis não amortizados ou depreciados, para que os licitantes possam ponderar os riscos envolvidos e apresentar as suas propostas em bases equânimes, trazendo mais segurança e previsibilidade ao certame".

Encontram-se em andamento, ainda, duas relicitações, no setor aeroportuário federal, correspondentes ao Aeroporto de Viracopos e ao Aeroporto do Galeão.

Em relação ao Aeroporto de Viracopos, por meio do 2º Termo Aditivo ao Contrato de Concessão nº 003/ANAC/2012-SBKP, a Concessionária Aeroportos Brasil Viracopos S.A. e a ANAC firmaram a extinção amigável do Contrato de Concessão, com base no Decreto nº 10.427/2020, que qualificou o empreendimento para fins de relicitação. O 2º Termo Aditivo estabelece, na forma de sua Cláusula 3.22, que a Concessionária faz jus a indenização referente ao valor dos investimentos vinculados a bens reversíveis ainda não amortizados, em razão da extinção amigável do contrato, como prevê o art. 17, §1º, inciso VII da Lei nº 13.448/2017 e art. 11 do Decreto nº 9.957/2019.

No que tange ao Aeroporto do Galeão, em 14.11.2022, a Concessionária Aeroporto do Rio de Janeiro S.A. e a ANAC assinaram o 6º Termo Aditivo, que convencionou a extinção amigável do Contrato de Concessão nº 001/ANAC/2014-SBGL, referente ao Aeroporto Internacional do Rio de Janeiro. Nesse quadrante, caso o valor obtido no leilão seja insuficiente para o pagamento integral da indenização calculada pela ANAC, "o valor remanescente deverá ser pago à Concessionária pela União Federal, também como condição à assunção das operações aeroportuárias pelo novo operador", conforme prevê a Cláusula 3.32.1 do 6º Termo Aditivo ao Contrato de Concessão do Aeroporto do Galeão.

2.5.2.3 Regime Indenizatório da concessão de transporte por via marítima (Rio de Janeiro)

Em 12.02.1998, a Barcas S.A. - Transportes Marítimos (Barcas) e o Estado do Rio de Janeiro firmaram o "Contrato de Concessão para a prestação do serviço público de transporte coletivo de passageiros por via marítima no Estado do Rio de Janeiro". De acordo com a Cláusula 4ª do referido instrumento, o contrato teria vigência de 25 (vinte e cinco) anos, contados de sua assinatura, com termo final em 11.02.2023. No curso da execução contratual, foram ajuizadas demandas judiciais, tendo por causas de pedir a anulação do módulo concessório, a rescisão do Contrato de Concessão e a execução de dívidas do Estado perante a Concessionária.

Cite-se, como exemplo, a ACP nº 0000838-96.2004.8.19.0001,[234] ajuizada pelo MP/RJ, no bojo da qual foi declarada, pela 15ª Câmara Cível do Tribunal de Justiça do Estado do Rio de Janeiro, "a nulidade do procedimento de licitação e, consequentemente, do contrato de concessão celebrado pelas partes, com a assunção pelo Poder Concedente [...], a partir do trânsito em julgado, determinando, por fim, a realização de novo certame, referente ao mesmo objeto, no prazo máximo de 02 (dois) anos". Diante da iminência do término contratual e dos imbróglios jurídicos que dizem respeito à licitação e à execução do referido contrato, as partes buscaram soluções, concertadas e negociais, para a extinção do Contrato de Concessão. Constituem os principais objetos do Termo de Acordo, segundo a sua Cláusula Primeira: Reconhecimento da nulidade do Contrato de Concessão pelo Estado e pela Concessionária e da necessidade de assegurar a continuidade da prestação do serviço público de transporte aquaviário; definição do valor e do prazo para pagamento dos custos operacionais incorridos pela Concessionária na prestação do serviço público, apurados e verificados pela Agência Reguladora de Serviços Públicos Concedidos de Transportes Aquaviários, Ferroviários, Metroviários e de Rodovias do Estado do Rio de Janeiro (AGETRANSP), baseados nos custos reais da operação; e o estabelecimento de premissas, condições e prazos para o cálculo e pagamento da indenização devida à Concessionária até o termo final do prazo do Contrato de Concessão.

O Termo de Acordo expressamente reconheceu "que o Contrato de Concessão é nulo, cabendo ao Estado o pagamento de indenização pelo serviço público prestado. Fica reconhecida, ainda, a necessidade de assegurar a continuidade da prestação do serviço público pela Concessionária, nos exatos termos previstos neste Termo de Acordo" (Cláusula 2.1 do Termo de Acordo). Nesse sentido, a Cláusula Terceira do acordo negocial de extinção estabelece que a Concessionária tem direito a receber indenização "pelo serviço público efetivamente prestado e pelos custos incorridos e verificados, sem a inclusão de qualquer margem de lucro e sem a cobrança de juros compensatórios além dos previstos neste instrumento, caso aplicável, tendo por base

---

[234] A ACP se encontra, no atual momento, em fase de recurso especial.

as revisões quinquenais homologadas pela AGETRANSP quando já exaradas, e a mesma metodologia adotada neste Termo de Acordo para as demais revisões quinquenais e durante o período complementar de prestação do serviço público pela Concessionária".

O Estado do Rio de Janeiro reconheceu "o direito da Concessionária à indenização pelo serviço público que vier por ela a ser prestado durante a vigência e nos exatos termos previstos neste Termo de Acordo. A indenização devida a esse título deverá ser calculada nos termos e considerando a mesma metodologia utilizada pela AGETRANSP para a apuração dos cálculos relacionados aos Segundo e Terceiros Quinquênios, inclusive com o desconto da margem de lucro da Concessionária, bem como no Anexo A do presente Termo de Acordo".

Destacam-se, ainda, as seguintes disposições do Termo de Acordo, nas quais tem lugar o reconhecimento: De que a Concessionária tem direito a permanecer recebendo todas as receitas tarifárias e acessórias, como é o caso da receita da bilheteria aquaviária (Cláusula 3.8.1); da necessidade de pagamento à Concessionária de determinado montante da indenização antes do término da concessão (Cláusula 6.2), com cronograma previsto na Cláusula Sétima; e do direito da Concessionária de receber indenização pelo serviço público prestado durante o período complementar e, eventualmente, ao longo do período complementar adicional, antes do encerramento definitivo da concessão.

2.6 Acordos Substitutivos regulatórios em concessões

A consagração da consensualidade no direito brasileiro é um movimento que tem sido levado a efeito de forma segmentada.[235] Nas últimas décadas, vários atos normativos previram formas de materialização da consensualidade administrativa, como a previsão de consultas e audiências públicas prévias à edição de normativos, bem

---

[235] Embora já se conte com destacadas manifestações jurisprudenciais, a exemplo do que se passou no julgamento do RE nº 23885/MG, do Supremo Tribunal Federal, do qual se extraí o seguinte excerto: "Poder Público. Transação. Validade. Em regra, os bens e o interesse público são indisponíveis, porque pertencem à coletividade. É, por isso, o Administrador, mero gestor da coisa pública, não tem disponibilidade sobre os interesses confiados à sua guarda e realização. Todavia, há casos em que o princípio da indisponibilidade do interesse público deve ser atenuado, mormente quando se tem em vista que a solução adotada pela Administração é a que melhor atenderá à ultimação deste interesse. Assim, tendo o acórdão recorrido concluído pela não onerosidade do acordo celebrado, decidir de forma diversa implicaria o reexame da matéria fático-probatória, o que é vedado nesta instância recursal (Súm. 279/STF). Recurso extraordinário não conhecido".

como uma plêiade de dispositivos que disciplinaram espécies díspares de acordos substitutivos. A nova LINDB (Lei nº 13.655/2018), por intermédio de seu art. 26, dá um importante passo para a consagração definitiva desse vetor no Direito brasileiro.

Nesse quadrante, temos que duas são as características de tal função que restaram superadas, a partir da vigência de tal dispositivo. A primeira, de que o poder de polícia seria, necessariamente, coercitivo. É que, de acordo com o novel diploma, o administrado é chamado a participar da formação da decisão de polícia – o que, de resto, já poderia ser extraído da vertente da processualização, prevista no art. 5º, inciso LV, da CRFB, e do parágrafo único do art. 78 do CTN. Mais que isso, supera-se o entendimento (mais caracterizado como uma prerrogativa) de acordo com o qual o poder extroverso deveria ser exercido ao interno da burocracia.

A segunda, de que tal função seria sempre discricionária. Assim já não se passava, já que casos há em que o exercício de tal função é predominantemente vinculado (a exemplo do regime jurídico do registro para o porte de armas, previsto no art. 4º da Lei nº 10.826/2003). Nada obstante, por intermédio do art. 26, cogita-se que, à medida que a função de polícia passa a ser permeada pelos interesses da sociedade, a sua discricionariedade passará a ser bem reduzida – ou, quando menos, os atos administrativos delas decorrentes passarão a ser, objetivamente, controláveis.

É de registrar, porém, que não é qualquer compromisso de que trata o art. 26 que terá de ser submetido à Consulta. É que, se, de um lado, a Consulta opera conferindo maior legitimidade a tal instrumento, por outro, poderá importar em dispêndio de tempo e de recursos públicos, seja porque ela tem custos de operacionalização, seja porque as contribuições dela decorrentes podem não ser relevantes para a celebração do instrumento negocial. Nesse quadrante, estamos de acordo com Sérgio Guerra e Juliana Bonacorsi de Palma,[236] para quem a realização de Consultas Públicas será adequada nos casos de: (i) negociação de altos valores, como nos acordos de investimento bilionários; (ii) desenho de cláusulas com impactos concorrenciais, econômicos ou que importarem em escolha daqueles que se beneficiarão dos benefícios gerados pelo compromisso; (iii) sensibilidade

---

[236] GUERRA, Sérgio; PALMA, Juliana Bonacorsi. Art. 26: novo regime jurídico de negociação com Administração Pública. *Revista de Direito Administrativo*, Rio de Janeiro, Edição especial, 2018. p. 149.

social, política ou humanitária do compromisso, inclusive quanto à desconfiança ética das tratativas; e (iv) em casos cujo cenário do compromisso seja complexo e de difícil mapeamento dos interesses em jogo.

Ademais disso, temos que o dispositivo em comento servirá como um permissivo genérico para a celebração de acordos, no âmbito da função de polícia administrativa. Explicamos. De acordo com Floriano de Azevedo Marques Neto e Juliana Bonacorsi de Palma,[237] o poder público dispõe de uma miríade de modelos de acordos dos quais se pode valer no seu atuar. Para o que aqui importa, é de se destacar os acordos integrativos, os acordos substitutivos e os acordos complementação. Os acordos integrativos têm por desiderato viabilizar a edição de um ato administrativo unilateral, de modo mais harmônico, com as necessidades do caso concreto ou com as características de seu destinatário. Assim é que, nessa modalidade, há a negociação do conteúdo do ato unilateral com os particulares. Os acordos substitutivos, por sua vez, são vocacionados à substituição do processo administrativo sancionador ou da própria sanção, a depender do regime jurídico previsto em lei. Os acordos complementação, por sua vez, têm por desiderato complementar, por meio do consenso, o ato administrativo final que será produzido.

O art. 26 endereça soluções para essas três espécies de acordos. Em sua parte inicial, servirá como um permissivo genérico para a celebração dos acordos integrativos, ao permitir a celebração de compromissos "inclusive no caso de expedição de licença". Cuida-se de dispositivo com similar racional ao disposto no art. 135 da Lei nº 9.472/1997 (Lei Geral de Telecomunicações), de acordo com o qual "a Agência poderá, excepcionalmente, em face de relevantes razões de caráter coletivo, condicionar a expedição de autorização à aceitação, pelo interessado, de compromissos de interesse da coletividade". O objetivo de tal concertação de vontades é o de estabelecer condições para que particular possa exercer determinada atividade econômica (art. 170, parágrafo único, da CRFB), especialmente vocacionada às hipóteses em que, seja por razões econômicas, seja por objetivos constitucionalmente tutelados (a exemplo da proteção da concorrência), o consentimento administrativo terá de ser negociado.[238] Nesse sentido, Juliana Bonacorsi

---

[237] MARQUES NETO, Floriano de Azevedo; PALMA, Juliana Bonacorsi de. Juridicidade e controle dos acordos regulatórios: o caso TAC ANATEL. *Portal E-Disciplinas USP*, [s. l.], [2018].

[238] Sempre se respeitando o primado da liberdade de iniciativa, como já teve a oportunidade de asseverar o Supremo Tribunal Federal: "A intervenção estatal na economia, mediante

de Palma,[239] para quem "no âmbito regulatório brasileiro, a principal finalidade dos acordos integrativos consiste em estabelecer os termos pelos quais um ato de autorização será emitido pela autoridade".

Um exemplo ilustra o exposto. Cogite-se da hipótese em que a exploração de uma atividade industrial não comporte, pelas externalidades negativas por ela produzidas, diversos prestadores (por exemplo, pela instauração de uma concorrência predatória). Nesse quadrante, o poder público, por ocasião do procedimento de consentimento de polícia, poderá negociar condicionantes a propósito da atuação do particular (duração, regime de preços, parâmetros qualitativos do desenvolvimento de sua atividade), para o efeito de deferimento do título habilitatório – o que já ocorre, por exemplo, em procedimentos de licenciamentos ambientais, mas que passará a ser, expressamente, permitido em todo o procedimento de consentimento de polícia.

Ademais disso, o dispositivo comentado servirá como um permissivo genérico à celebração dos denominados "acordos substitutivos regulatórios". É que o artigo comentado também é vocacionado a "eliminar situação contenciosa". Explica-se. Muito já se questionou a juridicidade da celebração de tais acordos, quando inexistente autorização normativa prévia específica. Temos que sempre se tratou de controvérsia descabida, considerando o disposto no art. 5º, §6º, da Lei nº 7.345/1985, que autoriza que autarquias (que é gênero, do qual são espécies as agências reguladoras) celebrem tal modalidade de acordo, desde que tenha suas finalidades vocacionadas a tutelar os valores protegidos pela Lei da Ação Civil Pública. Mas não só, para além de tal permissivo genérico previsto na LAC, no âmbito da regulação setorial, as leis-quadro, em razão da sua baixa densidade normativa, deslegalizam o que é ou não punível para a normatização de segundo grau. Razão pela qual a celebração de tais espécies de acordos é, apenas,

---

regulamentação e regulação de setores econômicos, faz-se com respeito aos princípios e fundamentos da Ordem Econômica. CF, art. 170. O princípio da livre iniciativa é fundamento da República e da Ordem econômica: CF, art. 1º, IV; art. 170. II - Fixação de preços em valores abaixo da realidade e em desconformidade com a legislação aplicável ao setor: empecilho ao livre exercício da atividade econômica, com desrespeito ao princípio da livre iniciativa" (STF – RE nº 422941/DF – Relator Min. Carlos Velloso – DJe 06.12.2005). No mesmo sentido, BARROSO, Luís Roberto. A ordem econômica constitucional e os limites à atuação estatal no controle de preços. *Revista de Direito Administrativo*, Rio de Janeiro, v. 226, p. 187-212, out./dez. 2001.

[239] PALMA, Juliana Bonacorsi de. Acordos para ajuste de conduta em processos punitivos das agências reguladoras. *In*: PEREIRA NETO, Caio Mario da Silva; PINHEIRO, Luís Felipe Valerim (org.). *Direito da Infraestrutura*. São Paulo: Saraiva, 2017. v. 2, p. 65-116.

predicadora da sua disciplina em normatização da agência.²⁴⁰ Porém, a inclusão de um permissivo genérico para a celebração de tais ajustes, em uma lei interpretativa, põe termo à controvérsia a propósito da imprescindibilidade de sua previsão em normas de primeiro grau.²⁴¹ A segunda ordem de questionamentos que se esvaem com tal permissivo diz com o antigo (e em vias de superação) entendimento de acordo com o qual a chamada "supremacia do interesse público" interditaria a disponibilidade do procedimento administrativo sancionador e do valor da multa dele decorrente. Tal entendimento não nos parece o melhor. Para além de o chamado princípio da supremacia do interesse público (na qualidade um valor metodológico) não ter previsão normativa, nem acolhimento pela maior parte da doutrina,²⁴² tal adágio seria antípoda à própria legislação vigente, que autoriza a celebração de pactos negociais envolvendo o Poder Público. Até mesmo por que, como assevera Floriano de Azevedo Marques Neto,²⁴³ o princípio da

---

[240] Especificamente no que respeita ao setor telecomunicações, Carlos Ari Sundfeld e Jacintho Arruda Câmara asseveram: "Em telecom a distinção entre o punível e o não punível é matéria de regulamento, não de lei. Logo, o regulamento pode enquadrar como insuscetível de sanção a situação que tenha sido resolvida consensualmente, em conformidade com o interesse público. Logicamente, a aplicação de sanção supõe uma infração suscetível de punição. Cabe ao regulamento dizer quais são as condições em que uma infração é punível e quais são as causas excludentes da sanção. Se o regulamento admite a superação da infração por alguma ação posterior adequada, a adoção dessa ação afasta a pena (isto é, sua imposição ou execução). O regulamento pode estabelecer que a infração superada é insuscetível de punição, isto é, que a superação da infração é causa excludente da sanção. Cabe ao regulamento estabelecer as condições em que uma infração passada se considera superada: por meio de compensações atuais ou futuras, p. ex" (SUNDFELD, Carlos Ari; CÂMARA, Jacintho Arruda. Acordos substitutivos nas sanções regulatórias. *Revista de Direito Público da Economia*, Belo Horizonte, ano 9, n. 34, p. 133-151, abr./jun. 2011).

[241] De que é exemplo o Decreto nº 9.179/2017, que altera o Decreto nº 6.514, de 22 de julho de 2008, que dispõe sobre as infrações e sanções administrativas ao meio ambiente e estabelece o processo administrativo federal para apuração dessas infrações, para dispor sobre conversão de multas, o qual, em razão da ausência de normatização de primeiro grau ainda vem sendo aplicado, de forma modesta.

[242] BARROSO, Luís Roberto. Prefácio. *In*: SARMENTO, Daniel (org.). *Interesses públicos versus interesses privados*: desconstruindo o princípio da supremacia do interesse público. Rio de Janeiro: Lumen Juris, 2005; BINENBOJM, Gustavo. Da supremacia do interesse público ao dever de proporcionalidade: um novo paradigma para o direito administrativo. *In*: SARMENTO, Daniel (org.). *Interesses públicos versus interesses privados*: desconstruindo o princípio da supremacia do interesse público. Rio de Janeiro: Lumen Juris, 2005; SARMENTO, Daniel. Interesses públicos vs. interesses privados na perspectiva da teoria e da filosofia constitucional. *In*: SARMENTO, Daniel (org.). *Interesses públicos versus interesses privados*: desconstruindo o princípio da supremacia do interesse público. Rio de Janeiro: Lumen Juris, 2005.

[243] MARQUES NETO, Floriano de Azevedo. *Regulação estatal e interesses públicos*. São Paulo: Malheiros, 2002.

supremacia do interesse público deve ser aprofundado, de modo a adquirir a feição da prevalência dos interesses públicos e desdobrando-se em três subprincípios balizadores da função administrativa: (i) a interdição do atendimento de interesses particularísticos (*v.g.* aqueles desprovidos de amplitude coletiva, transindividual); (ii) a obrigatoriedade de ponderação de todos os interesses públicos enredados no caso específico; e (iii) a imprescindibilidade de explicitação das razões de atendimento de um interesse público em detrimento dos demais.

Nesse quadrante, tal espécie de acordo de que trata o art. 26, considerando a ponderação de todos os interesses públicos enredados no caso específico, tende a ser mais eficiente, seja porque os seus destinatários tendem a lhe emprestar maior deferência (por se tratar de um ato formado pelo consenso), seja por que a aplicação de uma sanção pode ser questionada, por longos anos, pelos administrados (em sede administrativa e judicial). Daí por que tal modalidade de acordo, no caso concreto, pode melhor atender o interesse público, ao substituir a incerteza do cumprimento da sanção pelo adimplemento de uma obrigação superveniente. Por isso o legislador se valeu, propositadamente, da expressão "razões de interesse geral" para substituir o adágio da "Supremacia do Interesse Público".

Some-se a isso o fato de que, no âmbito de um Estado Democrático de Direito, a sanção deve ser a *ultima ratio*. É que, como lecionam Floriano de Azevedo Marques Neto e Tatiana Matiello Cymbalista,[244] "dessa constatação parte outra de que a sanção não é um fim em si, mas sim um dos meios – e não o único – para se evitar o descumprimento de uma obrigação jurídica e para viabilizar a consecução das políticas públicas estabelecidas para um determinado setor". O simples ato de punir não está inserido como prioridade nas pautas administrativas.[245] Na verdade, nesse particular, a sanção só

---

[244] MARQUES NETO, Floriano de Azevedo; CYMBALISTA, Tatiana Matiello. Os acordos substitutivos do procedimento sancionatório e da sanção. *Revista Brasileira de Direito Público*, Belo Horizonte, ano 8, n. 31, out./dez. 2010.

[245] É que como bem asseverado por Carlos Ari Sundfeld e Jacintho Arruda Câmara, em passagem que já se tornou clássica: "No Direito contemporâneo, com o aumento da complexidade regulatória, cada vez mais se ampliam os meios postos à disposição dos reguladores para conduzir os comportamentos dos regulados na direção do interesse público. Castigar é só um desses meios – aliás, um velho meio. Mas a punição não é um fim em si mesmo: é simples instrumento da regulação, para obter os fins desejados. Como os mesmos fins muitas vezes são atingíveis de modo mais rápido, mais barato, mais certo – e mesmo de modo mais justo – com a utilização de meios alternativos, cada vez mais o Direito os vem valorizando. Os acordos substitutivos são um instrumento para a adoção desses meios alternativos" (SUNDFELD, Carlos Ari; CÂMARA, Jacintho Arruda.

será legítima se for o instrumento mais adequado para equilibrar os interesses enredados em determinada situação concreta. Ademais, é de ressaltar que a função polícia administrativa não deve ser orientada por um viés arrecadatório; se o for, produzirá um ato administrativo maculado pela pecha do desvio de finalidade. De fato, seria absurdo trazer à baila raciocínio lastreado em perda ou ganho econômico para a agência em decorrência da celebração de acordo substitutivo. É evidente que essa preocupação não é legítima aos olhos da pauta regulatória, a ser observada e ponderada pelo órgão regulador quando de sua escolha com relação ao acordo.[246]

No que tange à natureza jurídica de tais acordos, temos para nós que os acordos substitutivos têm natureza jurídica de negócio jurídico processual,[247] mas que produz externalidades exógenas. É dizer, de um negócio processualizado, permeado pelo consenso, que deve ser praticado com base em juízos pragmáticos e prospectivos, nos termos do que dispõe o art. 21 da própria Lei nº 13.655/2018. Nada obstante, como bem observado por Sérgio Guerra e Juliana Bonacorsi de Palma,[248] a "LINDB parece ter tentado suplantar essa questão por meio da disciplina regulamentar suficiente, que afastaria a necessidade de aplicação subsidiária de normas outras que não as processuais administrativas".

Não bastassem os efeitos da substituição do procedimento sancionador por atos negociais, em termos de eficácia, tais ajustes terão a vantagem de coibir, de forma imediata, condutas que ofendam a ordem jurídica. Com esse racional, o art. 26 da LINDB, em sua parte inicial, prescreve que o compromisso de que trata terá por desiderato "eliminar irregularidade". Isto porque a suspensão ou a alteração da

---

Acordos substitutivos nas sanções regulatórias. *Revista de Direito Público da Economia*, Belo Horizonte, ano 9, n. 34, p. 133-151, abr./jun. 2011).

[246] MARQUES NETO, Floriano de Azevedo; CYMBALISTA, Tatiana Matiello. Os acordos substitutivos do procedimento sancionatório e da sanção. *Revista Brasileira de Direito Público*, Belo Horizonte, ano 8, n. 31, out./dez. 2010.

[247] Nesse sentido, Vitor Rhein Schirato e Juliana Bonacorsi de Palma lecionam: "De fato, se o processo consiste no local de desenvolvimento dos diálogos e conflitos que servem de transferência das demandas sociais ao corpo político, os instrumentos consensuais de tomada de decisões e de composição de conflitos constituem efetivos atos de natureza processual, razão explicativa da preferência do estudo dos mesmos pela óptica processual" (SCHIRATO, Vitor Rhein; PALMA, Juliana Bonacorsi de. Consenso e legalidade: vinculação da atividade administrativa consensual ao direito. *Revista Brasileira de Direito Público*, Belo Horizonte, ano 7, n. 27, out./dez. 2009).

[248] GUERRA, Sérgio; PALMA, Juliana Bonacorsi. Art. 26: novo regime jurídico de negociação com Administração Pública. *Revista de Direito Administrativo*, Rio de Janeiro, Edição especial, 2018. p. 149.

conduta do compromissário é parte integrante do próprio acordo. E disso decorrem, ao menos, dois efeitos positivos. O primeiro é o de que o poder público terá menores custos para inibir o ilícito, já que a suspensão ou a alteração da conduta contará com a aquiescência do compromissário. O segundo é o de que, como a conduta é voluntária, à luz da lógica dos incentivos, o compromissário tende a lhe prestar deferência.[243] Não se trata de prescrição novidadeira. No âmbito do Sistema Brasileiro da Concorrência, com um racional similar, tem lugar o compromisso de cessação de conduta violadora da ordem econômica (art. 85 da Lei nº 12.529/2011) e, na seara ambiental, o compromisso de cessação de infrações ambientais (art. 79-A da Lei nº 9.605/1998).

Nada obstante, temos que, para que o acordo de cuida o dispositivo em comento seja eficaz, alguns quadrantes deverão orientar a sua aplicação. O primeiro deles é o de que do compromissário não poderá ser exigida a confissão da prática do ato violador do ordenamento jurídico, mas tão somente a adequação de sua conduta aos ditames fixados pela Administração Pública – do contrário, restariam violados os ditames da presunção da inocência (art. 5º, LVII, da CRFB) e da interdição da autoincriminação (previsto no art. 5º, LXIII, da CRFB e na Convenção Americana de Direitos Humanos e o Pacto Internacional sobre Direitos Civis e Políticos, da Organização das Nações Unidas, da qual o Brasil é signatário). O segundo diz com a necessidade do estabelecimento de um efetivo procedimento de negociação entre as partes, de modo que o particular possa, efetivamente, participar da formação do ato de polícia, interditando-se atos administrativos de adesão, nos quais o concurso de vontades seja um simulacro. O terceiro, de que todas as entidades que possam ter competência para exercício do poder extroverso sobre as atividades exercidas pelos compromissários lhe devam deferência, sob pena de tal ajuste restar inviabilizado por conta de sua instabilidade – como ficou decidido pelo STF no Mandado de Segurança nº 35.435, a propósito da possibilidade de revisão de Acordo de Leniência pelo TCU.

Para além disso, o §1º, I, do referido dispositivo prevê que tais acordos deverão buscar a "solução jurídica proporcional, equânime, eficiente e compatível com os interesses gerais". A lógica de tal prescrição é a de que a obrigação veiculada por meio do compromisso não poderá ser superior à sanção cogitada em sede de processo administrativo sancionador, sob a orientação de se privilegiar a solução que deve ser endereçada no caso concreto.

Como já tivemos a oportunidade de observar,[249] um dos exemplos de que se pode cogitar é a possibilidade de os valores que seriam arrecadados, a título de multa, serem reconduzidos à realização de novos investimentos. É dizer, considerando o longo trâmite envolvido em um processo administrativo sancionador e na arrecadação da respectiva multa, em determinadas hipóteses, o interesse geral, em concreto, restará mais bem atendido, se tal numerário for revertido para o adimplemento de obrigações de investimento não previstas no contrato de concessão, que não compunham, pois, o plano de negócios do projeto. Daí porque tal solução se mostraria, a depender do caso concreto, como "proporcional, equânime, eficiente e compatível com os interesses gerais".

Por sua vez, o §1º, III, prescreve que o compromisso "não poderá conferir desoneração permanente de dever ou condicionamento de direito reconhecidos por orientação geral". Cuida-se de uma salutar limitação objetiva à celebração do compromisso de que trata o *caput*. Segue daí que o seu racional é o de evitar desvios de finalidade, o que, ao fim e ao cabo, preservará a segurança jurídica na celebração de tal instrumento, finalidade primeira da Lei nº 13.655/2018. Apenas para exemplificar o ponto, seria considerado inválido um acordo que desonerasse a Concessionária de observar o dever de modicidade tarifária ou de atualidade do serviço público que lhe foi delegado.

Por derradeiro, o §1º, IV, prescreve que o compromisso deverá prever, com clareza, as obrigações das partes, o prazo para seu cumprimento e as sanções aplicáveis em caso de descumprimento. Cuida-se de preceito que tem de ver com a eficácia e com a exequibilidade do referido instrumento. Com a eficácia, na medida em que, sem o cuidado redacional com as obrigações que serão estipuladas para os comprometentes, o pacto negocial poderá restar esvaziado. Com a exequibilidade, porquanto a ausência de uma previsão de comando-sanção, ainda que num instrumento negocial, poderá gerar incentivos para que as partes o descumpram.

Dos referidos comentários do art. 26, é possível se inferir que a Lei nº 13.655/2018, diferentemente do que ela foi acusada, não tem o desiderato de fomentar ilicitudes, ou de tornar o controle mais lasso. Muito ao revés, o racional na nova lei – do qual é saliente o seu

---

[249] MARQUES NETO, Floriano de Azevedo; FREITAS, Rafael Véras de. *Comentários à Lei nº 13.655/2018 (Lei de Segurança para a Inovação Pública)*. Belo Horizonte: Fórum, 2019. p. 110.

art. 26 – é o de conferir transparência às relações público-privadas. A história demostrou que o arbítrio e a unilateralidade do exercício do poder extroverso, ao invés de reprimir, fomentaram a prática de ilegalidades. Consagrou a nefasta lógica do "criar dificuldades, para vender facilidades". A Lei nº 13.655/2018 caminha no sentido oposto; processualiza e confere transparência ao consenso. É um novo caminho para os próximos anos da história sobre o exercício da função de polícia.

2.7 Acordos substitutivos regulatórios na realidade das concessões

Temos para nós que um dos exemplos de que se pode cogitar, a partir da vigência de tal dispositivo, é da possibilidade de os valores que seriam arrecadados, a título de multa, serem reconduzidos à realização de externalidades positivas, ainda não previstas em módulos concessórios. É que, considerando a incerteza da arrecadação do valor multa, em determinadas hipóteses, o interesse geral, em concreto, restará mais bem atendido, se tal numerário for revertido, por exemplo, para o adimplemento de obrigações de investimento não previstas no contrato de concessão – que não compunha, pois, o fluxo de caixa do projeto.

Até mesmo porque temos que, em determinadas hipóteses, a celebração dessa espécie de acordos pode ser a única escolha regulatória possível. Cogite-se, por exemplo, da hipótese em que: (i) o serviço concedido necessite da realização de investimentos não previstos, originalmente, no contrato; e (ii) que, para fazer frente a tais investimentos, não seja mais possível se utilizar da variável prazo (por intermédio do expediente da sua extensão), da redução de obrigações de desempenho dos concessionários (sem prejuízo da adequada prestação do serviço público), nem aumentar a tarifa do serviço concedido (sem prejuízo da modicidade tarifária). Nessa hipótese, celebração do acordo substitutivo de que trata dispositivo em comento se trataria de um poder-dever, que se configuraria como uma solução "proporcional, equânime, eficiente e compatível com os interesses gerais".

Porém, é de se registrar, por oportuno, que tais investimentos não podem ser estipulados ao alvedrio do regulador. Muito ao contrário, a sua realização será fruto de uma concertação entre as partes. Isto porque, como é de conhecimento convencional, as cláusulas econômicas dos contratos administrativos só podem ser alteradas com a aquiescência do contratado. Afora isso, tais investimentos terão de ser realizados em bens vinculados, direta ou indiretamente, ao serviço delegado. Não se poderia cogitar, por exemplo, que as multas que seriam aplicadas a um concessionário de rodovia fossem revertidas para o cumprimento das obrigações de universalização de uma concessionária de um serviço de telecomunicações. O nítido desvio de finalidade interditaria tal reversão. Em resumo, a proporcionalidade de que trata o inciso comentado está, justamente, no estabelecimento de um racional equalizador entre as obrigações estabelecidas para os administrados e os benefícios que serão produzidos para o interesse público concretamente tutelado pelo instrumento consensual.

Assentada tais premissas, passa-se a investigar os precedentes concretos em que as penalidades administrativas foram transacionadas para a implementação de projetos concretos que visavam à produção de externalidades positivas.

Exemplo saliente do acordo do qual se cogita foi celebrado entre a Companhia de Gás de São Paulo (Comgás) e o Município de São Paulo. Cuida-se do Termo de Acordo Extrajudicial (Termo de Acordo), firmado em janeiro de 2024, tendo por objeto a quitação dos valores relativos às multas lavradas pela Municipalidade, expressamente elencadas no instrumento negocial, por meio de transação, na qual a Comgás se comprometeu a transferir a tecnologia do sistema GeoInfra. Como se denota pela Cláusula Terceira do Termo de Acordo, a concessionária se comprometeu a transferir, no prazo de 15 (quinze) dias, a propriedade da tecnologia do sistema GeoInfra, por meio da entrega dos respectivos códigos fonte, assegurando-se sua plena utilização ao Município de São Paulo. O GeoInfra consiste[250] em uma plataforma digital cujas funcionalidades permitem a consolidação da Base Cadastral Georreferenciada das Redes de Infraestrutura Urbana municipais, bem como das informações inerentes a estas redes, as quais são necessárias aos procedimentos de aprovação e fiscalização de obras. Além disso, a plataforma possibilita o gerenciamento da ocupação, encerramento de obras e gestão tecnológica de processos envolvendo o subsolo do Município.

---

[250] O GeoInfra é uma tecnologia inovadora, em suas mais diversas funcionalidades, tais como: cadastro georreferenciado das permissionárias; integração com diversos sistemas; possibilidade de encerramento com emissão do Certificação de Conclusão de Obras (CCO), possibilitando o trâmite digital do processo, desde o seu cadastro até o seu término; comunicação em tempo real do aviso de início e de término da obra com relatório fotográfico.

Em contrapartida, o Município de São Paulo se comprometeu, na forma da Cláusula Segunda, do Termo de Acordo, a: (i) requerer a desistência das ações de execução fiscal originadas por autos de multa que tenham sofrido os efeitos da tutela antecipada relativa à Ação declaratória nº 00330074-03.2011.8.26.0053; (ii) requerer a desistência das ações de execução fiscal ajuizadas pelo Município antes da vigência da tutela antecipada, mas com origem em fato idêntico; (iii) anular os autos de multa lavrados durante a vigência da tutela antecipada concedida na Ação declaratória nº 0033074- 03.2011.8.26.0053; e (iv) encerrar os processos administrativos relativos aos autos de multa lavrados no período de 18.01.2006 a 03.10.2011, em razão do descumprimento das normas descritas no Decreto Municipal nº 46.921/2006 e na IR nº 01/2004. Em síntese, o acordo extrajudicial celebrado entre a Comgás e o Município de São Paulo permitiu a transferência da propriedade intelectual do sistema GeoInfra à Municipalidade e, em contrapartida, promoveu a oportuna desistência de execuções fiscais e de autos de infração lavrados em desfavor da Concessionária.

De acordo com os considerados do instrumento negocial, a celebração do compromisso e a possibilidade de compensação das multas, visando à solução eficiente e compatível com os interesses gerais "é ato incentivado pela legislação em vigor (cf. LINDB – Lei de Introdução às Normas do Direito Brasileiro com alterações da Lei nº 13.655, de 2018)". Disso decorre que um dos fundamentos legais que lastrearam a celebração do acordo foi, justamente, o art. 26 da LINDB, bem como o art. 10, §4º, do Decreto Federal nº 9.830/2019, que regulamentou a Lei Federal nº 13.655/2018.

O negócio jurídico também foi motivado na ideia de que os procedimentos administrativos relativos à concessionária possuíam risco de judicialização alto, o que implicaria à Administração Pública municipal a oneração de recursos humanos e financeiros, que poderiam ser dispensados a partir da resolução consensual. Daí porque o ajuste entre as partes representaria o "melhor instrumento para atingir o interesse público em relação às multas imputadas à Comgás no passado". Além disso, os considerandos atribuem ao GeoInfra "um valor imensurável ao Município e aos cidadãos, que passam a contar com o mais absoluto controle e governança das obras da cidade". Para além disso, o Anexo III, do Termo de Acordo, destacou que a concessionária, "sempre em absoluta atenção ao rigor técnico de sua operação", participa ativamente das discussões e ações para aprimoramento da gestão pública. No âmbito de tais discussões, mostrou-se necessário o aperfeiçoamento, por meio do uso da tecnologia, do processo de autorizações de obras de São Paulo. Daí porque a Comgás "se propôs a desenvolver uma plataforma digital capaz de tornar mais eficiente o processo de autorização de obras", o que culminou no compromisso celebrado entre as partes.

No âmbito federal, a celebração de acordos substitutivos voltados ao atendimento de finalidades públicas também encontra precedentes. Cite-se o Termo de Ajustamento de Conduta, celebrado,[251] em novembro de 2023, entre a Agência Nacional de Petróleo, Gás Natural e Biocombustíveis (ANP) e a Petróleo Brasileiro S.A. (Petrobras). O referido TAC tem por contexto o suposto descumprimento, pela Petrobras, da cláusula de conteúdo local prevista em contrato para exploração e produção de petróleo e gás natural, a qual estipula um percentual mínimo de contratações de bens e serviços que devem ser realizados no país. Nesse sentido, o TAC celebrado transacionou multas no valor total de R$ 29.542.673 (vinte e nove milhões, quinhentos e quarenta e dois mil, seiscentos e setenta e três reais, e sessenta e quatro centavos),[252] convertendo-as em obrigação de aquisição de bens e serviços com conteúdo local certificado.

De acordo com o relatório elaborado pela Superintendência de Conteúdo Local (SLC) da ANP, o TAC estava aderente aos objetivos regulatórios, tendo em vista que a conversão de multas pelo descumprimento de compromisso constante de cláusula de conteúdo local, por novas aquisições futuras de bens e serviços com conteúdo local certificado, daria "cumprimento ao objetivo original da 'Política de Conteúdo Local' que é o de gerar demanda de bens e serviços nacionais, de forma a gerar emprego, investimento, tecnologia e impostos no Brasil". O Parecer nº 00294/2023/PFANP/PGF/AGU, lavrado no âmbito do Processo Administrativo SEI nº 48610.222494/2022-43, concluiu pela ausência de óbices jurídicos à conversão da multa e à celebração do ajuste. A Procuradoria, chancelando a avaliação realizada pela SCL, considerou que o compromisso atendia razões de relevantes interesse geral, fundamentando o instrumento, inclusive, no "art. 26 do Decreto nº 4.657/1942, Lei de Introdução às normas do Direito Brasileiro (LINDB) introduzido pela Lei nº 13.655/18".

No âmbito do setor de telecomunicações, cite-se precedente recente, no qual a Agência Nacional de Telecomunicações (Anatel), por

---

[251] Cf. TAC nº 222494, celebrado no bojo do Processo Administrativo SEI nº 48610.222494/2022-43.
[252] Conforme Cláusula 1.1.2 do TAC 222494.

intermédio do Acórdão nº 106/2024,²⁵³ autorizou a celebração de acordo substitutivo envolvendo a Claro S.A. O referido acórdão oportunizou a conversão de multas em obrigações de nítido interesse coletivo. Trata-se de caso em que a Claro sofreu a aplicação de multa, em virtude do suposto descumprimento de obrigações determinadas no Plano Geral de Metas para Universalização do Serviço Telefônico Fixo Comutado Prestado no Regime Público (PGMU-III). A decisão da Anatel converteu a multa em "sanção de obrigação de fazer no valor de R$ 9.311.060,16 (nove milhões, trezentos e onze mil, sessenta reais e dezesseis centavos), consistente na ampliação de redes de alta capacidade em fibra óptica, em localidades não sede de municípios desprovidas dessa tecnologia e que não sejam objeto de outros instrumentos regulatórios".

A decisão da agência observou que "a aplicação de uma sanção de obrigação de fazer pode possuir caráter pedagógico superior àquele que envolve a mera imposição de multas e é capaz de produzir efeitos de natureza mais tangível pela sociedade, em favor do interesse público". Para além disso, a área técnica da Anatel indicou que a substituição da sanção depende do atendimento, no caso concreto, dos requisitos legais, e da análise de conveniência e oportunidade, em juízo discricionário da Administração Pública, considerando: (i) as peculiaridades do caso concreto; (ii) o contexto fático e socioeconômico do momento; e (iii) a pertinência para o interesse público. Isso porque, dada a dinamicidade do setor de telecomunicações, projetos de infraestrutura que, em um primeiro momento, "possam se mostrar aderentes aos objetivos da política pública de telecomunicações, podem rapidamente deixar de sê-los, razão pela qual a imposição de sanções de obrigação de fazer não admitem, no momento de sua imposição, discussões que se alongam no tempo".

A possibilidade jurídica de celebração de acordos substitutivos também foi equacionada, por intermédio do Acórdão nº 2121/2017, proferido pelo Tribunal de Contas da União.²⁵⁴ Trata-se de acórdão no qual a Corte de Contas julgou válido TAC firmado entre a Anatel e a Telefônica Brasil S.A. A decisão fundamentou-se, em suma, nos seguintes argumentos: (i) a qualidade das atividades de uma agência reguladora não se mede pelo número de multas que aplica, mas pelo aperfeiçoamento do serviço por meio da correção e não reincidência

---

²⁵³ Acordão proferido no bojo do Processo Administrativo SEI nº 53500.015738/2018-34.
²⁵⁴ TCU – Acórdão nº 2121/2017 – Plenário – Rel. Min. Bruno Dantas – Data da sessão: 27.09.2017.

das desconformidades identificadas; e (ii) os TACs têm se mostrado instrumentos, ao flexibilizar a pactuação de ajuste gradual ao longo do tempo para atingir o cumprimento integral das metas estipuladas.

O Tribunal de Contas da União (TCU), por ocasião da prolação do Acórdão nº 1130/2023,[255] aprovou, nos termos dos arts. 11 e 12 da IN nº 91/2022, proposta de solução consensual atinente ao setor de energia elétrica. Cuida-se de solicitação formulada pelo Ministério de Minas e Energia (MME), em face de controvérsias enfrentadas nos Contratos de Energia de Reserva (CER) decorrentes do Procedimento de Contratação Simplificado (PCS) nº 01/2021, relativos às usinas Karpowership Brasil Energia Ltda. (grupo KPS). Tal solicitação consensual foi lastreada, no PCS nº 01/2021, promovido, em outubro de 2021,[256] em caráter emergencial, contração expedida que fora justificada em razão de riscos de desabastecimento energético decorrente de crise hídrica, e consequente redução no nível dos reservatórios, ocorrida nos anos de 2020 e 2021. O certame foi realizado sob condições excepcionais, considerando os riscos de a escassez hídrica perdurar para além de 2021. Na ocasião, fazia-se necessário aumentar, em curto espaço de tempo, a potência instalada disponível no sistema, para fazer frente a períodos críticos de demanda.

Acontece que diversos projetos não entraram em operação na data prevista,[257] o que, de acordo com regime contratual delineado no art. 19 da Lei nº 13.360/2016, deveria ser objeto de aplicação de penalidades administrativas. Em razão dos inadimplementos constatados pela agência reguladora, determinados agentes pleitearam, na via administrativa, a aplicação de excludente de responsabilidade pela não conclusão da unidade geradora. Além disso, tinham vigência liminares judiciais que obstavam a rescisão contratual até que o processo administrativo fosse ultimado. Na visão do MME, ainda que fosse possível a rescisão contratual, cominada à aplicação de multas prevista no instrumento de contrato, havia alto risco de as liminares judiciais se tornarem definitivas, o que implicaria no fornecimento de energia mais cara aos usuários. Nesse sentido, eventual solução de consenso

---

[255] TCU – Acórdão nº 1130 – Plenário – Rel. Min. Benjamin Zymler – Data da sessão: 07.06.2023.
[256] Disponível em: https://www2.aneel.gov.br/cedoc/avs2021001.pdf. Acesso em: 20 jul. 2024.
[257] Disponível em: https://www.gov.br/aneel/pt-br/assuntos/noticias/2022/fiscalizacao-das-usinas-contratadas-no-1-procedimento-de-contratacao-simplificado-pcs-2021. Acesso em: 20 jul. 2024.

viabilizaria a redução dos custos gerais aos consumidores e colocaria fim aos litígios em curso no âmbito judicial.[258]

Diante desse cenário, a proposta de acordo submetida à homologação do TCU abrangia aspectos como a redução da geração inflexível, a preservação da eficácia das outorgas e da garantia física, a suspensão dos processos administrativos e o pedido de suspensão das medidas judiciais. Ao avaliar o mérito da demanda, o Ministro relator observou que o negócio jurídico consensual visava, em termos de vantajosidade econômica, a reduzir em quase R$ 580 milhões "as contas de luz para o mercado regulado". Em relação à legalidade, o TCU considerou que não "há impeditivo, na teoria geral dos contratos, da revisão dos termos então pactuados, por acordo entre as partes". Além disso, não haveria ofensa ao dever de licitar, prescrito no art. 37, XXI, da CRFB, pois o motivo que levou à contratação da energia foi excepcional, e inexistia interesse em empreender leilão semelhante, naquele momento, sendo certo que "honrar os contratos então feitos, nos moldes concebidos, far-se-ia por demais custoso". De outro lado, como a energia gerada era custosa ao sistema e existiam litígios administrativos e judiciais em curso, "a inércia do poder público frente a um quadro antieconômico é que poderia importar em responsabilizações". No que tange à motivação, o Tribunal de Contas considerou haver "clara e relevante redução tarifária, com ganhos à coletividade um tanto óbvios". É dizer, de acordo com tribunal, a economia aos usuários seria suficiente para justificar a conveniência e a oportunidade do negócio jurídico consensual.

2.8 O Consenso na Concessão: os precedentes da SecexConsenso

O Tribunal de Contas da União (TCU), por ocasião da prolação do Acórdão nº 1130/2023,[259] aprovou, nos termos dos arts. 11 e 12 da IN

---

[258] Trata-se de ver a sanção como um instrumento passível de transação, sobre o tema, ver: PALMA, Juliana Bonacorsi de. Sanção e acordo na administração pública. São Paulo: Malheiros, 2015, p. 56. De acordo com a autora, "o poder sancionador consiste em prerrogativa conferida pelo ordenamento jurídico à Administração para melhor consecução das finalidades legais, de onde se extrai a instrumentalidade das sanções administrativas, decorrência direta do exercício da potestade sancionatória" (PALMA, Juliana Bonacorsi de. Processo regulatório sancionador e consensualidade: análise do acordo substitutivo no âmbito da Anatel. *Revista de Direito de Informática e Telecomunicações*, Belo Horizonte, ano 5, n. 8, p. 7-38, 2010).

[259] TCU – Acórdão nº 1130 – Plenário – Rel. Min. Benjamin Zymler – Data da sessão: 07.06.2023.

nº 91/2022, proposta de solução consensual atinente ao setor de energia elétrica. Cuida-se de solicitação formulada pelo Ministério de Minas e Energia (MME), em face de controvérsias enfrentadas nos Contratos de Energia de Reserva (CER) decorrentes do Procedimento de Contratação Simplificado (PCS) nº 01/2021, relativos às usinas Karpowership Brasil Energia Ltda. (grupo KPS). Tal solicitação consensual foi lastreada, no PCS nº 01/2021, promovido, em outubro de 2021,[260] em caráter emergencial, contração expedida que fora justificada em razão de riscos de desabastecimento energético decorrente de crise hídrica, e consequente redução no nível dos reservatórios, ocorrida nos anos de 2020 e 2021. O certame foi realizado sob condições excepcionais, considerando os riscos de a escassez hídrica perdurar para além de 2021. Na ocasião, fazia-se necessário aumentar, em curto espaço de tempo, a potência instalada disponível no sistema, para fazer frente a períodos críticos de demanda.

Acontece que diversos projetos não entraram em operação na data prevista,[261] o que, de acordo com regime contratual delineado no art. 19 da Lei nº 13.360/2016, deveria ser objeto de aplicação de penalidades administrativas. Em razão dos inadimplementos constatados pela agência reguladora, determinados agentes pleitearam, na via administrativa, a aplicação de excludente de responsabilidade pela não conclusão da unidade geradora. Além disso, tinham vigência liminares judiciais que obstavam a rescisão contratual até que o processo administrativo fosse ultimado. Na visão do MME, ainda que fosse possível a rescisão contratual, cominada à aplicação de multas prevista no instrumento de contrato, havia alto risco de as liminares judiciais se tornarem definitivas, o que implicaria no fornecimento de energia mais cara aos usuários. Nesse sentido, eventual solução de consenso viabilizaria a redução dos custos gerais aos consumidores e colocaria fim aos litígios em curso no âmbito judicial.[262]

---

[260] Disponível em: https://www2.aneel.gov.br/cedoc/avs2021001.pdf. Acesso em: 20 jul. 2024.
[261] Disponível em: https://www.gov.br/aneel/pt-br/assuntos/noticias/2022/fiscalizacao-das-usinas-contratadas-no-1-procedimento-de-contratacao-simplificado-pcs-2021. Acesso em: 20 jul. 2024.
[262] Trata-se de ver a sanção como um instrumento passível de transação, sobre o tema, ver: PALMA, Juliana Bonacorsi de. *Sanção e acordo na administração pública*. São Paulo: Malheiros, 2015. p. 56. De acordo com a autora, "o poder sancionador consiste em prerrogativa conferida pelo ordenamento jurídico à Administração para melhor consecução das finalidades legais, de onde se extrai a instrumentalidade das sanções administrativas, decorrência direta do exercício da potestade sancionatória" (PALMA, Juliana Bonacorsi de. Processo regulatório sancionador e consensualidade: análise do acordo substitutivo

Diante desse cenário, a proposta de acordo submetida à homologação do TCU abrangia aspectos como a redução da geração inflexível, a preservação da eficácia das outorgas e da garantia física, a suspensão dos processos administrativos e o pedido de suspensão das medidas judiciais. Ao avaliar o mérito da demanda, o Ministro relator observou que o negócio jurídico consensual visava, em termos de vantajosidade econômica, a reduzir em quase R$ 580 milhões "as contas de luz para o mercado regulado". Em relação à legalidade, o TCU considerou que não "há impeditivo, na teoria geral dos contratos, da revisão dos termos então pactuados, por acordo entre as partes". Além disso, não haveria ofensa ao dever de licitar, prescrito no art. 37, XXI, da Constituição, pois o motivo que levou à contratação da energia foi excepcional, e inexistia interesse em empreender leilão semelhante, naquele momento, sendo certo que "honrar os contratos então feitos, nos moldes concebidos, far-se-ia por demais custoso". De outro lado, como a energia gerada era custosa ao sistema e existiam litígios administrativos e judiciais em curso, "a inércia do poder público frente a um quadro antieconômico é que poderia importar em responsabilizações". No que tange à motivação, o Tribunal de Contas considerou haver "clara e relevante redução tarifária, com ganhos à coletividade um tanto óbvios". É dizer, de acordo com tribunal, a economia aos usuários seria suficiente para justificar a conveniência e a oportunidade do negócio jurídico consensual.

Em outro caso de solicitação de solução consensual, o TCU deliberou, por intermédio do Acórdão nº 1797/2023, por aprovar acordo relacionado às usinas Linhares Geração S.A., Povoação Energia S.A. e Termelétrica Viana S.A. (grupo BTG). O grupo BTG também se sagrou vencedor no PCS nº 01/2021. Nada obstante, diferente do grupo KPS, as usinas do BTG se encontravam adimplentes, inexistindo litígio, administrativo, judicial ou arbitral, entre o poder público, a ser dirimido. Nesse quadrante, o imbróglio levado à Corte dizia respeito ao elevado custo da energia repassado ao consumidor cativo, considerando as características do contrato firmado entre as partes. Nesse caso, um dos pontos destacados pelo TCU diz com o fato de que o grupo BTG se encontrava adimplente com seus contratos. Nesse sentido, a alteração cogitada pela via consensual tinha por desiderato diminuir o custo da energia pago pelo usuário. Nada obstante, tal alteração não poderia descurar da segurança jurídica garantida às contratadas e

---

no âmbito da Anatel. *Revista de Direito de Informática e Telecomunicações*, Belo Horizonte, ano 5, n. 8, p. 7-38, 2010).

aos investidores do grupo BTG. Na visão da Corte de Contas, o PCS nº 01/2021 foi realizado com celeridade, razão pela qual o procedimento simplificado embutiu diversos riscos na contratação, os quais "foram, invariavelmente, monetizados pelos empreendedores como custo".

Em outra oportunidade, também envolvendo o setor elétrico e as externalidades causadas pelo PCS nº 01/2021, o TCU decidiu, por meio do Acórdão nº 597/2024, por arquivar o processo de solução consensual relacionado às usinas EPP II, EPP IV, Edlux X e Rio de Janeiro I (grupo Âmbar). Durante o procedimento consensual, a principal solução aventada foi a substituição da energia gerada pelas quatro usinas originalmente contratadas. A energia seria substituída por aquela produzida pela UTE Cuiabá, empreendimento já existente e pertencente ao grupo Âmbar.

Acontece que, durante o curso do processo, não houve consenso, entre a ANEEL e parcela dos representantes técnicos do TCU, acerca da real capacidade das usinas da Âmbar de fornecerem a energia contratada, nos termos fixados no edital do PCS nº 01/2021. Diante dessa dúvida, o Tribunal de Contas decidiu pelo arquivamento processual. Nada obstante, deixou assentado que a ausência de subscrição, pelo TCU, do termo de consenso, não tinha o condão de impedir que as partes optassem pela formulação do acordo. Nesse caso, o Poder Concedente poderia chegar a bom termo com os demais envolvidos, com o endosso de seu corpo técnico-jurídico, razão pela qual "o juízo pelo arquivamento do presente processo não é uma apreciação *ex ante*, seja de ilegalidade, seja de inoportunidade".

No âmbito do setor ferroviário, a primeira solicitação de solução consensual decidida pelo TCU, restou levada a efeito, por meio do Acórdão nº 2472/2023,[263] o qual diz respeito às alterações do Caderno de Obrigações da Concessionária Rumo Malha Paulista (RMP), inserido no contexto da prorrogação antecipada do contrato concessório. Tal proposta foi levada ao Tribunal de Contas, pela ANTT, diante das discussões empreendidas com a concessionária acerca de atualizações no Plano de Investimentos e no Plano de Recuperação dos Ramais, ambos atinentes ao Caderno de Obrigações da renovação antecipada firmada em maio de 2020. Na visão do TCU, a antecipação de investimentos era o objetivo último da renovação antecipada da Malha Paulista, tendo em vista que o Poder Concedente alvitrava

---

[263] TCU – Acórdão nº 2472/2023 – Plenário – Rel. Min. Vital do Rêgo – Data da sessão: 29.11.2023.

resolver os seguintes problemas no trecho ferroviário da Malha Paulista: (i) aumentar a capacidade de transporte da ferrovia; e (ii) garantir a ampliação da segurança de transporte da linha ferroviária.

Dessa forma, qualquer avaliação técnica e econômica das soluções propostas deveria garantir que esses dois pontos seriam atendidos, de modo que cabia ao Tribunal "avaliar se as postergações de investimentos ou substituições de intervenções propostas são aptas a garantir esses parâmetros". Além disso, o Tribunal indicou que lhe cabia avaliar se a manutenção do cronograma de investimentos original trazia mais benefícios do que a alteração pretendida pelas partes, uma espécie de análise de "custo-benefício", por assim dizer. Além disso, o voto do relator do caso observou que os benefícios estimados, com a solução consensual, giravam em torno de R$ 1,1 bilhão, valor que compreenderia o excedente a ser pago, na qualidade de acréscimo à outorga, além de R$ 670 milhões a título de "vantajosidade", negociado entre o Ministério de Transportes e a Rumo Malha Paulista. Esse "valor de vantajosidade" atuaria na qualidade de uma "vantagem negocial, para além daquela proporcionada pelo pagamento de excedente de outorga decorrente das otimizações contratuais propostas". Na visão do relator do caso, esse valor nasceria da assimetria de informações inerente a qualquer contrato, no âmbito do qual o contratado acaba por deter maior conhecimento sobre o objeto contratado e suas nuances do que o próprio contratante, visto ser ele o executor (risco moral). Diante disso, dada a dificuldade de se prever e implantar controles para mitigar os impactos da assimetria de informação entre as partes contratuais, o valor de vantajosidade se materializaria como um "mecanismo apropriado de compensação desse cenário".

Outra solução consensual que teve lugar, no setor ferroviário, também proposta pela ANTT, envolveu o processo de devolução de trecho ferroviário integrante da Malha Sul, entre Presidente Prudente/SP e Presidente Epitácio/SP, bem como da metodologia de cálculo para a indenização, a ser paga pela concessionária ao Poder Concedente, em razão da ausência de manutenção e conservação das vias férreas. Ao analisar o tema, por meio do Acórdão nº 2514/2023, o Ministro relator, Jorge Oliveira, indicou que não cabia ao Tribunal definir como deveria ocorrer o processo de devolução de trechos ferroviários, em substituição à agência reguladora ou ao Poder Concedente. Em razão disso, a Corte de Contas restringiu sua análise apenas em relação à metodologia de cálculo dos trechos devolvidos, fazendo consignar que eventual solução adotada no processo poderia servir de paradigma para outros processos de devolução de trechos ferroviários, bem como para eventual reforma nos normativos da ANTT e do DNIT.

O cálculo da referida indenização se encontra disciplinado pela Instrução Normativa (IN) DNIT nº 31/2020, mas este ato normativo foi considerado parcialmente inadequado pelos membros da CSC para fins de valorar a indenização do trecho ferroviário da Malha Sul. A partir disso, foram definidos nove tópicos de discordância entre as partes, tendo havido consenso para sete deles.[264] Nada obstante, dois itens remanesceram sem endereçamento final de solução pela CSC: (i) o da bonificação e despesas indiretas (BDI); e (ii) o da data-base. No que tange ao BDI, o ponto de divergência da comissão foi a inclusão ou não da parcela BDI na composição dos custos. Após os debates, não tendo havido consenso sobre o tema, a CSC concluiu que essa questão fazia parte do "não escopo" da proposta de acordo. Apesar disso, o Ministro relator entendeu que a questão merecia ser debatida no âmbito do Plenário do Tribunal. Isso porque, "ao buscar consensos em matérias de sua competência, o Tribunal de Contas da União não se despe do papel de fiscal das normas de gestão pública, ou seja, não é um mero expectador passivo dos acordos conduzidos no âmbito da SecexConsenso, notadamente, aqueles com impacto no Erário Federal". De acordo com o voto do relator, a diferença entre a aplicação ou não da taxa de BDI pode ser compreendida, em síntese, como assumir a indenização pelos seus custos ou por seus preços. O voto indicou, ainda, que a modelagem econômico-financeira da concessão considerou o trecho a ser devolvido como operativo, de maneira a remunerar a concessionária pelos custos demandados. Nesse quadrante, seria pressuposto lógico que, para não desequilibrar a equação econômico-financeira da concessão, as indenizações incluíssem a taxa de BDI em seu cálculo.

Um outro ponto sobre o qual a comissão não chegou a uma solução consensual foi a propósito da data-base, a ser utilizada para o cálculo da indenização. Em resumo, a controvérsia residia no seguinte ponto: a IN DNIT nº 31/2020 prevê a utilização da data-base mais atual disponível para calcular a indenização. Por sua vez, a concessionária argumentou que, devido à pandemia de Covid-19, houve aumento

---

[264] São eles: (i) trilhos; (ii) dormentes; (iii) lastro; (iv) AMV; (v) taxas de manutenção e depreciação; (vi) ocupações irregulares em faixa de domínio; e (vii) passivos ambientais. Ressalta-se que cada um destes itens foi avaliado pelo plenário do TCU em relação aos aspectos técnicos da solução consensual aventada, tendo o Tribunal considerado como adequadas as soluções construídas pela CSC.

excessivo no preço do aço, impactando o preço dos trilhos. Nesse sentido, sugeriu utilizar uma data-base anterior ao início da pandemia, atualizada por um índice a ser definido, o que não foi acatado pela agência reguladora.

O Ministro relator, em seu voto, encampou proposta intermediária, que já havia sido levantada no âmbito da CSC. Essa proposta consistia em adotar uma data-base diferenciada para os trilhos, considerando a mediana do valor do trilho entre outubro de 2019 e abril de 2023. Em sua razão de decidir, o Ministro Jorge Oliveira apontou que a não adoção de uma média, mediana ou média móvel geraria um desincentivo para a devolução de trechos não operacionais quando os valores dos insumos estivessem em alta no mercado. Para além disso, de acordo com o ministro, poderia haver um incentivo à devolução apenas quando os preços estivessem em baixa, prejudicando o interesse de dar uma destinação mais adequada aos trechos inoperantes. Em síntese, o TCU acatou, na essência, a proposta de encaminhamento da CSC. Nada obstante, a Corte fixou condicionantes para a aprovação da solução consensual, entre os quais: (i) inclusão de cláusula fazendo incidir a parcela BDI no cálculo da indenização a ser paga pela concessionária; e (ii) inclusão de cláusula com data-base diferenciada para indenização dos trilhos, considerando a mediana dos valores de outubro/2019 a abril/2023. Após o atendimento de todas as condicionantes, o Tribunal aprovou a solução consensual, por intermédio do Acórdão nº 857/2024.[265]

O Acórdão nº 51/2024,[266] relatado pelo Ministro Aroldo Cedraz, aprovou a solicitação de solução consensual apresentada pela ANAC para tratar de controvérsia envolvendo obrigações de investimento para adequação do sistema de pista do Aeroporto de Cuiabá/MT, prevista no âmbito do Contrato nº 002/ANAC/2019 – Centro-Oeste, celebrado entre a ANAC e a Concessionária Aeroeste Aeroportos S.A.

O referido contrato de concessão previa o cumprimento integral dos requisitos do RBAC nº 154, o que implicaria intervenções físicas para a readequação do aeroporto e para construção de nova pista. A proposta construída consensualmente, e anuída pelo TCU, foi pela desnecessidade de construir nova pista no espaçamento indicado pela normativa técnica, uma vez que, com a manutenção de determinados acordos operacionais, a manutenção da distância

---

[265] TCU – Acórdão nº 857/2024 – Plenário – Rel. Min. Jorge Oliveira – Data da sessão: 30.04.2024.

[266] TCU – Acórdão nº 51/2024 – Plenário – Rel. Min. Aroldo Cedraz – Data da sessão: 24.01.2024.

original entre as pistas não alterava a segurança do aeródromo e somente traria impacto na capacidade de processamento de aeronaves em condições meteorológicas específicas. No que tange ao equilíbrio econômico-financeiro decorrente da não realização dos investimentos de construção da nova pista do Aeroporto de Cuiabá, concluiu-se que haveria um desequilíbrio econômico-financeiro contratual, cujos efeitos deveriam ser anulados. Em síntese, a Comissão apurou o montante de R$ 64.964.827,18, a ser objeto de recomposição em favor do Poder Concedente, sendo que o Fluxo de Caixa Marginal – decorrente da exclusão da exigência de construção da pista – seria elaborado em processo administrativo específico na ANAC, oportunidade na qual a agência discutiria a forma de recomposição do desequilíbrio.

Além disso, um dos aspectos debatidos pelo TCU foi a possibilidade de tal alteração desfigurar o objeto contratual, materializando burla ao processo licitatório. Isso porque, em tese, caso o objeto licitado fosse aquele resultante da alteração do contrato, o interesse das licitantes poderia ter sido diferente do manifestado no leilão. Sobre o tema, o relator considerou não haver risco de burla à licitação. Em sua visão, a modelagem contratual da quinta rodada de concessão de aeroportos passou a não definir, para certas obrigações, o que construir, mas sim o objetivo a ser alcançado pela concessionária, o que seria atendido no caso concreto.

O Acórdão nº 1315/2024,[267] relatado pelo Ministro Jorge Oliveira, deliberou sobre a solicitação de solução consensual formulada pela Agência Nacional de Telecomunicações (Anatel), com o objetivo de resolver controvérsias que envolviam a extinção antecipada dos contratos de concessão de Serviço Telefônico Fixo Comutado (STFC) firmados com a Oi S.A. – em Recuperação Judicial – e sua adaptação para autorizações, nos termos da Lei nº 13.879/2019 (Lei Geral de Telecomunicações – LGT). De acordo com o relatório técnico do TCU, ao término das negociações, os representantes da Anatel, do Ministério das Comunicações, da Oi e da SecexConsenso manifestaram-se favoravelmente à solução consensual, propondo a aprovação do termo de autocomposição. Nada obstante, a AudComunicações e o Ministério Público junto ao TCU divergiram dos termos do acordo e manifestaram-se pela sua rejeição com o consequente arquivamento do processo, com fundamento no art. 7º, inciso III e §5º, da IN nº 91/2022.

---

[267] TCU – Acórdão nº 1315/2024 – Plenário – Rel. Min. Jorge Oliveira – Data da sessão: 03.07.2024.

Para solucionar a divergência, o Ministro relator observou que os contratos de concessão celebrados em 1998, dos quais faziam parte os contratos da Oi, venceriam em 20.12.2025. Nesse quadrante, diante do "novo cenário determinado pelo progressivo desuso do STFC, da desidratação de sua essencialidade e da mudança do cenário competitivo", a LGT foi alterada de modo a prever, em seus arts. 144-A, 144-B e 144-C, a possibilidade de adaptação dos contratos de concessão do STFC para autorizações. Como consequência das vantagens proporcionadas pela migração de regimes, a lei estabeleceu a necessidade de mensuração do valor econômico da exploração do serviço nas duas modalidades, revertendo o benefício econômico auferido pelas concessionárias em compromissos de investimento, priorizados conforme diretrizes do poder público. Inicialmente, os valores econômicos associados à adaptação dos contratos de concessão da Oi foram avaliados em R$ 20,35 bilhões (valores nominais).

De outro lado, o Ministro relator ressaltou que o plano de recuperação judicial da Oi, aprovado pela Assembleia Geral de Credores, adotou como uma de suas premissas a assinatura da solução consensual levada ao TCU. É dizer, apenas com a extinção da concessão, os bens reversíveis passariam a ser de plena propriedade da Oi, possibilitando a alienação dos ativos. Logo, se a conclusão do TCU fosse pela rejeição da solução consensual, "todas as iniciativas previstas no âmbito da recuperação judicial teriam que ser revistas, já que isso implicaria sérios obstáculos à alienação dos ativos da companhia. Esse fato, conjugado com a dificuldade relatada pela Oi em obter financiamentos novos, indicam que a rejeição do acordo pelo TCU diminuiria em muito a viabilidade da recuperação judicial, tornando provável a falência da companhia".

De acordo com o relator, apesar de a saúde financeira de empresas comerciais não ser objeto de competência do Tribunal, a perspectiva de falência da Oi não deveria ser ignorada, uma vez que poderia refletir na continuidade dos serviços prestados. Um cenário hipotético, em que a prestação de serviços essenciais ou de emergência ficasse ameaçada pela falência da companhia, demandaria que o Poder Público interviesse para assegurar a sua continuidade. Daí porque, na visão do Ministro, as dificuldades econômicas da Oi tornavam necessário que a análise de cenários contemplasse a possibilidade de não continuidade da empresa. Por esse motivo, a proposta de solução consensual debatida era "única e os resultados obtidos neste processo não poderão ser extrapolados ou estendidos para outras empresas da área de telecomunicação que optem pela adaptação de suas concessões".

Nada obstante, a solução consensual considerada adequada pela SecexConsenso foi criticada pela AudComunicações e pelo Ministério Público junto ao TCU. O voto condutor do acórdão apontou que o principal ponto objeto de críticas era o valor acordado para os compromissos de investimentos, de R$ 5,80 bilhões, muito distante do valor inicialmente estimado pela consultoria contratada pela Anatel, de R$ 20,35 bilhões. Na visão do relator, apesar de essa diferença causar um impacto inicial, um estudo aprofundado revela as dificuldades e as incertezas que envolviam a quantificação do valor a ser investido pela adaptação dos contratos. De acordo com o Tribunal, o valor acordado seguia balizas de ordem pragmática, guardando razoabilidade com as premissas adotada na modelagem econômica do negócio. Daí porque os investimentos de R$ 5,80 bilhões, objetos da proposta consensual, superariam os impactos econômicos advindos de um cenário de "não acordo". É dizer, em uma análise meramente econômica, sem a ponderação dos riscos de judicialização e de incertezas relativas ao valor efetivamente recuperável dos bens reversíveis, o acordo se mostrava possível e razoável, em face da realidade dos fatos.

No setor rodoviário, o TCU, por meio do Acórdão nº 1996/2024,[268] aprovou, com condicionantes, a proposta consensual relativa ao contrato de concessão da Eco101, celebrado em 17.04.2013, no âmbito da 3ª etapa do Procrofe, para exploração da rodovia BR-101, no Estado do Espírito Santo. A referida solução consensual teve por objetivo dirimir as seguintes controvérsias:

> Inviabilidade econômico-financeira do projeto licitado, ante a incapacidade de a Eco101 adimplir as obrigações contratuais e financeiras originalmente assumidas;
>
> Morosidade e obstáculos enfrentados para a relicitação do trecho, os quais impedem a realização de investimentos essenciais para a adequada prestação do serviço público; e
>
> Insatisfação dos usuários, devido à ausência de obras e ao valor da tarifa cobrada.

---

[268] TCU – Acórdão nº 1996/2024 – Plenário – Rel. Min. Walton Alencar Rodrigues – Data da sessão: 25.09.2024.

Entre as externalidades positivas geradas no caso, destaca-se a validação, pelo órgão de controle, de um processo competitivo para possível transferência do controle acionário da concessionária. Um dos aspectos do acordo consensual envolveu a "realização de processo competitivo privado, na própria B3, nos moldes de um leilão público, com o objetivo de oferecer ao mercado a possibilidade de arrematar o contrato remodelado com a Eco101" e, com isso, "assumir o controle da SPE".

O certame simplificado previsto no acordo não visa, necessariamente, a selecionar um novo acionista para a SPE, tendo em vista que a atual acionista poderá participar do processo competitivo, mas "validar o contrato modernizado, trazer isonomia ao processo e mitigar riscos moral e sistêmico". Significa dizer que a repactuação do contrato se mostrou vantajosa a ponto de se estabelecer um procedimento competitivo simplificado, para fins de aferir os interessados em assumir o controle societário da Eco101, nas novas bases econômico-financeiras firmadas após o acordo.[269]

Além disso, a Comissão de Solução Consensual (CSC) concluiu que a repactuação é vantajosa em relação ao prosseguimento da relicitação, com base nos seguintes quadrantes: (i) antecipação de investimentos que superam R$ 1 bilhão, nos 3 (três) primeiros anos da modernização do contrato (2025-2027), tendo em vista que a relicitação implicaria investimentos de ampliação de capacidade e melhorias na rodovia entregues aos usuários apenas entre os anos de 2029-2034; (ii) *redução de riscos na execução dos investimentos e da ocorrência de um leilão vazio, em caso de relicitação*; (iii) *geração de tarifas menores e ausência de excedente tarifário característico do período de relicitação*; e (iv) *renúncia da pretensão em todos os processos administrativos e judiciais ajuizados pela Eco101, inclusive nos casos em que já há decisão favorável à concessionária sem trânsito em julgado*.

No que tange à possível alegação de desvirtuamento do objeto licitado, diante das alterações consideráveis no módulo contratual, o TCU ressaltou que, embora "diversas e profundas as alterações no contrato de concessão, o objeto pactuado permanece o mesmo, ou

---

[269] Nesse quadrante, destaca-se a seguinte manifestação do Ministro relator: "entendo, contudo, que o processo competitivo, para transferência do controle acionário da SPE, proposto pela Comissão, se bem conduzido, surge como instrumento inovador que tem a possibilidade de equacionar importantes dúvidas quanto ao atendimento do princípio da isonomia, pois oferecerá ao mercado a possibilidade de aquisição da SPE, com as mesmas condições negociadas com a Eco101".

seja, a exploração da infraestrutura e da prestação do serviço público de recuperação, operação, manutenção, monitoração, conservação, implantação de melhorias e ampliação de capacidade da rodovia concedida, com a menor tarifa de pedágio ofertada".[270]

Daí porque, tendo em vista os benefícios colhidos "*ao comparar a solução ora proposta com a relicitação, concluiu-se que o acordo é a opção mais vantajosa para o interesse público, por permitir a realização de investimentos*". Além disso, o Tribunal de Contas destacou que um dos pontos a serem cotejados na análise do acordo *vis-à-vis* a continuidade da relicitação "seria o plausível descumprimento do prazo estabelecido para a nova contratação, fazendo com que os investimentos não sejam realizados e o excedente tarifário aplicado em desfavor dos usuários". O Ministro relator considerou ainda que a solução consensual é mais vantajosa em relação ao prazo de disponibilização de investimentos e encerramento de discussões administrativas e judiciais, razão pela qual "a incerteza, quanto à relação tarifa acordo/tarifa relicitação, não obsta a conclusão sobre a vantagem do consenso". Com base nessas premissas, concluiu-se que: a *vantagem do acordo em relação à relicitação restou demonstrada pela antecipação de investimentos à sociedade, pela renúncia a discussões administrativas e jurídicas existentes e pela mitigação de risco de leilão vazio em caso de relicitação*".

Significa dizer que a atuação da SecexConsenso, até o momento, produziu as seguintes externalidades positivas: (i) alvitrou respeitar a base objetiva dos negócios jurídicos, repactuando os contratos em parâmetros mais eficientes, garantindo-se, em todo o caso, o equilíbrio econômico-financeiro da concessão; (ii) demonstrou a vantajosidade de renegociar as bases contratuais em face de outras alternativas economicamente desvantajosas; e (iii) priorizou as soluções mais econômicas ao usuário do serviço público.

Nada obstante, não se pode desconsiderar que as concessionárias, no âmbito de uma lógica econômica de maximização de seus próprios interesses, tenderão a executar o objeto do contrato despendendo

---

[270] E concluiu, em relação ao ponto, "ocorre que não há viabilidade na manutenção do contrato com as condições originais, o que está evidenciado nas plúrimas sanções aplicadas à concessionária, nas discussões administrativas e judiciais sobre o equilíbrio contratual, no arquivamento do processo de caducidade e, finalmente, na aceitação do pedido de relicitação. Os maiores prejudicados pelas discussões que se arrastam há anos são os usuários da rodovia, pois permanecem pagando tarifas caras, sem os serviços e as melhorias alardeados e pactuados à época da concessão em contrapartida, sendo que a tarifa levou em conta esses serviços".

os menores custos possíveis, com o desiderato de incrementar a sua rentabilidade. Nesse quadrante, o regime de renegociação pode importar em uma captura de renda de uma parte em relação à outra.[271]

Afinal de contas, a renegociação é levada a efeito em um ambiente não competitivo, o que poderá gerar uma seleção adversa de licitantes, os quais podem já ter conhecimento, previamente, que suas propostas são inexequíveis, mas confiarem (pela detença de informações privadas) que seus contratos serão renegociados, o que materializa do fenômeno do risco moral. Cuida-se de ineficiências que, segundo estudos empíricos, observam o seguinte racional: (i) quanto maior capturado o regulador, maior a possibilidade de renegociação; (ii) quanto mais elevados forem os investimentos comprometidos, maior é a probabilidade de renegociação; (iii) a existência de um organismo regulador no momento da adjudicação de uma concessão diminui a probabilidade de renegociação; e (iv) o estabelecimento de indicadores de desempenho contratuais sugere a redução da possibilidade de renegociação.[272]

Nada obstante as vicissitudes dos procedimentos de renegociação em contratos de infraestrutura, alinhamo-nos à posição de J. Luis Guasch et al.,[273] para quem tais renegociações devem: (i) ser permeadas pelo incremento do custo político, mediante o incremento da transparência, abrindo as informações na *internet*, desde o requerimento, passando pela análise das instâncias técnicas, chegando às decisões; (ii) ser realizadas em períodos contratuais pré-determinados; (iii) considerar o estabelecimento de regras para analisar e rejeitar ofertas agressivas e imprudentes, por exemplo, exigindo garantias adicionais; e (iv) exigir a realização de um processo seletivo no caso de inclusão de novos investimentos.

São recomendações que foram expressamente encampadas pelo Tribunal de Contas da União. Tal Corte de Contas, ao proferir o Acordão nº 1096/2019,[274] que teve por objeto o acompanhamento

---

[271] Nesse sentido, DECKER, Christopher. *Modern Economic Regulation*: An Introduction to Theory and Practice. Cambridge: Cambridge University Press, 2015. p. 115.

[272] GUASCH, José. *Granting and Renegotiating Infrastructure Concessions*: Doing It Right. Washington, DC: The World Bank, 2004. p. 76.

[273] GUASCH, José; BENITEZ, Daniel; PORTABALES, Irene; FLOR, Lincoln. *The Renegotiation of PPP Contracts*: An Overview of its Recent Evolution in Latin America. International Transport Forum Discussion Papers, 2014/18. Paris: OECD Publishing, 2014.

[274] TCU – Acórdão nº 1096/2019 – Plenário – Rel. Min. Bruno Dantas – Data da sessão: 15.05.2019.

do primeiro estágio de desestatização, relativo à concessão do lote rodoviário que compreende os segmentos das rodovias BR-364/365/GO/MG entre as cidades de Jataí/GO e Uberlândia/MG, deixou assentado que os procedimentos de renegociação dos contratos de concessão deveriam prever: (i) o estabelecimento de regras para analisar e rejeitar ofertas agressivas e imprudentes (mecanismo de capital social adicional proporcional aos deságios oferecidos no leilão); (ii) exigência de um processo de licitação obrigatória no caso de inclusão de novos investimentos (normativo em fase de elaboração em atendimento ao subitem 9.3.1.1 do Acórdão 1174/2018[275] – em que a ANTT indica que avalia a possibilidade de utilização do modelo chileno ou adoção dos custos médios de contratação do DNIT); (iii) a fixação de períodos em que os contratos não serão negociados (nos cinco primeiros e nos cinco últimos anos do contrato); e (iv) aumento do custo político do processo de renegociação (limitação do processo de inclusão de obras e investimentos às revisões quinquenais, as quais preveem mecanismo de participação social).

Sob o aspecto jurídico, temos para nós que já existe um regime jurídico de renegociação dos contratos de longo prazo. Nesse sentido, é de destacar a Lei nº 13.448/2017, na qual se estabelece um regime jurídico para relicitação e para a prorrogação antecipada de contratos de concessão – institutos que nada mais são do que instrumentos de renegociação ampla dos contratos de concessão. No mesmo sentido, no setor de concessão de aeroportos, digna de nota é a Medida Provisória nº 779, de 19 de maio de 2017, convertida na Lei nº 13.499/2017, por intermédio da qual se renegociou o pagamento de outorgas, bem como se reprogramou a realização de investimentos.

Mais que isso, não é novidadeiro o entendimento segundo o qual as relações contratuais travadas entre o poder público e os particulares, sobretudo após o advento da Constituição de 1988, devem ser pautadas pela consensualidade, e não pela imperatividade. Não é por outra razão que o ordenamento jurídico, há muito, vem disciplinando formas alternativas para endereçar soluções de conflitos em contratos públicos, assim como o sistema processual brasileiro vem reconhecendo a legitimidade de soluções não adversariais entre o poder público e particulares.

---

[275] TCU – Acórdão nº 1174/2018 – Plenário – Rel. Min. Bruno Dantas – Data da sessão: 23.05.2018.

Assim, por exemplo, cite-se a Resolução nº 125/2010, do Conselho Nacional de Justiça que, em seus considerandos, dispõe que a "conciliação e a mediação são instrumentos efetivos de pacificação social, solução e prevenção de litígios, e que a sua apropriada disciplina em programas já implementados no país tem reduzido a excessiva judicialização dos conflitos de interesses, a quantidade de recursos e de execução de sentenças". E, na mesma direção, o disposto no art. 174 do CPC, que prevê a possibilidade de se criar câmaras de soluções consensuais de conflitos administrativos pelas entidades da federação. Mais recentemente, por intermédio do art. 32, §5º, da Lei nº 13.140/2015 (Lei de Mediação), previu-se, expressamente, que tal procedimento de mediação poderá ter por objeto "a resolução de conflitos que envolvam equilíbrio econômico-financeiro de contratos celebrados pela administração com particulares". Nada obstante, nos módulos concessórios, providência dessa ordem já fora autorizada pelo art. 11, III, da Lei nº 11.079/2004 (Lei de PPPs) e pelo art. 23-A da Lei nº 8.987/1995.

Ainda sob o aspecto jurídico, a renegociação, como visto, pode ser lastreada no art. 26 da Lei nº 13.655/2018 (LINDB), segundo o qual "para eliminar irregularidade, incerteza jurídica ou situação contenciosa na aplicação do direito público, inclusive no caso de expedição de licença, a autoridade administrativa poderá, após oitiva do órgão jurídico e, quando for o caso, após realização de consulta pública, e presentes razões de relevante interesse geral, celebrar compromisso com os interessados". Cuida-se de permissivo genérico para celebração de acordos pelo poder público, que podem ter por objeto eliminar incertezas jurídicas, desde que o acordo: (i) busque solução jurídica proporcional, equânime, eficiente e compatível com os interesses gerais; (ii) não importe em desoneração permanente de dever ou condicionamento de direito; e (iii) preveja com clareza as obrigações das partes, o prazo para seu cumprimento e as sanções aplicáveis.

Por fim, é de se destacar o Código Civil, que disciplina a Teoria Geral dos Contratos, estabelece diretrizes interpretativas que podem ser endereçadas à interpretação de contratos complexos (de que são exemplos os contratos de concessão), sobretudo a partir da vigência da Lei nº 13.874/2019 (Lei da Liberdade Econômica), pois que este estatuto veiculou um sistema interpretativo de contratos incompletos. Nesse sentido, o art. 113 do Código Civil, alterado pelo novel diploma, dispõe que os contratos devem ser interpretados no sentido do que: for confirmado pelo comportamento das partes posteriormente à celebração do negócio; corresponder aos usos, costumes e práticas do mercado relativas ao tipo de negócio; corresponder a qual seria a razoável negociação das partes sobre a questão discutida, inferida das demais disposições do negócio e da racionalidade econômica das partes, consideradas as informações disponíveis no momento de sua celebração (incisos I, IV e V). O §2º do dispositivo prescreve que "as partes poderão livremente pactuar regras de interpretação, de preenchimento de lacunas e de integração dos negócios jurídicos diversas daquelas previstas em lei".

O art. 421-A do Código Civil, também incluído pela Lei nº 13.874/2019, estabelece que: as partes negociantes poderão estabelecer parâmetros objetivos para a interpretação das cláusulas negociais e de seus pressupostos de revisão ou de resolução; a alocação de riscos definida pelas partes deve ser respeitada e observada; e a revisão contratual somente ocorrerá de maneira excepcional e limitada (incisos I, II e III).

Diante de todo o exposto, é de se concluir esse item no sentido de que, à luz das experiências internacionais e do regime jurídico brasileiro, as renegociações de contratos de concessão devem seguir as seguintes diretrizes: (i) considerar as eficiências obtidas pelo poder público, no procedimento licitatório, de modo a evitar a prática de comportamentos oportunistas pelos licitantes (seleção adversa); (ii) respeitar a base objetiva dos negócios jurídicos, sem prejuízo de as partes, em conjunto, estabelecerem novos quadrantes para sua interpretação; (iii) em razão da elevada assimetria de informações entre partes, priorizar soluções negociadas e proporcionais, a serem instaladas pelas partes, e não por um terceiro, exógeno à relação contratual, desde que ela não importe desoneração permanente de dever ou condicionamento de direito; (iv) deve indicar a vantajosidade em se renegociar suas bases ao invés de relicitar os ativos e indenizar o particular pelos investimentos realizados em bens reversíveis não amortizados.

2.9 O acordo veiculador de unificação de contratos de concessão: o caso do Metro do Rio de Janeiro

Em 27.01.1998, a Concessão Metroviária do Rio de Janeiro S.A. (MetrôRio) e Estado do Rio de Janeiro celebraram o Contrato de Concessão para a exploração dos serviços públicos de transporte metroviário de passageiros. De acordo com a Cláusula Primeira, §1º, do instrumento contratual, os referidos serviços deveriam ser prestados "com a utilização da Linha 1 e da Linha 2". A relação concessória foi reformulada, por intermédio do 6º Termo Aditivo, o qual prorrogou o contrato concessório, bem como ratificou a possibilidade de alteração do objeto contratual, nos termos da Cláusula Primeira, §7º.[276]

De outro lado, em 21.12.1998, a Concessionária Rio Barra S.A. (CRB) e o Estado do Rio de Janeiro estabularam Contrato de Concessão, por meio do qual restou concedida a "exploração, precedida de obra pública, pela Concessionária, em caráter exclusivo, dos serviços públicos de transporte metroviário de passageiros da Linha 4". No curso da execução do contrato concessório da Linha 4, o Estado do Rio de Janeiro considerou como prioritária a adequação do traçado original de tal linha, de modo a promover a sua integração com a Linha 1, explorada pelo MetrôRio.[277]

Em virtude disso, o Estado e a CRB celebraram, em 1º.10.2012, o 3º Termo Aditivo ao Contrato de Concessão da Linha 4, no âmbito do qual foi estabelecida a obrigação de que o MetrôRio e a CRB, com a interveniência do Estado, negociassem um plexo de instrumentos contratuais, de modo a garantir a integração e a operação unificada das Linhas 1, 2 e 4.[278] Para atingir tal desiderato, entre 2012 e 2013, o MetrôRio e a CRB celebraram os seguintes instrumentos contratuais:

---

[276] Confira-se o teor do dispositivo: "§7º - Incluem-se ainda no objeto dos SERVIÇOS, outros trechos de expansões, que venham a ser feitos no período da concessão, em continuidade às Linhas 1 e 2, entendendo-se como tal aquelas expansões que caracterizem o prolongamento dos atuais trechos em operação e já concedidos e que, desta forma, requerem a uniformidade dos sistemas de controle, de sinalização e de energia, acima da bitola e gabaritos estático e dinâmico dessas instalações forma a garantir a continuidade física das vias. Tais trechos serão considerados como partes integrantes das Linhas 1 e 2, conforme o caso. As implantações de expansões das linhas serão consideradas como prolongamento das linhas existentes, obrigando-se a CONCESSIONÁRIA a prestar os serviços nestes novos trechos com os mesmos padrões de operação definidos pelo ESTADO ao tempo da concessão ou deste ADITIVO, naquilo em tais padrões".

[277] Nesse sentido, é válido mencionar a lista de considerações previstas no 3º Termo Aditivo ao Contrato de Concessão da Linha 4: "CONSIDERANDO a escolha da Cidade do Rio de Janeiro como uma das Cidades Sede da Copa do Mundo de Futebol em 2014 e como Cidade Sede das Olimpíadas de 2016. CONSIDERANDO as mudanças de crescimento ocupacional e populacional havidos na Zona Sul da cidade nos últimos 10 (dez) anos, bem como a expansão da Linha 1 do Metrô, cuja estação final nesta data é a estação General Osório, em Ipanema. CONSIDERANDO que é prioritária a adequação do traçado da LINHA 4, promovendo uma integração com a Linha 1 do Metrô, na estação General Osório, através dos bairros de Ipanema e Leblon, possuidores de densidade populacional, comercial e de serviços, substancialmente maiores do que a dos bairros do Jardim Botânico e Humaitá [...] CONSIDERANDO o interesse do ESTADO em fixar a tarifa da LINHA 4 em valor igual ao praticado nas Linhas 1 e 2 do Metrô, com a consequente redução de tarifa prevista no CONTRATO, de forma a atender o interesse público da modicidade de tarifa de transporte público. CONSIDERANDO a urgência da implantação das alterações acima mencionadas e do início e conclusão das obras da LINHA 4, a tempo de atender às Olimpíadas de 2016".

[278] Confira-se o teor do dispositivo: "§9º - A integração entre as CONCESSÕES das Linhas 1 e 2 e da LINHA 4 será definida em conjunto pelas respectivas concessionárias, com a

i. Contrato de outorga de opções de compra e venda de ações de emissão da CRB e outras avenças;

ii. Contrato de Operação e Manutenção para a prestação dos serviços públicos concedidos de transporte metroviário de passageiros da Linha 4 do metrô do Rio de Janeiro;

iii. Contrato de locação de material rodante e sistemas operacionais para o transporte metroviário de passageiros da Linha 4 do metrô do Rio de Janeiro; e

iv. Contrato de compartilhamento/repasse de receitas da Linha 4 do metrô do Rio de Janeiro.

Assim, desde 2013, a concessionária MetrôRio passou a ser responsável, de fato, pela prestação do serviço público metroviário de passageiros nas Linhas 1, 2 e 4. É válido notar que o Contrato de Concessão da Linha 4 tinha por objeto a exploração, precedida de obra pública, pela concessionária CRB, em caráter exclusivo dos serviços públicos de transporte metroviário de passageiros da Linha 4. A partir do seu 3º Termo Aditivo, o que se passou, na prática, foi um trespasse da obrigação de prestar o serviço público de transporte metroviário de passageiros para o MetrôRio, mantendo-se as obrigações de realização de investimentos (consubstanciada na realização de obras públicas) sob a responsabilidade da CRB.

Além disso, por força do contido no 4º Termo Aditivo ao Contrato de Concessão da CRB, as obras da Linha 4 deveriam ter sido concluídas até 30.06.2016 para atender à demanda dos Jogos Olímpicos, com exceção das obras da Estação Gávea, que deveriam ser concluídas até 30.01.2018. Tal exceção se deve ao fato de que, em razão da ausência de dotação orçamentária, as partes fixaram novo cronograma, por intermédio do qual as estações General Osório até o Jardim Oceânico restaram concluídas a tempo dos Jogos Olímpicos, com exceção das obras da Estação Gávea, que seriam concluídas, posteriormente.

---

alocação dos recursos materiais e humanos necessários, com a supervisão da AGETRANSP e do ESTADO. Fica perfeitamente entendido que todos os custos ou despesas inerentes à integração, deverão constar dos instrumentos contratuais a serem celebrados entre as CONCESSIONÁRIAS, ficando vedado qualquer ato que implique em obstar, embaraçar ou de qualquer forma dificultar a integração. As concessionárias das Linhas 1 e 2 e da LINHA 4, com a interveniência do Estado do Rio de Janeiro, firmarão os seguintes instrumentos contratuais de forma a viabilizar a integração ora estabelecida: (i) contrato de prestação de serviços de operação e manutenção; e (ii) contrato de compartilhamento/repasse de receitas. Caso estes contratos não sejam firmados até 31.12.2015, o Estado do Rio de Janeiro e/ou a AGETRANSP adotarão as medidas necessárias para a regulação da operação conjunta das respectivas concessionárias, em razão do interesse público primário envolvido".

Após a celebração deste plexo de contratos e do 4º Termo Aditivo ao contrato da CRB, o Tribunal de Contas do Estado do Rio de Janeiro (TCE/RJ) e o Ministério Público do Rio de Janeiro (MP/RJ) instauraram uma série de procedimentos administrativos e judiciais.²⁷⁹ Nessa esteira, buscou-se questionar a legalidade de tal arquitetura contratual, aos argumentos de que: (i) tais aditivos teriam sido celebrados, a partir da prática de atos corruptivos; (ii) que tais atos corruptivos teriam sido praticados em razão do superfaturamento das obras realizadas na Linha 4, que teriam decorrido, em especial, a partir do desvio de seu traçado, nos termos de seu 1º Termo Aditivo; e (iii) que não seria lícita a subconcessão de parcela do objeto da Linha 4 da CRB para o MetrôRio, sem licitação, em razão do disposto no art. 26 da Lei nº 8.987/1995.

Para além disso, os órgãos de controle reconhecem que existia um risco real de colapso da Estação Gávea. Mais que isso, no âmbito do julgamento da Ação Civil Pública nº 0007457-51.2018.8.19.0001, em trâmite perante o juízo da 6ª Vara da Fazenda Pública da Comarca da Capital, foi proferida decisão liminar "com o fim de determinar que o Estado do Rio de Janeiro se abstenha de realizar quaisquer novos empenhos, liquidações ou pagamentos à Concessionária Rio Barra S.A., no propósito de retomar as obras no âmbito do Contrato L4/98 [Contrato de Concessão da Linha 4], sob pena de multa equivalente ao valor dispendido".

Tal decisão veio a ser reformada, por intermédio do próprio juízo de primeiro grau, tendo em vista a "sensível alteração" do cenário fático-probatório que embasou o deferimento da liminar. É dizer, o Poder Judiciário considerou haver, no caso concreto, "risco à vida das pessoas e à segurança da coletividade", em virtude da inconclusão das obras da Estação Gávea, cuja circunstância fática encontrada na localidade revelava "situação alarmante, a indicar perigo de rupturas nas edificações ainda não finalizadas. Chama a atenção a análise sobre a vida útil esperada dos tirantes provisórios existentes na localidade, bem como a composição do substrato rochoso e a acidez da água que percola ao longo das descontinuidades (fraturas, intrusões permeáveis etc.) do maciço rochoso".²⁸⁰

---

²⁷⁹ Cite-se, por exemplo, no âmbito do TCE/RJ, os processos 103.971-2/16, 101.330-2/18, 101.387-5/18, 103.351-2/19 e 100.941-7/20. No âmbito judicial, são exemplos: Ação Civil Pública nº 0007457-51.2018.8.19.0001, Ação Civil Pública nº 0074675-62.2019.8.19.0001, Ação Popular nº 0224435-85.2019.8.19.0001 e Ação Anulatória nº 0067819-82.2019.8.19.0001.

²⁸⁰ Prossegue a decisão asseverando: "incumbe ao Judiciário, portanto, diante desse novo cenário fático-jurídico, sem descuidar da imperiosa 'defesa do patrimônio público',

Além disso, no âmbito do TCE/RJ, foi proferido voto do Conselheiro, Christiano Lacerda Ghuerren, nos autos do TCE/RJ nº 100.941-7/20, em vista de Auditoria Governamental Extraordinária determinada, nos autos do Processo TCE/RJ nº 103.351-2/19, tendo por objeto o acompanhamento das ações emergenciais com vistas à continuidade das obras metroviárias da Estação da Gávea, no âmbito do qual, entre outras providências, restou determinado "ao atual Secretário de Estado de Transportes que avalie a adequação das ações propostas no Plano de Emergência, com vistas a cessar os riscos decorrentes da paralisação prolongada das obras da Estação Gávea, considerando o novo cenário fático, em observância à viabilidade técnica e à luz dos princípios da economicidade e da eficiência".

Como se pode depreender, o imbróglio envolvendo o sistema metroviário do Estado do Rio de Janeiro foi demarcado por: (i) mudanças no traçado do sistema, os quais ocasionaram, na prática, um prolongamento da Linha 1 no sentido da Linha 4; (ii) unificação da operação das Linhas 1, 2 e 4, por intermédio de um plexo de contratos privados celebrados entre as concessionárias MetrôRio e CRB, com interveniência do Estado; (iii) processos administrativos e judiciais, promovidos pelo TCE/RJ ou pelo MP/RJ, contestando possíveis práticas corruptivas nas obras da Linha 4 e uma possível subconcessão ao MetrôRio; e (iv) inconclusão das obras da Estação Gávea, o que ocasionou severos riscos à segurança pública.

Para dar conta de resolver essa miríade de problemas jurídico-regulatórios, todas as partes[281] e instituições públicas envolvidas no imbróglio iniciaram processo negocial, que culminou na celebração de Memorando de Entendimentos entre o Estado do Rio de Janeiro, a Corregedoria Geral do Estado, as concessionárias e as empreiteiras que eram responsável pelas obras da Linha 4, tendo como objeto "acordar os termos e condições gerais para viabilizar solução jurídica definitiva para a retomada e conclusão das obras da Estação Gávea,

---

assegurar as condições para a conclusão das obras de construção da Estação Gávea e sua inserção na Linha 4 do Metrô do Rio de Janeiro, de modo a elidir o risco de um desastre de proporções incalculáveis [...] Ex positis, REVOGO a medida liminar deferida em IE 819/820 e determino a expedição de ofício ao TCE/RJ, com cópia deste decisum, para ciência e instrução dos autos da 'Auditoria Governamental Extraordinária de Acompanhamento' da continuidade das obras metroviárias da Estação Gávea".

[281] Ressalta-se que as sociedades empresárias/empreiteiras que firmaram acordos de leniência com o Estado do Rio de Janeiro e eram responsáveis, no âmbito do Contrato de Concessão da Linha 4, pelas obras públicas necessárias à operação da referida linha também fizeram parte das negociações.

como também para as disputas judiciais e administrativas envolvendo o Contrato das Linhas 1 e 2 e o Contrato da Linha 4". De acordo com o referido instrumento, tal "solução jurídica definitiva" perpassava pela transferência da concessão da Linha 4 para o MetrôRio, seguida da unificação das concessões em um único contrato concessório. Em contrapartida, o MetrôRio arcaria com os custos de implementação da Estação da Gávea, até determinado limite financeiro, e o contrato de concessão unificado seria prorrogado.

Nesse quadrante, a Procuradoria-Geral do Estado do Rio de Janeiro (PGE/RJ) foi instada a se manifestar sobre a alternativa jurídica veiculada no Memorando de Entendimentos, para solucionar o imbróglio do sistema metroviário fluminense, tendo lavrado o Parecer Conjunto ABVOR/ARCY/AU/BBS nº 01/PGE/2024 (Parecer nº 01/2024). No referido parecer, a PGE/RJ apresentou o histórico do Contrato de Concessão da Linha 4, de modo a destacar o "grau de complexidade fática, técnica e jurídica no qual se insere qualquer solução a ser proposta sobre a Estação Gávea". Em específico, a Procuradoria destacou os seguintes eventos que permeou o módulo concessório da Linha 4:

i. O Contrato de Concessão da Linha 4 foi objeto de uma série de termos aditivos firmados entre o Estado e a CRB, que, embora conste como a concessionária responsável pela operação, não o faz, porquanto "firmou desde o início da operação da Linha 4 acordo privado com o Metrô/RJ, de modo que a operação de todas as linhas metroviárias no Estado do Rio de Janeiro (Linhas 1, 2 e 4) é realizada exclusivamente pelo Metrô/RJ";

ii. A juridicidade do Contrato da Linha 4 foi objeto de diversos questionamentos tanto no âmbito do TCE/RJ, quanto no âmbito do MP/RJ. Houve decisão do TCE/RJ, proferida em 24.11.2016, no Processo nº 103.971-2/16, na qual determinou que o Secretário de Estado da Fazenda retivesse os créditos que a CRB, ou suas filiais, possuísse com o Estado, bem como dos consórcios construtores, compostos pelas empreiteiras que participavam da composição societária da CRB;

iii. Embora a decisão do TCE/RJ não tenha expressamente determinado a suspensão do Contrato de Concessão da Linha 4, chegou-se a tal entendimento por meio do Parecer ASJUR/TRANSPORTES nº 008/2017-JCFAF, na medida em que a falta de pagamentos do Estado do Rio de Janeiro foi o motivo usado para que a CRB determinasse a desmobilização dos consórcios construtores e, por conseguinte, a paralisação da obra da Estação da Gávea;

iv. A decisão do TCE/RJ foi parcialmente revogada, conforme autos do Processo nº 103.894-0/2017, sem que as obras fossem retomadas. Isso porque o MP/RJ, no âmbito de uma ação civil pública que busca suspender o reinício das obras, obteve decisão liminar determinando que o Estado do Rio de Janeiro se abstivesse de realizar quaisquer novos empenhos, liquidações ou pagamentos à CRB. Essa decisão judicial foi revista em 29.11.2019, baseando-se, inclusive, na decisão do TCE/RJ que determinou a instauração de auditoria governamental extraordinária, com controle concomitante das ações concretas a serem adotadas no âmbito de um plano de emergência para a conclusão da Estação da Gávea;

v. Apesar de inexistir decisão judicial ou do TCE/RJ que impeça a finalização da Estação Gávea, fato é que, "permanece até os dias atuais a situação de total paralisação das obras, com canteiros desmobilizados e o equipamento *Tunnel Boring Machine* parado. Em contrapartida, a solução provisória tomada para garantir a estabilização das escavações da futura Estação Gávea foi a sua inundação". Dessa forma, a incompletude da obra da Estação da Gávea gerou um risco real e concreto de colapso;

vi. Aproveitando-se da celebração de acordos de leniência com duas das empreiteiras responsáveis pela execução das obras da Linha 4 (sócias majoritárias da CRB), o Estado do Rio de Janeiro celebrou o primeiro Memorando de Entendimentos com essas empresas, visando o restabelecimento das obras;

vii. Ato contínuo, diante da insuficiência do primeiro Memorando de Entendimentos para solucionar o problema, foi celebrado o segundo Memorando de Entendimentos, contando com a participação do MetrôRio, cuja proposta pode ser sintetizada da seguinte forma: (i) o MetrôRio passaria à condição de concessionária da Linha 4; (ii) assumiria, como corolário, a execução das obras da Estação da Gávea até determinado limite financeiro, que seriam executadas pelas empresas lenientes; e, em contrapartida, (iii) os prazos do Contrato de Concessão seriam prorrogados até 2048 e os referidos contratos seriam unificados em uma única concessão.

De acordo com a Procuradoria, "a solução consensual aparenta ser a única medida viável e efetiva que permita que a obra da Estação Gávea seja finalizada". Como visto, uma das premissas fundamentais para a celebração do acordo era a de que a concessão da Linha 4, detida pela CRB, fosse transferida para a atual concessionária das Linhas 1 e 2 (*i.e.* MetrôRio), materializando uma "efetiva alteração subjetiva da posição contratual". Tal premissa foi considerada "juridicamente viável" pela PGE/RJ, com fundamento no art. 27 da Lei nº 8.987/1995, desde que fossem observadas as condicionantes previstas no parágrafo único do dispositivo, além daquelas declinadas no voto condutor da ADI nº 2.946/DF. É dizer, deveria ser demonstrado que o novo concessionário (MetrôRio) possui os requisitos de capacidade técnica, idoneidade financeira e regularidade jurídica e fiscal necessárias à assunção do serviço, e que a transferência representa a melhor alternativa ao atendimento do interesse coletivo, no caso concreto.

Para além disso, a transferência da concessão deveria ser acompanhada da unificação do Contrato de Concessão das Linhas 1 e 2 e do Contrato de Concessão da Linha 4. Sobre o tema, manifestou-se a PGE/RJ no sentido de que "efetivada a transferência da concessão, não se vislumbra, em tese, óbices jurídicos a impedir a unificação dos contratos que serão titularizados pelo mesmo concessionário", desde que adotadas as seguintes cautelas: (i) a necessidade da devida justificação das vantagens específicas atreladas à medida, tanto do ponto de vista econômico-financeiro, quanto do ponto de vista do interesse público almejado, corroborada por meio do auxílio de estudos técnicos; e (ii) a cautela quanto à equalização justificada das cláusulas contratuais, a fim de evitar que haja espaço para ganhos injustificados do particular, bem como a desnaturação do objeto contratual.

Um último aspecto enfrentado pela PGE/RJ diz respeito à prorrogação do contrato unificado. Isso porque, no curso da negociação, o MetrôRio informou que o único mecanismo viável para responder aos novos gastos decorrentes da assunção das obras da Estação da Gávea era o reequilíbrio econômico-financeiro do arranjo concessório unificado. Ocorre que o Contrato de Concessão das Linhas 1 e 2 já havia sido prorrogado, por intermédio de seu 6º Termo Aditivo, ao passo que o Contrato de Concessão da Linha 4 foi prorrogado de forma antecipada, por meio do 3º Termo Aditivo. Tais ajustes inviabilizariam a prorrogação do contrato unificado, tendo em vista o art. 3º da Lei Estadual nº 2.831/1997, que dispõe sobre o regime de concessão de serviços e de obras públicas do Estado do Rio de Janeiro, limita o prazo da concessão a até 25 (vinte e cinco) anos, prorrogáveis por uma única vez.

De acordo com a PGE/RJ, a extensão de vigência pretendida, a princípio, classificar-se-ia como uma prorrogação de caráter extraordinário, tradicionalmente referenciada como prorrogação para fins de equilíbrio econômico-financeiro, a qual já foi amplamente desenvolvida em sede de doutrina e jurisprudência nacionais. Nesse sentido, a Procuradoria citou posicionamentos doutrinários, inclusive de nossa autoria,[282] para fins de demonstrar que a prorrogação extraordinária,

---

[282] Veja-se: "Rafael Véras de Freitas, por sua vez, desenvolve o argumento para suplantar, nos casos de reequilíbrio contratual, inclusive eventuais previsões normativas pertinentes à vigência ordinária dos contratos administrativos de execução prolongada: '[...] está totalmente desvinculada do prazo previsto para eventual prorrogação contratual, pois que

por derivar de circunstâncias excepcionais, não pode ser delimitada e circunscrita às previsões ordinárias referentes à vigência da concessão.

De fato, o próprio STF, ao julgar a ADI nº 5.991 e a ADPF nº 992, reconheceu diferentes situações que podem, legitimamente, determinar a alteração dos prazos das concessões para além das hipóteses e limites previstos originalmente nas normas e nos contratos de regência da exploração do serviço público. Apesar disso, a PGE/RJ indicou, com lastro em julgados do TCE/RJ, que o implemento de tal prorrogação excepcional deve estar embasada em fortes e claros elementos técnicos que demonstrem inequívoca vantajosidade da medida.

Diante disso, opinou a Procuradoria no sentido de que "não há óbices a que o prazo contratual do contrato unificado seja extraordinariamente prorrogado como método de recomposição do reequilíbrio econômico-financeiro". Nada obstante, a prorrogação deve estar embasada e respaldada em estudo técnico que demonstre a sua vantajosidade e a correlação financeira entre a dilação concedida e os novos encargos assumidos pela concessionária.

Após a prolação do Parecer nº 01/2024, o Estado do Rio de Janeiro formulou novos estudos técnicos acerca da vantajosidade da solução de transferência do Contrato de Concessão da Linha 4, seguida da unificação dos contratos do sistema metroviário do Rio de Janeiro. Ato contínuo, os documentos do caso foram remetidos para o Tribunal de Contas do Estado, autuando-se o Processo nº 104.718-4/2024, com o objetivo de celebração de Termo de Ajustamento de Conduta (TAC) para saneamento das relações contratuais pertinentes ao serviço público metroviário do Estado do Rio de Janeiro.

A Coordenadoria de Auditoria em Desestatização do TCE/RJ emitiu relatório técnico, em 29.07.2024, e a Corte de Contas Estadual aprovou o instrumento, com retificações, no dia 25.09.2024, por intermédio do Acórdão nº 069717/2024. O voto condutor do acórdão destacou que "a vantajosidade do ajuste em questão não está limitada a questões de ordem econômico-financeiras, há aspectos sociais envolvidos que também devem ser sopesados. Com relação à conclusão das obras, não há dúvidas de que a segurança e a higidez do projeto merecem a devida consideração".

---

será estipulada pelo período de tempo necessário para que tal contrato seja reequilibrado, sob pena de não recompor todos os prejuízos econômicos que tal evento provocou no fluxo de caixa do concessionário'".

Em relação à unificação dos contratos das linhas 1, 2 e 4, "embora exista ineditismo e carência de legislação estadual a respeito", o TCE/RJ listou os seguintes benefícios que poderiam advir da referida solução:[283] (i) tem aptidão para promover segurança jurídica e criar eficiências, como a redução de custos na gestão contratual; (ii) promoverá uma espécie de unitização, com vistas à obtenção de vantagens quanto à redução de custos e melhoria da produtividade; (iii) acarretará ganhos do ponto de vista econômico-financeiro; (iv) promoverá, vez por todas, a unificação tarifária; (v) reduzirá, em caráter permanente, o valor da tarifa da Linha 4; e (vi) viabilizará o investimento de R$ 600 milhões na conclusão das obras da Estação da Gávea.

Seguiu-se daí a assinatura do TAC pelo MetrôRio, pela CRB, pelas empreiteiras responsáveis pela execução das obras da Linha 4, pela Controladoria Geral do Estado, pela PGE/RJ, pela Secretaria de Estado de Transportes, pelo TCE/RJ e pelo MP/RJ. O referido instrumento, fundamentado no art. 26 da LINDB, teve por objeto: (i) a retomada e conclusão das obras da Estação da Gávea; (ii) o saneamento das relações contratuais pertinentes ao serviço público metroviário do Estado do Rio de Janeiro; e (iii) a assunção da obrigação da celebração de três instrumentos jurídicos concomitantes: (iii.1) o instrumento particular cujo objeto é a transferência da concessão da Linha 4 da CRB para o MetrôRio; (iii.2) o aditivo ao Contrato de Concessão das Linhas 1 e 2 cujo objeto se refere à transferência da Linha 4 da CRB para o MetrôRio, bem como unificação do Contratos das Linhas 1 e 2 e do Contrato da Linha 4, com extensão do prazo do contrato unificado; e (iii.3) o contrato de construção que tem como objeto a contratação das obras da Estação da Gávea em regime de execução a ser definido entre as partes.[284]

---

[283] Nesse ponto, é de se destacar que o TCE/RJ se pautou na lista de benefícios apresentada pela PGE/RJ.

[284] Nesse sentido, o TAC estabeleceu as seguintes obrigações ao MetrôRio: "2.1.1. Ser o responsável perante o Estado, a partir da celebração do Aditivo Contrato Linhas 1 e 2, pela prestação do serviço público na Linha 4, bem como contratar OEC e Carioca, como suas subcontratadas para a execução das obras de finalização da Estação Gávea, em regime de execução a ser definido entre as partes, nos termos do projeto de engenharia e com valores totais aprovados pelo Estado e que contam com a deferência do TCE quanto à solução eleita, nos termos a serem detalhados no Contrato de EPC. 2.1.2. Aportar os recursos financeiros no valor de R$ 600.000.000,00 (seiscentos milhões de reais), para o custeio da execução das obras da Estação Gávea, conforme definido nas Cláusulas 1.2.1 e 1.2.2 e nos documentos que tratarem da realização das obras, conforme orçamento e projeto de engenharia constante no Anexo 1". De outro lado, o Estado assumiu a seguinte obrigação: "4.1.1. Manter válido o Contrato L4/98, não declarando nem buscando o subsequente reconhecimento de sua nulidade ou anulação em razão da prática dos atos lesivos que são objeto das ações e procedimentos judiciais e administrativos que envolvem a Linha 4, em

O TAC foi homologado judicialmente, no âmbito do Processo nº 0074675-62.2019.19.0001.[285] A decisão homologatória destacou a "legalidade e a voluntariedade do acordo", que restou publicizada por "inúmeras reuniões realizadas entre Ministério Público; Estado do Rio de Janeiro, pela Procuradoria Geral do Estado; e as pessoas jurídicas acordantes, o que, reconheça-se, representa colaboração processual no cumprimento do vetor de obtenção consensual dos conflitos", inclusive, com "a interveniência do Tribunal de Contas do Estado do Rio de Janeiro". Além disso, o Poder Judiciário fluminense destacou que, "no capítulo referente aos processos relacionados à Estação Gávea, tem-se verdadeiro negócio jurídico processual, em transação", o que apontaria para a necessidade de homologação do Termo de Ajuste de Conduta.

Em síntese conclusiva, tem-se que o precedente do sistema metroviário do Rio de Janeiro constitui exemplo inédito de acordo veiculador de unificação de módulos concessionários, para fins de dar conta das concessões "em crise". O Contrato de Concessão da Linha 4 foi marcado por descumprimentos contratuais e denúncias de corrupção que redundaram, ao cabo, na paralisação da obra da Estação da Gávea, com risco real e concreto de colapso, o qual só pôde ser solucionado com acordo consensual, fundamentado no art. 26 da LINDB, que, a um só tempo: (i) transferiu a concessão detida pela CRB para o MetrôRio, na forma do art. 27 da Lei nº 8.987/1995; (ii) unificou as concessões das Linhas 1, 2 e 4 em um único instrumento contratual; e (iii) estendeu o prazo da concessão unificada, para fins de recompor a equação econômico-financeira, com base na tese de que as prorrogações excepcionais não estão sujeitas aos limites legais e contratuais, mas precisam ter a sua vantajosidade demonstrada no caso concreto.

2.10 O verificador independente e seu regime jurídico-econômico

A figura do verificador independente, em contratos de longo prazo, foi instituída, a partir da edição da Lei nº 11.079/2004 (Lei de PPPs), a qual, em seus arts. 5º, VII e 6º, §1º, prescreveu que os contratos

---

atendimento ao disposto no art. 21, da Lei de Introdução às Normas do Direito Brasileiro (Decreto-Lei nº 4.657, de 4 de setembro de 1942)".

[285] Em síntese, cuida-se de ação ajuizada para declarar a ilegalidade da subcontratação dos serviços de construção das obras civis da Linha 4.

de PPPs deveriam prever "os critérios objetivos de avaliação do desempenho do parceiro privado", abrindo-se a possibilidade de pagamento "ao parceiro privado de remuneração variável vinculada ao seu desempenho". Apesar de ainda não existir obrigação legal, os contratos de parceria passaram a prescrever que o verificador independente seria a entidade responsável pelo monitoramento do processo de aferição do desempenho da Concessionária.[286]

Cite-se, a título exemplificativo, o Contrato de Concessão Patrocinada para Implantação e Operação do Sistema Metroviário de Salvador. O referido contrato disciplina a atuação do verificador independente em duas etapas. A primeira tem lugar durante a implantação do sistema (Cláusula 21.3.1). A segunda é verificada durante a operação metroviária (Cláusula 21.4.1). Diante da sistemática contratual, o verificador independente possui as atribuições de: (i) realizar a avaliação de desempenho e o cálculo da contraprestação mensal efetiva; (ii) avaliar o equilíbrio econômico-financeiro do contrato e revisar o fluxo de caixa marginal; (iii) realizar o cálculo dos reajustes de valores previstos no contrato; e (iv) prover pesquisa de satisfação dos usuários.

Segundo dados do Radar PPP,[287] em janeiro de 2022, havia 134 (cento e trinta e quatro) projetos, distribuídos em 17 (dezessete) segmentos, com contratos iniciados, em que houve a previsão de contratação de verificador independente. A imagem abaixo ilustra essa afirmação:

---

[286] Há normas de entes federativos diversos disciplinando a figura do verificador independente, como, por exemplo, a Lei nº 9.197/2023 do Estado de Sergipe, que institui o programa de parcerias estratégias, e a Lei nº 724/2021, do Estado da Bahia, que regulamenta os critérios de seleção e contratação das empresas especializadas na prestação de serviço de verificador independente para os contratos de concessão.

[287] Disponível em: https://radarppp.com/blog/verificador-independente-concessoes-ppps-africao-desempenho/. Acesso em: 09 jul. 2024.

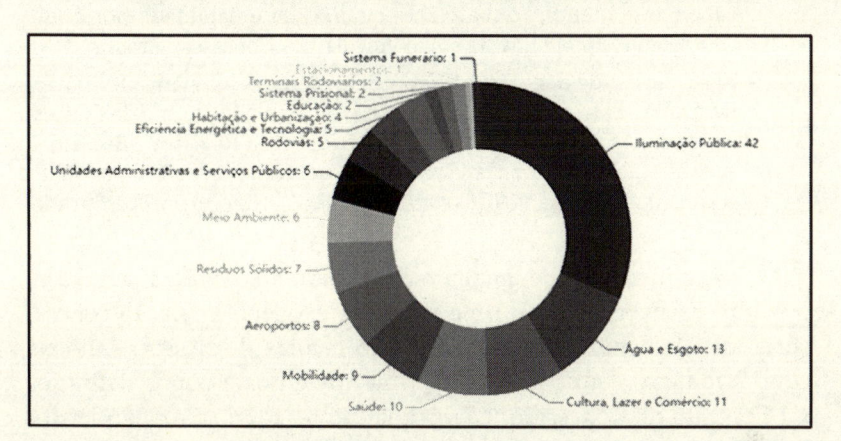

Figura 16 - Verificador independente por tipo de segmento.

[Gráfico de rosca com os seguintes dados:]
- Iluminação Pública: 42
- Água e Esgoto: 13
- Cultura, Lazer e Comércio: 11
- Saúde: 10
- Mobilidade: 9
- Aeroportos: 8
- Resíduos Sólidos: 7
- Meio Ambiente: 6
- Unidades Administrativas e Serviços Públicos: 6
- Rodovias: 5
- Eficiência Energética e Tecnologia: 4
- Habitação e Urbanização: 4
- Educação: 2
- Sistema Prisional: 2
- Terminais Rodoviários: 2
- Estacionamentos: 1
- Sistema Funerário: 1

No âmbito federal, o recém-licitado Contrato de Concessão nº 02/2023, relativo ao Lote 02 das Rodovias do Paraná, prevê, no PER, a realização do procedimento de Avaliação de Segurança Viária, o qual deverá ser precedido por Relatório de Inspeção de Segurança Rodoviária (ISR). O ISR será aplicado a todo o sistema rodoviário concedido e "deverá ser realizada conforme metodologia iRAP (*International Road Assessment Program*) até o final do 2º ano, e quinquenalmente após esse prazo, por empresa experiente, idônea, independente, formalmente qualificada e habilitada por órgão competente". Em igual medida, o PER, do Contrato de Concessão do sistema rodoviário BR-116/101/RJ/SP (RioSP), prevê a participação de auditor independente para a Avaliação do Sistema Viário, nos seguintes termos:

> 4.2.9.1 Relatório de Inspeção de Segurança Rodoviário (ISR) – Metodologia iRAP
>
> O Relatório de Inspeção de Segurança Rodoviária (ISR) será aplicado a todo o Sistema Rodoviário da Concessão, de acordo com a Avaliação de Segurança Viária.
>
> O Relatório de Inspeção de Segurança Rodoviário (ISR) deverá ser apresentado junto ao Relatório de Monitoração de Acidentes (Item 4.2.9).
>
> A Avaliação de Segurança Viária deverá ser realizada conforme metodologia de avaliação iRAP (International Road Assessment Program), cujo resultado produz uma classificação por Estrelas atrelado ao risco de acidentes viários.

A Avaliação de Segurança Viária deverá ser realizada por empresa experiente, idônea, formalmente qualificada e habilitada por órgão competente, independente e não vinculada à Concessionária.

A Avaliação de Segurança Viária do Sistema Rodoviário deverá ser realizada e entregue à ANTT até o final do 2º (segundo) ano da Concessão e atualizada a cada 5 (cinco) anos durante a Revisão Quinquenal. A Avaliação de Segurança Viária deverá ser contemplar 3 etapas, quais sejam: (i) levantamentos, (ii) codificação e (iii) relatório final certificado.

O verificador independente é conceituado, por Estevam Sartal e André Barnabé,[288] como uma entidade exógena à relação concessória, que tem por função a apuração técnica do desempenho da concessionária, com base nos parâmetros e nos escopos definidos no Contrato de Concessão. Nesse quadrante, a figura do verificador independente, alheia à relação contratual firmada, exerce o papel de impedir que eventual interesse particular, ou público, possa influir no resultado da fiscalização e na aferição de dados. Daí porque Filipe Lôbo Gomes e Marcos Nóbrega[289] apontam a importância desse "terceiro desinteressado" na hipótese de eventual conflito de interesses advindos de divergências entre a Concessionária e o Poder Concedente. Na visão dos autores, eventuais conflitos podem ser solucionados pelo verificador independente, em conformidade com o escopo e com as disposições previamente fixadas no contrato, com a segurança de uma intervenção neutra. Dessa forma, a participação do agente externo, na apuração de resultados contratuais, aumenta o potencial de ganhos coletivos, além de ampliar a transparência na apuração dos indicadores de desempenho. Do ponto de vista teórico, o verificador independente "seria um novo modelo de equilíbrio exógeno ao contrato com vistas a evitar as incertezas e o risco das falhas de governo, tipicamente representadas pelo risco moral, corrupção passiva, concussão, prevaricação, falhas regulatórias, regulação insuficiente e/ou opção por escolhas trágicas". Da mesma forma, serviria "como ponto de equilíbrio exó-

---

[288] SARTAL, Estevam Palazzi; BARNABÉ, André Isper Rodrigues. Verificador independente: conceito, finalidade, escopo de atuação e formas de contratação. *Revista de Direito Público da Economia*, Belo Horizonte, ano 17, n. 67, p. 137-159, jul./set. 2019.

[289] GOMES, Filipe Lôbo; NÓBREGA, Marcos Antônio Rios da. Por uma revisão do verificador independente. Propostas de redimensionamento funcional e padrões de governança. Não seria o caso de tratá-lo como agente de eficiência privado com poderes estatais ou agente de resolução alternativa de disputas? *Revista Brasileira de Direito Público*, Belo Horizonte, ano 22, n. 84, p. 9-43, jan./mar. 2024.

geno para corrigir as falhas de mercado e as externalidades dela decorrentes".[290]

Forte em tais premissas, temos para nós que o verificador independente existe para solucionar o problema de agente-principal.[291] De acordo com a literatura econômica, os contratos de concessão ilustram um problema de agência (*principal-agent problem*),[292] considerando a miríade de atores que participam da arquitetura concessionária, na qual o Poder Concedente ocupa a figura do Principal enquanto o concessionário a figura do Agente. Nesse sentido, o regime concessório – ainda interpretado sob a lente da vetusta e em vias de extinção *publicatio* – deve ser reinterpretado à luz dos seguintes problemas econômicos: (i) problema da teoria da agência; (ii) problema de risco moral; (iii) problema de assimetria de informação; (iv) problema de captura de interesses; (v) problema de ambiente institucional; (vi) problema de custos de transação; (vii) problema de contratos incompletos; e (viii) problema de incerteza.[293]

---

[290] GOMES, Filipe Lôbo; NÓBREGA, Marcos Antônio Rios da. Por uma revisão do verificador independente. Propostas de redimensionamento funcional e padrões de governança. Não seria o caso de tratá-lo como agente de eficiência privado com poderes estatais ou agente de resolução alternativa de disputas? *Revista Brasileira de Direito Público*, Belo Horizonte, ano 22, n. 84, p. 9-43, jan./mar. 2024. p. 33.

[291] FREITAS, Rafael Véras de. *Equilíbrios econômico-financeiros das concessões*. Belo Horizonte: Fórum, 2023. p. 97.

[292] Nesse quadrante, Carlos Oliveira Cruz e Joaquim Miranda Sarmento asseveram que "as PPPs são assim um *principal-agent problem* (De Bettignies & Ross, 2009), dado a multiplicidade de agentes que participam no processo, sobretudo o governo (as principal) e o privado (as *agent*). Isso porque se assume que o governo tem como objetivo a defesa do interesse público/comum, e o privado tem como objetivo o interesse de maximizar os ganhos/lucros. De acordo com Martimort and Pouyet (2012), os custos de agência são menores sob uma PPP quando existe uma externalidade positiva entre construir e gerir ativos em comparação com os custos de aquisição. [...] as PPPs introduzem assim uma relação que não existe na contratação tradicional, entre o *sponsor* (concedente) (acionista privado que detém a SPV – ver capítulo 1) e a entidade pública (concessionário). Essa relação tem naturalmente potencial para conflito, o que pode afetar o funcionamento e a sustentabilidade financeira do projeto, constituindo uma preocupação para os financiadores, sobretudo os de dívida. Por essa razão, existem aspectos contratuais que afetam o rating do projeto, o custo da dívida e o retorno dos acionistas, criando um 'prémio' por custos de agência. Naturalmente, a experiência do operador privado, as cláusulas e garantias contratuais, os mecanismos de penalização, além do ambiente institucional do país (ver mais à frente) influenciam esse prémio de agência" (CRUZ, Carlos Oliveira; SARMENTO, Joaquim Miranda. *Manual de Parcerias Público-privadas e Concessões*. Belo Horizonte: Fórum, 2019. p. 64).

[293] HART, Oliver. Incomplete Contracts and Control. *American Economic Review*, Pittsburgh, v. 107, n. 7, p. 1731-1752, 2017; GUASCH, José; LAFFONT, Jean Jacques; STRAUB, Stéphane. *Renegotiation of Concession Contracts in Latin America*. Washington, DC: The World Bank, 2003.

É nesse quadrante que se insere a participação do verificador independente no regime relicitatório, na qualidade de uma entidade independente capaz de reduzir as externalidades decorrentes do problema de agência (principal-agent problem), atuando entre os diversos agentes que integram a relação concessória (Concessionária, Poder Concedente, regulador e usuários). Serve, pois, como um móvel para relevação das informações das partes, de modo que elas possam maximizar seus próprios interesses,[294] sem descurar dos interesses públicos enredados na exploração do ativo.

Dito em outros termos, cuida-se de agente exógeno que tem por objetivo minorar os efeitos do risco moral *(moral hazard)* e do efeito *hold up*. O risco moral tem lugar, quando uma das partes passa a adotar uma conduta oportunista, após a celebração do contrato *(ex post)*. Nesse sentido, Marcos Nóbrega[295] leciona que "tal fenômeno ocorreria, por exemplo, nas hipóteses [...] de uma empresa começar a executar um contrato e ir baixando a qualidade do insumo utilizado, com o fito de reduzir os seus custos". E o efeito *hold up* se aplica, segundo Patrícia Sampaio e Thiago Araújo,[296] "especialmente a contratos de longa duração e que requeiram investimentos em ativos específicos por uma das partes contratantes, gerando uma situação de dependência econômica de um dos agentes com a relação contratual", o que faz que uma das partes concentre os poderes de "barganha".

Além disso, o verificador independente atua como redutor das assimetrias de informações entre o regulador e o regulado. É que, como assevera Karl-Gustaf Lofgren, Torsten Persson e Jorgen Weibull[297] "os agentes econômicos informados em tais mercados podem ter incentivos

---

[294] De acordo com Robert Cooter: "the basic idea of the (Coase) theorem is that the structure of the law which assigns property rights and the liability does not matter so long as transaction costs are nil; bargaining will result in an efficient outcome no matter who bears the burden of liability. The conclusion may be drawn that the structure of law should be chosen so that transaction costs are minimized, because this will conserve resources used up by the bargaining process and also promote efficient outcomes in the bargaining itself" (COOTER, Robert D. The Cost of Coase. *Journal of Legal Studies*, [s. l.], n. 11, p. 1-33, 1982).

[295] NÓBREGA, Marcos. Análise Econômica do Direito Administrativo. *In*: TIMM, Luciano Benetti. *Direito e economia no Brasil*. São Paulo: Atlas, 2012. p. 404-416.

[296] SAMPAIO, Patrícia; ARAÚJO, Thiago. Previsibilidade ou resiliência? Notas sobre a repartição de riscos em contratos administrativos. *Revista de Direito da Procuradoria Geral*, Rio de Janeiro, edição especial: Administração Pública, risco e segurança jurídica, p. 311-333, 2014. p. 311-333.

[297] LOFGREN, Karl-Gustaf; PERSSON, Torsten; WEIBULL; Jorgen W. Markets with Asymmetric Information: The Contributions of George Akerlof, Michael Spence and Joseph Stiglitz. *The Scandinavian Journal of Economics*, [s. l.], v. 104, n. 2, p. 195-211, jun. 2002.

para tomar medidas observáveis e dispendiosas para sinalizar, de forma crível, as suas informações privadas aos agentes não informados, de modo a melhorar os seus resultados no mercado". Em prosseguimento, os autores concluem que "esses modelos têm sido utilizados para explicar a emergência de muitas instituições sociais que combatem os efeitos negativos das assimetrias de informação". A assimetria de informações entre Poder Concedente e Concessionária faz com que o Principal tenha de estabelecer um sistema de incentivos, que sirva para que o Agente revele informações a propósito da adequada prestação do serviço público que lhe foi delegado.

Tal se passa, por intermédio da obrigatoriedade de participação do verificador independente nas aferições de desempenho, o qual atua como "uma ferramenta útil às partes e, especialmente, à própria parceria, justamente por viabilizar o gerenciamento de dados com o devido distanciamento entre as partes, identificando não apenas eventuais falhas da concessionária, mas permitindo também a revisão contínua dos indicadores contratuais, de modo a adequá-los às inovações tecnológicas e demais transformações circunstanciais que se apresentem no decorrer do tempo".[298]

Conforme dispõe o Manual de Parcerias do Estado de São Paulo,[299] o verificador independente é uma entidade imparcial, não vinculada à Concessionária e nem ao Estado, "que atua de forma neutra e com independência técnica, fiscalizando a execução do contrato e aferindo o desempenho da Concessionária com base no sistema de mensuração e desempenho (indicadores de qualidade) e no mecanismo de pagamento, constantes no edital". De acordo com o documento, a contratação do verificador é oportuna, em especial, em projetos cuja aferição dos padrões de qualidade dos serviços apresentam

---

[298] COHEN, Isadora; RIOS, Jéssica Loyola Caetano. O papel do verificador independente na gestão pró-resultados. *Jota:* Jornalismo e Tecnologia, [s. l.], 5 fev. 2021. As autoras também destacam que "é importante notar que o processo de monitoramento e controle contratual conduzido pelo Verificador Independente é aberto à participação ativa das partes, que podem contribuir para a avaliação dos subsídios relativos à performance da concessionária na prestação dos serviços, assim como para a própria modernização do contrato. Assim, o Verificador Independente atua na interlocução entre as partes e no gerenciamento das informações, conferindo-lhes o tratamento adequado para que possa, então, auxiliá-las no aperfeiçoamento dos processos de monitoramento contratual, no desenvolvimento de plataformas e sistemas modernos de controle de desempenho, na gestão de pleitos, no cálculo da remuneração da concessionária e na promoção das alterações que são comuns a esses contratos".

[299] Disponível em: https://www.parcerias.sp.gov.br/parcerias/docs/manual_de_parcerias_do_estado_de_sao_paulo.pdf. Acesso em: 09 jul. 2024.

grande complexidade, dependendo da aplicação de metodologias que "demandem conhecimentos específicos por parte dos responsáveis por sua avaliação".[300]

O Manual paulista aponta, ainda, as seguintes vantagens da contratação do verificador independente: (i) capacidade de reunir, com maior facilidade, um corpo de profissionais qualificados nos diversos setores necessários para a adequada avaliação dos serviços desempenhados; (ii) maior garantia de imparcialidade em relação às partes do contrato; (iii) consequente desempenho das suas atividades com maior neutralidade; e (iv) aumento da transparência na execução dos serviços, pois as informações detidas pelo verificador independente, em regra, devem ser colocados à disposição da Administração Pública e dos usuários.

Além disso, mencione-se o Manual para a Estruturação de Verificadores Independentes elaborado pelo Estado de Minas Gerais,[301] segundo o qual o papel do verificador independente é exercido em função do equilíbrio de interesses das partes e na mitigação dos riscos inerentes a relação contratual firmada. O Manual do Estado de Minas Gerais foi, inclusive, referenciado pelo Banco Mundial,[302] no Módulo II do guia de referência de PPPs, que analisa alternativas para o monitoramento de desempenho da concessionária. O Banco Mundial elenca a verificação de desempenho, por entidades externas dotadas de confiabilidade, como diretriz de melhor prática de gestão contratual de contratos de concessão.

Em sentido similar, o *Global Infrastructure Hub*[303] ressalta a importância do monitoramento conduzido por entidade independente como reflexo de projetos complexos. Trata-se de mecanismo que oferece uma salvaguarda adicional a fim de garantir um padrão mínimo de qualidade do serviço prestado. Essa compreensão é também

---

[300] O manual aponta que a contratação de verificador independente é prevista nos seguintes contratos celebrados pelo Estado de São Paulo: PPP Alto Tietê, PPP dos Complexos Hospitalares do Estado de São Paulo, PPP da Linha 4 do Metrô, PPP da Linha 6 do Metrô, PPP da Frota de três da Linha 8, PPP da Linha 18 do Metrô, PPP da Habitação Social do Estado de São Paulo, PPP da Fabricação de Medicamentos e PPP São Lourenço.

[301] Disponível em: https://www.mg.gov.br/system/files/media/planejamento/documento_detalhado/2022/parcerias-publico-privadas/csb00061_book_ppp-governo_de_minas_final.pdf. Acesso em: 05 jul. 2024.

[302] WORLD BANK. *PPP Reference Guide 3.1*: Module 2: Establishing the PPP Framework. Washington, DC: World Bank Group, 2021.

[303] Disponível em: https://managingppp.gihub.org/report/construction-and-operations-routine-contract-management/performance-monitoring/background/. Acesso em: 08 jul. 2024.

compartilhada pela APMG International,[304] organização global especializada em credenciamento e em certificação. O *independent certifier* seria um *expert* no projeto concedido, cujas funções principais são de inspeção e de monitoramento do desempenho do parceiro privado. Além disso, o verificador independente deve estar fora do âmbito de influência de quaisquer das partes, de sorte que seja garantida a sua atuação imparcial.

Além disso, é de se referenciar, a título de *benchmark* internacional, que o Departamento de Programas Internacionais da Administração Federal das Ferrovias dos Estados Unidos[305] conduziu estudos e elaborou um manual com base em práticas e em padrões de regulação de PPPs. A conclusão a que chegou a entidade estadunidense é no sentido de que a maioria dos países utiliza um verificador ou revisor independente para monitorar as fases construtiva e operacional das concessões. A figura do verificador independente, inclusive, é prevista nas *Guidelines* sobre concessões nacionais da Austrália.[306] No modelo australiano, o verificador independente é nomeado de forma conjunta pelo governo e pelo parceiro privado para realizar funções específicas de análise e de certificação em relação ao projeto, também sendo possível assistir em disputas técnicas.

Não foi por outra razão que o art. 7º, parágrafo único, do Decreto nº 9.957/2019, ao regulamentar o procedimento relicitatório, prescreveu que "a agência reguladora competente contratará empresa de auditoria independente para acompanhar o processo de relicitação do contrato de parceria, o cumprimento das obrigações assumidas no termo aditivo e as condições financeiras da sociedade de propósito específico". O art. 11, §3º, do referido decreto, prevê, ainda, que "o cálculo da indenização de que trata o *caput* será certificado por empresa de auditoria independente de que trata o parágrafo único do art. 7º". Note-se a diferença redacional entre os dispositivos: (i) enquanto o art. 7º, parágrafo único, exige que o verificador independente acompanhe o cumprimento das obrigações assumidas no termo aditivo; (ii) o art. 11, §3º, abre a possibilidade de

---

[304] Disponível em: https://ppp-certification.com/ppp-certification-guide/71-understanding-monitoring-performance-and-risk-monitoring. Acesso em: 08 jul.2024.

[305] Disponível em: https://international.fhwa.dot.gov/pubs/pl09010/06.cfm. Acesso em: 08 jul. 2024.

[306] Disponível em: https://www.infrastructure.gov.au/sites/default/files/migrated/infrastructure/ngpd/files/Volume-7-Commercial-Principles-for-Economic-Infrastructure-Feb-2011-FA.pdf. Acesso em: 08 jul. 2024.

que o cálculo da indenização pelos bens reversíveis não amortizados seja certificado pelo auditor independente.

Daí se poder concluir que, na prática, a atuação do verificador faz parte do plexo de obrigações atinentes à regulação de monitoramento do instrumento contratual, por meio da qual é estabelecido um sistema de fiscalização do cumprimento das obrigações de desempenho. A diferença entre o monitoramento realizado pelo regulador e pelo verificador independente é que este agente é, justamente, vocacionado para combater o risco moral, o efeito hold up e a assimetria de informações.

CAPÍTULO 3

REGULAÇÃO EXPERIMENTAL

3.1 Experimentalismo regulatório

A noção de experimentalismo pode ser encontrada em estudos como o de Roberto Mangabeira Unger e Charles Sabel[307] os quais, inspirados no trabalho de John Dewey, propõem que as políticas públicas sejam revisadas à luz da experiência prática. Nesse sentido, o Estado define objetivos e coordena diversas entidades que, de forma descentralizada, operarão em regimes colaborativos e participativos, capazes de aproveitar o aprendizado institucional obtido contextualmente.[308] Trata-se de uma visão que congrega o entendimento segundo o qual as instituições são dinâmicas, e não estáticas, uma vez que os arranjos institucionais são experimentados e revisados

---

[307] Charles Sabel e William H. Simon reconhecem que a expressão é tomada da filosofia política de Dewey. Cf.: SABEL, Charles; SIMON, William. Minimalism and Experimentalism in the Administrative State. *Columbia Public Law & Legal Theory Working Papers*, n. 53, 2011. p. 26.

[308] Comentando a importância da expansão do método experimentalista para além das fronteiras do campo científico, ao campo dos estudos sociais, Mangabeira Unger afirma: "entendemos como as coisas funcionam ao descobrir sob que condições, em que direções e dentro de que limites elas podem mudar. A inclusão de fenômenos reais em um campo maior de oportunidades não aproveitadas não é, para a ciência, uma conjectura metafísica: é um pressuposto operativo indispensável. O que vale para a ciência natural vale com grande força para toda a gama de estudos sociais e históricos. Juízos de possibilidade contrafática, em grande medida implícitos, informam nossa percepção acerca de sequências reais de mudança histórica e de forças reais na vida em sociedade" (UNGER, Roberto Mangabeira. *O direito e o futuro da democracia*. Tradução Caio Farah Rodriguez e Marcio Soares Grandchamp. São Paulo: Boitempo, 2004. p. 11).

continuamente.[309] Desse modo, o experimentalismo se baseia em um aprendizado contextual, o qual fornece um insumo (*input*) para a remodelagem das políticas pelo governo.[310]

Foi John Dewey quem, associando o pragmatismo[311] a ideias de instrumentalismo e de experimentalismo, asseverou que um sistema de regras jurídicas deve ser subserviente aos resultados práticos que produz; para isso, deve considerar dados concretos e econômicos, tendo em vista tratar-se de "necessidade social e intelectual que o direito seja marcado por uma lógica mais experimental e mais flexível".[312] Nesse contexto, o direito precisa ser discutido "em ambiente social concreto, e não no vácuo comparativo das relações normativas endógenas e despreocupadas com a vida social".[313] Segundo David Trubek, o experimentalismo institucional demanda a adoção de arranjos jurídicos experimentais em um setor específico da economia que possuam ao mesmo tempo estabilidade e flexibilidade. A estabilidade significa que, salvo a ocorrência de acontecimentos novos, o modelo que esteja fornecendo resultados positivos irá se manter.[314] Por outro lado, a flexibilidade assegura que, à medida que a execução da política forneça o *feedback* necessário, seja possível a fácil revisão dos arranjos estabelecidos.

---

[309] RIBEIRO, Leonardo Coelho. O direito administrativo como caixa de ferramentas e suas estratégias. *Revista de Direito Administrativo*, Rio de Janeiro, v. 272, p. 209-249, 2016.

[310] DEWEY, John. *The Public and Its Problems*: An Essay in Political Inquiry. University Park: Pennsylvania State University, 2012. p. 56-57.

[311] Para uma síntese do pragmatismo filosófico, amparado na tríade do antifundacionalismo, consequencialismo e contextualismo: RIBEIRO, Leonardo Coelho. *O direito administrativo como "caixa de ferramentas"*: uma nova abordagem da ação pública. São Paulo: Malheiros, 2016; POGREBINSCHI, Thamy. *Pragmatismo*: teoria social e prática. Rio de Janeiro: Relume Dumará, 2005.

[312] DEWEY, John. *The Essential Dewey*: pragmatism, education, democracy. Indianapolis: Indiana University Press, 1998. v. 1. p. 361.

[313] GODOY, Arnaldo Sampaio de Moraes. *Introdução ao realismo jurídico norte-americano*. Brasília, DF: edição do autor, 2013. p. 57.

[314] Segundo David Trubek: "o comprometimento com a experimentação cria a necessidade de arranjos flexíveis, especializados e facilmente revisáveis. Tais arranjos são necessários no nível procedimental e substantivo. Arranjos procedimentais são necessários para gerenciar o tipo de colaboração público-privada exigida para identificar novos mercados, produtos e processos. Arranjos substantivos são necessários para garantir o tipo de regime regulatório especializado que melhor se compatibiliza para evocar o investimento privado e garantir que ele sirva ao interesse público. Considerando que o principal ponto desse exercício é tentar novas ideias e buscar novos caminhos, parece que procedimentos necessitam permitir o máximo de flexibilidade e arranjos substantivos devem ser fácil e rapidamente revisáveis" (TRUBEK, David. Developmental States and the Legal Order: Towards a New Political Economy of Development and Law. *University of Wisconsin Law School*, [s. l.], n. 1075, 2009. p. 20).

Para procedimentalizar a abordagem, Charles F. Sabel e William H. Simon esquematizam o experimentalismo em quatro elementos básicos: (i) metas estruturais (*framework goals*) e parâmetros provisoriamente estabelecidos para verificar seu sucesso; (ii) outorga de ampla discricionariedade às unidades locais para perseguir seus fins de modo próprio; (iii) como condição dessa autonomia, tais unidades locais devem reportar regularmente seu desempenho e participar de uma revisão por pares, na qual os resultados são comparados com o de outras unidades que usam meios distintos para os mesmos fins; e (iv) as metas, parâmetros e procedimentos de tomada de decisão devem ser periodicamente alterados de acordo com a resposta obtida no processo de revisão. Esse desenho institucional seria, então, o mais capaz de estimular a descentralização e o aprendizado na execução de ações públicas.[315] Em outras palavras, o experimentalismo pode ser entendido como "um processo recursivo de estabelecimento de metas provisórias, baseado no aprendizado, a partir da comparação de abordagens alternativas, para avançar com as metas em diferentes contextos".[316]

Em um mundo de mudanças rápidas, no âmbito do qual tem lugar a erosão de fontes formais do direito, regras fixas escritas por uma autoridade hierárquica podem se tornar obsoletas quando atores econômicos precisam encontrar soluções conjuntas e rápidas para problemas comuns, por meio de processos experimentais de tentativa e erro.[317] David Wolfe destaca que um desafio chave na exploração da aplicabilidade do experimentalismo é determinar quais critérios sociais e institucionais subjacentes podem contribuir para o sucesso dessa abordagem, bem como saber se ela pode ser aplicada em todas as regiões.[318] Isso porque o experimentalismo regulatório não funciona, necessariamente, para todas as regiões, em especial,

---

[315] SABEL, Charles; SIMON, William. Minimalism and Experimentalism in the Administrative State. *Columbia Public Law & Legal Theory Working Papers*, n. 53, 2011. p. 27.
[316] SABEL, Charles; ZEITLIN, Jonathan. Experimentalist Governance. *In:* LEVI-FAUR, David (ed.). *The Oxford Handbook of Governance*. Oxford: Oxford University Press, 2012. p. 169.
[317] Kevin Morgan denomina o fenômeno de giro experimentalista: "The model of experimentalist governance developed by Charles Sabel *et al*. was originally conceived as a response to the perceived failure of 'command and control' governance mechanisms, a process that obliged front line actors to find joint solutions to common problems through experimental trial and error processes" (MORGAN, Kevin. Experimental Governance and Territorial Development. Paris: OECD, 2018. p. 6).
[318] WOLFE, David. *Experimental Governance*: Conceptual Approaches and Practical Cases. Paris: OECD, 2018. p. 4.

quando se consideram fatores como os diferentes níveis de capacidade institucional e a ausência de atores colaborativos subjacentes.

Tal conceito se relaciona, intimamente, com os conceitos de reflexividade e de aprendizagem institucional (ou aprendizagem por monitoramento).[319] De acordo com Anthony Giddens, a reflexividade se fundamenta nas estruturas de prática social, podendo ser entendidas como o caráter monitorado do fluxo contínuo de vida social.[320] A forma de aprendizagem reflexiva requer a capacidade de automonitoramento e de conseguir aprender com o fracasso e o sucesso passado (*to learn how to learn*). Em outras palavras, é a "capacidade de aplicar a memória institucional para monitorar seu próprio progresso na adaptação às mudanças em curso no ambiente".[321] Ash Amin destaca quatro princípios fundamentais na abordagem experimentalista: (i) grau de pluralismo na tomada de decisões, que envolve delegação da autoridade decisória aos órgãos estatais onde a política regulatória pode ser melhor alcançada; (ii) noção de que o Estado pode fornecer liderança estratégica e capacidade de coordenar; (iii) democracia dialógica, envolvendo a capacidade de formar consensos duradouros por meio da interação; e (iv) compromisso com o processo de práticas democráticas, abertas e transparentes.[322]

Por sua vez, Kevin Morgan assevera que o experimentalismo envolve uma arquitetura de quatro elementos ligados em um ciclo interativo: (i) as metas e métricas de estrutura ampla são estabelecidas provisoriamente por unidades centrais e locais; (ii) as unidades locais recebem ampla autonomia para alcançar as metas à sua própria maneira; (iii) como condição de tal autonomia, as unidades locais devem informar regularmente sobre seu desempenho e participar de revisões, nas quais os resultados são comparados com outros que utilizam meios diferentes para o mesmo fim; e (iv) as metas, métricas e procedimentos de tomada de decisão são revisadas por diferentes atores, dando resposta aos problemas e possibilidades reveladas durante o processo de revisão.[323]

---

[319] WOLFE, David. *Experimental Governance*: Conceptual Approaches and Practical Cases. Paris: OECD, 2018. p. 6.

[320] GIDDENS, Anthony. *The Constitution of society*: outline of the theory of structuration. Berkeley: University of California Press, 1984.

[321] WOLFE, David. *Experimental Governance*: Conceptual Approaches and Practical Cases. Paris: OECD, 2018. p. 6.

[322] AMIN, Ash. Beyond Associative Democracy. New Political Economy, [s. l.], v. 1, n. 3, p. 309-333, 1996. p. 309.

[323] MORGAN, Kevin. Experimental Governance and Territorial Development. Paris: OECD, 2018. p. 8.

Assim, o experimentalismo regulatório pode ser sistematizado em duas proposições:[324] (i) a capacidade de aprendizado por monitoramento; e (ii) o grau de autonomia concedido às unidades locais, na governança multinível.[325] A ideia de aprender por meio do monitoramento subjacente ao conceito de experimentalismo pode ser integrada à literatura regulatória, na medida em que se considere que os resultados da regulação dependem da interação entre diferentes atores sociais e econômicos, incluindo, por exemplo, agentes reguladores nacionais, regionais e locais, setor privado e organizações sem fins lucrativos. Nesse sentido, a qualidade da regulação pode não resultar da performance de um ator específico, mas de sua interação sociopolítico-administrativa, holística e consequencialista, entre um feixe de entes públicos e privados.

Nesse contexto é que Juliana Bonacorsi de Palma, com a precisão que lhe peculiar, assevera que um programa visando à instituição da governança experimentalista deve combinar: definição clara de competências e deveres das entidades envolvidas; inclusão dos interessados não alcançados pelos debates públicos; definição de parâmetros que permitam a realização de análise retrospectiva; diferenciação entre erros honestos e corrupção; criação de mecanismos de revisão por pares na dinâmica da revisão da decisão pública (*peer review*); e divulgação dos valores do experimentalismo por meio de sua promoção.[326] O processo de experimentalismo institucional envolve, dessa forma, uma redefinição dos arranjos jurídicos, bem como uma reorganização das ferramentas jurídicas serviente a favorecer a experimentação de ações, no sentido de que elas sejam constantemente analisadas, de modo

---

[324] "This leads to a growing recognition that policy outcomes depend on the interaction among a wide range of social and economic actors, including sub-national and local governments, the private sector, voluntary, business and not-for-profit organizations. Distributed governance involves the combined resources of governmental and non-governmental actors in the form of horizontal, autonomous, self-organizing and 'self-governing interorganizational networks'. Associative governance is the process of managing networks of diverse actors, where notions of power rest more on mutual dependence among 'self governing' networks than on the traditional hierarchical exercise of authority" (WOLFE, David. *Experimental Governance*: Conceptual Approaches and Practical Cases. Paris: OECD, 2018. p. 7 e 9).

[325] MORGAN, Kevin. Experimental Governance and Territorial Development. Paris: OECD, 2018. p. 9.

[326] PALMA, Juliana Bonacorsi de. The Construction of the Experimentalist Governance in Brazil: Towards a New Role of the Law in Public Management. *Revista de Direito Público da Economia*, Belo Horizonte, ano 15, n. 58, p. 117-143, abr./jun. 2017.

a se sujeitarem a uma imediata e flexível revisão à luz das consequências observadas.[327]

O experimentalismo já vem sendo implementado, por intermédio de uma série de instrumentos temporários, destinados a testar uma nova política ou solução jurídica. Um desses instrumentos é, justamente, o *sandbox* regulatório (ou ambiente regulatório experimental). Trata-se de um tipo de experimentalismo estruturado, que permite o teste de serviços e de produtos, por meio do afastamento temporário do regime regulatório que lhe subjaz. É o que se passa a analisar, no tópico seguinte.

3.2 O *sandbox* regulatório – características e natureza jurídica

O *sandbox* é o instrumento regulatório, por meio do qual o regulador confere uma autorização temporária para que determinados agentes prestem serviços ou ofereçam produtos de sorte a lhe conferirem um "desconto regulatório", por assim dizer, em relação à regulação que lhe é reitora, desde que suas atividades estejam dentro de limites pré-estabelecidos.[328] Tais descontos regulatórios podem se manifestar de diferentes formas. As mais comuns são: (i) dispensa de observância de determinadas regras pelo participante do *sandbox;* (ii) concessão de um regime de registro ou autorização especial; e, ainda, (iii) suspensão de aplicação de eventuais penalidades ao particular que testará determinada atividade. De acordo com o Banco Mundial,[329] os *sandboxes* são programas regulatórios formais que reagem ao cenário de rápida mudança, baseando-se em evidências para aprender sobre como regular. Dessa forma, embora não haja uma abordagem única (*one-size-fits-all*) para a implementação do ambiente regulatório experimental, é possível extrair algumas de suas principais características da própria definição do instituto.

---

[327] Em sentido próximo: ZANATTA, Rafael Augusto Ferreira. *Direito, desenvolvimento e experimentalismo democrático*: um estudo sobre os papéis do direito nas políticas públicas de capital semente no Brasil. 2014. Dissertação (Mestrado em Direito) – Faculdade de Direito, Universidade de São Paulo, São Paulo, 2014. p. 71.

[328] COUTINHO FILHO, Augusto. Regulação "sandbox" como instrumento regulatório no mercado de capitais: principais características e prática internacional. *Revista Digital de Direito Administrativo*, v. 5, n. 2, 2018. p. 268-269.

[329] WORLD BANK. *Global Experiences from Regulatory Sandboxes*. Washington, DC: World Bank Group, 2020.

Nesse quadrante, o art. 2º, inciso II, da Lei Complementar nº 182/2021 (Lei das *startups*) define o *sandbox* regulatório como o "conjunto de condições especiais simplificadas para que as pessoas jurídicas participantes possam receber autorização temporária dos órgãos ou das entidades com competência de regulamentação setorial para desenvolver modelos de negócios inovadores e testar técnicas e tecnologias experimentais, mediante o cumprimento de critérios e de limites previamente estabelecidos pelo órgão ou entidade reguladora e por meio de procedimento facilitado". O *sandbox* regulatório se baseia em duas ideias básicas. A primeira é a criação de um ambiente para que os participantes possam experimentar e testar inovações em condições reais. A segunda é a atuação ativa do órgão regulador em propiciar um ambiente regulatório relaxado, embora sujeito a parâmetros de supervisão específicos e contínuos. A partir de tais quadrantes, a literatura internacional, sistematizada por Sofia Ranchordás,[330] identifica as seguintes características presentes nos ambientes regulatórios experimentais: (i) foco no avanço da inovação, por meio do alívio regulatório; (ii) definição de regras específicas de admissão dos participantes, incluindo a capacidade de os proponentes de desenvolver um produto ou serviço inovador e a real necessidade de o participante contar com o desconto regulatório; (iii) extensão restrita do desconto regulatório, que é limitado no tempo, bem como por requisitos pré-determinados; e (iv) determinação prévia das regras que irão reger o *sandbox*, inclusive sobre as circunstâncias que possam determinar a expulsão dos participantes.

Além disso, o projeto tem de contribuir para o aprimoramento setorial, e não ser equiparável aos negócios já disciplinados pela regulação vigente, justificando-se a concessão da autorização especial para o seu desenvolvimento temporário. Em razão disso, os reguladores procuram avaliar se os proponentes são "genuinamente inovadores, e se existe uma real necessidade do regime de *sandbox* para o desenvolvimento de suas atividades".[331] O objetivo dessa avaliação é, justamente, excluir os projetos que já são especificamente regulados.

---

[330] A autora ressalta que os *sandboxes* regulatórios são regulamentados em nível nacional, por reguladores específicos do setor que os estabelecem. Nesse sentido, cada *sandbox* pode variar de acordo com o que o regulador irá definir em termos de temas dos *sandboxes*, quais agentes poderão participar, o tipo de ambiente experimental e o desconto regulatório (teste, orientação sob medida, regulamentação de conforto, entre outros) (RANCHORDÁS, Sofia. Experimental Regulations and Regulatory Sandboxes: Law Without Order? *University of Groningen Faculty of Law Research Paper Series*, [s. l.], n 10, 2021. p. 8).

[331] COUTINHO FILHO, Augusto. Regulação "sandbox" como instrumento regulatório no mercado de capitais: principais características e prática internacional. *Revista Digital de Direito Administrativo*, v. 5, n. 2, 2018. p. 268 e 275-276.

Como visto, o *sandbox* regulatório tem por nota característica a temporariedade. O limite temporal é imposto por diversas jurisdições, como será doravante apresentado, com a finalidade de garantir que o desconto regulatório não viole a isonomia, bem como que o ambiente criado seja, efetivamente, experimental. O período pré-determinado deve ser aquele suficiente para que o regulador tenha condições de avaliar, ao cabo de seu termo, se o projeto desenvolvido deve ser enquadrado dentro de algum regime regulatório. Nada obstante, Aurelio Gurrea-Martinez e Nydia Remolina[332] observam que não há um limite de tempo ideal para a duração de um *sandbox* regulatório. O seu prazo dependerá do setor envolvido e também das políticas macroeconômicas.

Carina de Castro Quirino, Helena Gouvêa de Paula Hocayen e Marcella Brandão Flores da Cunha[333] lecionam que, "como todo experimento, o *sandbox* tem caráter temporário, definido de acordo com o tempo mínimo de testagem necessário para a coleta de informações sobre determinado produto ou serviço inovador. Desse modo, o instituto do *sandbox* – as regras que delimitam seu funcionamento geral dentro de uma determinada estrutura estatal – podem ser perenes, mas a sua execução sempre será restrita a um ciclo de testes e avaliação de resultados".

Em relação aos requisitos do ambiente experimental, a doutrina[334] sistematiza recomendações acerca os *standards*, que devem ser observados pelos participantes de tal expediente, delineados na figura abaixo colacionada:

---

[332] GURREA-MARTINEZ, Aurelio; REMOLINA, Nydia. Global Challenges and Regulatory Strategies to Fintech. *Banking & Finance Law Review*, Forthcoming, v. 36, n. 1, 2020. p. 26.

[333] QUIRINO, Carina de Castro; HOCAYEN, Helena Gouvêa de Paula; CUNHA, Marcella Brandão Flores da. *Sandbox* regulatório: instrumento experimentalista à disposição da Administração Pública local como suporte ao desenvolvimento econômico. *Revista de Direito Público da Economia*, [s. l.], ano 21, n. 84, 2023. p. 17.

[334] OLIVEIRA, Rafael Carvalho Rezende; CARMO, Thiago Gomes do. Estado consensual e os desafios da inovação: *Sandbox* regulatório como instrumento de experimentalismo controlado. *Revista Solução em Direito Administrativo e Municipal*, [s. l.], ano 3, n. 30, 2021. p. 72.

Figura 17 - Standards gerais do *sandbox*.

Critérios de admissão	a. O projeto deve ser inovador b. O produto ou serviço deve estar pronto e possuir reais condições de ser oferecido ao mercado c. O projeto deve ser capaz de gerar valor ao usuário
Standards a serem observados pelos participantes	a. Apresentação de documentos que certifiquem a existência, objeto social, regularidade fiscal e regulatória dos proponentes b. Identificação de um plano de negócios contendo riscos, problemas que serão solucionados e detalhamento do projeto c. Apresentação de um plano de contenção de possíveis riscos ou danos d. Previsão de como o projeto pode ser encerrado sem prejuízo aos usuários
Procedimento padrão	a. Estabelecimento da duração do projeto b. Definição do número de usuários e participantes do ambiente experimental (amostra ou grupo de controle) c. Comunicação quanto aos riscos que podem ser gerados e como mitigá-los d. Delimitação das informações que devem ser disponibilizadas periodicamente ao regulador

No que tange aos benefícios do ambiente regulatório experimental, o Tribunal de Contas da União (TCU)[335] destaca que a principal vantagem do *sandbox* regulatório é a criação de um ambiente de teste, no âmbito do qual terá lugar a flexibilização de regras, muitas vezes burocráticas e de difícil entendimento, fomentando a concorrência e a inovação. A Corte de Contas também observa que a flexibilização do ambiente regulatório experimental produz as seguintes externalidades positivas: (i) possibilidade de testar projetos inovadores com usuários reais; (ii) monitoramento e orientação específica do órgão regulador; (iii) fornecimento de subsídios para o aprimoramento das normas

---

[335] TRIBUNAL DE CONTAS DA UNIÃO. *Sandbox regulatório*. Brasília, DF: TCU, 2022. Em sentido semelhante: COUTINHO FILHO, Augusto. Regulação "sandbox" como instrumento regulatório no mercado de capitais: principais características e prática internacional. *Revista Digital de Direito Administrativo*, v. 5, n. 2, 2018. p. 271.

reguladoras, a partir da experiência adquirida; (iv) redução dos custos e do tempo necessário de maturação para desenvolver produtos e serviços, bem como de disponibilizá-los ao setor; e (v) redução dos riscos envolvidos no projeto.[336] Para além disso, o ambiente regulatório experimental possui a vantagem de reduzir a assimetria de informações e os custos de transação entre regulador e regulados, na medida em que o acompanhamento dos projetos por aquele fornece tratamento regulatório apropriado às atividades que seriam desenvolvidas em "zonas cinzentas", nas quais não seria possível determinar, com precisão, os limites da regulação e os impactos da atividade no setor.[337]

De fato, o regime experimental reduz a possibilidade de falta de articulação entre regulador e regulado.[338] Chris Brummer e Yesha Yadav[339] lecionam que as iniciativas de *sandbox* também promovem benefícios endógenos à regulação. É que, ao ver dos autores, os *sandboxes* podem "ajudar a avisar os reguladores de que suas regras podem não atender mais aos objetivos vislumbrados. Da mesma forma, os *sandboxes* podem ajudar a refinar e adicionar nuances em novas regulações", tendo em vista que os projetos experimentais poderão revelar se o padrão regulatório é insuficiente para disciplinar circunstâncias inéditas.

Nada obstante o conjunto de vantagens de se instituir um ambiente regulatório experimental, deve-se considerar que os *sandboxes* possuem custos que lhe são subjacentes. Do ponto de vista do regulador, o *sandbox* implica um esforço de suporte de longo prazo, que exigirá custos de treinamento e pessoal qualificado. Além disso, a implementação da regulação experimental requer um grau de sofisticação e independência do órgão regulador.[340] Nesse quadrante, Augusto

---

[336] Nas lições de Juliano Heinen: "a correção dos rumos da regulação é feita *ex ante* e em ambiente concreto, e isso pressupõe que o Estado tem o direito de errar. E, se isso é verdadeiro, esses erros ficam restritos ao framework regulatório restrito e experimentado" (HEINEN, Juliano. Regulação experimental ou *sandbox* regulatório: compreensões e desafios. *Revista da Faculdade de Direito da UFPR*, [s. l.], v. 68, n. 1, 2023. p. 124).

[337] COUTINHO FILHO, Augusto. Regulação "sandbox" como instrumento regulatório no mercado de capitais: principais características e prática internacional. *Revista Digital de Direito Administrativo*, v. 5, n. 2, 2018. p. 270.

[338] QUIRINO, Carina de Castro; HOCAYEN, Helena Gouvêa de Paula; DIAS, Thiago Ramos. *Sandbox* regulatório em prol do desenvolvimento econômico local. *Jota*: Jornalismo e Tecnologia, [s. l.], 14 maio 2022. Seção Inovação.

[339] "By testing the limits of regulation at its margins, they may offer larger benefits as outdated rules are updated for the wider market after real world experience" (BRUMMER, Chris; YADAV, Yesha. Fintech and the Innovation Trilemma. *The Georgetown Law Journal*, [s. l.], v. 107, n. 2, 2019. p. 295).

[340] GURREA-MARTINEZ, Aurelio; REMOLINA, Nydia. Global Challenges and Regulatory Strategies to Fintech. *Banking & Finance Law Review*, Forthcoming, v. 36, n. 1, 2020. p. 27.

Coutinho Filho[341] assevera que a configuração de um espaço de testes deve ser segmentada dentro da estrutura administrativa. Por tal razão, há a necessidade de se garantir recursos para que os órgãos responsáveis possam analisar tais pleitos de experimento, monitorar a sua evolução e avaliar os resultados dos projetos.[342] Assim, a adoção do *sandbox* regulatório deve ser acompanhada de uma avaliação do conhecimento, dos recursos, da estrutura e da credibilidade do órgão regulador *vis-à-vis* a demanda setorial pela implementação dessa ferramenta.

A utilização do *sandbox* também veicula a produção de determinados riscos. A tabela abaixo sistematiza os principais riscos apontados pela literatura especializada,[343] bem como as possíveis formas de sua mitigação:

Figura 18 - Principais riscos do sandbox e formas de mitigação.

Risco	Formas de mitigar
Alocação desmedida de vantagens àqueles que estão submetidos ao regime experimental	Imposição de salvaguardas e de requisitos que devem ser cumpridos pelos participantes
Criação de assimetrias regulatórias	Ato administrativo deve fundamentar o experimento e impor limite temporal
Sandbox pode não demonstrar como o projeto funcionará para todo setor	Instituir mecanismos efetivos para acompanhamento do projeto e só replicá-lo se houver garantias de que a amostra (grupo de controle) pode ser expandida

---

[341] COUTINHO FILHO, Augusto. Regulação "sandbox" como instrumento regulatório no mercado de capitais: principais características e prática internacional. *Revista Digital de Direito Administrativo*, v. 5, n. 2, 2018. p. 275.

[342] HEINEN, Juliano. Regulação experimental ou *sandbox* regulatório: compreensões e desafios. *Revista da Faculdade de Direito da UFPR*, [s. l.], v. 68, n. 1, 2023. p. 133.

[343] COUTINHO FILHO, Augusto. Regulação "sandbox" como instrumento regulatório no mercado de capitais: principais características e prática internacional. *Revista Digital de Direito Administrativo*, v. 5, n. 2, 2018. p. 273; HEINEN, Juliano. Regulação experimental ou *sandbox* regulatório: compreensões e desafios. *Revista da Faculdade de Direito da UFPR*, [s. l.], v. 68, n. 1, 2023. p. 128; BRUMMER, Chris; YADAV, Yesha. Fintech and the Innovation Trilemma. *The Georgetown Law Journal*, [s. l.], v. 107, n. 2, 2019. p. 295; RANCHORDÁS, Sofia. Experimental Regulations and Regulatory Sandboxes: Law Without Order? *University of Groningen Faculty of Law Research Paper Series*, [s. l.], n 10, 2021. p. 25-27. Em relação à generalização do experimento, esta dependerá, também, da metodologia adotada no experimento e da capacidade do regulador obter evidências para tirar conclusões mais amplas sobre o processo regulatório.

Uma das principais questões jurídicas atinentes ao *sandbox* diz respeito à natureza jurídica de tal instrumento. Mais do que uma questão teórica, trata-se de investigar se o ambiente regulatório experimental (espécie) pode ser enquadrado em alguma categoria jurídica já existente (gênero), de modo a atrair o regime jurídico correlato. Nesse quadrante, de forma preambular, é de se investigar se tal instrumento ostenta natureza jurídica de uma manifestação da função reguladora, ou se ele se enquadra na função administrativa de fomento, ambas lastreadas no art. 174 da CRFB. Em que pese a divergência sobre o tema,[344] a doutrina especializada costuma diferenciar o fomento e a regulação com base na ideia de que a regulação *determina* comportamentos, por meio de normas e sanções, enquanto o fomento os *incentiva*. Nas lições de Alexandre Santos de Aragão,[345] a distinção entre essas duas modalidades de atuação indireta do Estado na economia "é relevante porque os limites para a atuação coercitiva são maiores do que os limites da atuação por fomento, que pressupõe o consenso do particular, já que ninguém pode ser obrigado a receber benefícios do Estado".

É dizer, a diferença entre fomento e regulação reside no estímulo pelo qual o Estado atua na ordem econômica: enquanto a regulação oferece um estímulo coercitivo, o fomento oferece aos particulares incentivos para que realizem atividades de interesse coletivo. Daí porque alguns objetivos estatais só podem ser obtidos, por meio do fomento, e não pela regulação. A título exemplificativo, "não é possível ao Estado determinar que empresas se transfiram para uma região mais pobre do País para que a desenvolvam, mas é perfeitamente possível buscar que elas voluntariamente o façam, persuadindo-as por meio da concessão de isenções fiscais".[346] Neste mesmo sentido, como bem observa Floriano de Azevedo Marques Neto,[347] a principal diferença

---

[344] Parcela da doutrina entende que o desenvolvimento teórico e prático da regulação acabou abarcando o fomento. É a posição de Marcos Juruena Villela Souto (SOUTO, Marcos Juruena Villela. *Direito Administrativo das Concessões*. 5. ed. Rio de Janeiro: Lúmen Júris, 2004. p. 99) e de José Vicente Santos de Mendonça (MENDONÇA, José Vicente Santos de. *Direito constitucional econômico*: a intervenção do estado na economia à luz da razão pública e do pragmatismo. Belo Horizonte: Fórum, 2014. p. 320), ainda que os autores partam de fundamentos distintos.

[345] ARAGÃO, Alexandre Santos de. *Empresas estatais*: o regime jurídico das empresas públicas e sociedades de economia mista. Rio de Janeiro: Forense, 2017. p. 63.

[346] ARAGÃO, Alexandre Santos de. *Empresas estatais*: o regime jurídico das empresas públicas e sociedades de economia mista. Rio de Janeiro: Forense, 2017. p. 63.

[347] "A diferença entre uma e outra forma de ação estará, conforme acima apontado, na estrutura por ela adotada: se houver uma norma regulatória que deva necessariamente ser observada pelos agentes que nela se enquadrem, a ação estatal foi modelada a partir

entre essas duas funções estatais reside na consensualidade *versus* coercitividade: as medidas regulatórias incidem, de forma coercitiva, para todos os atores do setor regulado, ao passo que o fomento incidirá apenas para aqueles que aderirem ao seu regime jurídico. Tal não implica dizer que o fomento e a regulação não podem ter objetivos convergentes.

Isso porque uma medida regulatória também pode visar à "promoção de uma política pública, ou de determinada etapa da cadeia produtiva (menos atrativa)".[348] De outro lado, o fomento pode promover a regulação de um setor econômico, conduzindo-o para determinada direção, por intermédio de incentivos ou desestímulos. O fomento é um instrumento de intervenção do Estado na economia. E, sob essa ótica, permite a regulação do mercado, induzindo-o na realização, ou não, de determinados atos. Segue-se daí a afirmação de que a intervenção regulatória pode se materializar por meio do fomento. De fato, como bem assevera José Vicente Santos de Mendonça,[349] regular é criar a norma, fiscalizá-la, aplicá-la, compor controvérsias e induzir comportamentos. Nem por isso a regulação é uma "mistura simples de polícia, fomento, poder normativo, funções executivas. Ela é tudo isso, em alguns casos partindo de visões diferenciadas das noções clássicas", dentro de um todo coordenado, gerando novas possibilidades práticas de atuação. Nesse quadrante, o fomento, ao ver do autor, "existe na condição de técnica da regulação (ainda que não deixe, por isso, de ser fomento), mas ele e a regulação são coisas diferentes. Todo fomento é regulador, mas nem toda regulação se faz por intermédio do fomento".

Nas lições de Jordana de Pozas,[350] o fomento visa a "estimular os particulares a que, eles próprios, voluntariamente, desenvolvam atividades econômicas que cumpram as finalidades da Administração".

---

da coercitividade estatal, enquadrando-se na função regulatória – ainda que o objetivo visado seja o incentivo a um determinado setor" (KLEIN, Aline Lícia; MARQUES NETO, Floriano de Azevedo. Funções Administrativas do Estado. *In*: DI PIETRO, Maria Sylvia Zanella (coord.). *Tratado de direito administrativo*. São Paulo: Revista dos Tribunais, 2019. p. 424-425).

[348] KLEIN, Aline Lícia; MARQUES NETO, Floriano de Azevedo. Funções Administrativas do Estado. *In*: DI PIETRO, Maria Sylvia Zanella (coord.). *Tratado de direito administrativo*. São Paulo: Revista dos Tribunais, 2019. p. 425.

[349] MENDONÇA, José Vicente Santos de. *Direito constitucional econômico*: a intervenção do estado na economia à luz da razão pública e do pragmatismo. Belo Horizonte: Fórum, 2014. p. 319-320.

[350] POZAS, Jordana de. Ensayo de una teoría del fomento en el derecho administrativo. *Revista de Estudios Políticos*, [s. l.], n. 49, 1949. p. 46.

Dessa forma, é possível compreender o fomento como uma atividade administrativa, cuja finalidade precípua é a de incentivar ou efetivar um determinado setor para o atingimento de um fim público, por meio de incentivos positivos ou negativos de caráter não coativo. O fomento positivo reúne técnicas e instrumentos relacionados ao oferecimento, pelo Estado, de benefícios, a fim de estimular um determinado comportamento, por parte dos particulares. Já o fomento negativo está associado ao desincentivo de comportamentos contrários ao interesse coletivo perseguido.[351] Sobre o tema, José Vicente Santos de Mendonça,[352] com a precisão que lhe peculiar, sistematiza as principais características da função administrativa de fomento: (i) seu exercício se dá, num primeiro momento, sem coerção; (ii) não há qualquer obrigação de o particular aderir ao fomento; (iii) não se trata de liberalidade pública; (iv) é seletivo, porém não anti-isonômico; (v) é unilateral, tendo em vista que não há qualquer sujeito ativo para reclamar a execução da atividade fomentada; e (vi) é, em princípio, transitório.

Diante disso, tem-se que o *sandbox* se aproxima mais da função regulatória do que da função fomentadora. Como se verá nos tópicos doravante desenvolvidos, os regimes experimentais podem ser provocados pelos agentes privados. Em tal ambiente, a inovação é intrinsecamente difusa e inesperada. Assim é que não há como pré-determinar em que setor, área ou atividade será desenvolvido um projeto capaz de aprimorar a prestação de determinado serviço. Nesse sentido, o *sandbox* não se compatibiliza com a ideia de instrumento tão somente de fomento à disposição do Poder Público para indução de inovações.

Na verdade, o *sandbox* pode ser compreendido como um instrumento jurídico pragmático, procedimentalizado e consensual, empregado pela entidade reguladora para garantir o equilíbrio sistémico do subsistema regulado. Trata-se de um instrumento pragmático, porquanto contextual e consequencialista. Tanto assim é que o *sandbox* é desenvolvido por amostragem, gerando *outputs* (subsídios fáticos e jurídicos), que poderão ser utilizados pelo órgão regulador, durante a análise sobre necessidade de regular a atividade experimental desenvolvida, e qual a melhor forma de fazê-lo. Daí porque esses dados empíricos podem ser utilizados para a aferição dos efeitos

---

[351] ROCHA, Silvio Luis Ferreira da. *Terceiro Setor*. São Paulo: Malheiros, 2003. p. 21 e 22.
[352] MENDONÇA, José Vicente Santos de. *Direito constitucional econômico*: a intervenção do estado na economia à luz da razão pública e do pragmatismo. Belo Horizonte: Fórum, 2014. p. 323.

endógenos e exógenos da atividade experimental, contribuindo para o aprimoramento da qualidade regulatória e para a racionalidade dos atos emitidos pelo regulador. Procedimentalizado, porque se configura como uma sucessão encadeada de atos previamente orquestrados à produção de ato administrativo de consentimento. Consensual, porque, para sua utilização, necessita da participação do agente regulado e dos usuários atingidos pela amostra do ambiente regulatório experimental, seja pelo sistema *opt-in* ou *opt-out*. Além disso, o ambiente experimental resulta em uma ampla consensualidade, na medida em que o regular constrói uma matriz de interação direta e instantânea com os regulados que se submetem ao experimento. Nesse quadrante, temos para nós que o *sandbox* se insere mais como um instrumento da função reguladora do que como uma manifestação da função de fomento administrativo.

Para além disso, é de se investigar qual a natureza jurídica do título habilitante que franqueia o desenvolvimento de atividades experimentais em ambientes regulatórios controlados. Sobre o ponto, são precisas as lições de José Vicente Santos de Mendonça,[353] para quem os *sandboxes* implicam em *autorizações administrativas temporárias e vinculadas*, de parte a parte. Significa dizer que nem o particular pode descumprir os seus termos, nem o Poder Público poderá terminá-la, antes do prazo, sem qualquer fundamentação. De fato, o prazo de desenvolvimento do projeto constitui a própria condição da autorização. Dito em outros termos, o enquadramento no regime de *sandbox* só pode ser extinto pelo órgão regulador em casos pré-determinados, por exemplo, quando se concluir que os riscos atrelados à atividade superam seus benefícios.[354] Razão pela qual o regulador não detém discricionariedade absoluta para aprovar ou não o projeto proposto pelo agente privado, nem, após a sua aprovação, a sua exploração tem como nota característica a precariedade.

A noção de autorizações vinculadas não é novidadeira ao direito administrativo brasileiro. Ao longo do tempo, predominou o entendimento de que as autorizações seriam atos discricionários, unilaterais

---

[353] Conclui o autor no sentido de que "se [o ato autorizativo do *sandbox*] é autorização vinculada, o particular ou o ente público que romper com as condições terá cometido ato ilícito. Há medida judicial para retomar o experimento, ou, no limite, indenizar a parte cujas expectativas hajam sido rompidas" (MENDONÇA, José Vicente Santos de. Qual a natureza jurídica dos *sandboxes* regulatórios? *Jota:* Jornalismo e Tecnologia, [s. l.], 03 mar. 2020).

[354] COUTINHO FILHO, Augusto. Regulação "sandbox" como instrumento regulatório no mercado de capitais: principais características e prática internacional. *Revista Digital de Direito Administrativo*, v. 5, n. 2, 2018. p. 274-275.

e precários. Dessa forma, seriam diferentes de outros atos vinculados e estáveis, tais como as licenças. Nada obstante, a partir do advento da função reguladora, que passou a ser exercida, pela Administração Pública, as autorizações passaram a ser entendidas, também, como atos vinculados. Em primeiro lugar, porque a regulação pressupõe um viés de processualização dos interesses enredados em determinado sistema econômico. Em segundo lugar, em razão de sua necessária estabilidade, por ser insulada de influências políticas (designada de *regulatory commitment*). Nesse sentido, em razão da densificação normativa da função reguladora, o ordenamento jurídico caminhou na firme trilha de desconstruir o dogma doutrinário de acordo com o qual as designações de um ato administrativo, como licença e autorização, seriam critérios prestantes a qualificar um ato como discricionário ou vinculado. É exemplo dessa quebra de paradigma, justamente, a autorização vinculada, serviente a franquear a exploração dos serviços de telecomunicações, no regime privado, prevista no art. 131 da Lei nº 9.472/1997.[355]

Ao comentar as autorizações do setor de telecomunicações, Jacintho Arruda Câmara[356] leciona que o conceito de ato vinculado é trazido à competência para expedir autorizações, de modo que, "para exercê-la, a Anatel pode apenas verificar o cumprimento das condições previamente fixadas na legislação por parte da empresa requerente". Atendidas certas condições, surge o direito para a requerente de obter a autorização, ao passo que o órgão regulador não tem discricionariedade sobre a conveniência ou oportunidade de expedir tal ato.

Nesse quadrante, temos para nós, em consonância com José Vicente Santos de Mendonça, que o título habilitante por intermédio do qual o regulador instala o ambiente regulatório experimental ostenta natureza jurídica de autorização vinculada. Em termos práticos, isso importa dizer que: (i) atendidas as condições previamente estabelecidas pelo poder público, o particular tem o direito subjetivo de obter autorização para ingressar no ambiente regulatório experimental, realizando o teste de produtos e serviços, a ser disciplinado por um plexo de normativos regulatórios intermédios; (ii) o regime experimental

---

[355] MARQUES NETO, Floriano de Azevedo; FREITAS, Rafael Véras de. *Comentários à Lei nº 13.655/2018 (Lei de Segurança para a Inovação Pública)*. Belo Horizonte: Fórum, 2019. p. 100.

[356] CÂMARA, Jacintho Arruda. As autorizações da Lei Geral de Telecomunicações e a Teoria Geral do Direito Administrativo. *Revista de Direito de Informática e Telecomunicações*, [s. l.], v. 2, n. 3, 2007. p. 61.

se consubstancia em um regime regulatório constitutivo, de modo que, a partir de sua aprovação, exsurge uma miríade de direitos e deveres para as partes (agente privado, consumidores ou usuários e reguladores); (iii) a sua extinção não resta subsumida ao alvedrio do regulador, antes deve ser precedida de um devido processo legal, de cassação, no âmbito do qual sejam declinadas eventuais violações que foram perpetradas ao regime experimental, pelo agente privado, sendo lhe fraqueado o exercício do contraditório e da ampla defesa; (iv) caso o regime experimental seja extinto, sem qualquer motivação, antes decurso do prazo fixado no respectivo título habilitante, o poder público deverá indenizar o particular pelos investimentos realizados, durante o período experimental, a ser composto pelos danos emergentes e pelos eventuais lucros cessantes, sob pena de violação à segurança jurídica e de se configura-se uma expropriação do patrimônio privado.

3.3 *Sandbox* na ANTT

A Agência Nacional de Transportes Terrestres (ANTT) regulou a constituição e o funcionamento do ambiente regulatório experimental (*sandbox* regulatório), por intermédio da Resolução nº 5.999/2022. O modelo adotado pela ANTT permite que sejam propostos à agência temas, modelos de negócios inovadores, técnicas e tecnologias experimentais, que, a seu critério, poderão ser objeto de edital de participação para a concessão de autorização temporária em ambiente regulatório experimental. Além disso, a própria agência poderá instaurar tomada de subsídios ou qualquer outro meio de consulta prévia para colher sugestões de produto, serviço, solução ou exceção regulatória, bem como temas que se enquadrem no conceito de projeto inovador.

O art. 2º, inciso VI, da Resolução ANTT nº 5.999/2022 define como produto, serviço ou solução regulatória inovadora, a atividade que, cumulativamente ou não: desenvolva produto, serviço ou solução regulatória que ainda não seja oferecido ou com arranjo diverso do que esteja em vigor no setor de transportes terrestres; e utilize tecnologia inovadora ou faça uso inovador de tecnologia. Embora a participação no ambiente regulatório experimental esteja sujeita à publicação de edital de participação, pela ANTT, o art. 2º, §4º, da referida resolução, prescreve que qualquer interessado pode sugerir "temas, modelos de negócios inovadores, técnicas e tecnologias experimentais para, a critério da agência, serem objeto de edital de participação".

Nesse sentido, o art. 3º da Resolução ANTT nº 5.999/2022 estabelece que o processo de admissão de participantes no ambiente regulatório experimental será iniciado por meio de publicação do edital de participação, que conterá: (i) os prazos e procedimentos para a seleção das interessadas em participar do ambiente regulatório experimental; (ii) o prazo de participação no ambiente regulatório experimental, contados a partir da expedição da autorização temporária pela ANTT; (iii) os parâmetros de elegibilidade, a forma e os critérios que serão utilizados para a seleção das interessadas em participar do ambiente regulatório experimental; (iv) o número máximo de participantes que poderão ser selecionados para o ambiente regulatório experimental; (v) o mercado ou segmento alvo de atuação, as regras a serem afastadas, a região de atuação, os limites operacionais, caso necessário, incluindo informações sobre os possíveis usuários e as que a ANTT entenda necessárias para o adequado monitoramento do ambiente regulatório experimental; e (vi) o prazo para interposição e julgamento de recursos após análise de documentos de elegibilidade, de cancelamento, de suspensão da autorização temporária ou em face de razões de legalidade e de mérito.

Quanto ao âmbito de abrangência de participação no *sandbox*, a agência delimita a admissão no processo de seleção apenas para atividades outorgadas por concessão, permissão ou autorização pela ANTT, ou a consórcio de empresas, quando associadas a empresa regulada, na forma do art. 3º, §4º.[357] A resolução da ANTT define, ainda, normas sobre o segmento e as regras que podem ser afastadas (art. 10), medidas de segurança ao usuário (art. 11), a forma que será exarada a autorização temporária pela agência (art. 18), requisitos de monitoramento (art. 20), formas de encerramento do experimento (art. 22), casos de suspensão ou cancelamento da autorização temporária (art. 23) e como será o plano de descontinuidade das atividades (art. 25).

---

[357] No que tange aos critérios de elegibilidade para participação no experimento, o art. 8º, da Resolução ANTT nº 5.999/2022 estabelece o seguintes requisitos: (i) a interessada deverá ser pessoa jurídica de direito privado e prestar serviço de transporte terrestre; (ii) demonstrar capacidade suficiente para desenvolver a atividade pretendida, apresentando certidões negativas de falência e recuperação judicial, bem como capacidade técnica e econômico-financeira, definidas no edital de participação; (iii) declaração de compromisso em cumprir as obrigações; (iv) a interessada e seus administradores e sócios controladores não podem estar proibidos de contratar com a administração; e (v) demonstração de capacidade para instituir mecanismos de proteção aos usuários e de guardar registros e informações.

Nesse quadrante, o primeiro projeto de *sandbox* aprovado pela ANTT consiste no teste de pedagiamento em fluxo livre (*free flow*), com sistema de cobrança de tarifa sem desaceleração de veículos, nos locais delimitados para as praças de pedágio da BR-101/RioSP (Itaguaí, Mangaratiba e Paraty), em caráter temporário. Os pedágios eletrônicos visam a proporcionar vários benefícios para os usuários, tais quais a não necessidade de parar em praças de pedágios, maior segurança, recuperação da estrada, instalação de marcos quilométricos e de placas de sinalização e atendimento 24 (vinte e quatro) horas nos Serviços de Atendimento ao Usuários (SAU).

Outro projeto de *sandbox* implementado pela ANTT foi o teste operacional para a fiscalização e controle de peso de veículos em movimento, por meio de sistema de pesagem de veículos em alta velocidade (Sistema de Pesagem Dinâmica de Veículos em Velocidade da Via – HS-WIM), sem o uso da chamada balança lenta, para o trecho rodoviário sob administração da Concessionária Ecovias do Cerrado, BR-364 e BR-365.

Trata-se de projeto que objetiva conferir mais agilidade e fluidez aos usuários da rodovia e o procedimento observado para sua implementação se assemelhou ao praticado quando do *sandbox* regulatório de cobrança de pedágio em *free flow*: (i) instituição de Grupo de Trabalho; (ii) instauração de Tomada de Subsídios; (iii) Deliberação da ANTT aprovando o Termo de Referência de ambiente regulatório experimental; e (iv) celebração do Termo de Referência entre a ANTT e a Concessionária Ecovias do Cerrado.[358]

3.4 *Sandbox* na ANEEL

O *sandbox* regulatório foi debatido, inicialmente, no âmbito da Agência Nacional de Energia Elétrica (ANEEL), por ocasião do requerimento da Enel Distribuição São Paulo (Enel SP), visando à autorização da agência reguladora para implementar o projeto-piloto de oferta de autoleitura,[359] dentro da área de sua concessão, para usuários do

---

[358] No caso específico do *sandbox* regulatório da Ecovias do Cerrado, foi firmado ainda Termo Aditivo ao contrato de concessão de serviços públicos regulamentando as obrigações e os efeitos decorrentes da autorização concedida, em caráter temporário, para implementação e funcionamento do *sandbox* regulatório.

[359] Tratou-se de projeto que previu a utilização de autoleitura com a finalidade de minorar as consequências de impedimentos recorrentes de acesso pela distribuidora aos medidores. O processo foi autuado sob o nº 48500.000570/2019-11.

grupo B.³⁶⁰ O voto do Diretor-relator, Sandoval de Araújo Feitosa Neto, proferido em 06.08.2019, aduziu que, durante as discussões do projeto com a Enel SP, a diretoria da ANEEL estimulou que "o projeto-piloto apresentasse propostas mais inovadoras, utilizando avanços tecnológicos para aprimorar o processo de leitura e faturamento e, ao mesmo tempo, avaliando a resposta dos consumidores a dados e informações adicionais que permitissem uma melhor gestão de seu consumo".

Na visão do diretor, tais incorporações tecnológicas seriam avaliadas dentro de um modelo de "*sandbox* ou caixa de proteção regulatória, mecanismo de regulação que permite que os inovadores testem novos produtos, serviços e modelos de negócio, em um ambiente real". O voto aduz que o *sandbox* permite aos inovadores a oportunidade de "testar" determinada proposta regulatória, flexibilizar, remover ou modificar algumas regras, temporariamente, e/ou aplicar esses conceitos em uma região limitada. Cada teste pode ser então executado por um período definido com um número limitado de clientes. Os reguladores, ao flexibilizarem ou alterarem os regulamentos vigentes nesta área e neste tempo limitado, esperam que o estudo tenha objetivos explícitos de aprendizado para testar a viabilidade do modelo. No final do julgamento, todas as regras voltam a ser aplicadas normalmente, até a evolução definitiva da regulação. O inovador relatará o que aprendeu à Agência Reguladora, que irá considerar os resultados durante o desenvolvimento de regulamentações futuras.

Nesse sentido, a ANEEL considerou o *sandbox* como um instrumento que fornece "evidências para ajudar a entender se a regulamentação deve mudar permanentemente", razão pela qual "o órgão regulador e os formadores de políticas públicas precisam se munir de ferramentas regulatórias (como o *sandbox*) para permitir que as empresas de distribuição se preparem para atender a esses novos consumidores", valendo-se de "tecnologias modernas". Ao final, foi proferida autorização para "a implantação do *sandbox* do Projeto-Piloto denominado 'Autoleitura quando do impedimento de acesso', apresentado pela Enel SP", nos termos da Resolução Autorizativa ANEEL nº 8.059/2019.

---

³⁶⁰ Conforme dispõe o art. 2º, inciso XXIV, da Resolução Normativa ANEEL nº 1.000/2021, o grupo B é composto de unidades consumidoras com conexão em tensão menor que 2,3 kV e subdivididos em quatro subgrupos: residencial, rural, demais classes e iluminação pública.

Ressalta-se, ainda, o requerimento formulado pela Companhia Paranaense de Energia (Copel),[361] buscando autorização da ANEEL para realizar o projeto-piloto de chamada pública para contratação de energia elétrica proveniente de geração distribuída e, adicionalmente, estruturar e formar microrredes em áreas específicas da concessão da distribuidora. A Resolução Autorizativa ANEEL nº 9.224/2020, que autorizou a implantação do projeto-piloto, previu a duração máxima dos contratos de geração distribuída (cinco anos), o acompanhamento periódico da ANEEL, os critérios técnicos que deveriam ser respeitados e a responsabilidade da Copel pelo ressarcimento de eventuais danos elétricos causados a equipamentos de unidades usuárias.

Seguiu-se daí a abertura de processo específico pela agência reguladora, autuado sob o nº 48500.000444/2020-92, com o objetivo de avaliar a viabilidade de regular a "aplicação de projetos-pilotos de tarifas". A Nota Técnica nº 130/2021-SGT/ANEEL, juntada aos autos, observou que a criação de ambientes com requisitos regulatórios diferenciados, por período limitado (*sandbox*), tenha por finalidade propiciar a experimentação e a modernização da estrutura tarifária.

Nesse sentido, o corpo técnico da agência vislumbrou três linhas de atuação para conferir segurança e robustez aos projetos de experimentação: (i) regular a aplicação de projetos-pilotos, permitindo o desenvolvimento de pilotos com resultados consistentes, públicos e com potencial de absorção na modernização tarifária; (ii) instituição de um projeto-piloto de P&D de governança de *sandboxes* tarifários, permitindo atuação próxima da ANEEL na realização, acompanhamento e aprendizado dos projetos; e (iii) disciplina de chamadas públicas de *sandboxes* tarifários, incentivando a execução dos projetos de *sandbox*, por parte das distribuidoras.

Além disso, por intermédio da Nota Técnica nº 131/2021-SGT/ANEEL, o corpo técnico reforçou o compromisso da ANEEL em criar um ambiente de experimentalismo regulatório como "forma de dar tratamento aos necessários avanços na estrutura tarifária, buscando-se

---

[361] Requerimento autuado sob o nº 48500.005663/2019-24. A expectativa da distribuidora era de que o projeto permitisse a avaliação da qualidade do fornecimento com a inclusão da energia gerada por essas microrredes – tais quais a possibilidade de postergar investimento e de reduzir a demanda em horários de pico. Destaca-se nos autos o Memorando nº 288/2020, que ressalta a atuação de destaque da CVM no que concerne ao *sandbox*, dando ênfase à Instrução CVM nº 626, de 2020, bem como solicita à Superintendência da ANEEL a apreciação da conveniência e oportunidade de se incluir, na Agenda Regulatória de 2021/2022, disciplina específica para a proposição de *sandboxes* no setor elétrico nacional.

criar as condições para realização dos *Sandboxes* tarifários". De acordo com a nota técnica, o que "experiência nacional e internacional mostra é a necessidade de uma governança regulatória e técnica dos *Sandbox*, bem como convocação por parte dos Reguladores para interessados na participação dos *Sandboxes* tenham motivação e condições para o desenvolvimento dos projetos". Após a realização de consultas e audiências públicas,[362] a ANEEL aprovou a Resolução Normativa nº 966/2021, que disciplina o desenvolvimento e a aplicação de projetos-pilotos que envolvam faturamento diferenciado pelas concessionárias e permissionárias de serviço público de distribuição de energia elétrica. Para os fins do presente ensaio, convém destacar as seguintes disposições do ato normativo:

Figura 19 - Principais quadrantes do sandbox na ANEEL.

(continua)

Principais características da Resolução Normativa ANEEL nº 966/2021
As distribuidoras podem desenvolver projetos que envolvam o faturamento diferenciado e que visem: melhora do fator de carga, novas modalidades de faturamento, novas modalidades tarifárias, gerenciamento pelo lado da demanda, tratamento e incorporação de novos tipos de usuários e técnicas de economia comportamental (art. 2º)
A distribuidora deve apresentar à ANEEL, previamente ao início, plano de projeto que contenha, entre outras, as seguintes informações: objetivo, prazo, abrangência, metodologia de escolha dos participantes, grupo de controle, critérios de faturamento, orçamento preliminar, origem dos recursos e financiamento do projeto, riscos, plano de monitoramento e controle e proposta de indicadores para análise de resultados (art. 3º)
A ANEEL deliberará, caso a caso, sobre o afastamento temporário de regras e normas no contexto do projeto-piloto (art. 4º)

---

[362] O Diretor-relator Sandoval Feitosa, no voto que aprovou a instauração de consulta e audiências públicas, expôs ser necessário a criação de um regulamento específico (Resolução Normativa), a fim de estabelecer as diretrizes gerais dos *sandboxes* tarifários e a criação de sua forma de governança, bem como de uma chamada pública para incentivar a realização dos *sandboxes* tarifários. Assim, foram publicados os avisos de Audiência Pública ANEEL nº 23/2021 e de Consulta Pública ANEEL nº 49/2021, ambas datadas de 11.08.2021 e que possuem o mesmo escopo, ou seja, obter subsídios referentes à minuta de Resolução Normativa e à proposta de Projeto de Governança para aplicação de Projetos-Pilotos de Tarifas (*Sandboxes* Tarifários).

(conclusão)

Os projetos devem ser desenvolvidos em áreas previamente selecionadas pela distribuidora, sendo que o número de participantes do projeto deve corresponder a uma amostra representativa (arts. 5º e 6º)
As regras do projeto devem ser amplamente divulgadas aos usuários, com dever contínuo de transparência (arts. 7º e 8º)
A distribuidora pode utilizar recursos da conta de P&D para custear os projetos, mas deverá compensar no custeio eventual ganho de receita superior ao faturamento ordinário. O custeio do projeto pode, ainda, incluir prêmios e incentivos para a participação efetiva dos usuários (art. 10)
Os descontos tarifários ou novas tarifas propostas no âmbito do projeto não serão avaliados e considerados nos processos tarifários da distribuidora (art. 12)
A distribuidora deve desenvolver sistemática de monitoramento e análise dos resultados de acordo com o plano de projeto e encaminhar relatórios de acompanhamento à ANEEL, para subsidiar a tomada de decisão da agência (arts. 13 e 15)
A ANEEL poderá definir estrutura de governança específica de gestão e acompanhamento dos projetos (art. 16)

Posteriormente, a ANEEL aprovou outros atos normativos que tangenciam o *sandbox* regulatório. Cite-se, por exemplo, o art. 5º, §5º, da Resolução Normativa ANEEL nº 1.040/2022, que prescreve que o Operador Nacional do Sistema Elétrico (ONS) pode dispor, mediante autorização da agência, de produtos em ambiente regulatório experimental. Além disso, o subitem 3.6.3, da Resolução Normativa ANEEL nº 1.045/2022, que estabelece os Procedimentos do Programa de Pesquisa, Desenvolvimento e Inovação (PROPDI), prevê a aplicação de recursos regulados pela ANEEL para a realização de *sandboxes*. Por seu turno, a Resolução Normativa nº 1.062/2023 fez constar que o ONS "poderá dispor, mediante autorização específica da ANEEL, de produtos alternativos para prestação de serviços ancilares em ambiente regulatório experimental".

Seguiu-se daí a publicação de aviso de chamada pública tendo por objeto o "recebimento de Projetos de *Sandboxes* Tarifários, no âmbito do Projeto de Governança de *Sandboxes* Tarifários". O aviso contém, de modo objetivo, os requisitos, os proponentes admitidos e o cronograma com as etapas preliminares do *sandbox*. Em 18.04.2023, foi proferida a autorização da ANEEL, para o início de seis propostas de *sandboxes* tarifários,[363] orçados em R$ 76,7 milhões, dos quais R$ 61,2 milhões serão financiados pelo Programa de P&D gerido pela ANEEL. Entre os seis projetos escolhidos, cinco tratam de modalidades tarifárias e um, de modalidade de faturamento (pré-pagamento).[364]

Para além disso, a agência publicou, em 30.06.2023, o aviso de Tomada de Subsídios nº 9/2023, tendo por objeto "obter subsídios para o aprimoramento de propostas para estabelecer diretrizes para programas de ambiente regulatório experimental (*sandbox* regulatório), no setor elétrico".[365] Por meio da Tomada de Subsídios, ainda não concluída até o término do presente livro, a ANEEL visa a aprimorar os possíveis ambientes de testes, com flexibilização das regras regulatórias (*sandbox*), possibilitando o surgimento de projetos inovadores, o monitoramento e a fiscalização da agência, além da coleta de subsídios para o aprimoramento das normas regulatórias, baseando-se na experiência adquirida pela aplicação do ambiente experimental.

3.5 *Sandbox* na ANAC

A ANAC instaurou a Consulta Pública nº 04/2024, com o desiderato de receber contribuições acerca da proposta de resolução que tenciona disciplinar as regras para constituição e funcionamento de ambiente regulatório experimental (*sandbox* regulatório). A minuta de norma define *sandbox* como "condições especiais, limitadas e exclusivas, a serem cumpridas por pessoas jurídicas, por prazo limitado, na forma determinada por esta Resolução, edital ou Termo Específico de Admissão".

---

[363] Na forma do Processo nº 48500.004294/2022-58.

[364] Os aprovados são: (i) piloto de tarifa binômia aplicada a consumidores de baixa tensão (CPFL Santa Cruz, CPFL Piratininga, CPFL Paulista, RGE); (ii) *sandbox* tarifário – projeto piloto para consumidores residenciais (ENEL SP); (iii) *sandbox* tarifário – piloto de resposta da demanda na baixa tensão (EDP SP); (iv) aplicação conjunta de tarifas binômias na TUSD e time of use (TOU) na tarifa de energia para baixa tensão (Neoenergia Elektro, Neoenergia Brasília); (v) tarifa horo-sazonal-locacional – HSL (Equatorial AL, CEEE); e (vi) tarifa horária – time of use (TOU), dinâmica e pré-pagamento (Energisa Sul Sudeste, Energisa TO, Energisa PB).

[365] Disponível em: https://antigo.aneel.gov.br/web/guest/tomadas-de-subsidios?p_auth=Glj 3d82l&p_p_id=participacaopublica_WAR_participacaopublicaportlet&p_p_lifecycle=1 &p_p_state=normal&p_p_mode=view&p_p_col_id=column-2&p_p_col_count=1&_ participacaopublica_WAR_participacaopublicaportlet_ideParticipacaoPublica=3795&_ participacaopublica_WAR_participacaopublicaportlet_javax.portlet.action=visualizarPar ticipacaoPublica. Acesso em: 13 jan. 2024.

Nesse sentido, as autorizações temporárias, conferidas no âmbito do ambiente experimental, destinam-se ao desenvolvimento de atividade específica, em regime diverso daquele ordinariamente previsto na regulação vigente, inclusive por intermédio da dispensa de requisitos regulatórios e mediante fixação prévia de condições, limites e salvaguardas voltadas à proteção dos usuários e ao bom funcionamento da prestação dos serviços.

Para participar do *sandbox*, o proponente deverá oferecer um projeto inovador. A minuta de norma, em seu art. 2º, VI, conceitua projeto inovador como o "desenvolvimento de produto, serviço ou solução regulatória que seja oferecido ou desenvolvido a partir de tecnologias existentes, aplicadas de modo diverso, ou de novas metodologias, processos ou procedimentos".

Como delineado pela Consulta Pública nº 04/2024, o *sandbox* visa a permitir o desenvolvimento de novas soluções na aviação civil, que se mostrem incompatíveis com o marco regulatório em vigor e o avanço da regulação setorial. Daí porque o regime experimental tem, como uma de suas finalidades, aprimorar o arcabouço regulatório da ANAC, além de modernizar o ambiente de negócios da aviação civil, atrair investimentos e promover competição no mercado. O art. 4º da minuta de norma, sugere que os participantes podem ser admitidos no regime experimental das seguintes formas: (i) por intermédio de edital de chamamento, o qual disporá sobre os temas de interesse prioritário da ANAC, a forma de acompanhamento do projeto, os parâmetros de elegibilidade, os critérios de seleção, a quantidade máxima de participantes, o prazo de validade e as obrigações incidentes; ou (ii) por meio de qualificação direta da entidade interessada, da perspectiva de conveniência administrativa, considerando o impacto do projeto para o avanço da regulação setorial.

Além disso, a minuta de norma contém disposições sobre os critérios de admissão no *sandbox* (art. 5º), sobre o regime de monitoramento a ser realizado por comissão específica, designada de Comissão de *Sandbox* (art. 7º), e acerca das possíveis formas em que o *sandbox* regulatório pode ser encerrado (art. 8º a 10). A Nota Técnica[366] que apresentou as razões que motivaram a ANAC a propor resolução disciplinando o *sandbox* indicou que o ambiente regulatório

---

[366] Disponível em: https://www.gov.br/anac/pt-br/acesso-a-informacao/participacao-social/consultas-publicas/consultas/2024/cp-04-2024/cp-04-2024-justificativa.pdf. Acesso em: 08 ago. 2024.

experimental "costuma ser organizado e gerenciado caso a caso, pois cada projeto deverá ter características únicas". Assim, o *sandbox* tem como principais características: (i) ser temporário; (ii) utilizar uma abordagem de tentativa e erro; e (iii) envolver a colaboração entre regulador e regulado. Daí porque, "como é um mecanismo focado na experimentação com o objetivo de posterior adequação normativa, atenção especial deve ser dada para a interação entre regulador e regulado, no monitoramento do projeto e na coleta de informações relevantes para subsidiar as futuras decisões regulatórias".

3.6 *Sandbox* no Bacen

O Banco Central do Brasil (BCB) foi uma das primeiras entidades administrativas que adotou medidas a fim de regulamentar o *sandbox* regulatório. Em 2019, a aludida autarquia divulgou a Consulta Pública nº 72, a fim de colher contribuições a respeito da proposta de atos normativos dispondo sobre o Ambiente Controlado de Testes para Inovações Financeiras e de Pagamento. No ano seguinte, foi editada a Resolução BCB nº 29/2020, regulamentando as diretrizes e condições para funcionamento do *sandbox* regulatório. De acordo com a referida resolução, o BCB operacionaliza o *sandbox* regulatório, por meio de ciclos, com duração de um ano, prorrogável uma única vez por igual período. Além disso, a resolução determina que cada ciclo seja disciplinado por uma norma específica, que estabeleça o período de duração, o número máximo de participantes, a documentação necessária para inscrição, o cronograma das fases de inscrição e de autorização, bem como as prioridades estratégicas do BCB.

Para além disso, haverá, ao longo do ciclo, acompanhamento quanto à execução dos projetos, em especial, se o fornecimento de produtos e serviços estão sendo satisfatórios. Caso positivo, o regulador poderá promover eventuais ajustes na regulação e permitir que esses produtos e serviços sejam fornecidos, de maneira permanente, no Sistema Financeiro Nacional e no Sistema de Pagamentos Brasileiro. Os participantes, ao final do ciclo, poderão solicitar ao BCB autorização definitiva para operar. Nesse cenário, o *sandbox* regulatório do Banco Central do Brasil foi inaugurado, em 2021, com o Ciclo 1, por intermédio da aprovação da Resolução BCB nº 50/2020, que dispôs sobre os requisitos para instauração e execução do ambiente experimental, bem como sobre os procedimentos e requisitos aplicáveis à classificação e à autorização para participação de projetos de *sandbox* regulatório.

O BCB editou, ainda, a Resolução BCB nº 77/2021, que instituiu o Comitê Estratégico de Gestão do *Sandbox* Regulatório (CESB), com a atribuição de atuar nos processos atinentes ao Ambiente Controlado de Testes para Inovações Financeiras e de Pagamento. A seleção e classificação dos projetos submetidos ao *sandbox* do BCB é feita pelo CESB e entre as suas competências, destacam-se: (i) autorizar a participação dos projetos, seguindo os parâmetros estabelecidos na regulação em vigor; (ii) requisitar e receber, a qualquer tempo, informações complementares dos projetos que se inscrevam na ação; (iii) requisitar e receber, a qualquer tempo, informações complementares dos projetos que se inscrevam na ação; (iv) deliberar sobre a necessidade de adoção ou de alteração de requisitos técnicos, operacionais ou de negócio dos projetos selecionados, bem como de requisitos organizacionais dos participantes; (v) comunicar à Diretoria Colegiada do BCB os projetos selecionados e, anualmente, elaborar relatório com o resumo das deliberações do Comitê e o desempenho dos projetos em curso; e (vi) decidir sobre o cancelamento de projetos; entre outras competências.

3.7 *Sandbox* no Município do Rio de Janeiro

Em 12 de janeiro de 2022, o Município do Rio de Janeiro publicou o Decreto nº 50.141, que dispõe sobre as diretrizes para criação e funcionamento de ambiente regulatório controlado (*sandbox* regulatório), sob a gerência da Subsecretaria de Regulação e Ambiente de Negócios, da Secretaria de Desenvolvimento Econômico, Inovação e Simplificação (DEIS/SUBRAN), no âmbito municipal. O ambiente regulatório controlado – expressão utilizada como sinônimo de *sandbox* – foi definido como instrumento de teste de processos, procedimentos, serviços ou produtos que não se enquadram no cenário regulatório pré-existente, permitindo-se o afastamento das regras e normativas aplicáveis, de modo controlado, sob período determinado e previamente estabelecido, sob um conjunto específico de diretrizes, pelo Poder Público (art. 4º, inciso I).

O processo de seleção de participantes para os projetos de *sandbox* terá início, por meio de comunicado divulgado na página da internet da DEIS/SUBRAN, que indicará o cronograma, os critérios de elegibilidade dos participantes, o conteúdo exigido das propostas e os critérios de seleção e priorização. Destaca-se que o próprio Decreto já indica, em seu art. 6º, determinados requisitos de elegibilidade para participação no ambiente regulatório controlado, por exemplo, demonstração de capacidades técnica e financeira suficientes para desenvolver a atividade pretendida, inclusive no que tange à proteção em face de ataques cibernéticos, produção e guarda de registros e informações e prevenção à lavagem de dinheiro. Para fins de concessão de autorização temporária, a DEIS/SUBRAN deve observar tanto a inexistência de processo, procedimento, serviço ou produto já implementado, em larga escala, similar a proposta, quanto os riscos trazidos pelo teste do projeto (art. 10). Caberá, ainda, à DEIS/SUBRAN recomendar a dispensa de requisitos regulatórios reputados como necessários e suficientes para o desenvolvimento da atividade (art. 11, inciso III).

Ressalta-se, ainda, que (i) a DEIS/SUBRAN detém amplos poderes de monitorar as atividades desenvolvidas no âmbito do ambiente regulatório controlado, sem afastar, contudo, a supervisão das áreas técnicas responsáveis pelo monitoramento das atividades desenvolvidas (art. 15); e (ii) a participação no *sandbox* se encerrará pelo decurso do prazo estabelecido para a participação, pelo pedido do participante ou em decorrência de cassação da autorização temporária, cabendo ao participante, no encerramento de sua participação, colocar em prática o plano de descontinuação ordenada da atividade (art. 18).

Nesse sentido, o Município do Rio de Janeiro já divulgou dois Editais de Chamada Pública com o escopo de selecionar, a título não oneroso, projetos para implementar soluções inovadoras ou produtos inovadores em ambiente regulatório controlado. A Municipalidade destaca que os projetos experimentais devem auxiliar, de algum modo, no desenvolvimento econômico da cidade. Por isso, é necessário o alinhamento dos projetos sugeridos às competências de atuação do Município, destacando-se os seguintes exemplos de projetos elegíveis:[367] simplificações na forma de licenciar projetos urbanísticos; tecnologias que promovam a digitalização dos serviços públicos municipais; utilização segura de drones para a atuação de entidades públicas e privadas; instalação de estruturas nas vias públicas municipais para a promoção de iniciativas sustentáveis; e soluções de *Smart City* e *Mobility as a Service* (MaaS).

Os interessados em participar do ambiente de *sandbox* carioca devem apresentar projeto, com no máximo 40 (quarenta) páginas, dispondo, no mínimo, sobre os seguintes itens:

---

[367] Disponível em: https://www.sandboxrio.com.br/sobre.html#o-que-eh-section. Acesso em: 22 jan. 2024.

Figura 20 - Principais quadrantes do sandbox no Município do Rio de Janeiro.

Informações necessárias para desenvolvimento de projetos de sandbox no Município do Rio de Janeiro
Descrição de breve histórico, do propósito, visão da empresa e objetivos estratégicos
Detalhamento da estrutura organizacional, incluindo as competências de cada diretor e seus históricos profissionais
Exposição do problema a ser solucionado pelo produto e/ou serviço oferecido, incluindo descrição sobre benefícios ao Município e à coletividade
Indicação das dispensas de requisitos regulatórios pretendidas e das justificativas pelas quais são necessárias para o desenvolvimento da atividade objeto da autorização temporária pleiteada
Sugestões de condições, limites e salvaguardas que podem ser estabelecidos pela Administração Pública, para fins de mitigação dos riscos decorrentes da atuação sob dispensa de requisitos regulatórios
Análise dos principais riscos associados à sua atuação
Procedimentos necessários para a entrada em operação, contendo necessariamente um cronograma operacional indicativo
Estágio de desenvolvimento do negócio
Os resultados esperados em termos de ganhos de eficiência, redução de custos ou ampliação de acesso
Descrição das razões pelas quais o produto e/ou serviço é considerado inovador e qual a sua relevância
Comparativo entre o produto e/ou serviço objeto o projeto inovador e os produtos e/ou serviços oferecidos atualmente, ressaltando suas similaridades e diferenças
Mercado alvo de atuação, incluindo informação sobre os possíveis clientes, região de atuação e outras informações relevantes
Métricas de desempenho relativas à atuação da empresa e periodicidade de aferição em relação ao projeto inovador
Riscos que podem afetar o negócio e/ou consumidores e os respectivos planos de mitigação dos riscos e/ou seus efeitos
Demonstração da solução desenvolvida, evidenciando a arquitetura tecnológica empregada, a topologia de serviços e terceiros envolvidos e uma descrição objetiva de sua operacionalização
Prova de conceito do produto e/ou serviço
Cronograma detalhado das fases pré e pós operacional do projeto

Em termos operacionais, o *sandbox* instituído pelo Município do Rio de Janeiro é dividido em seis etapas: (i) publicação do Edital; (ii) envio das propostas pelos interessados; (iii) análise e seleção dos projetos; (iv) autorização do Município para os testes; (v) soluções são implantadas e monitoradas; e (vi) fim dos testes e análise de resultados. A Municipalidade destaca que o ambiente regulatório experimental propicia a redução dos custos e do tempo de entrada de ideias inovadoras no mercado, além de maior facilidade na obtenção de financiamento, em razão da maior segurança jurídica, bem como a interlocução com órgãos governamentais essenciais para o desenvolvimento da atividade em âmbito municipal.

3.8 Cooperação regulatória entre prestadores de serviços públicos para a implementação de novas soluções tecnológicas

Como é sabido, a intensificação da agenda de desestatização da economia, bem como a aprovação de novos marcos legais setoriais, conferiram maior segurança jurídica à entrada de agentes privados em setores tradicionalmente orbitados pela titularidade estatal. Tudo isso contribui para a consolidação do capital privado como principal móvel financiador das obras de ampliação das redes de infraestrutura. Nada obstante, se, por um lado, a eclosão de uma miríade de exploradores de utilidade pública produz inequívocas externalidades positivas, de outro, a sua descoordenação operacional pode importar em severos danos aos seus usuários. É dizer, tem-se tornado, cada vez mais, comum, que exploradores de distintas *utilities* (*v.g.* saneamento, gás canalizado, fibra óptica, distribuidores de energia elétrica), no desempenho de uma determinada atividade corretiva ou na execução de uma obra no subsolo, produzam interferências recíprocas em seus ativos, resultando em danos aos usuários do serviço público e ao patrimônio público e privado.

Um precedente ilustrativo de tal situação teve lugar em Richmond, Distrito de São Francisco, Califórnia. Em 6 de fevereiro de 2019, um operador de uma escavadeira da Kilford Engineering, ao instalar uma nova rede de fibra óptica, danificou a tubulação de gás natural da PG&E. A interferência resultou na liberação e ignição de gás natural nas redondezas, dando início a um incêndio em um restaurante. Malgrado a ausência de vítimas, os danos estimados em edifícios próximos e no sistema de gás natural ultrapassaram US$ 10 milhões.

Cuidou-se de incidente que, de acordo com a National Transportation Safety Board (NTSB), teve como causa provável a falha do operador em não seguir as práticas mais seguras de escavação dentro da zona de tolerância.[368]

A mitigação do risco de ocorrência de episódios semelhantes perpassa pela instituição de um canal de coordenação prévio entre as concessionárias de serviços públicos no desempenho de suas atividades civis e técnicas nos espaços físicos ocupados por outros ativos de infraestrutura. Acontece que os instrumentos mais tradicionais de *enforcement* estatal, lastreados na vetusta arquitetura comando-controle, não se mostram mais suficientes para garantir a articulação entre os operadores de infraestruturas de redes. É nesse quadrante que se predica a investigação de novas fórmulas de intervenção reguladora, mais responsivas, que sejam produzam incentivos adequados à cooperação operacional entre exploradores de utilidades públicas.

No caso das interferências provocadas por uma concessionária em ativos administrados por outra, o possível risco da produção de acidentes, em razão da descoordenação entre a realização de obras ou de atividades corretivas, instala um saliente ambiente de assimetrias de informações entre os prestadores de serviços público, o qual predica uma intervenção regulatória.[369] Tal cenário é fomentador de comportamentos oportunistas, pelas concessionárias, que, ao buscarem maximizar seus próprios interesses, podem priorizar a realização de obras que desconsiderem o valor "segurança de todo o sistema de infraestrutura em rede".

De fato, a profusão de intervenções construtivas ou de manutenção, de forma randômica e desconectada, por exploradores de infraestrutura de rede, importa em um desconhecimento dos riscos a que estão expostos os usuários de cada serviço regulado pela entidade reguladora – um baixo *awareness* (conhecimento) ao risco. Mais

---

[368] NATIONAL TRANSPORTATION SAFETY BOARD. *Pacific Gas & Electric Thirdy-Party Line Strike and Fire*. Washington, DC: NTSB, 2019. p. 3.

[369] No âmbito dos contratos administrativos, Bradson Camelo, Marcos Nóbrega e Ronny Charles L. De Torres: "Assimetria de informação ocorre quando uma das partes, em uma negociação, tem um conjunto informacional diferente daquele conhecido pela outra parte. Via de regra, o vendedor sabe mais sobre o produto do que o comprador; no entanto, é possível que seja inversa a situação, mas o problema é que, quando informações são imperfeitas ou incompletas, o mercado pode levar as pessoas ofertas de produtos ruins (seleção adversa) ou a comportamentos oportunistas (risco moral) (CAMELO, Bradson; NÓBREGA, Marcos; TORRES, Ronny. *Análise econômica das licitações e contratos*: de acordo com a Lei Nº 14.133/2021 (nova Lei de Licitações). 1. ed. Belo Horizonte: Fórum, 2022. p. 34-35).

especificamente, ao não disciplinar a coordenação na realização de obras por exploradores de serviços públicos em rede, os entes reguladores passam a não dispor de informações a propósito: (i) do atendimento ou não das normas técnicas de realização de construção de manutenção pelas concessionárias; (ii) da aplicação de boas práticas em campo e dos seus efeitos sistêmicos em cada serviço público delegado; e (iii) dos acidentes que são experimentados em razão da descoordenação entre as intervenções realizadas pelas concessionárias. Daí a configuração da primeira falha de mercado que justifica a intervenção regulatória.

Para além disso, a produção de graves acidentes, em razão de tal descoordenação entre *utilities*, pode impactar não só os usuários de cada qual, mas toda a sociedade. Foi o que ocorreu, por exemplo, no caso já relatado do dano causado à rede de gás natural da PG&E, por um operador de uma escavadeira que atuava para instalar uma nova rede de fibra óptica, em Richmond, Distrito de São Francisco, Califórnia. O acidente provocou a liberação e ignição de gás natural que colocou em risco a coletividade que residia na localidade.

Em termos econômicos, a ausência de coordenação entre operadores de serviços públicos produz uma "externalização dos danos" provocados em infraestrutura em redes por concessionários específicos para toda a população. Explica-se.

Por externalidades, devemos entender a situação em que a adoção de determinada conduta por um ou mais agentes no mercado produza efeitos que recaiam sobre terceiros, partes estranhas à relação originária. As externalidades se dividem em positivas e negativas. Nas primeiras, não há qualquer falha a ser corrigida, na medida em que a adoção de condutas que beneficiam outros agentes de mercado não se constitui como um efeito negativo a ser tutelado por meio da intervenção regulatória. As segundas, diversamente, predicam uma intervenção regulatória corretiva, visto que distorcem, indevidamente, os interesses dos agentes. Isso se dá quando os agentes de mercado ou os indivíduos realizam ações que levam em consideração somente os benefícios e os custos privados, e não os custos e os benefícios sociais. Diante desse tipo de conduta, os custos serão absorvidos por toda a sociedade.[370]

---

[370] ALLEN, Douglas W. What are transaction costs? *Research in Law and Economics*, [s. l.], n. 14, p. 1-18, 1991; COASE, Ronald H. O custo social. *In*: SALAMA, Bruno Meyerhof (org.). *Direito e economia*: textos escolhidos. São Paulo: Saraiva, 2010; COASE, Ronald H. *The Firm, the Market and the Law*. Chicago: University of Chicago Press, 1988; COOTER, Robert D. The Cost of Coase. *Journal of Legal Studies*, [s. l.], n. 11, p. 1-33, 1982.

Na presente hipótese, o possível risco da produção de acidentes, em razão da descoordenação entre a realização de obras, por exploradores de serviços públicos, instala um saliente ambiente de assimetrias de informações entre os regulados (operadores de *utilities* o regulador), o que predica uma intervenção regulatória. Tal cenário é fomentador de comportamentos oportunistas pelas concessionárias que, ao buscarem maximizar seus próprios interesses, podem priorizar a realização de obras que desconsiderem o valor "segurança de todo o sistema de infraestrutura em rede".

A descoordenação da realização de obras pelas concessionárias transforma as "infraestruturas em rede" em "um bem público" sob o aspecto econômico, por intermédio da realização de diversos jogos não competitivos entre elas. Os prejudicados são os seus próprios usuários e a população, que passarão a experimentar os riscos de acidentes que poderão ser produzidos pela descoordenação entre *utilities*. A acepção econômica dos bens públicos não se confunde com a sua acepção jurídica. Enquanto, de acordo com a acepção jurídica, bens públicos são aqueles de propriedade de uma entidade com personalidade jurídica de direito público, de acordo com a visão econômica, bens públicos são aqueles que possuem as seguintes características: (i) não rivalidade – a utilização do bem público por determinada pessoa não pode importar na redução da sua utilização pelas demais; e (ii) não exclusividade – a sua utilização não pode estar fora do alcance de qualquer pessoa. Tal falha de mercado tem lugar, uma vez que, como os agentes atuam de forma racional, buscando maximizar os seus interesses de forma individual, a coletivização dessas condutas levará a um resultado indesejado aos próprios agentes. Nessas hipóteses, a natureza desses bens faz com que estes se tornem insuscetíveis de apropriação e de uso exclusivo por um particular, fomentando um efeito carona (*free riders*).[371]

Daí a necessidade da intervenção regulatória, já que o regulador detém a necessária capacidade institucional[372] e o poder-dever de

---

[371] DEMSETZ, Harold. Toward a Theory of Property Rights. *American Economic Review*, [s. l.], v. 57, n. 2, p. 347-359, May 1967; HARDIN, Garrett. The tragedy of the commons: the population problem has no technical solution; it requires a fundamental extension in morality. *Science*, [s. l.], v. 162, n. 3859, p. 1243-1248, 1968; HELLER, Michael. The tragedy of the anti-commons: property in the transition from Marx to markets. *Harvard Law Review*, [s. l.], v. 111, p. 621-688, Jan. 1998; HELLER, Michael; EISENBERG, Rose S. Can Patents Deter Innovation? *The Anticommons in Biomedical Research Science*, [s. l.], v. 280, n. 5364, p. 698-701, maio 1998.

[372] Sobre o tema, lecionam Cass Sunstein e Adrian Vermeule que: "Temos visto que vozes influentes na doutrina constitucional argumentam em favor de estratégias interpretativas

endereçar tais falhas de mercado, em razão de tal função ter características equilibradoras e sistêmicas.[373] Entretanto, para que sejam atingidos os referidos objetivos, deve-se escolher, motivadamente, qual variável regular. Em razão disso, concordo com Carlos Emmanuel Joppert Ragazzo,[374] para quem "é de vital importância regular apenas as variáveis estritamente necessárias, a fim de evitar efeitos perversos para a sociedade em benefício de poucos".

No caso das infraestruturas em rede situadas em locais próximos, em razão dos riscos à segurança experimentado pela descoordenação entre os exploradores de serviços públicos, o regulador deverá manejar as variáveis regulatórias "qualidade" e "informação". Como bem aponta Carlos Emmanuel Joppert Ragazzo,[375] "o processo de sofisticação da

---

sem sintonia com a questão das capacidades institucionais. Aqueles que enfatizam argumentos filosóficos, ou a idéia de interpretações holísticas ou intratextuais, parecem, em nossa visão, terem dado muito pouca atenção às questões institucionais. Aqui, como em outros lugares, a nossa colocação [submission] mínima é a de que uma afirmação sobre a interpretação adequada é incompleta se não prestar atenção às considerações das capacidades administrativas [administrability], das capacidades judiciais e efeitos sistêmicos, além das colocações usuais sobre legitimidade e autoridade constitucional" (SUNSTEIN, Cass R.; VERMEULE, Adrian. Interpretation and Institutions. *Law and Economics Working Papers*, [s. l.], n. 156, 2002). Nesse sentido, Carlos Bolonha, José Eisenberg e Henrique Rangel anotam: "Em se tratando de capacidades institucionais, pode-se compreender que existe a necessidade de serem firmados parâmetros para definir o nível de interpretação que deve ser empregado sobre o caso concreto. Como exemplos de fatores indispensáveis para o aprofundamento da discussão decisional, pode-se apontar o fato da instituição ser plenamente capaz de levantar recursos e informações que balizem sua decisão, bem como ela estar inserida em debates teóricos e empíricos sobre os fatos conexos àquela matéria. No que tange aos efeitos sistêmicos, preocupa-se com os resultados que podem recair sobre pessoas, instituições públicas e instituições privadas; o que exige do processo de deliberação um rigor maior na interpretação, discussão e decisão do caso concreto" (BOLONHA, Carlos; EISENBERG, José; RANGEL, Henrique. Problemas Institucionais no Constitucionalismo Contemporâneo. Direitos Fundamentais e Justiça. *Revista do Programa de Pós-Graduação Mestrado e Doutorado em Direito da PUC-RS*, [s. l.], ano 5, n. 17, out./dez. 2011).

[373] Nesse sentido, Diogo de Figueiredo Moreira Neto leciona que "a decisão administrativa, gênero no qual se insere a decisão reguladora, dá preponderância a conceitos de valor que sejam pertinentes à tese, para que ser formule a decisão justa em função da totalidade dos administrados. Não se trata, portanto, de ministrar justiça às partes em conflito, mas de encontrar o próprio conceito de justiça que se harmonize com todos os valores protegidos da sociedade. Em outros termos, mesmo decidindo administrativamente conflitos concretos, o exercício da regulação deve estar geral, abstrata e permanentemente referido a todos os administrados" (MOREIRA NETO, Diogo de Figueiredo. *Direito regulatório*. Rio de Janeiro: Renovar, 2003. p. 105).

[374] RAGAZZO, Carlos Emmanuel Joppert. *Regulação Jurídica, Racionalidade Econômica e Saneamento Básico*. Rio de Janeiro: Renovar, 2011. p. 138 e 139.

[375] RAGAZZO, Carlos Emmanuel Joppert. A Regulação da Concorrência. *In*: GUERRA, Sérgio (org.). *A Regulação no Brasil*: uma visão multidisciplinar. Rio de Janeiro: Editora FGV, 2013. p. 1 a 19.

regulação de setores no Brasil vem impondo uma mudança no perfil das variáveis reguladas. Em substituição à regulação de preço e de entrada no mercado, os agentes reguladores vêm apresentando regulações de qualidade e de informação justamente".

A regulação da variável "qualidade" se materializa, por meio do estabelecimento de critérios, parâmetros e padrões de exigência, segundo os quais a atividade deve ser prestada.[376] Sobre o tema, Alceu de Castro Galvão Júnior e Wanderley da Silva Paganini[377] lecionam que "a regulação da qualidade tem como objetivo fixar condições e parâmetros para a qualidade dos produtos e serviços prestados e, também, verificar se o cumprimento dessas disposições exige mecanismos diretos e indiretos para acompanhamento dos parâmetros e indicadores regulados, que demandam recursos humanos e custos elevados".

Ao manejar tais variáveis regulatórias, os reguladores poderão lançar mão de uma intervenção regulatória, que imponha a atuação coordenada entre as exploradoras de infraestruturas de rede, propiciando: (i) a garantia de que todas as obras por elas realizadas sejam devidamente autorizadas ou licenciadas, com obrigatoriedade de solicitação de informações cadastrais para análise prévia de interferências; (ii) o dever de revelação das informações constantes em projetos executivos; (iii) correção de falhas de mapeamento e sondagens em campo; e (iv) redução de negligências nos processos construtivos por pressa ou desconhecimento das boas práticas.

Daí ser possível concluir que, por intermédio das seguintes conclusões: (i) a descoordenação entre a realização de obras de concessionárias de serviços públicos produz uma destacada assimetria de informações entre o regulador e os regulados, no que toca à vertente "segurança operacional" dos ativos, a reclamar uma intervenção

---

[376] Sobre o tema, Robert Baldwin, Martin Cave e Martin Lodge lecionam que "uncertainties in specifying regulatory regimes will affect franchise allocation processes since applicants will look for predictability of regulation. Problems may arise, therefore, where regulators retain large discretions regarding the quality of service to be provided; where changes in regulatory policy may be made, and where regulatory authority is diffused or uncertain. Particular difficulties are to be expected in a sector, such as rail, where a number of agencies and operators are interdependent and will, in addition, be perceived to be subject to political pressures" (BALDWIN, Robert; CAVE, Martin; LODGE, Martin. *Understanding Regulation*: Theory, Strategy, and Practice. New York: Oxford University Press, 2013. p. 177).
[377] GALVÃO JUNIOR Alceu de Castro; PAGANINI, Wanderley da Silva. Aspectos conceituais da regulação dos serviços de água e esgoto no brasil. *Engenharia Sanitária e Ambiental*, Rio de Janeiro, v. 14, n. 1, p. 79-88, 2009.

reguladora, que seja redutora dos custos de transação; (ii) para além disso, os riscos de produção de graves acidentes, em razão de tal descoordenação entre *utilities*, pode impactar não só os usuários de cada qual, mas sociedade, externalidade negativa, que deve ser tutelada pela regulação; (iii) daí a necessidade de intervenção regulatória, já que o regulador detém a necessária capacidade institucional e o poder-dever de endereçar tais falhas de mercado, em razão de tal função ter características equilibradoras e sistêmicas; e (iv) em razão dos riscos à segurança experimentados pela descoordenação entre os exploradores de serviços públicos, o regulador deverá manejar as variáveis regulatórias "qualidade" e "informação".

Para além de tais razões econômicas, a intervenção reguladora extrai seu fundamento jurídico de dois deveres jurídicos que recaem sobre os reguladores: (i) o de tutela da adequada prestação de serviços públicos; e (ii) da prevenção da ocorrência de danos e acidentes provocados por concessionárias de serviço público.

O ordenamento jurídico pátrio consagrou primeiro no art. 6º da Lei Federal nº 8.987/95,[378] segundo o qual "toda concessão ou permissão pressupõe a prestação de serviço adequado ao pleno atendimento dos usuários, conforme estabelecido nesta Lei, nas normas pertinentes e no respectivo contrato". Com o desiderato de densificar tal conceito, o §1º define "serviço adequado" como sendo aquele que "satisfaz as condições de regularidade, continuidade, eficiência, segurança, atualidade, generalidade e cortesia na sua prestação e modicidade tarifária". Por sua vez, atualidade compreende a modernidade das técnicas, do equipamento e das instalações a sua conservação, bem como a melhoria e a expansão do serviço.[379] Ao analisar a extensão da previsão do art. 6º, Marçal Justen filho elenca três destinatários principais da norma.[380] Aos usuários, na medida em que corresponde tanto a um direito,[381] quanto a uma limitação indireta de suas condutas frente ao serviço delegado. Ao próprio concessionário, tendo em vista o dever de promover as atividades necessárias, a fim de que o

---

[378] Disponível em: https://www.planalto.gov.br/ccivil_03/leis/l8987cons.htm. Acesso em: 13 dez. 2023.

[379] Art. 6º §2º A atualidade compreende a modernidade das técnicas, do equipamento e das instalações e a sua conservação, bem como a melhoria e expansão do serviço.

[380] JUSTEN FILHO, Marçal. *Teoria geral das concessões de serviço público*. São Paulo: Dialética, 2003. p. 301-302.

[381] Art. 7º. Sem prejuízo do disposto na Lei no 8.078, de 11 de setembro de 1990, são direitos e obrigações dos usuários: I - receber serviço adequado.

serviço seja compatível com os parâmetros mínimos de qualidade estabelecidos contratualmente. Ao poder concedente – isso porque, ao Estado, incumbe estruturar a concessão para assegurar os resultados e as finalidades desejadas.

Como já asseveramos em oportunidade pretérita,[382] a concessionária tem como encargos normativos as obrigações de prestar um serviço adequado aos utentes da infraestrutura e de atualizar (de acordo com o advento de tecnologias) os serviços que lhe foram cometidos. Nada obstante, o poder concedente, quando lança mão da delegação de um serviço público para um concessionário privado, não dispõe das necessárias informações que garantam que tais obrigações serão adimplidas, em contratos de longo prazo, que podem durar vinte, trinta, quarenta anos. Assim sendo, a sua obrigação de assegurar os resultados e a prestação de serviço adequado não está limitada à estruturação do projeto, mas permanece ao longo da duração da concessão.

Outro fundamento jurídico que ampara o regulador a atuar com vistas a assegurar uma maior coordenação entre as prestadoras de serviço público encontra-se no dever de as entidades públicas lançarem mão de condutas preventivas aos danos causados a terceiros, no âmbito da Teoria da Responsabilidade Civil do Estado (de que trata o art. 37, §6º, da CRFB). Cuida-se de novidadeira concepção sobre o tema, que exsurge, a partir da revisão dos preceitos clássicos da Teoria da Responsabilidade Civil do Estado, a qual passa a deslocar o seu eixo epistemológico do *ressarcimento* para a *prevenção de danos* provocados por pessoas jurídicas de direito público e por pessoas direito privado prestadoras de serviços públicos.

A Teoria da Responsabilidade Civil, que é apontada como causa precursora do surgimento do direito administrativo (ao delimitar os lindes entre a jurisdição administrativa e a cível[383] para apreciar causas

---

[382] FREITAS, Rafael Véras de. *Equilíbrios econômico-financeiros das concessões.* Belo Horizonte: Fórum, 2023. p. 238.

[383] Nesse sentido, cite-se o famoso Caso "Blanco", que teve lugar a partir da prolação do Acórdão TC, 8 de fevereiro de 1873, pelo Tribunal de Conflitos francês. Tratou-se de precedente no qual Agnès Blanco foi atropelada, em Bordeaux, por um vagão de uma empresa pública, a Companhia Nacional da Manufatura de Tabaco, o que resultou na perda de uma perna pela menina. Ao apreciar o tema, a jurisdição civil quanto a administrativa se considerarem incompetentes. Diante do que o Tribunal de Conflitos, composto por quatro magistrados da jurisdição civil e quatro da administrativa, precisou endereçar o tema, oportunidade na qual restou assentado que "considerando que a ação proposta pelo senhor Blanco contra o prefeito do departamento de Gironde, representando o Estado, tem como objetivo declarar o Estado civilmente responsável, aplicando os artigos 1382, 1383 e 1384 do Código Civil, pelos danos resultantes da lesão que sua filha teria sofrido devido

em envolvam a *prestação dos serviços públicos*), se lastreia nos primados da solidariedade e da igualdade. A lógica é simples: se a atividade administrativa é desenvolvida para atender a toda população, seria anti-isonômico que os encargos sociais daí decorrentes não fossem repartidos pela coletividade.[384] A natureza da responsabilidade civil, por atos estatais, avançou pelas concepções de irresponsabilidade (que consagrava a máxima absolutista *"the king can do no wrong"*), da Teoria da Culpa Individual (que diferenciava os atos de império e os atos de gestão), da responsabilidade subjetiva (que era consagrada no art. 15 do Código Civil de 1916), da Culpa Anônima (na qual o prejudicado tinha de provar que o serviço não funcionou ou funcionou mal) até a vigente Teoria do Risco Administrativo.

Como já teve a oportunidade de ressaltar o Supremo Tribunal Federal (STF),[385] "na responsabilidade civil do Estado, responsabilidade objetiva, com base no risco administrativo, que admite pesquisa em torno da culpa do particular a consideração no sentido da licitude da ação administrativa é irrelevante, pois o que interessa é isto: sofrendo o particular um prejuízo, em razão da atuação estatal, regular ou irregular, no interesse da coletividade, é devida a indenização, que se assenta no princípio da igualdade dos ônus e encargos sociais". Cuida-se de modalidade de responsabilização objetiva, que tem previsão no art. 43 do Código Civil, de acordo com o qual "as pessoas jurídicas de direito público interno são civilmente responsáveis por atos dos seus agentes que nessa qualidade causem danos a terceiros, ressalvado direito regressivo contra os causadores do dano, se houver, por parte destes, culpa ou dolo".

às ações dos trabalhadores empregados pela administração de tabaco; Considerando que a responsabilidade que pode recair sobre o Estado pelos danos causados a particulares devido às ações das pessoas que ele emprega no serviço público não pode ser regida pelos princípios estabelecidos no Código Civil para as relações entre particulares; Que essa responsabilidade não é geral, nem absoluta; que ela possui regras especiais que variam de acordo com as necessidades do serviço e a necessidade de conciliar os direitos do Estado com os direitos privados; Portanto, de acordo com as leis mencionadas acima, a autoridade administrativa é a única competente para julgar o caso (Comissário David (relator) TC, 8 de fevereiro de 1873).

[384] Os preceitos clássicos da teoria da responsabilidade civil foram incorporados pelo ordenamento brasileiro, estando atualmente consagrados nos artigos 186 e 927 do Código Civil (Lei nº 10.406/2002), os quais dispõem, respectivamente, que "aquele que, por ação ou omissão voluntária, negligência ou imprudência, violar direito e causar dano a outrem, ainda que exclusivamente moral, comete ato ilícito", e que "aquele que, por ato ilícito, causar danos a outrem, fica obrigado a repará-lo".

[385] STF – RE nº 113.587 – Rel. Min. Carlos Velloso – DJe 03.03.92.

No entanto, em que pese consagrada no Código Civil de 2002, os três pilares tradicionais da responsabilidade civil do Estado (dano, nexo de causalidade e culpa) têm sofrido, na atualidade, uma flexibilização decorrente do próprio aumento da complexidade das relações jurídicas,[386] e de uma releitura das normas civilistas sob a ótica da Constituição Federal.[387] Essa releitura nos preceitos clássicos da teoria da responsabilidade civil é denominada, por Anderson Schreiber, como a erosão dos filtros tradicionais da responsabilidade civil.[388]

A obrigatoriedade da demonstração da culpa, por exemplo, é dispensada em uma pluralidade de circunstâncias que passaram a ser regidas pela modalidade de responsabilidade objetiva. A demonstração do nexo causal também passou a ser relativizada com a admissão de que determinados excludentes de causalidade não são suficientes para afastar o dever de reparação,[389] ou de hipóteses nas quais se mantém o dever de ressarcimento mesmo diante da ausência de relação de causalidade.[390] Nem mesmo o elemento do dano passou imune ao

---

[386] Esse é o entendimento de Marcelo Luiz Francisco de Macedo Bürger e Rafael Corrêa, assim envazado: "O próprio desenvolvimento da sociedade exigiu do Direito respostas a problemas que não poderiam ser adequadamente solucionados pela estrutura moderna da responsabilidade civil. De um lado, as categorias jurídicas da responsabilidade civil moderna não ofereciam suporte às novas demandas; de outro, doutrina e tribunais viam-se impelidos a solver situações para as quais não havia um modelo de responsabilidade" (BÜRGER, Marcelo Luiz Francisco de Macedo; CORRÊA, Rafael. Responsabilidade preventiva: elogio e crítica à inserção da prevenção na espacialidade da responsabilidade civil. *Revista de Direito Civil*, Belo Horizonte, ano 4, n. 10, p. 35-60, set/dez, 2015. p. 35-36).

[387] Com o enfoque conferido pelo arcabouço constitucional de 1988 à dignidade da pessoa humana e à tutela dos direitos nele consagrados, a doutrina e tribunais pátrios foram impelidos a interpretar as disposições civilistas não mais sob o viés do individualismo patrimonialismo, mas centrado na busca pela concretização dos valores consagrados no texto constitucional. É o que salienta Thaís Goveia Pascoaloto Venturi, segundo a qual nesse novo contexto normativo, o direito civil contemporâneo, para além da adequada proteção das relações jurídicas patrimoniais, "deve preponderar a salvaguarda da pessoa, sobretudo no que diz respeito às condições imprescindíveis para o seu pleno desenvolvimento individual e social, notadamente nos direitos da personalidade, nos direitos difusos e coletivo" (VENTURI, Thais Goveia Pascoaloto. *A construção da responsabilidade civil preventiva no direito civil contemporâneo*. 2012. Tese (Doutorado em Direito) – Faculdade de Direito, Universidade Federal do Paraná, Curitiba, 2012. p. 18).

[388] SCHREIBER, Anderson. *Novos Paradigmas da Responsabilidade Civil*: da erosão dos filtros da reparação à diluição dos danos. 5. ed. São Paulo: Atlas, 2013. p. 11.

[389] É o caso, por exemplo, da teoria do fortuito interno que, como bem destaca Anderson Schreiber, tem sido invocada pelos Tribunais pátrios no âmbito das relações de consumo para evitar a exclusão da responsabilidade por eventos que, ainda que imprevisíveis, caracterizam riscos da atividade do fornecedor (SCHREIBER, Anderson. *Novos Paradigmas da Responsabilidade Civil*: da erosão dos filtros da reparação à diluição dos danos. 5. ed. São Paulo: Atlas, 2013. p. 68).

[390] É o que defende Luiz Edson Fachin, para quem: "Situação que também emerge como exemplar é a imputação sem nexo de causalidade na responsabilidade por danos. Não

movimento de ressignificação. Tradicionalmente, o dano sempre foi alçado como um requisito indispensável à eclosão do dever de reparação. Como bem apontam Marcelo Luiz Francisco de Macedo Bürger e Rafael Corrêa,[391] a doutrina clássica da responsabilidade civil "mesmo ante as flexibilizações erigidas em alguns de seus filtros essenciais, entende como *indispensável* a configuração do dano para deflagrar, como efeito reparador ou compensatório, o dever de indenizar".

Trata-se de uma aparente confusão entre os conceitos de ilicitude e de dano.[392] Thais Goveia Pascoaloto Venturi,[393] em tese dedicada ao tema da responsabilidade civil preventiva, destaca que, tanto na Itália como no Brasil, "as noções de ilicitude, dano e responsabilidade civil comumente são apresentadas de forma unificada, conduzindo à ideia de que toda a lesão a direitos pode ser estimada pecuniariamente. Nesse sentido, o ilícito não só estaria ligado à ideia de indenização pecuniária, como também ao fato danoso". Segue daí que a associação automática entre as definições de ilícito civil e dano contribuiu para a consolidação, nos ordenamentos jurídicos, do paradigma de que a responsabilidade civil se resumiria à tutela ressarcitória, que seria circunscrita à reparação ou compensação do dano já concretizado e suportado pela vítima.[394]

---

raro se vê a reafirmação tradicional do nexo para imputar responsabilidade, o que, de todo correta, pode não ser, em determinados casos, o mais justo concretamente para a vítima. Quando assim, a direção pode indicar a renovação do conceito de causa, e especialmente do nexo causal. A imputabilidade tem no centro a preocupação com a vítima; a imputação é a operação jurídica aplicada à reconstrução do nexo. Da complexidade e da incerteza nascem fatores inerentes à responsabilização por danos. É de alteridade e da justiça social que deve se inebriar o nexo de causalidade, atento à formação das circunstâncias danosas" (FACHIN, Luiz Edson. *Direito Civil*: sentidos, transformações e fim. Rio de Janeiro: Renovar, 2015. p. 86).

[391] BÜRGER, Marcelo Luiz Francisco de Macedo; CORRÊA, Rafael. Responsabilidade preventiva: elogio e crítica à inserção da prevenção na espacialidade da responsabilidade civil. *Revista de Direito Civil*, Belo Horizonte, ano 4, n. 10, p. 35-60, set/dez, 2015. p. 43.

[392] FARIA, Luzardo. Fundamentos para a adoção de um modelo preventivo de responsabilização civil do Estado. *A&C*: Revista de Direito Administrativo e Constitucional, [s. l.], ano 17, n. 69, p. 211-241, jul./set. 2017. p. 216.

[393] VENTURI, Thais Goveia Pascoaloto. *A construção da responsabilidade civil preventiva no direito civil contemporâneo*. 2012. Tese (Doutorado em Direito) – Faculdade de Direito, Universidade Federal do Paraná, Curitiba, 2012. p. 158.

[394] Esse é o entendimento de Luiz Guilherme Marinoni, assim encontrado: "Existe um dogma – de origem romana – no sentido de que a tutela ressarcitória é a única forma de tutela contra o ilícito civil. Isso quer dizer que a unificação entre as categorias da ilicitude e da responsabilidade civil, já realizada no direito romano, percorreu a história do direito, inclusive do direito processual civil, sem suscitar maior inquietude de parte da doutrina. Pior do que isso: chegou-se a identificar o ilícito com o ressarcimento em dinheiro" (MARINONI, Luiz Guilherme. *Técnica Processual e Tutela dos Direitos*. 4. ed. São Paulo: Revista dos Tribunais, 2013. p. 56).

Nesse sentido, Luzardo Faria[395] aduz que "em todas as hipóteses de responsabilização estatal previstas atualmente no ordenamento jurídico brasileiro, o dano mostra-se como uma característica imprescindível." O problema desta compreensão é a de que ela equivale a responsabilidade civil estatal a um dever de reparação pecuniária, ocultando uma outra finalidade atribuível ao sistema de responsabilidade civil, qual seja: a necessidade de os entes públicos adotarem medidas para prevenir a ocorrência da própria conduta ilícita causadora do dano.

No intuito de corrigir essa imprecisão, alguns autores se propuseram a revisitar o dogma da indispensabilidade do dano, bem como a defender a existência de uma responsabilidade civil preventiva, tanto na esfera civil quanto no âmbito do direito administrativo. É o caso, por exemplo, de Anderson Schreiber[396] que, embora não se utilize da expressão responsabilidade civil preventiva, destaca que há um crescente reconhecimento, por parte da ordem jurídica, quanto a crescente importância dos instrumentos de prevenção ou administração de riscos. Na sua visão, as técnicas de prevenção e administração de riscos pautam-se no pressuposto de que "a potencial lesão a um interesse tutelado deve ser objeto de controle, tanto quanto a lesão em si".

Nessa perspectiva, a reparação do dano deixa de ser a finalidade principal da responsabilidade civil, cedendo lugar à repressão da conduta antijurídica. Marcelo Luiz Francisco de Macedo Bürger e Rafael Corrêa[397] sustentam que essa mudança no eixo da teoria da responsabilidade civil constitui um resgate do fim maior da ordem jurídica, representado pela coação à prática de condutas ilícitas. Para os autores, a busca pela reparação ou compensação da vítima deve ser qualificada como uma finalidade secundária da responsabilidade civil, que se presta à concretização da "finalidade maior de se prevenir a ocorrência de qualquer conduta ilícita, independentemente de que dela possa resultar determinado dano."

É dizer, para além de veicular uma lógica, tão somente, ressarcitória, o regime de responsabilização do Estado deve veicular

---

[395] FARIA, Luzardo. A ineficiência do atual modelo de responsabilização civil do Estado no Brasil e a necessidade de prevenção de danos. *Revista Digital de Direito Administrativo*, [s. l.], v. 4, n. 2, p. 117-136, 2017. p. 120.

[396] SCHREIBER, Anderson. *Novos Paradigmas da Responsabilidade Civil*: da erosão dos filtros da reparação à diluição dos danos. 5. ed. São Paulo: Atlas, 2013. p. 229.

[397] BÜRGER, Marcelo Luiz Francisco de Macedo; CORRÊA, Rafael. Responsabilidade preventiva: elogio e crítica à inserção da prevenção na espacialidade da responsabilidade civil. *Revista de Direito Civil*, Belo Horizonte, ano 4, n. 10, p. 35-60, set/dez, 2015. p. 35-36.

um sistema de incentivos da realização de condutas diligentes por todas as partes. Nesse quadrante, pautado na concepção econômica do sistema de responsabilização, Guido Calabresi[398] à frente, é de se concluir que existem cinco fundamentos que lastreiam a arquitetura de responsabilização como um instrumental de criação de incentivos, os quais dizem respeito: (i) à ignorância dos particulares a respeito do que mais lhes convém; (ii) aos custos de acidentes não reduzíveis a dinheiro; (iii) aos juízos morais envolvidos; (iv) às limitações intrínsecas à teoria da repartição dos recursos; e (v) à necessidade de a prevenção influenciar, eficazmente, sobre certas atividades e atos.

Cuida-se, pois, do trespasse de uma concepção monolítica e reparatória para uma concepção holística e redutora dos custos de transação. Essa mudança no eixo da responsabilidade civil da reparação para a prevenção, que se manifestou inicialmente no direito ambiental,[399] espraiou-se mais recentemente para outros ramos do direito, como é o caso do direito administrativo.[400]

A razão desta inserção encontra-se na própria consagração, pela Constituição Federal, de um amplo rol de direitos e garantias fundamentais, cuja tutela não é satisfatoriamente atendida pela reparação pecuniária. Nesse sentido, Luzardo Faria[401] cita o exemplo dos danos causados pela Administração Pública à honra ou à saúde. Ambos constituem direitos protegidos pelo arcabouço constitucional, cuja violação pelo Estado é difícil de ser quantificada monetariamente e, por consequência, reparada por meio do simples pagamento de uma indenização. Diante deste rol de direitos de notória extrapatrimonialidade, Thais Goveia Pascoaloto Venturi[402] aduz que "a prevenção dos danos passa

---

[398] CALABRESI, Guido; MELAMED, Douglas A. Property Rules, Liability Rules and Inalienability: one view of the cathedral. *Harvard Law Review*, [s. l.], v. 85, n. 6, 1972. p. 1092.

[399] PEREIRA, Luiz César da Silva. Tutela Jurisdicional do meio ambiente: considerações acerca da tutela inibitória. *Revista da Procuradoria-Geral do Município de Belo Horizonte*, Belo Horizonte, ano 2, n. 3, jan./jun. 2009. p. 5-6.

[400] É o que destaca Luzardo Faria, para quem: "Atualmente, todavia, a questão dos novos danos não é mais exclusiva do direito ambiental. É inconteste que se espalhou por toda a ciência jurídica, exigindo em cada ramo do direito uma evolução interna para possibilitar a adaptação ao novo contexto" (FARIA, Luzardo, Fundamentos para a adoção de um modelo preventivo de responsabilização civil do Estado. A&C: Revista de Direito Administrativo e Constitucional, [s. l.], ano 17, n. 69, p. 211-241, jul./set. 2017. p. 218).

[401] FARIA, Luzardo. A ineficiência do atual modelo de responsabilização civil do Estado no Brasil e a necessidade de prevenção de danos. *Revista Digital de Direito Administrativo*, [s. l.], v. 4, n. 2, p. 117-136, 2017. p. 130.

[402] VENTURI, Thais Goveia Pascoaloto. *A construção da responsabilidade civil preventiva no direito civil contemporâneo*. 2012. Tese (Doutorado em Direito) – Faculdade de Direito, Universidade Federal do Paraná, Curitiba, 2012. p. 61.

a ser, ao lado da indenização de eventuais danos sofridos, essencial objetivo do instituto da responsabilidade". Entendimento semelhante é compartilhado por Natália de Campos Grey,[403] para quem "a aplicação do princípio de precaução no direito administrativo impõe à administração pública o dever de evitar – por ação ou omissão e nos limites de sua competência e orçamento – qualquer fato que venha a ter efeitos supostamente negativos". Essa obrigação de prevenção à ocorrência de danos impõe aos reguladores o dever de atuarem para assegurar uma coordenação entre as concessionárias de serviço públicos no desempenho de atividades de gestão de infraestruturas, que compartilham de um mesmo espaço físico. Amparado nesta obrigação, o regulador pode criar um sistema de incentivos para que os agentes regulados e terceiros adotem soluções coordenadas, evitando a materialização de danos a outras concessionárias de serviço público, aos seus usuários e à população em geral.

Concluiu-se, de forma objetiva, que, para além das razões econômicas, a interferência regulatória voltada a assegurar uma maior coordenação operacional entre concessionárias de serviço público também se lastreia: (i) na tutela do adequado serviço público; e (ii) no dever de prevenção da ocorrência de danos a terceiros. Cabe agora avaliar quais estratégias regulatórias os reguladores podem manejar para atingir tal desiderato.

Para além de tudo isso, as agências setoriais podem criar um sistema regulatório de incentivos para que as entidades personifiquem tais obrigações, por intermédio da constituição de pessoa jurídica. Claro que não seria cabível uma regulação mandatória nesse sentido (lastreada no poder extroverso e arquitetada sob os vetustos auspícios do comando-controle), sob pena de padecer de inconstitucionalidade congênita, em razão do direito fundamental à liberdade de associação (art. 5º, XVII, da CRFB).

A autorregulação, como sabido, tem por fundamento a liberdade constitucional de associação (art. 5º, XVII, CRFB), objetivando a defesa de interesses metaindividuais, seja protegendo os interesses individuais homogêneos, seja defendendo os interesses coletivos e difusos da sociedade,[404] de modo que suas ações se vinculam visceralmente aos

---

[403] GREY, Natália de Campos. A boa administração pública na proteção da fauna: considerados os princípios da prevenção e da precaução e o dever de motivação dos atos administrativos. *Revista de Direito Administrativo*, Rio de Janeiro, v. 262, p. 179-198, jan./abr. 2013. p. 190.

[404] Vital Moreira delineia os contornos da autorregulação como instrumento de vinculação dos interesses de determinado setor da economia: "Três traços caracterizam a auto-regulação.

interesses da própria economia de mercado, que, presumidamente, são acompanhados mais de perto pelos seus operadores. Em sintonia com Floriano de Azevedo Marques Neto,[405] compreendemos que existem três espécies de autorregulação: (i) a autorregulação delegada,[406] por meio da qual são transferidas competências regulatórias do Estado para os particulares, as quais só podem ser exercidas por pessoas jurídicas dotadas de algum mecanismo de coercitividade (é o caso dos Conselhos profissionais, tais como OAB e CONFEA); (ii) a autorregulação induzida, por meio do qual são exercidas atividades regulatórias por particulares, por incentivo ou recomendação estatal, a fim de que sejam substituídas competências do Poder Público (é o que ocorre na certificação de processos ou de produtos); e (iii) a autorregulação espontânea, a qual é exercida pelos próprios agentes privados, independentemente de qualquer atuação estatal (são exemplos o CONAR e o Selo de Pureza ABIC de café).

Nos serviços públicos, é possível se constatar um movimento recente de incentivo e estímulo ao instituto da autorregulação regulada. Em uma perspectiva geral, menciona-se a fundação do Instituto Brasileiro de Autorregulação do Setor de Infraestrutura (IBRIC),[407] que, por meio do compromisso voluntário dos associados, visa a promover melhorias no setor.

Primeiro, é uma espécie de regulação do gênero regulação. Segundo, é uma forma de regulação colectiva. Não existe auto-regulação; a autocontenção ou autodisciplina de cada agente econômico ou empresa, por motivos morais ou egoístas, não é regulação; a auto-regulação envolve uma organização colectiva que estabelece e impõe aos seus membros certas regras e disciplina. Terceiro, é uma forma de regulação não estatal" (MOREIRA, Vital. *Auto-Regulação Profissional e Administração Pública*. Coimbra: Almedina, 1997. p. 52).

[405] MARQUES NETO, Floriano de Azevedo. Regulação estatal e autorregulação na economia contemporânea. *Revista de Direito Público da Economia*, Belo Horizonte, ano 9, n. 33, jan./mar. 2011.

[406] Alguns autores a denominam como autorregulação regulada, como Maria Mercè Darnaculleta i Gardella, como se extrai da seguinte passagem de sua obra: "La autorregulación que aquí se tendrá en consideración será siempre, pues, una autorregulación regulada. La utilización de dicha expresión denota ala estrechalogazón existente entre la autorregulación privada y la regulación pública de la autorregulación. A pesar de ello, em este capítulo, intentaremos focalizar el análisis de las manifestaciones de la primera, para analizar con mayor detalle las que son propias de la segunda em el capítulo siguiente. Resultará, no obstante, inevitable la alusión en diversas ocasiones a la actividad pública de regulación cuando nos refiramos a la autorregulación. Ello es debido a que la autorregulación regulada es una actividad privada de producción y control de normas, que se encuentra condicionada por una actividad pública tendente al establecimiento de los cauces y de los controles a los que debe someterse la autorregulación" (GARDELLA, Maria Mercè Darnaculleta. *Autorregulación y Derecho Público*: La Autorregulación Regulada. Madrid: Marcial Pons, 2005. p. 497).

[407] Disponível em: https://ibric.org.br/. Acesso em: 13 out. 2024.

No setor ferroviário, é possível verificar recentes iniciativas legislativas que possibilitam e incentivam a instituição da autorregulação regulada. A Lei Federal nº 14.273/2021 (Marco Legal das Ferrovias) estabeleceu, como um dos princípios da exploração econômica de ferrovias, o estímulo à autorregulação fiscalizada, regulada e supervisionada pelo Poder Público (art. 5º, inciso IX). Atribui-se à União, ademais, uma competência subsidiária de resolução de conflitos entre os agentes privados submetidos à autorregulação regulada. O art. 43 do Marco Legal das Ferrovias prescreve a possibilidade de as operadoras ferroviárias se associarem voluntariamente, sob a forma de pessoa jurídica de direito privado sem fins lucrativos, para promoção da autorregulação.[408] Nada obstante, reitera-se que o autorregulador ferroviário fica submetido à supervisão do regulador ferroviário, a quem cabe resolver as contestações e decidir os conflitos ferroviários. A esse respeito, após a edição do Marco Legal das Ferrovias, a Lei Federal nº 10.233/2001,[409] passou a prever, de forma expressa, a competência da ANTT acerca da autorregulação. É dizer, aloca-se à agência reguladora a atribuição de: (i) arbitrar as questões não resolvidas pela autorregulação; e (ii) supervisionar as associações privadas de autorregulação ferroviária.

No que diz respeito ao setor de telecomunicações, a autorregulação regulada é disciplinada pelo Decreto nº 9.612/2018.[410] Cuida-se de normativo que regulamenta a Lei Federal nº 9.472/1997, que estabelece

---

[408] Especificamente quanto às funções da autorregulação ferroviária, é digno de nota, o disposto no art. 44, da Lei nº 14.273/2021, o qual veicula as seguintes diretrizes para o estabelecimento de uma autorregulação regulada: (i) instituição de normas voluntárias de padrões exclusivamente técnico-operacionais da execução do transporte ferroviário, notadamente no que se refere à via permanente, aos sistemas de segurança e ao material rodante, visando à maximização da interconexão e da produtividade ferroviárias; (ii) conciliação de conflitos entre seus membros, excetuados os de ordem comercial; (iii) coordenação, planejamento e administração em cooperação do controle operacional das malhas ferroviárias operadas pelos membros do autorregulador ferroviário; (iv) autorregulação e coordenação da atuação dos seus membros para assegurar neutralidade com relação aos interesses dos usuários;(v) solicitação ao órgão regulador de revogação e de alteração de normas incompatíveis com a eficiência ou com a produtividade ferroviárias;(vi) articulação com órgãos e com entidades da União, dos Estados, do Distrito Federal e dos Municípios para conciliação do uso da via permanente de seus membros com outras vias terrestres e com os demais modos de transporte; e (vii) aprovação de programas de gestão de manutenção, de riscos e de garantias das operações de transportes.

[409] Disponível em: https://www.planalto.gov.br/ccivil_03/LEIS/LEIS_2001/L10233.htm#art 25v.1. Acesso em: 06 dez. 2023.

[410] Disponível em: https://www2.camara.leg.br/legin/fed/decret/2018/decreto-9612-17-dezembro-2018-787469-publicacaooriginal-156998-pe.html. Acesso em: 06 dez. 2023.

o incentivo à autorregulação como diretriz para a atuação da Anatel. Com base nisso, em 2020, a Conexis Brasil Digital, Sindicato Nacional das Empresas de Telefonia e de Serviço Móvel Celular e Pessoal, criou o Sistema de Autorregulação das Telecomunicações (SART). O SART é um "conjunto de princípios, regras, estruturas organizacionais, instrumentos, mecanismos de deliberação e procedimentos de autodisciplina que visam a permitir uma regulação efetiva e eficiente do setor de telecomunicações".[411] O SART é composto pelo Conselho das Signatárias, pelo Conselho de Autorregulação e por Comitês Setoriais e Grupos de Trabalho voltados à elaboração de propostas normativas. Atualmente, o SART conta com 5 normativos, incluindo o Código de Autorregulação das Telecomunicações,[412] que, além de dispor sobre a estrutura organizacional do sistema, prevê os procedimentos de acompanhamento e controle, bem como de eventual aplicação de sanções.

Um modelo semelhante poderia ser estruturado para induzir as concessionárias, cujas redes de infraestrutura compartilham do mesmo local físico, a se agruparem em torno de uma associação sem fins lucrativos, a qual teria por propósito operacionalizar uma atuação coordenada entre as associadas para evitar a ocorrência de acidentes. Recairia sobre essa associação, a incumbência de estabelecer os padrões a serem seguidos pelas associadas quando da execução de uma obra ou de uma atividade de manutenção em local também ocupado por ativos de outros prestadores de serviço público.

A viabilidade de implantação deste arranjo associativo é reforçada pelo exemplo do Operador Nacional do Sistema Elétrico (ONS). Assim como na alternativa cogitada, o ONS é uma entidade privada, sem fins lucrativos, composta por representantes do Ministério de Minas e Energia, e das empresas de geração, transmissão e distribuição de energia elétrica, entre as quais as concessionárias estatais de energia elétrica (CELESC, CEMIG, entre outras). De acordo com o disposto no art. 13 da Lei 9.648/1998, incumbe ao ONS a responsabilidade pela execução das atividades de coordenação e de controle da operação de geração e da transmissão de energia elétrica. Também lhe são afetas, entre outras, as atividades de supervisão e coordenação dos

---

[411] Disponível em: https://www.gov.br/anatel/pt-br/consumidor/participe-dos-debates/cdust/apresentacoes/copy2_of_20221003_CDUST_AUTORREGULAOEFETIVA.pdf. Acesso em: 07 dez. 2023.

[412] Disponível em: https://conexis.org.br/wp-content/uploads/2023/03/Codigo-de-Autorregulacao-SART.pdf. Acesso em: 07 dez. 2023.

centros de operação de sistemas elétricos, e da operação dos sistemas eletroenergéticos nacionais e internacionais, próprias de uma entidade reguladora estatal.[413] O ONS concentra um amplo rol de atribuições regulatórias voltadas à operação do sistema nacional de energia elétrica. Trata-se de um modelo associativo que, como bem apontado por Francisco Defanti.[414] materializa "uma hipótese de autorregulação pública por integração, em que se verifica, no âmbito de uma só entidade privada de autorregulação, o entrelaçamento de competências públicas e privadas".

A alternativa sugerida neste tópico segue a mesma diretriz, com a única diferença que a formação da associação, sem fins lucrativos, não adviria de uma determinação legal, mas sim de um sistema de incentivos estabelecido pelo regulador, que estimularia os agentes regulados a constituírem o ente personificado, para lhe atribuir a responsabilidade de implantar o modelo de gestão coordenada das infraestruturas instaladas em um mesmo local. A partir disso, podemos concluir no sentido de que, para além de impor a celebração de contratos regulados entre as *utilities*, as agências setoriais podem criar sistemas regulatórios de incentivos para que as concessionárias reguladas personifiquem tais obrigações, por intermédio da constituição de uma entidade associativa, sem fins lucrativos. Tal arranjo regulatório pode ser implementado, por exemplo, a partir da oferta de alguma facilidade ou prêmio apto

---

[413] Art. 13. As atividades de coordenação e controle da operação da geração e da transmissão de energia elétrica integrantes do Sistema Interligado Nacional (SIN) e as atividades de previsão de carga e planejamento da operação do Sistema Isolado (Sisol) serão executadas, mediante autorização do poder concedente, pelo Operador Nacional do Sistema Elétrico (ONS), pessoa jurídica de direito privado, sem fins lucrativos, fiscalizada e regulada pela ANEEL e integrada por titulares de concessão, permissão ou autorização e consumidores que tenham exercido a opção prevista nos arts. 15 e 16 da Lei no 9.074, de 7 de julho de 1995, e que sejam conectados à rede básica. Parágrafo único. Sem prejuízo de outras funções que lhe forem atribuídas pelo Poder Concedente, constituirão atribuições do ONS: a) o planejamento e a programação da operação e o despacho centralizado da geração, com vistas a otimização dos sistemas eletroenergéticos interligados; b) a supervisão e coordenação dos centros de operação de sistemas elétricos; c) a supervisão e controle da operação dos sistemas eletroenergéticos nacionais interligados e das interligações internacionais; d) a contratação e administração de serviços de transmissão de energia elétrica e respectivas condições de acesso, bem como dos serviços ancilares; e) propor ao Poder Concedente as ampliações das instalações da rede básica, bem como os reforços dos sistemas existentes, a serem considerados no planejamento da expansão dos sistemas de transmissão; f) propor regras para a operação das instalações de transmissão da rede básica do SIN, a serem aprovadas pela ANEEL; g) a partir de 1º de maio de 2017, a previsão de carga e o planejamento da operação do Sisol.

[414] DEFANTI, Francisco. Um ensaio sobre a autorregulação: características, classificações e exemplos práticos. Revista de Direito Público da Economia, Belo Horizonte, ano 16, n. 63, p. 149-181, jul./set. 2018. p. 175.

a induzir a constituição de tal governança associativa dentro de determinado prazo estabelecido pelo regulador. Assim, na hipótese de constituição desta estrutura associativa, as concessionárias fariam jus ao benefício ofertado pelo regulador.

3.9 A incorporação de novas tecnologias ao contrato de concessão

Em razão do longo prazo, as concessões são, diretamente, impactadas pelo advento de novas tecnologias, o que exige a realização de novos investimentos – a exemplo do que se passou, de forma saliente, com o, em vias de extinção, Serviço de Telefonia Fixo Comutado – STFC. Tal dever tem previsão no art. 6º, §2º, da Lei nº 8.987/1995, que consagra o dever de atualidade, o qual é compreendido pela: (i) utilização de técnicas modernas no que diz respeito aos equipamentos e às suas instalações; (ii) conservação dos direitos já adquiridos pelo concessionário; (iii) melhoria da qualidade dos serviços durante a vigência do ajuste; e (iv) sua expansão para as pessoas ainda não beneficiadas pelo serviço. Nada obstante, não se pode olvidar que o equilíbrio econômico-financeiro dos contratos de concessão é, justamente, forjado a partir de uma relação direta entre a sua remuneração tarifária, o adimplemento de suas "obrigações de investimentos" e de suas "obrigações e desempenho" e pelos efeitos econômico-financeiros decorrentes de eventos desequilibrantes, qualificados como "riscos" ou "incertezas".

Um exemplo de atualização tecnológica, que vem sendo implementada, nos contratos de concessão, é utilização da sistemática do Free Flow de cobrança tarifária (também conhecido como modelo stop & go), assim considerada como a modalidade de cobrança eletrônica da Tarifa de Pedágio, por intermédio de pórticos fixos, que consideram o trecho, efetivamente, utilizado, pelo usuário (tecnologia há muito já utilizada, nas rodovias chilenas, como se extrai das modelagens veiculadas na Autopista Central, Costanera Norte, Vespucio Accesso Nororiente e Túnel San Cristóbal[415]).

Trata-se de modelo de cobrança tarifária que vem sendo utilizado, no âmbito das concessões reguladas pela Agência de Transporte

---

[415] Disponível em: https://web.costaneranorte.cl/autopista/nuevas-obras/mejoramiento-conexion-costanera-norte-autopista-central/. Acesso em: 4 maio 2022.

do Estado de São Paulo - ARTESP, a exemplo do que se passou nas rodovias Santos Dumont (SP-75), em Indaiatuba; Governador Doutor Adhemar Pereira de Barros (SP-340), em Jaguariúna; Professor Zeferino Vaz (SP-332), em Paulínia, e Engenheiro Constâncio Cintra (SP-360). De acordo com aquela agência reguladora, tal metodologia de cobrança se apresenta vantajosa, na medida em que o usuário paga o valor mais próximo ao trecho efetivamente percorrido na rodovia. A cobrança é feita eletronicamente, sem a manipulação de dinheiro. Assim, melhora-se as condições operacionais das rodovias, proporcionando fluidez, além de reduzir o tempo das viagens, consumo de combustível e a emissão de gases poluentes na atmosfera. É um sistema mais moderno, prático e justo.[416]

Tal modelagem também foi conceituada, pela Cláusula 1.1.1. do Contrato de Concessão da RIS, como o "sistema de cobrança sem necessidade de desaceleração dos veículos, ou seja, em fluxo livre, sem praças de pedágio". Por intermédio desse modelo, a cobrança de pedágio é desenvolvida por três fases: (i) pela passagem de veículo sob os pórticos instalados nas rodovias, sujeitando os usuários ao pagamento de pedágio; (ii) a cada passagem, os veículos são detectados e categorizados e o sistema efetua a leitura da placa do veículo; e (iii) o sistema de informações centralizado processa os dados de trânsito e calcula as tarifas de pedágio, a serem aplicadas.

Nesse quadrante, sob o aspecto do delineamento do equilíbrio econômico-financeiro, é de se indagar a quem seria distribuído "risco pela atualização tecnológica no pacto concessório". Para Ronaldo José de Andrade,[417] "o risco de atualização tecnológica do objeto concedido deve ser alocado ao parceiro privado, pela singela razão de que ele é o detentor da expertise necessária para o seu gerenciamento, atendendo desta forma à racionalidade econômica da distribuição dos riscos".[418]

---

[416] Disponível em: http://www.artesp.sp.gov.br/Style%20Library/extranet/rodovias/sistema-ponto-a-ponto.aspx. Acesso em: 4 maio 2022.

[417] ANDRADE, Ronaldo José de. *Incorporação de novas tecnologias em contratos de concessão*: estudo de caso do setor rodoviário paulista. Belo Horizonte: Fórum, 2021. p. 88.

[418] No âmbito dos contratos mais antigos, que são regulados pela Agência de Transportes do Estado de São Paulo - ARTESP, a obrigação de incorporar novas tecnologias foi disciplinada pela Cláusula Décima Quinta, do Contrato de Concessão do Sistema Rodoviário ViaPaulista, celebrado em 23.10.2017. A referida cláusula trata, de forma genérica, dos "mecanismos para preservação da atualidade na prestação dos serviços", indicando que é responsabilidade da concessionária observar a atualidade na execução das obras e dos serviços, caracterizando-se atualidade como a "modernidade dos equipamentos, das instalações e das técnicas da prestações dos serviços de operação e manutenção do Sistema Rodoviário, com a absorção dos avanços tecnológicos advindos ao longo do prazo de

Dito em outros termos, de acordo com o autor, caso a obrigação de implementar um sistema de cobrança *free flow* esteja inserida, desde a licitação, para dar cabo dos atendimentos das obrigações de desempenho, tal risco deverá ser alocado ao concessionário.

Caso, porém, tal inovação tecnológica tenha de ser implementada, a pedido do poder público, tal risco deverá lhe ser alocado, o que ensejaria um dever de revisão do equilíbrio econômico-financeiro do módulo concessório.[419] Nesse sentido, Ronaldo José de Andrade[420]

---

concessão, inclusive no que se refere à sustentabilidade ambiental, que agreguem valor e representem benefícios e qualidade aos serviços concedidos, elevando o nível dos serviços oferecidos aos usuários". A incorporação de novas tecnologias foi tratada, também, pela Cláusula 15.2, no bojo da qual se atribui à Concessionária o dever de empregar, durante todo o prazo concessório, padrões de desempenho motivados pelo surgimento de inovações tecnológicas, devendo-se implementar sistemas "tecnologicamente atualizados" e que permitam a automatização das operações, tanto para elevar o nível de serviço oferecido aos usuários, quanto para tornar mais eficiente a consecução dos serviços não delegados. A Subcláusula 15.2.1 prevê, inclusive, que a Concessionária deve manter compatibilidade com as tecnologias empregadas pela ARTESP, de forma a permitir o compartilhamento de informações e dados gerados com a agência reguladora, para fins regulatórios e fiscalizatórios. No que tange à alocação de riscos, a Cláusula Décima Nona, itens "xvi" e "xxiii", do Contrato de Concessão da ViaPaulista aloca à Concessionária os riscos pela: (i) prestação do serviço adequado, incluindo variações nos investimentos, custos ou despesas, e inovações tecnológicas necessárias para o atendimento aos indicadores de desempenho; e (ii) necessidade de realização de investimentos para a implantação de sistema de cobrança de pedágio, bem como pela necessidade de adequação de sua tecnologia.

[419] De outro lado, por intermédio do Contrato de Concessão nº 0409/ARTESP/2020, firmado em 15.05.2020, tendo por objeto o Sistema Rodoviário do EixoSP, a ARTESP alterou, de forma significativa, as obrigações relacionadas à incorporação de novas tecnologias. Neste contrato, a Cláusula Décima Quinta passou a dispor sobre os "mecanismos para preservação da atualidade na prestação dos serviços e incorporação de novas tecnologias", sendo a Concessionária obrigada a observar a atualidade tecnológica na execução das obras e serviços, assim caracterizados pela preservação da modernidade e atualização dos equipamentos e "também das técnicas da prestação dos serviços de operação e manutenção do Sistema Rodoviário, desde que a atualidade tecnológica seja necessária diante da (i) obsolescência dos bens da Concessão previstos na Cláusula Décima Segunda ou (ii) necessidade de cumprimento dos indicadores de desempenho e demais exigências estabelecidas no Contrato e Anexos". O Contrato conceitua a obrigação de atualidade tecnológica como as situações nas quais a Concessionária, com a finalidade de atender os indicadores de desempenho, realiza atualizações e melhorias nos bens da concessão, quando disponibilizadas pelos respectivos fabricantes (Cláusula 15.4). Por seu turno, considera-se "obsolescência tecnológica dos bens da concessão" quando for constatado, no decorrer do prazo concessório, a perda relevante das funções iniciais que o bem deveria cumprir, ou a incapacidade para o pleno atendimento aos indicadores de desempenho e as demais exigências contratuais, na forma da Cláusula 15.5. O Contrato de Concessão do EixoSP exclui qualquer direito de indenização ou reequilíbrio econômico-financeiro decorrente da necessidade de atualização tecnológica, nos termos da Cláusula 15.7, vazada nos seguintes termos: "as despesas e investimentos da Concessionária que tenham sido realizadas com o objetivo de garantir a atualidade da concessão, incluindo o atendimento dos indicadores de desempenho e demais exigências estabelecidas no Contrato e nos Anexos deverão estar amortizadas dentro do prazo da Concessão,

leciona que "No que diz respeito ao risco de inovação tecnológica, que se refere à incorporação de tecnologia de natureza disruptiva no respectivo setor, a literatura nacional e internacional recomenda a sua alocação ao parceiro público".

Tal alocação tem a ver com a imprevisibilidade ligada ao surgimento de tecnologias disruptivas. Mais que isso, como destaca o autor:[421] "O posterior advento de novas tecnologias que devam ser incorporadas à prestação dos serviços deve estar subordinado à recomposição desta equação, cuja garantia as boas práticas recomendam que deva se dar nas revisões ordinárias por meio da metodologia do fluxo de caixa marginal". Foi o que restou veiculado, igualmente, na Cláusula 6.7.4 do Contrato de Concessão Patrocinada do Concessão Patrocinada do VLT de Salvador segundo a qual "A eventual solicitação do CONCEDENTE que envolva a incorporação de inovação tecnológica em padrões superiores ao dever da CONCESSIONÁRIA de prestar serviços com atualidade será hipótese de recomposição do equilíbrio econômico-financeiro da CONCESSÃO, desde que essa incorporação

---

não fazendo a Concessionária jus a qualquer direito de indenização ou reequilíbrio econômico-financeiro". Nada obstante, o referido contrato estabeleceu uma distinção entre atualização tecnológica e inovação tecnológica ao dispor, por meio da Cláusula 15.8, que a obrigação de manter a atualidade tecnológica "não se confunde com a possibilidade de adoção e incorporação de inovações tecnológicas pela Concessionária, a seu critério ou por determinação do Poder Concedente e/ou da ARTESP". Segue daí o estabelecimento de um regime contratual específico para a incorporação de inovações tecnológicas, compreendidas como "as tecnologias que, à época de sua eventual adoção e incorporação pela Concessionária, constituam o estado da arte tecnológica e não tenham uso difundido no setor de infraestrutura rodoviário nacional, e cuja utilização, não obstante tenha potencial de proporcionar ganhos de eficiência e produtividade no âmbito da Concessão, seja prescindível para o atendimento dos indicadores de desempenho e demais elementos inicialmente previstos no Contrato e respectivos Anexos" (Cláusula 15.9). Nos termos contratuais, a Concessionária tem ampla liberdade de incorporar, ao longo da concessão, as inovações tecnológicas que entender cabíveis ao objeto contratual, desde que observe a alocação de riscos. Por outro lado, a incorporação de inovações tecnológicas pela Concessionária, quando determinada pela ARTESP ou pelo Poder Concedente, enseja a recomposição do equilíbrio econômico-financeiro do contrato, conforme metodologia do Fluxo de Caixa Marginal (Cláusulas 15.11 e 19.2, item "xiv", do Contrato de Concessão do EixoSP). Para além disso, a incorporação de inovações tecnologias por determinação do Poder Concedente ou da agência reguladora: (i) somente poderão ser propostas no âmbito das revisões ordinárias ou extraordinárias, ensejando "a prévia recomposição do equilíbrio econômico-financeiro", na forma da Cláusula 15.12, sendo que (ii) os indicadores de desempenho deverão ser atualizados, de modo a contemplar as melhorias de performance relacionadas à incorporação da inovação determinada, conforme Cláusulas 15.11.1 e 24.2.3.

[420] ANDRADE, Ronaldo José de. *Incorporação de novas tecnologias em contratos de concessão*: estudo de caso do setor rodoviário paulista. Belo Horizonte: Fórum, 2021. p. 88.
[421] ANDRADE, Ronaldo José de. *Incorporação de novas tecnologias em contratos de concessão*: estudo de caso do setor rodoviário paulista. Belo Horizonte: Fórum, 2021. p. 89.

resulte em alteração dos custos ou dos investimentos projetados para o CONTRATO". E, na Cláusula 15.11 do Contrato de Concessão nº 01/2019, segundo a qual "a incorporação de inovações tecnológicas pela CONCESSIONÁRIA quando por determinação da ARTESP ou PODER CONCEDENTE ensejará a recomposição do equilíbrio econômico-financeiro da CONCESSÃO, conforme a metodologia do Fluxo de Caixa Marginal, nos termos da subcláusula 22.3.2, observado o disposto na subcláusula 15.14."

O referido autor traz alguns limites à imposição de alterações unilaterais, que versem a propósito da incorporação de novas tecnologias ao contrato de concessão,[422] a saber: (i) a boa-fé que rege a relação entre as partes configura limite objetivo a essa pretensão, que vem a lume por meio dos critérios da razoabilidade e da proporcionalidade; (ii) a segurança jurídica sob o binômio determinação cognoscibilidade configura uma garantia de que a concessionária possua ampla clareza dos encargos que poderão vir a ser a ele determinados pelo Poder Público contratante para fins de incorporação de novas tecnologias, previamente à celebração do contrato de concessão; (iii) ainda a segurança jurídica, agora sob a ótica dúplice da intangibilidade-confiabilidade: novos investimentos que não tenham sido originalmente previstos à época da licitação, a pretexto de incorporação de novas tecnologias no curso da execução contratual encontram o limite da intangibilidade da equação econômico-financeira da relação jurídica contratual firmada no pacto concessionário e da proteção à expectativa da dimensão dos encargos que lhe serão imputados durante a vigência do contrato e devem, portanto, implicar a recomposição desta equação; (iv) por fim, a segurança jurídica a partir do vértice previsibilidade-calculabilidade se projeta nas relações jurídicas concessionais especificamente pelo seu segundo aspecto (calculabilidade), que constitui uma garantia a partir da qual se infere uma proibição implícita dirigida ao Poder Público concedente de agir unilateralmente em campo que extravase a esfera de limitada de sua discricionariedade previamente conhecida pela concessionária. Em decorrência desta projeção, novos investimentos que não tenham sido originalmente considerados em seu plano de negócios não podem ser a ela carreados sem a devida recomposição da equação econômico-financeira (EEF).

---

[422] ANDRADE, Ronaldo José de. *Incorporação de novas tecnologias em contratos de concessão*: estudo de caso do setor rodoviário paulista. Belo Horizonte: Fórum, 2021. p. 64.

Os deveres genéricos de garantir a "adequação" e a "atualidade" (art. 6º, §1º e §2º, da Lei nº 8.987/1995) não criam uma obrigação genérica e indeterminada para as concessionárias. A concessionária só é obrigada a responder pelos "objetos" e "metas" previamente previstos no edital, nos termos do art. 18, I, da Lei nº 8.987/1995. E, do mesmo modo, a fazer frente ao atendimento de obrigações previamente delineadas no instrumento contratual (art. 23, V, da Lei Estadual nº 8.987/1995). Dito em termos diretos: as contraprestações da concessionária devem estar definidas nos quadrantes do racional econômico de cada contrato. De fato, para fazer frente a tal dispêndio, a concessionária deve provisionar, por ocasião da apresentação de sua proposta na licitação, uma estimativa dos custos que seriam suportados para fazer frente à prestação de um serviço adequado e atual na vigência do contrato de concessão. Para cumprir as obrigações atreladas à adequada prestação do serviço público, como bem destacado por Carlos Ari Sundfeld e Jacintho Arruda Câmara,[423] o concessionário terá de dar cabo de encargos programados e de encargos adicionais.

Os encargos programados são aqueles que já foram previstos, de forma individualizada, desde a celebração do instrumento contratual. Não é por outra razão que tal espécie de encargo se constitui como uma cláusula essencial do contrato de concessão, a teor do art. 23, V, da Lei nº 8.987/1995, de acordo com o qual se prevê a obrigatoriedade do estabelecimento de "direitos, garantias e obrigações do Poder Concedente e da concessionária, inclusive os relacionados às previsíveis necessidades de futura alteração e expansão do serviço e consequente modernização, aperfeiçoamento e ampliação dos equipamentos e das instalações". Os encargos adicionais, por sua vez, são aqueles que não foram, orginalmente, previstos na modelagem econômico-financeira dos contratos de concessão – mas que, pela sua incompletude, são estabelecidos posteriormente seja pelo poder concedente, seja pela agência reguladora setorial.

Para fazer frente ao custeio de tais encargos, o concessionário terá de realizar o que Gabriela Miniussi Engler Pinto Portugal Ribeiro[424] denomina de investimentos contingentes não precificados

---

[423] SUNDFELD, Carlos Ari; CÂMARA, Jacintho Arruda. Atualidade do serviço público concedido e reequilíbrio da concessão. *Revista de Direito Público da Economia*, Belo Horizonte, a. 16, n. 61, p. 41-54, jan./mar. 2018.

[424] PINTO, Gabriela Engler. Novos investimentos em concessões e PPPs: contornos e limites. *Revista Eletrônica OAB/RJ*, [s. l.], Edição Especial de Infraestrutura, 2019.

para a atualização dos serviços,[425] os quais serão exigíveis quando for verificada determinada condição. De acordo com a autora, tais investimentos, usualmente, têm lugar nas seguintes situações: (i) ou são investimentos que, a rigor, deveriam ter sido previstos inicialmente à época da licitação do projeto como investimentos contingentes e não o foram, sobretudo pela dificuldade que é modelar esse tipo de obrigação e precificá-la adequadamente; ou (ii) são investimentos decorrentes de inovações tecnológicas, naturalmente imprevisíveis, mas necessárias para agregar confiabilidade na operação e conforto aos usuários na prestação dos serviços.

Por conseguinte, nos casos de encargos não programados, relacionados ao atendimento de obrigações de desempenho, não terá lugar um aporte adicional de recursos da concessionária, o qual predicará de uma amortização no tempo. Do contrário, estar-se-ia estipulando "obrigações em branco", as quais teriam de ser sempre adimplidas, durante toda a vigência do contrato de concessão. Cuidar-se-ia de prescrição violadora do art. 104, II, do Código Civil, o qual, tratando da validade do negócio jurídico, exige que o seu objeto seja "determinado" (ou "determinável").

Por fim, é de destacar os limites apontados por Gabriela Miniussi Engler Pinto Portugal Ribeiro,[426] que devem lastrear a realização de novos investimentos (inclusive os que tem por objeto a incorporação de novas tecnologias) no pacto concessório: (i) o estabelecimento de limites quantitativos para inserção de novos investimentos, definidos, em alguns casos, em 15 % do montante inicial total de investimentos sob a responsabilidade da concessionária;[427] (ii) a definição de limites

---

[425] Para ilustrar, citam-se como exemplo as seguintes cláusulas do contrato de concessão de rodovias do estado de São Paulo com mecanismo *free flow*, fruto do edital de concorrência internacional nº 03/2016: "24.13. A ARTESP definirá a necessidade de readequação do PLANO DE INVESTIMENTOS vigente e/ou elaboração de novo(s) PLANO(S) DE INVESTIMENTO(S), que passará(ão) a vigorar, após aprovado(s), sendo vinculativos para a CONCESSIONÁRIA nos anos subsequentes. [...] 24.15 Após o processamento de cada uma das etapas anteriormente descritas neste Capítulo, as PARTES procederão ao cálculo do desequilíbrio, se for o caso, considerando eventuais compensações de haveres e ônus devidos por cada uma das PARTES e, conforme o regramento estabelecido por este CONTRATO, à recomposição do equilíbrio econômico-financeiro."

[426] RIBEIRO, Gabriela Miniussi Engler Pinto. *Novos investimentos em contratos de parceria*. São Paulo: Almedina, 2021. p. 154.

[427] Contrato de Concessão do Lote Centro-Oeste Paulista: "Cláusula 24.2. Os novos investimentos, não previstos inicialmente no PLANO ORIGINAL DE INVESTIMENTOS, e eventualmente implementados em função do conjunto de ciclos de REVISÃO ORDINÁRIA, não poderão, em seu conjunto, acarretar revisão do PRAZO DA CONCESSÃO que enseje o acréscimo de prazo superior a 15 (quinze) anos e/ou supere, em seu

à inclusão de investimentos adicionais associados à saúde financeira da concessionária, sua capacidade de manter os *covenants* dos financiamentos existentes e de contrair financiamentos adicionais; e (iii) o detalhamento de procedimentos para inclusão de novos investimentos.[428]

A repartição do risco pela incorporação de novas tecnologias não é uma peculiaridade do direito brasileiro. O Global Infrastructure Hub (GI Hub),[429] por exemplo, recomenda que o risco pelo surgimento dessas tecnologias seja compartilhado (entre poder concedente e concessionário), de modo que os custos com as atualizações tecnológicas sejam suportados pela parte que solicitou a alteração das especificações

---

conjunto, o montante de 15 % (quinze por cento) do montante inicial total de investimentos sob a responsabilidade da CONCESSIONÁRIA, de acordo com os valores e marcos de obra definidos no ANEXO XXI. 24.2.1. Os investimentos limitados ao valor de 15 % do montante inicial, descritos na cláusula 24.2, apenas serão obrigatórios se a avaliação da hipótese de sua realização não apontar para a queda da nota de classificação de risco obtida pela concessão, ou, no caso de nova emissão de valores mobiliários ou obtenção de nova dívida bancária, a eventual consequência não seja nota inferior àquela obtida pela emissora ou mutuária original, sendo que esta nota, em escala nacional, será emitida pela Fitch ou, em escala equivalente, pela Standard and Poor's (S&P) ou Moody's."

[428] Cite-se, nesse sentido, a Cláusula 53 do Monotrilhos da Linha 15, 53.1. "Tanto o PODER CONCEDENTE, em decorrência de sua competência para realizar a fiscalização e o planejamento do SISTEMA METROFERROVIÁRIO, quanto a CONCESSIONÁRIA, em sua obrigação de melhor executar o SERVIÇO CONCEDIDO, poderão propor a realização de INVESTIMENTOS ADICIONAIS. 53.2. Caberá ao PODER CONCEDENTE autorizar a realização, pela CONCESSIONÁRIA, de INVESTIMENTOS ADICIONAIS, na forma prevista neste CONTRATO. 53.3. O PODER CONCEDENTE poderá, independentemente de concordância por parte da CONCESSIONÁRIA, realizar investimentos que poderiam ser caracterizados como INVESTIMENTOS ADICIONAIS, nos termos do CONTRATO, por si, por outras entidades do ESTADO, ou mediante contratações de terceiros, desde que técnica e economicamente seja mais vantajoso ao interesse público, sem que disto decorra qualquer direito à CONCESSIONÁRIA, respeitando as diretrizes de convivência previstas na Cláusula 8 e no ANEXO XVI – DIRETRIZES DE CONVIVÊNCIA. Nesta hipótese, caso da realização dos investimentos decorra desequilíbrio econômico-financeiro do CONTRATO, conforme previsto no CAPÍTULO X, poderá a CONCESSIONÁRIA pleitear a recomposição do equilíbrio econômico-financeiro do CONTRATO. 53.4. Quando a CONCESSIONÁRIA julgar oportuno ou necessário, poderá apresentar requerimento para a realização de INVESTIMENTOS ADICIONAIS, contendo os seguintes requisitos: (i) justificativas para a realização do INVESTIMENTO ADICIONAL, contendo obrigatoriamente as melhorias esperadas na qualidade, regularidade, continuidade, eficiência, efetividade, segurança, atualidade, generalidade, transparência e cortesia na prestação do serviço público decorrentes da intervenção; (ii) demonstração da compatibilidade do investimento proposto com a Cláusula 52.1 deste CONTRATO; (iii) detalhamento do investimento a ser realizado, incluindo impactos técnicos e econômico-financeiros na CONCESSÃO, bem como cronograma de execução, prazos e custos para implantação da intervenção; e (iv) apresentação do respectivo projeto básico, projeto funcional ou termo de referência."

[429] O GI Hub aponta, ainda, que a previsão de mecanismos contratuais pré-acordados sobre atualização tecnológica, que reconheçam a mutabilidade inerente dos contratos, pode evitar contestações de terceiros, baseadas na ideia de que as alterações foram tão substanciais que se deva relicitar o contrato existente.

contratuais. Assim é que, se a incorporação da nova tecnológica for provocada, pelo poder concedente, os seus efeitos econômico-financeiros devem ser por ele suportados. Por outro lado, se a concessionária sugerir uma mudança tecnológica, que não seja estritamente necessária, deverá suportar os encargos financeiros daí decorrentes.

Na Espanha, a Lei nº 9/2017, que foi responsável por transpor ao seu ordenamento jurídico as Diretivas nos 2014/23/UE e 2014/24/UE, exaradas pelo Parlamento Europeu e pelo Conselho da União Europeia,[430] em seu art. 259.4 prescreve que: "a concessionária deverá manter as obras de acordo com as normas técnicas, ambientais, de acessibilidade, de remoção de barreiras e de segurança ao usuário, aplicáveis em cada momento e de acordo com o progresso da ciência".[431] Cuida-se, pois, da denominada "Cláusula de Progresso".[432] O surgimento da Cláusula de Progresso na Espanha pode ser ilustrado pela disputa que envolveu a Câmara Municipal de Sevilha (Ayuntamiento de Sevilla) e a Sociedade Catalã de Iluminação a Gás (Sociedad Catalana para el Alumbrado del Gas). Em 1842, a Sociedade Catalã de Iluminação a Gás foi criada com o desiderato de prestar o serviço de iluminação pública. O serviço era prestado com base em "direitos exclusivos", ou seja, a concessionária obtinha o direito de iluminar ruas e prédios públicos, e as Câmaras Municipais não poderiam firmar novas concessões localizadas a determinada distância da tubulação de gás. Ocorre que o surgimento – e posterior expansão – da iluminação elétrica forçou a revisão do contrato firmado, com o objetivo de permitir anulá-lo, se a concessionária não

---

[430] Disponível em: https://www.boe.es/eli/es/l/2017/11/08/9/con. Acesso em: 16 nov. 2022.
[431] Tradução livre. No original: "Artículo 259. Uso y conservación de las obras. [...] 4. El concesionario deberá manter las obras de conformidad con lo que, en cada momento y según el progreso de la ciencia, disponga la normativa técnica, medioambiental, de accesibilidad y eliminación de barreras y de seguridad de los usuarios que resulte de aplicación". A mesma disposição já estava contida no art. 244.4 da Lei espanhola nº 13/2003, que regulamentava o contrato de concessão de obras públicas.
[432] Ao analisar as origens da cláusula de progresso no direito espanhol, a Nuria Magaldi Mendaña conclui que a cláusula emergiu na segunda metade do século XIX, por ocasião do desenvolvimento científico e técnico derivado da revolução industrial. Nesse período, houve a necessidade de prover serviços públicos como água, transporte e eletricidade para centros urbanos em expansão. Esses serviços, originalmente prestados por concessionárias privadas, tiveram de ser garantidos pela Administração Pública. Nesse sentido, a administração tentou corrigir as disfunções da gestão privada por meio de diferentes instrumentos, entre os quais, a cláusula de progresso (MENDAÑA, Nuria Magaldi. La aparición de la "cláusula de progreso": de la iluminación por gas a la iluminación eléctrica. CONGRESO DE LA ASOCIACIÓN ESPAÑOLA DE HISTORIA ECONÓMICA, 12., 2016, Salamanca. [Anais]. Salamanca: Asociación Española de Historia Económica, 2016).

introduzisse as inovações que, de acordo com os padrões tecnológicos da época, gerariam reduções da tarifa e benefícios públicos.[433]

Em prosseguimento, teve lugar a celebração de novo contrato, em 29 de setembro de 1882, entre a Câmara Municipal de Sevilha e a Sociedade Catalã de Iluminação a Gás, no âmbito do qual, em sua Cláusula 25, dispunha se, no decorrer deste contrato, for descoberto um sistema de iluminação diferente do gás, aplicável ao serviço público, cujo resultado prático, material e econômico seja de conveniência possível e comprovada, e que tenha sido adotado em Madri ou Barcelona, a Câmara também poderá adotá-lo, em acordo com a concessionária, que será preferida a qualquer outra empresa de iluminação pública. Se, mesmo com esse direito, a concessionária, dentro de um período de três meses, declarar que não pode ou não quer estabelecer o novo sistema, ou permitir que o período transcorra sem aceitar a obrigação de implementá-lo, o contrato será rescindido sem o direito de a concessionária solicitar qualquer tipo de compensação. A concessionária também será obrigada a adotar, na fabricação de gás, os avanços da ciência e da prática introduzidos e aceitos com sucesso pelas fábricas de gás de igual importância da Sevilha.[434]

De acordo com Nuria Magaldi Mendaña,[435] a disputa entre a Câmara Municipal de Sevilha e a Sociedade Catalã de Iluminação a Gás demonstra a necessidade de o serviço público se adaptar aos avanços tecnológicos. A cláusula de progresso, como instrumento arbitrado, a

---

[433] MENDAÑA, Nuria Magaldi. La aparición de la "cláusula de progreso": de la iluminación por gas a la iluminación eléctrica. CONGRESO DE LA ASOCIACIÓN ESPAÑOLA DE HISTORIA ECONÓMICA, 12., 2016, Salamanca. [*Anais*]. Salamanca: Asociación Española de Historia Económica, 2016; LÓPEZ, Tomás Quintana. Algunas cuestiones sobre la cláusula de progreso en el contrato de concesión de obras públicas. *Revista española de derecho administrativo*, España, [s. l.], v. 131, p. 421-444, 2006.

[434] Tradução livre. No original: "Si durante el curso de este contrato se descubriese un sistema de alumbrado distinto del gas aplicable al servicio público, cuyo resultado práctico, material y económicamente acuse conveniencia posible y probada y se haya adoptado en Madrid o Barcelona, el Ayuntamiento podrá adoptarlo también poniéndose de acuerdo con 'La Catalana'; la cual será preferida a cualquier otra empresa para el alumbrado público. Si aún con esta ventaja La Catalana en el término de tres meses manifestara no poder o no querer establecer el nuevo sistema o dejara transcurrir el plazo sin aceptar la obligación de plantearlo, quedará rescindido el contrato sin derecho por parte de la Empresa a pedir indemnización alguna. La sociedad se obligará igualmente a adoptar en la fabricación de gas de hulla los adelantos de la ciencia y la práctica que introducirán con buen éxito y acepten las fábricas de gas de igual importancia de la de Sevilla".

[435] MENDAÑA, Nuria Magaldi. La aparición de la "cláusula de progreso": de la iluminación por gas a la iluminación eléctrica. CONGRESO DE LA ASOCIACIÓN ESPAÑOLA DE HISTORIA ECONÓMICA, 12., 2016, Salamanca. [*Anais*]. Salamanca: Asociación Española de Historia Económica, 2016.

partir do direito administrativo, permitiu que os efeitos econômicos do progresso tecnológico fossem internalizados nos contratos de concessão. Mais que isso, a introdução da cláusula de progresso deve, por desiderato, equacionar duas pautas aparentemente antagônicas: o dever de atualidade e a manutenção do equilíbrio econômico contratualmente estabelecido.

Sobre o tema, o espanhol Tomás Quintana López[436] assevera que a cláusula de progresso carecia de uma formulação geral no sistema jurídico espanhol, o que veio a ser endereçado pelo normativo de 2017. Isso porque, na ausência de previsão *ex contratual*, o progresso tecnológico, frequentemente, teve de ser entendido como uma manifestação do *ius variandi* exorbitante da Administração na esfera contratual ou, até mesmo, como uma cláusula implícita no contrato de concessão. Nada obstante, tal cláusula visa a criar uma abertura contratual que permita a incorporação, *ex post*, de novas e disruptivas tecnologias, sem que se descure da manutenção do equilíbrio econômico-financeiro.

Por seu turno, Alejandro Huergo Lora[437] leciona que a cláusula do progresso atribui ao concessionário[438] o risco de agravamento da onerosidade do contrato, em virtude da necessidade de implementação de novidades derivadas do progresso da ciência e da tecnologia. Para contingenciar o risco da cláusula de progresso, o artigo 270.4, item "b", da Lei nº 9/2017, que trata da manutenção do equilíbrio econômico contratual, prevê o direito de a concessionária rescindir o contrato quando: (i) a incorporação dos progressos técnicos seja extraordinariamente onerosa; e (ii) a disponibilização de tais progressos no mercado tenha ocorrido após a formalização do contrato com o Poder Concedente.[439]

---

[436] LÓPEZ, Tomás Quintana. Algunas cuestiones sobre la cláusula de progreso en el contrato de concesión de obras públicas. *Revista española de derecho administrativo*, España, [s. l.], v. 131, p. 421-444, 2006.

[437] LORA, Alejandro Huergo. El riesgo operacional en la nueva Ley de Contratos del Sector Público. *Documentación Administrativa*: Nueva Época, [s. l.], n. 4, p. 31-51, 2017. p. 33.

[438] Ressalta-se que o artigo 197 da Lei nº 9/2017 atribui genericamente ao concessionário a responsabilidade pelos riscos advindos na execução contratual: "Artículo 197. Principio de riesgo y ventura. La ejecución del contrato se realizará a riesgo y ventura del contratista, sin perjuicio de lo establecido para el contrato de obras em el artículo 239".

[439] Nos termos da Lei espanhola nº 9/2017: "Artículo 270. Mantenimiento del equilibrio económico del contrato. [...] 4. El contratista tendrá derecho a desistir del contrato cuando este resulte extraordinariamente oneroso para él, como consecuencia de una de las siguientes circunstancias: [...] b) Cuando el concesionario deba incorporar, por venir obligado a ello legal o contractualmente, a las obras o a su explotación avances técnicos que las mejoren notoriamente y cuya disponibilidad en el mercado, de acuerdo con el estado de la técnica, se haya producido con posterioridad a la formalización del contrato".

CAPÍTULO 4

REGULAÇÃO E RESPONSIVIDADE

4.1 Regulação responsiva

A noção de regulação responsiva, na qualidade de modelo teórico,[440] foi desenvolvida, por Ian Ayres e John Braithwaite,[441] no livro *Responsive Regulation: transcending the deregulation debate* ("Regulação Responsiva: transcendendo o debate sobre a desregulação"), publicado em 1992. Como o nome da obra sugere, o objetivo dos autores[442] era estabelecer um paradigma teórico que superasse o debate entre: (i) as correntes que defendiam maior nível de intervenção estatal; e (ii) o pensamento de que os objetivos regulatórios seriam atendidos

---

[440] Embora algumas ideias da regulação responsiva já tivessem sido aplicadas antes da publicação do livro de Ayres e Braithwaite, os autores foram os responsáveis por definir uma linguagem, uma lógica e uma estrutura em torno de um conjunto de práticas que podiam ser observadas na regulação quotidiana, expandidas e melhoradas (PARKER, Christine. Twenty Years of Responsive Regulation: An Appreciation and Appraisal. *Regulation & Governance*, [s. l.], v. 7, n. 1, 2013. p. 3).

[441] AYRES, Ian; BRAITHWAITE, John. *Responsive regulation*: transcending the deregulation debate. New York: Oxford University Press, 1992.

[442] Em outros termos, a teoria da regulação responsiva foi proposta por Ian Ayres e John Braithwaite visando a transcender o impasse intelectual existente entre os defensores de uma regulação estatal incisiva e os defensores da desregulação. Os autores compreendiam que o mercado livre (desregulação) poderia resultar em uma regulação privada prejudicial à concorrência. Em contraponto, a regulação estatal incisiva poderia redundar em um exercício de poder normativo simbólico, que seria contornado pelo realinhamento do mercado. A regulação responsiva pretendia, de modo explícito, ser uma terceira alternativa ao binômio "regulação *versus* desregulação". O objetivo de Ian Ayres e John Braithwaite era propor, evidenciar e defender um método de criação de soluções de política regulatória que superasse os dois lados do debate.

por intermédio da desregulação. Para atingir esse desiderato, Ayres e Braithwaite se valem de teorias consolidadas, tais como a Análise Econômica do Direito (AED), as vertentes teóricas do institucionalismo e de dados empíricos, para sugerir um método de regulação intermédio (i.e., posicionado entre os ativistas pró-regulação e pró-mercado), que fosse pautado na negociação e na flexibilidade.

Nesse quadrante, a regulação responsiva pode ser qualificada como uma teoria sobre um método regulatório, que busca o equilíbrio entre a ideia de que o agente regulado só cumprirá a norma quando for *dissuadido* por meio de prescrições punitivas clássicas de comando e controle e a ideia de que a *persuasão* seria suficiente para garantir a conformidade regulatória.

Para lastrear a sua teoria, Ayres e Braithwaite[443] argumentam que os agentes regulados são levados a cumprir a regulação por diferentes motivos. Existem agentes que cumprem a regulação porque compreendem que essa é uma escolha economicamente racional *(moneymaking)*, ao passo que outros agentes são movidos por um senso de responsabilidade *(responsible self)*. Um único agente pode, inclusive, se comportar de maneira contraditória, ora visando à maximização econômica, ora sendo movidos por responsabilidades sociais, empresariais ou morais. Valendo-se de estudos empíricos, os autores demonstram que o modelo regulatório baseado apenas na *persuasão* tenderia a ser ineficaz diante de agentes movidos pela racionalidade econômica. É que tais agentes pautam a sua conduta no que é menos custoso, de modo que, sob perspectiva de custo-benefício, poder-se-ia chegar à conclusão segundo a qual descumprir um comando prescritivo seria mais barato do que cumpri-lo. Por outro lado, o modelo baseado somente na *dissuasão* punitiva poderia reduzir a boa-fé dos agentes que são motivados por sensos de comprometimento empresarial, moral ou social.

Nesse contexto, a motivação dos agentes para cumprir (ou não) as normas vigentes deveria ser considerada pelo órgão regulador orientando-o no *design* e na aplicação da regulação, incremento a eficácia normativa. Daí porque, na perspectiva responsiva, o sucesso da regulação nas sociedades atuais, complexas e dinâmicas residiria em um sofisticado balanceamento entre as medidas punitivas e as respostas suaves e persuasivas. Tal balanceamento residiria em uma combinação,

---

[443] AYRES, Ian; BRAITHWAITE, John. *Responsive regulation*: transcending the deregulation debate. New York: Oxford University Press, 1992. p. 19.

ótima e flexível, capaz de oscilar de acordo com o comportamento dos agentes regulados. O que significa que o regulador, em cada caso, deveria reagir com a medida apropriada, mais ou menos punitiva, segundo a disposição do agente em cooperar.

Note-se que a regulação responsiva tem um viés pragmático,[444] na medida em que valoriza o contexto e os agentes a que se dirige, rejeita fórmulas pré-definidas, aposta em arranjos institucionais flexíveis e considera os impactos de cada medida estatal no comportamento dos regulados. Tais características demonstram uma típica abordagem contextual, antifundacional e consequencialista.[445] Disso decorre a impossibilidade empírica de se conceber soluções regulatórias genéricas e abstratas, dissociadas do contexto setorial. Regular responsivamente "pressupõe considerar a cultura, as práticas e a história do setor regulado; a conduta dos diversos agentes que nele atuam, como empresas, usuários de serviços e associações; a maneira específica como eles interagem e respondem a incentivos".[446] A teoria da regulação responsiva[447] assume, ainda, como premissa, que punir é mais caro do que persuadir. É que a regulação baseada apenas em medidas punitivistas desperdiça recursos em litígios, os quais poderiam ser mais bem empregados no estabelecimento de métodos cooperativos. Além disso, o modelo punitivista criaria uma subcultura de resistência, na qual o agente regulado exploraria as lacunas da regulação e a agência reguladora seria levada a responder mediante a edição de regras ainda mais específicas, gerando problemas de coerência sistêmica (um esquema de especialização punitivo[448]).

---

[444] VORONOFF, Alice. *Direito administrativo sancionador no Brasil*. Belo Horizonte: Fórum, 2018. p. 132; PARKER, Christine. Twenty Years of Responsive Regulation: An Appreciation and Appraisal. *Regulation & Governance*, [s. l.], v. 7, n. 1, 2013. p. 3.

[445] BRAITHWAITE, John. The essence of responsive regulation. *UBC Law Review*, [s. l.], v. 44, n. 3, p. 475-520, 2011. p. 490-493; POGREBINSCHI, Thamy. *Pragmatismo*: teoria social e prática. Rio de Janeiro: Relume Dumará, 2005.

[446] VORONOFF, Alice. *Direito administrativo sancionador no Brasil*. Belo Horizonte: Fórum, 2018. p. 132-133.

[447] Robert Baldwin e Julia Black lecionam que a teoria da regulação responsiva, conforme proposta de Ayres e Braithwaite, possui três elementos essenciais. O primeiro é a desaprovação sistemática (e justificada) ao descumprimento da regulação. O segundo é o respeito ao agente regulado. O terceiro é o aumento da intensidade da resposta regulatória, na ausência de um esforço genuíno do regulado em atender aos padrões exigidos pela regulação (BALDWIN, Robert; BLACK, Julia. Really responsive regulation. *The Modern Law Review*, [s. l.], v. 71, n. 1, 2008. p. 59-94).

[448] AYRES, Ian; BRAITHWAITE, John. *Responsive regulation*: transcending the deregulation debate. New York: Oxford University Press, 1992. p. 19-20.

Com base nisso, a teoria da regulação responsiva busca combinar medidas persuasivas e punitivas. Para Ayres e Braithwaite, as agências reguladoras que melhor atingem os seus objetivos são aquelas que encontram algum tipo de "equilíbrio sofisticado entre os dois modelos". Nesse contexto, a real questão a ser enfrentada pelo órgão regulador passa a ser: quando punir mediante a aplicação de uma sanção ou quando apelar ao senso de responsabilidade dos regulados para persuadi-los?[449]

Para responder à pergunta, Ayres e Braithwaite propõem um conjunto de estratégias para tornar o ambiente regulatório responsivo. Duas de tais estratégias ganharam intensa repercussão, dado o potencial concreto de sua aplicação: (i) a estratégia *tit-for-tat*, na qual os reguladores se valem, em primeiro lugar, de instrumentos persuasivos, adotando-se instrumentos punitivos, caso os regulados se mantenham recalcitrantes em cumprir as normas regulatórias; e (ii) o modelo de pirâmides sancionatória e regulatória, pautado na combinação dinâmica de recompensas, alívios e castigos, com vista a um grau maior de conformidade à regulação.[450] A estratégia *tit-for-tat* remonta à teoria dos jogos, a partir dos estudos conduzidos por John Scholz.[451] Scholz apresenta a regulação como um dilema do prisioneiro em que, de um lado, a motivação do regulado é minimizar os custos regulatórios e, de outro lado, a motivação do regulador é maximizar os resultados de conformidade à norma.

Confrontada com a matriz de *payoffs* típica do dilema do prisioneiro, a estratégia *tit-for-tat* indica que o agente regulado e o órgão regulador irão cooperar até que a outra parte deixe de fazê-lo.[452]

---

[449] Conforme Ayres e Braithwaite: "Happily, this era of crude polarization of the regulatory enforcement debate between staunch advocates of deterrence and defenders of the compliance model is beginning to pass. Increasingly within both scholarly and regulatory communities there is a feeling that the regulatory agencies that do best at achieving their goals are those that strike some sort of sophisticated balance between the two models. The crucial question has become: When to punish; When to persuade? (AYRES, Ian; BRAITHWAITE, John. *Responsive regulation*: transcending the deregulation debate. New York: Oxford University Press, 1992. p. 21). No Brasil, a questão é trabalhada por: VORONOFF, Alice. *Direito administrativo sancionador no Brasil*. Belo Horizonte: Fórum, 2018. p. 136-138.

[450] A pirâmide, portanto, se estende desde a persuasão, na sua base, até medidas dissuasivas graves, em seu vértice (VORONOFF, Alice. *Direito administrativo sancionador no Brasil*. Belo Horizonte: Fórum, 2018. p. 134).

[451] SCHOZ, John. Cooperation, Deterrence, and the Ecology of Regulatory Enforcement. *Law and Society Review*, [s. l.], v. 18, n. 2, p. 179-224, 1984.

[452] "Confronted with the matrix of payoffs typical in the enforcement dilemma, the optimal strategy is for both the firm and the regulator to cooperate until the other defects from

Significa dizer que, se a cooperação falhar (ou não existir), o jogador racional tenderá a assumir uma postura retaliativa: a agência reguladora promulgará cada vez mais normas e aplicará mais medidas punitivas, enquanto o agente regulado seguirá explorando os limites da regulação.

Com base nisso, Scholz demonstra que a estratégia *tit-for-tat* tem o potencial de estabelecer uma cooperação mutuamente benéfica entre regulador-regulado. Em termos práticos, a estratégia *tit-for-tat* significa que o regulador se absterá de adotar uma resposta punitiva, se o agente regulado estiver cooperando; de outro lado, se o regulado se manter infringente à postura cooperativa, o órgão regulador passará a adotar uma resposta punitiva. Trata-se de uma estratégia regulatória de reação equivalente, ou, em linguagem coloquial, de "olho por olho, dente por dente". A partir dessa constatação, Ayres e Braithwaite demonstram que os agentes econômicos (*i.e.* maximizadores de ganhos ou reputação) possuem incentivos para optar por soluções colaborativas. A cooperação funciona não apenas do ponto de vista da responsabilidade empresarial, mas, também, porque minimiza os custos regulatórios de maneira eficiente. Nada obstante, essa estratégia só funcionará "se o regulador estiver disposto a responder 'com a mesma moeda' e habilitado para tanto – i.e., se o ordenamento jurídico o municiar dos meios necessários. É por isso que, à luz desse racional, modelos predominantemente punitivos tendem a criar incentivos econômicos à retaliação por parte dos administrados".[453]

---

cooperation. Then the rational player should retaliate (the state to deterrence regulation; the firm to a law evasion strategy). If and only if the retaliation secures a return to cooperation by the other player, then the retaliator should be forgiving, restoring the benefits of mutual cooperation in place of the lower payoffs of mutual defection" (AYRES, Ian; BRAITHWAITE, John. *Responsive regulation*: transcending the deregulation debate. New York: Oxford University Press, 1992. p. 21).

[453] Alice Voronoff leciona que a estratégia *tit-for-tat* também se apresenta como a melhor alternativa a partir de estudos comportamentais, veja-se: "de um lado, as teorias racionalistas apontam a *tit-for-tat* como a melhor estratégia, por sua capacidade de potencializar a cooperação mútua, tida como o cenário mais vantajoso para agentes econômicos racionais. De outro lado, também as vertentes comportamentais e sociológicas recomendariam a TFT [*tit-for-tat*]. Nesse caso, não por conta da perspectiva de maximização de ganhos, mas por sua capacidade de prestigiar e incentivar a motivação não econômica das empresas, relacionada ao senso de responsabilidade social e cumprimento da lei. Com efeito, os executivos e as empresas nem sempre agem de forma utilitarista, com vista à maximização de receitas e de reputação. Modo geral, há também um compromisso em atuar da maneira correta, como agentes cumpridores da lei e socialmente responsáveis – na linha do que apontam os trabalhos da economia comportamental. Por isso, da mesma forma que não se deve acreditar que os atores econômicos cumprirão a regulação a qualquer custo – o que seria ingênuo –, uma generalização em sentido oposto também não seria correta" (VORONOFF, Alice. *Direito administrativo sancionador no Brasil*. Belo Horizonte: Fórum,

Assim é que a teoria da regulação responsiva indica que a maior eficiência é obtida quando as partes oscilam o seu comportamento, de acordo com a postura adotada pela outra parte, que pode ser mais ou menos cooperativa. Para o regulador e para o regulado, a estratégia ótima é cooperar enquanto a outra parte seguir cooperando. Se uma das partes desertar, a outra deve retaliar. É dizer, se o agente regulado for oportunista, o regulador deve punir. Se o órgão regulador for adversarial, justifica-se que o regulado busque meios de explorar as lacunas normativas. Trata-se de um jogo de "gato e rato", no âmbito do qual operam os seguintes incentivos:[454] (i) os agentes econômicos desafiam a regulação, por intermédio de suas lacunas; e (ii) a agência reguladora reage editando mais normas, o que gera problemas de (ii.1) coerência, a partir da sobreposição normativa, bem como de (ii.2) racionalidade, tendo em vista que a superprodução normativa redunda em excesso de legalismo e negligência os problemas setoriais sistêmicos.

Além disso, Ayres e Braithwaite destacam o fato de que a estratégia *tit-for-tat* representa um melhor direcionamento de recursos públicos. Isto porque, como as medidas cooperativas são mais baratas, o seu uso eficaz direciona os recursos que seriam empregados no ciclo fiscalizatório, incluindo eventual judicialização das sanções aplicadas, ao atendimento de outras necessidades sociais. Nesse quadrante, o desafio da regulação bem-sucedida é estabelecer uma sinergia entre medidas punitivas e persuasivas. A ideia não é tornar a sanção obsoleta, mas usá-la, de maneira estratégica, não prioritária, de modo a fortalecer o cumprimento voluntário da regulação. Sob essa perspectiva, a persuasão, caso utilizada como primeira resposta do regulador, acabaria legitimando eventual medida punitiva aplicada, após reincidências, apresentando-a como razoável diante da recalcitrância do regulado.

Disso decorre a constatação segundo a qual os métodos regulatórios eficientes deveriam ser baseados na utilização de modelos persuasivos, em primeiro lugar, sem prejuízo da utilização de medidas punitivas mais rigorosas, aplicadas "contra agentes econômicos maliciosos, movidos pela intensão de explorar os privilégios da persuasão".[455]

2018. p. 137-143).

[454] AYRES, Ian; BRAITHWAITE, John. *Responsive regulation*: transcending the deregulation debate. New York: Oxford University Press, 1992. p. 26.

[455] VORONOFF, Alice. *Direito administrativo sancionador no Brasil*. Belo Horizonte: Fórum, 2018. p. 141-142.

Essas medidas mais severas cumpririam o papel estratégico de assegurar a autoridade do regulador, que seria visto como uma "grande arma benigna" *(benign big gun)*: um regulador cooperativo, mas disposto a se valor de um conjunto de medidas punitivas para forçar o regulado a cumprir as disposições normativas.[456]

Para operacionalizar a regulação responsiva, Ayres e Braithwaite[457] sugerem que os reguladores devem dispor de métodos sancionatórios estruturados sob a forma de uma pirâmide. Trata-se de medida consentânea com o pensamento dos autores, que rechaça, com base na estratégia *tit-for-tat*, os extremos representados pela punição e pela persuasão,[458] de tal modo que a interação entre o regulador e o regulado ocorra na escala de uma régua ou, mais precisamente, na gradação de uma pirâmide. A imagem abaixo colacionada ilustra um exemplo de pirâmide sancionatória:

Figura 21 - Exemplo de pirâmide sancionatória.[459]

---

[456] "The benign big guns were agencies that spoke softly while carrying very big sticks" (AYRES, Ian; BRAITHWAITE, John. *Responsive regulation*: transcending the deregulation debate. New York: Oxford University Press, 1992. p. 40).

[457] AYRES, Ian; BRAITHWAITE, John. Responsive regulation: transcending the deregulation debate. New York: Oxford University Press, 1992. p. 35-38.

[458] Por exemplo, sistemas regulatórios baseados apenas em regras de comando e controle (punição) ou, na outra ponto, apenas de advertências (persuasão).

[459] Adaptada de AYRES, Ian; BRAITHWAITE, John. *Responsive regulation*: transcending the deregulation debate. New York: Oxford University Press, 1992.

Os autores observam que a aderência do agente regulado às normas é mais provável quando a agência reguladora exibe uma pirâmide sancionatória explícita. Dito em outros termos, é provável que a deserção da cooperação seja menos atraente para o regulado quando ele se depara com um regulador que possui um conjunto de medidas sancionatórias, com diversos níveis de sanções possíveis. Na visão teórica da regulação responsiva, a maior parte das ações regulatórias ocorreriam na base da pirâmide, onde inicialmente seriam feitas tentativas de persuadir o regulador a cumprir a norma. Caso o agente econômico insista no descumprimento, inicia-se uma escalada sancionatória progressiva. No exemplo apresentado acima, a próxima fase do escalonamento é a advertência e, se isso não assegurar a aderência do regulador, passa-se a adotar medidas coercitivas, chegando à suspensão temporária do exercício da atividade e, no limite, à revogação definitiva do instrumento jurídico, que lastreia o exercício da atividade regulada.

Nesse ponto, cabe um alerta: Ayres e Braithwaite incluem ressalva expressa de que o foco da teoria não é no conteúdo da pirâmide sancionatória, mas na sua forma. Significa dizer que diferentes tipos de sanções podem ser apropriados para cada setor. Para a teoria responsiva, o relevante é que as agências reguladoras tenham a capacidade de alavancar a cooperação, lançando mão de uma escalada punitiva (de sanções persuasivas para sanções mais punitivas). A pirâmide se justifica porque, quando uma agência reguladora dispuser de várias espécies de sanções, o agente regulado terá dificuldade de calcular o custo do descumprimento da norma. É dizer, ao se deparar com uma pirâmide de sanções, o agente econômico verificará que o órgão regulador dispõe de um "cardápio" de medidas persuasivas e punitivas possíveis de serem aplicadas. Esse "cardápio" prevê sanções que variam em gravidade de S_1 até S_n, com probabilidade real de aplicação variando de P_1 até P_n. A variedade de sanções passíveis de serem aplicadas torna os custos de informação para o cálculo dessas probabilidades muito altos. A figura abaixo apresenta a questão de maneira ilustrativa:

Figura 22 - Exemplo de arena regulatória hipotética.[460]

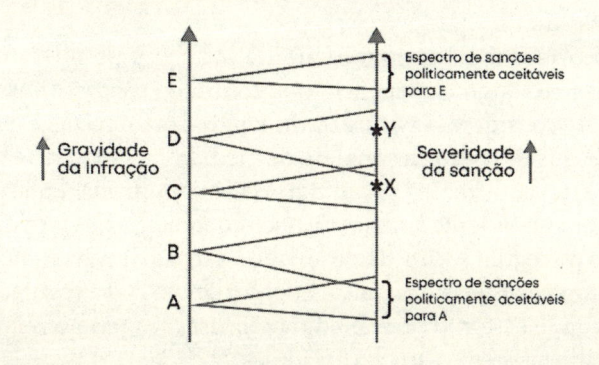

A imagem mostra um contexto regulatório, em que existem cinco infrações de gravidade crescente (A, B, C, D e E), sendo que a agência reguladora prevê apenas duas punições possíveis (X e Y). X e Y são punições que a comunidade regulada julga adequadas às infrações C e D. Contudo, são sanções consideradas severas para as infrações A e B. Nesse quadrante, não há nenhuma medida regulatória eficiente para punir as infrações A e B, de modo que a aplicação das sanções X e Y poderá ocasionar a judicialização da matéria, aumentando o custo regulatório. Por sua vez, a infração E pode ser punida com as sanções X e Y, mas a punição será considerada branda, gerando uma zona em que os benefícios do descumprimento da norma excedem os custos de todas as sanções possíveis.

Por exemplo, não é incomum que as agências reguladoras disponham de três medidas punitivas básicas: (i) advertência; (ii) multa; (iii) caducidade; e (iv) suspensão do direito de participar de licitações e de contratar com a Administração Pública. No âmbito federal, esse é o caso, por exemplo, dos setores ferroviário e rodoviário, conforme prescrito na cláusula 24.1,[461] do contrato de concessão para exploração

---

[460] Adaptada de AYRES, Ian; BRAITHWAITE, John. *Responsive regulation*: transcending the deregulation debate. New York: Oxford University Press, 1992.

[461] "24.1 O não cumprimento das obrigações estabelecidas neste Contrato, seus Anexos e regulamentação da ANTT configura infração e ensejará a aplicação das seguintes penalidades, assegurado o direito ao contraditório e à ampla defesa: (i) advertência; (ii) multa; (iii) caducidade; e (iv) suspensão do direito de participar de licitações e de contratar com a Administração Pública Federal". Disponível em: https://www.gov.br/antt/pt-br/assuntos/ferrovias/concessoes-ferroviarias/ferrovia-de-integracao-oeste-leste-fiol-trecho-1. Acesso em: 13 jun. 2024.

da Ferrovia de Integração Oeste-Leste (Fiol 1) e cláusula 21.7.1,[462] do contrato de concessão para exploração do Lote 2 das Rodovias Integradas do Paraná.

Ocorre que há uma miríade de infrações possíveis de serem cometidas ao longo da vigência dos contratos concessórios, máxime quando se considera a natureza de longo prazo destas espécies negociais. A ausência de um conjunto de medidas persuasivas e punitivas impede que as infrações sejam agrupadas em níveis, aplicando-se a sanção correspondente ao nível de risco adequado e ao comportamento histórico do regulado. Isso faz com que a sanção de advertência pareça incapaz de corrigir o desvio de comportamento do regulado, e que a caducidade se torne uma medida tão drástica, que o regulador só poderá utilizá-la em casos excepcionais.[463]

Na prática, isso redunda nos seguintes paradoxos regulatórios: (i) subutilização da sanção de advertência; (ii) sobreutilização da sanção de multa; e (iii) ônus político elevado na aplicação da sanção de caducidade, como demonstram, por exemplo, os casos da ferrovia Transnordestina e da rodovia Rota do Oeste acima referenciados. Diz-se "ônus político elevado para a sanção de caducidade", porquanto a sobreutilização da pena de multa tende a criar um cenário de discussão entre regulador-regulado, em sedes administrativa, judicial e arbitral. Dessa forma, a decretação da caducidade fica paralisada por debates intermédios acerca da legitimidade da atuação estatal e nos possíveis efeitos da aplicação da caducidade, tais como a descontinuidade do serviço, o encerramento do vínculo laboral dos trabalhadores da concessionária e os impactos para o usuário do serviço.

Nesse sentido, é sintomática a constatação feita pelo Tribunal de Contas da União (TCU), por intermédio do Acórdão nº 1817/2010.[464] Trata-se de relatório de auditoria, realizado com o objetivo de conhecer o volume de arrecadação das multas aplicadas pelas agências reguladoras

---

[462] "21.7.1 Pela inexecução parcial ou total deste Contrato, a ANTT poderá, garantida prévia defesa, aplicar à Concessionária as seguintes sanções, sem prejuízo da hipótese de abertura de processo para extinção por caducidade: (i) advertência; ou (ii) multa". Disponível em: https://www.gov.br/antt/pt-br/assuntos/rodovias/concessionarias/lista-de-concessoes/litoral-pioneiro. Acesso em: 13 jun. 2024.

[463] Valer-se de uma sanção tão severa em todo e qualquer caso seria politicamente inaceitável e, portanto, ilegítimo. O design ineficiente da pirâmide sancionatória revela uma das possíveis falhas da regulação (SUNSTEIN, Cass. *After the Rights Revolution*: Reconceiving the Regulatory State. Cambridge, MA: Harvard University Press, 1990. p. 91-92).

[464] TCU – Acórdão nº 1817/2010 – Plenário – Rel. Min. Raimundo Carreiro – Data da sessão: 28.07.2010.

federais e por outras entidades administrativas.⁴⁶⁵ Um dos achados da equipe de auditoria foi justamente o baixo percentual de valores arrecadados em relação ao total de multas aplicado. A proporção é inferior a 50%, em 13 das 16 entidades auditadas, e menor do que 5%, em 6 delas. Em termos medianos, o percentual foi de 3,7% em valores acumulados ao longo da série histórica.⁴⁶⁶

Tal fato motivou o Tribunal de Contas a determinar às agências reguladoras "que procedam à verificação dos seus mecanismos de cobrança administrativa, com vistas à identificação de melhorias que possam contribuir para o aumento da eficácia e do desempenho na arrecadação proveniente das multas aplicadas, cujo percentual de recolhimento situou-se abaixo de 50% de 2005 a 2009, encaminhando a este Tribunal, no prazo de 60 (sessenta) dias, contados da ciência desta deliberação, os esclarecimentos pertinentes sobre as possíveis causas dessa deficiência, bem como as conclusões e providências adotadas em virtude da presente determinação".

Após o recebimento das informações, o TCU exarou o Acórdão nº 482/2012,⁴⁶⁷ por intermédio do qual sistematizou as principais causas alegadas para o baixo índice de arrecadação de multas.⁴⁶⁸ A partir disso,

---

⁴⁶⁵ Em específico: Comissão de Valores Mobiliários, Superintendência de Seguros Privados, Banco Central do Brasil, Conselho Administrativo de Defesa Econômica, Instituto Brasileiro do Meio Ambiente e dos Recursos Naturais Renováveis e pelo próprio Tribunal de Contas da União.

⁴⁶⁶ Nos termos do relatório da equipe técnica: "do cotejamento entre os valores das multas aplicadas e das efetivamente arrecadadas, verifica-se que um percentual pequeno, de 3,7% em média, das penalidades pecuniárias aplicadas pelas entidades de regulação e fiscalização, tem ingressado de fato nos cofres públicos ao longo dos últimos anos, o que, além de representar a não efetivação de receitas públicas em valor considerável, pode implicar a minoração do desempenho obtido pelas referidas entidades no cumprimento de suas missões institucionais. Ressalte-se que os montantes de multas devidamente aplicadas, mas não recolhidas aos cofres públicos, representam uma receita estatal potencial que não se concretiza. Considerando-se a série analisada, de cinco anos, chega-se a um montante acumulado de R$ 24,9 bilhões que deixaram de ingressar no erário".

⁴⁶⁷ TCU – Acórdão nº 482/2012 – Plenário – Rel. Min. Raimundo Carreiro – Data da sessão: 07.03.2012.

⁴⁶⁸ Os fatores foram: (i) normas e procedimentos administrativos que dificultam a arrecadação, como número excessivo de instâncias recursais e prazos dilatados entre as etapas de cobrança; (ii) níveis elevados de multas suspensas ou canceladas em instâncias administrativas, integrantes ou não das estruturas hierárquicas das entidades de fiscalização; (iii) suspensão da exigibilidade dos créditos por força de decisões judiciais; (iv) alterações frequentes na legislação, resultando na necessidade de reformular aspectos procedimentais, na extinção de multas ou na redução dos valores monetários associados às penalidades; e (v) insuficiência de recursos das entidades para fazer frente ao volume de penalidades aplicadas, considerando-se aspectos como quantitativo de pessoal com qualificação adequada e sistemas informatizados para registro e controle da cobrança administrativa.

o Tribunal de Contas proferiu recomendações e determinou que as agências reguladoras federais incluíssem, nos seus relatórios anuais de gestão, seção específica sobre o tema "arrecadação de multas", contendo determinas informações, conforme item 9.6, do Acórdão nº 482/2012. A auditoria do TCU tem alto valor empírico, apto a demonstrar a ineficiência do quantitativo de multas aplicadas, em comparação com os valores arrecadados pelas agências federais.

Nada obstante, o "Relatório Anual Circunstanciado de Atividades", da Agência Nacional de Transportes Terrestres (ANTT),[469] relativo ao exercício de 2023, demonstra que, mesmo após as determinações do TCU, a agência segue com baixos índices de *enforcement*. A tabela abaixo mostra que, no ano de 2023, a ANTT arrecadou 11,83% das multas, em termos quantitativos, o que corresponde a apenas 0,88% dos valores das multas efetivamente aplicadas:

Figura 23 - Acompanhamento de arrecadação de multas na ANTT.[470]

Indicadores de Multas das Entidades Fiscalizadoras - Acórdão 482/2013-TCU-Plenário					
Subitem do Acórdão	Unid.	Multas	Form.	2023	2022
9.6.4 Percentuais de recolhimento de multas (em valores e em número de multas recolhidas)	Qtde	Arrecadadas	a	74.432	38.190
	Qtde	Arrecadadas	b	629.271	233.652
	%	Físico	a/b x 100	11,83%	16,34%
	R$	Arrecadadas	c	36.658.925,62	17.868.075,48
	R$	Aplicadas	d	4.158.660.997,96	2.200.387.009,21
	%	Financeiro	c/d x 100	0,88%	0,81%

De acordo com a teoria da regulação responsiva, a solução para esse problema é uma pirâmide sancionatória adequadamente projetada, que disponibilize à agência medidas persuasivas e punitivas adicionais, conforme os limites de aceitabilidade para cada subconjunto de infrações. Dessa forma, a escalada de descumprimento pelo agente regulado corresponderia a uma escalada na punição pelo órgão regulador. Com isso, o regulador teria maior capacidade institucional

---

[469] AGÊNCIA NACIONAL DE TRANSPORTES TERRESTRES. *Relatório Anual Circunstanciado de Atividades 2023*. Brasília, DF: ANTT, 2024.

[470] AGÊNCIA NACIONAL DE TRANSPORTES TERRESTRES. *Relatório Anual Circunstanciado de Atividades 2023*. Brasília, DF: ANTT, 2024.

de manejar a pirâmide, de forma responsiva, conforme a disposição do regulado em cooperar *vis-à-vis* a aceitabilidade da punição aplicada em cada caso.

Nada obstante, como bem adverte Alice Voronoff,[471] o desenho de uma pirâmide sancionatória não impede que o agente economicamente racional realize cálculos para estimar: (i) o preço associado a cada infração específica; (ii) descartar as sanções incabíveis; e (iii) sopesar os custos e benefícios da infração normativa, "sabedor de que a agência tem certa margem de discricionariedade para definir a severidade da resposta e de que a probabilidade de detecção do ilícito varia dentro de certos percentuais". Porém, esse cálculo terá custos de informação elevados, mesmo para agentes econômicos bem assessorados, quando o regulador dispuser de "um cardápio variado de respostas, passível de manipulação com certa dose de discricionaridade", o que criaria "as condições necessárias para o Poder Público deter as condições de barganhar e blefar, com vista aos resultados mais eficientes".

A aplicação da pirâmide sancionatória está voltada para o agente regulado, considerado singularmente. Mas a teoria da regulação responsiva[472] também sugere uma pirâmide de estratégias regulatórias com aplicação voltada para todo o setor. Novamente, Ayres e Braithwaite[473] assumem que a pirâmide pode ser modelada com diversas configurações, a depender das particularidades de cada setor. O relevante, para o seu *design*, é a previsão de medidas menos interventivas, em sua base, escalando para medidas regulatórias mais interventivas, em seu vértice.

A pirâmide originalmente apresentada pelos autores parte do pressuposto de que o regulador tem maior probabilidade de atingir seus objetivos comunicando ao setor que, em qualquer arena regulatória, a estratégia preferencial é a autorregulação.

Significa dizer que, quando o regulador negocia a meta regulatória substantiva com o setor, deixando a critério dos agentes definirem o seu atingimento, há mais chances de que os objetivos da regulação sejam alcançados. Contudo, como o setor regulado pode explorar a autorregulação de forma subótima, o órgão regulador deve demonstrar disposição de escalar a pirâmide para estratégias

---

[471] VORONOFF, Alice. *Direito administrativo sancionador no Brasil*. Belo Horizonte: Fórum, 2018. p. 144-145.
[472] AYRES, Ian; BRAITHWAITE, John. *Responsive regulation*: transcending the deregulation debate. New York: Oxford University Press, 1992. p. 38-40.
[473] AYRES, Ian; BRAITHWAITE, John. *Responsive regulation*: transcending the deregulation debate. New York: Oxford University Press, 1992. p. 38.

regulatórias mais intervencionistas. Os níveis da pirâmide regulatória são caracterizados de acordo com o grau de liberdade do regulado em relação ao constrangimento normativo do regulador. Trata-se de pirâmide que prevê soluções autorregulatórias, em sua base, que escalam para outras formas de regular o setor (autorregulação forçada, regulação com sanções discricionárias e regulação com sanções vinculadas), se os objetivos estatais não estiverem sendo alcançados:

Figura 24 - Exemplo de pirâmide regulatória.[474]

O escalonamento da pirâmide regulatória confere, ao órgão regulador, maior capacidade de impor aderência à norma, mas ao custo de uma regulação cada vez mais inflexível e contraditória. Dessa forma, a comunicação clara e antecipada da disposição em escalar para níveis mais altos da pirâmide faz com que os agentes busquem fazer com que a regulação funcione com níveis mais baixos de intervencionismo. Veja-se que a regulação responsiva não é um programa definido ou um conjunto de prescrições sobre a melhor maneira de regular. Pelo contrário, a melhor estratégia depende do contexto, da cultura regulatória e da história setorial. A teoria da regulação responsiva não defende uma resposta regulatória ideal, mas pugna pela interação de diferentes técnicas, de forma dinâmica, contextual e criativa, visando à melhoria constante da eficiência regulatória. Daí porque a teoria da

---

[474] Adaptada de AYRES, Ian; BRAITHWAITE, John. *Responsive regulation*: transcending the deregulation debate. New York: Oxford University Press, 1992.

regulação responsiva se insere em um debate mais amplo, relacionado às falhas regulatórias. É dizer, a atividade regulatória pode produzir efeitos deletérios, ou colaterais, os quais não são ínsitos à regulação. Pelo contrário, subvertem uma das suas principais funções: equilibrar interesses sistêmicos. De fato, a regulação de determinado setor só se justifica para o atendimento de um resultado. Logo, se o próprio resultado é ineficiente ou ilegal, não há que se falar no legítimo exercício da função regulatória.[475]

Trata-se do que Cass Sunstein[476] denomina "paradoxos da regulação". Os "paradoxos da regulação", traduzidos nas suas "falhas", maculam a sua validade, seja porque trazem vícios internos à sua formação, seja porque produzem resultados indesejados. Nesse sentido, de acordo com George J. Stigler,[477] adepto da teoria econômica da regulação da Escola de Chicago, essa modalidade de intervenção na economia produziria mais prejuízos do que benefícios, em razão das suas vicissitudes endógenas (provocados por interesses privados – *private interest theories* –, ou da própria burocracia – *public intererest theories*), ou exógenas (pelas suas deletérias consequências para o funcionamento do mercado).

Trata-se das denominadas *government failure*[478] ou *non-market failure*[479] – nomenclatura análoga às *market failures* –, ou, como já denominado pela doutrina pátria, as denominadas "falhas de regulação".[480] São hipóteses em que a regulação produz efeitos indesejados, em razão de possuir vícios congênitos, ou porque a sua implementação produziu efeitos sistêmicos negativos. As falhas da regulação referem-se "à imperfeição do governo no desempenho da atividade regulatória".[481]

---

[475] Já tive a oportunidade de trabalhar o tema, em sede doutrinária: FREITAS, Rafael Véras de. *Expropriações Regulatórias*. Belo Horizonte: Fórum, 2016. p. 124.
[476] SUNSTEIN, Cass. *After the Rights Revolution*: Reconceiving the Regulatory State. Cambridge, MA: Harvard University Press, 1990. p. 87.
[477] STIGLER, George J. A teoria da regulação econômica. In: MATTOS, Paulo (coord.). *Regulação econômica e democracia*: o debate norte-americano. Tradução de Mariana Mota Prado. São Paulo: Editora 34, 2004. p. 23-48.
[478] Nesse sentido: MCKEAN, Roland N. The Unseen Hand in Government. *American Economic Review*, Local, [s. l.], n. 55, p. 496-506, 1965.
[479] Por sua vez, preferindo a terminologia *non-market failure*: WOLF JUNIOR, Charles. *Markets or Governments*: Choosing Between Imperfect Alternatives. Santa Mônica: The Rand Corporation, 1986.
[480] MEDEIROS, Alice Bernardo Voronoff de. *Racionalidade e otimização regulatórias: um estudo a partir da teoria das falhas de regulação*. 2015. Dissertação (Mestrado em Direito) – Faculdade de Direito, Universidade do Estado do Rio de Janeiro. Rio de Janeiro, 2015.
[481] ORBACH, Barak. What is Government Failure? *Yale Journal on Regulation Online*, New Haven, n. 30, p. 44-56, 2013. p. 55.

Tais imperfeições são compostas de ações inadequadas e omissões não razoáveis, as quais podem ser provocadas por diversos de fatores, tais como: (i) negligência de riscos existentes; (ii) análises de custo-benefício inadequadas; (iii) desvio de finalidades normativas, em razão de expectativas populares; e (iv) má alocação de recursos públicos.[482] Nesse sentido, Cass Sunstein[483] afirma que o processo de regulação nem sempre tem produzido bons resultados. Muitas vezes, normas regulatórias são mal concebidas, ora porque agravam o problema que se destinam a resolver, ora porque, durante a sua execução, apresentam consequências que não haviam sido previstas. Por isso, ainda segundo o autor, o processo regulatório "pode ser menos benéfico do que deveria, produzindo falhas de governo tão ou mais onerosas do que a deficiência do mercado que demandou a regulamentação".

Entre as falhas da regulação que a teoria responsiva pode solucionar, está o risco de efeitos sistêmicos complexos. Essa falha da regulação se configura quando os reguladores, ao editarem um ato normativo ou aplicarem uma medida sancionatória, desconsideram a possibilidade de que a sua escolha produzirá efeitos colaterais tão indesejáveis quanto os próprios problemas que se pretendia solucionar. Além disso, quanto mais ativo o regulador se torna, e quanto mais complexos os problemas setoriais que se apresentam, mais manifestações de tais dilemas poderão desenvolver-se.[484] Indicando exemplos de efeitos negativos decorrentes de normas regulatórias, Kélvia Frota de Albuquerque[485] observa que "apesar de bem-intencionada, a regulação pode ainda criar empecilhos desnecessários à circulação de bens e serviços, à concorrência e aos investimentos, podendo ocasionar o encrecimento dos preços aos consumidores e inibir o desenvolvimento de pequenas e médias empresas".

Daí ser possível concluir que a teoria da regulação responsiva tem o potencial de solucionar os "paradoxos regulatórios", a partir da

---

[482] ORBACH, Barak. What is Government Failure? *Yale Journal on Regulation Online*, New Haven, n. 30, p. 44-56, 2013. p. 56. Em sentido semelhante, Cass Sunstein afirma que "é falha a norma regulatória que produz significativos efeitos colaterais, custos muito maiores do que os benefícios, ou que incorpora interesses de grupos privados não defensáveis em termos de fins públicos" (SUNSTEIN, Cass. *After the Rights Revolution*: Reconceiving the Regulatory State. Cambridge, MA: Harvard University Press, 1990. p. 85).

[483] SUNSTEIN, Cass. *After the Rights Revolution*: Reconceiving the Regulatory State. Cambridge, MA: Harvard University Press, 1990. p. 87.

[484] HOOD, Christopher C.; MARGETTS, Helen Z. *The Tools of Government in the Digital Age*. New York: Palgrave MacMillan, 2007. p. 135.

[485] ALBUQUERQUE, Kélvia Frota de. *A retomada da reforma/melhora regulatória no Brasil: um passo fundamental para o crescimento econômico sustentado*. Brasília, DF: SEAE/MF, 2006. p. 16.

constatação de que a conduta cooperativa pode ser mais vantajosa para o regulador e o regulado, considerando que, se o agente econômico for oportunista, caberá ao regulador lhe aplicar reprimendas; de outro lado, se o regulador for oportunista, ao agente econômico caberá adotar condutas evasivas ao cumprimento da regulação. Seguindo esse racional, poder-se-á adotar a implementação de pirâmides regulatórias, de acordo com as quais a sua base seria composta por medidas persuasivas, escalando para medidas mais gravosas, no seu vértice. Cuida-se de um esquema regulatório *tit-for-tat*, de acordo com o qual as partes tenderão a cooperar, enquanto a contraparte seguir colaborando.[486]

4.2 Regulação realmente responsiva

Em 2007, a regulação responsiva ganhou novos contornos com a publicação do texto seminal *Really Responsive Regulation* ("Regulação Realmente Responsiva"), de autoria de Robert Baldwin e Julia Black.[487] O texto, amplamente debatido, realiza uma revisão crítica da teoria da regulação responsiva e de *enforcement* para propor um modelo que se pretenda, de fato, responsivo. Na visão dos autores, a essência da teoria da regulação responsiva reside na estratégia *tit-for-tat*, na qual as entidades reguladoras aplicam, primeiramente, medidas persuasivas e, em não sendo bem-sucedidas, aumenta-se a gradação punitiva, de acordo com o escalonamento da pirâmide sancionatória. Nada obstante, Baldwin e Black vislumbram três âmbitos em que essa teoria pode ser criticada: (i) político ou conceitual; (ii) prático; e (iii) principiológico.

---

[486] Em texto escrito em 2011, Braithwaite apontou a essência da regulação responsiva por intermédio de nove princípios: (i) considere o contexto. Não imponha uma teoria préconcebida; (ii) ouça ativamente. Estabeleça um diálogo que: (a) dê voz às partes interessadas; (b) estabeleça resultados acordados e como os monitorar; (c) crie compromissos ajudando os agentes regulados; (d) comunique o firme propósito de continuar tentando resolver um problema até que ele sanado; (iii) demonstre respeito, encarando a resistência como uma oportunidade de aprender como melhorar o desenho regulatório; (iv) estimule a inovação e a melhoria contínua; (v) sinalize a preferência por alcançar resultados mediante o apoio e a capacitação; (vi) sinalize, mas não ameace, as sanções que podem ser escaladas; (vii) crie governança em rede; (viii) estimule a responsabilidade ativa (compromisso com o futuro) e recorra à responsabilidade passiva (por ações pretéritas) excepcionalmente; e (ix) aprenda o quão bem e a que custo os resultados foram alcançados e divulgue as lições aprendidas. O artigo também apresenta uma pirâmide de estímulos complementar à pirâmide de sanções (BRAITHWAITE, John. The essence of responsive regulation. *UBC Law Review*, [s. l.], v. 44, n. 3, p. 475-520, 2011).

[487] BALDWIN, Robert; BLACK, Julia. Really responsive regulation. *The Modern Law Review*, [s. l.], v. 71, n. 1, 2008.

No âmbito político ou conceitual, a regulação realmente responsiva considera que existem circunstâncias que exigem respostas regulatórias que não se adequam ao modelo *step by step* de escalonamento piramidal. Cuidam-se de casos com riscos potencialmente catastróficos, a reclamar a cooperação imediata entre regulador e regulado. Em razão disso, uma noção estanque de aplicação da estratégia *tit-for-tat* seria incapaz de lidar com problemas reais enfrentados pelos órgãos reguladores. Além disso, o escalonamento piramidal poderia prejudicar a relação entre regulador-regulado, dada a constante "ameaça" de sanções mais graves. Daí porque, na visão de Robert Baldwin e Julia Black, a estratégia *tit-for-tat* seria ineficaz, caso não fosse acompanhada de uma análise da cultura setorial e das forças competitivas do mercado.

No que tange ao âmbito prático, os autores argumentam que, na verdade, pode não existir um quantitativo suficiente de relações repetidas entre regulador e regulador para que a estratégia piramidal seja aplicada.[488] Em relação à crítica principiológica, a regulação realmente responsiva aponta que a teoria responsiva tradicional poderia conflitar com a proporcionalidade, em seus três aspectos clássicos (necessidade, adequação e proporcionalidade em sentido estrito, ou *fairness, proportionality and consistency*). Nesse sentido, na visão de Baldwin e Black, a teoria tradicional da regulação responsiva seria incapaz de lidar com todos os desafios que se apresentam na prática regulatória. De acordo com os autores, é preciso expandir a responsividade de modo a considerar as restrições e as dificuldades a que estão submetidos os reguladores. Para suprir as lacunas, os autores sugerem que um modelo que se pretenda, de fato, responsivo, deve considerar, além do comportamento dos regulados, os seguintes fatores:[489]

i. A estrutura operacional e cognitiva que molda o comportamento dos agentes regulados (*atitudinal settings*);
ii. Os aspectos institucionais amplos do ambiente institucional em que o regulador atua (ambiente institucional);
iii. As diferentes lógicas na aplicação de ferramentas e estratégias regulatórias, bem como a possibilidade de sua combinação (ferramentas regulatórias);

---

[488] E, mesmo quando o quantitativo é suficiente, poderiam existir questões exógenas (pressão política e ausência de apoio institucional), ou endógenas (como as próprias características do mercado regulado), que inviabilizem a estratégia *tit-for-tat*.
[489] No âmbito nacional, a síntese é bem exposta por Alice Voronoff, cf.: VORONOFF, Alice. *Direito administrativo sancionador no Brasil*. Belo Horizonte: Fórum, 2018. p. 152-162.

iv. A avaliação contínua do desempenho do regime regulatório (performance); e
v. As possibilidades de mudanças nas prioridades e objetivos regulatórios (cambialidade).

Em relação ao primeiro fator (*atitudinal settings*), a regulação realmente responsiva impõe a análise da sistemática operacional e cognitiva do agente regulado. Significa dizer que, para além da avaliação das interações internas da empresa regulada (como os colaboradores da firma regulada interagem em distintos níveis), dever-se-ia compreender o contexto no qual estas interações se dão. Isso porque o comportamento das empresas reguladas é formado por uma complexa combinação de respostas racionais e institucionais, sujeitas às pressões internas e externas, como a "persecução do lucro e de reputação; de sua posição no mercado; da relação mais ou menos harmônica entre exigências regulatórias e objetivos internos, dos meios pelos quais as normas regulatórias são impostas; da percepção dos regulados quanto à justiça do regime regulatório".[490] Disso decorre que o foco de análise regulatória, na percepção realmente responsiva, recairia em compreender a cultura que rege o setor, para melhor regulá-lo.

No que tange ao segundo fator (ambiente institucional), tem-se como característica fundamental o reconhecimento de que a teoria da regulação responsiva deve incorporar os elementos presentes nas teorias institucionais. É dizer, o ambiente institucional, compreendido em seus aspectos organizacionais, normativos e cognitivos, influencia a tomada de decisão pelo regulador e pelo agente regulado. Por isso, a responsividade deveria considerar as restrições e as oportunidades que moldam o comportamento regulatório, tais como a distribuição de recursos, os contextos políticos e as formas de controle formais e informais exercidas sobre a atividade regulatória.

O terceiro fator (ferramentas regulatórias) considera que diferentes estratégias regulatórias tomam como base percepções diferentes sobre a natureza do comportamento esperado do regulado. Para alcançar a efetividade regulatória, caberia ao regulador identificar a adequabilidade de cada ferramenta regulatória disponível, aplicando-as na situação concreta cabível, evitando qualquer distorção. Em relação ao quarto fator (performance), Baldwin e Black observam que o órgão

---

[490] VORONOFF, Alice. *Direito administrativo sancionador no Brasil*. Belo Horizonte: Fórum, 2018. p. 152.

regulador tem de ser capaz de avaliar se as estratégias regulatórias adotadas estão sendo suficientes para alcançar os objetivos desejados. Assim, é necessário que se entenda a performance do regime, correlacionando-a com relação aos objetivos apresentados, a fim de que, caso necessário, modifiquem-se as estratégias regulatórias adotadas. Os autores reconhecem o quão difícil pode ser, na prática, instituir sistemas de avaliação de performance regulatória, sobretudo em regimes normativos policêntricos. Nada obstante, o que a regulação efetivamente responsiva pretende é dar maior ênfase à avaliação regulatória, para facilitar a atividade do próprio órgão regulador. Como se verá, existem formas concretas de avaliação da performance regulatória, de médio e de longo prazo, tais como a revisão de estoque regulatório e a Avaliação de Resultado Regulatório (ARR).

O quinto e último fator que integra a regulação realmente responsiva é a cambialidade. Isso implica dizer que as estratégias e as ferramentas regulatórias têm de se adaptar aos fatores intrínsecos, como modificações na agenda regulatória, e extrínsecos, tais como a alteração de preferência do usuário, evoluções tecnológicas e mudanças nas políticas públicas subjacentes. Dessa forma, é necessário que a gama de estratégias e ferramentas varie de acordo com as diferenças do ambiente regulatório. Veja-se que os cinco fatores "realmente responsivos" não são independentes. Pelo contrário, relacionam-se entre si e estão intrinsecamente imbricados. O objetivo da regulação efetivamente responsiva não é oferecer uma resposta apriorística a situações que ocorram dentro de um setor regulado, mas oferecer uma estrutura *(framework)* que auxilie o regulador na resposta regulatória adequada, compreendendo a lógica dos agentes, do sistema institucional, das ferramentas e das estratégias disponíveis e, até mesmo, as mudanças ocorridas ao longo do tempo nos objetivos regulatórios.

Nesse quadrante, Baldwin e Black expõem de que forma a regulação realmente responsiva pode ser aplicada no ciclo regulatório do *enforcement* (fiscalização e punição). Para tanto, os autores subdividem o ciclo regulatório nas seguintes etapas: (i) detecção de comportamentos indesejados ou não colaborativos; (ii) desenvolvimento de estratégias e ferramentas para responder a esse comportamento; (iii) meios de fazer cumprir *(enforce)* essas estratégias e ferramentas; (iv) avaliação de seu sucesso ou de sua falha; e (v) modificação da abordagem de acordo com os resultados. A tabela abaixo apresenta um exemplo de *framework* realmente responsivo, mediante combinação de fatores de responsividade e de etapas do ciclo regulatório:

Figura 25 - Estrutura da regulação realmente responsiva.[491]

	Detecção	Ferramentas	Enforce	Avaliação	Modificação
Conformidade regulatória	1. Os objetivos são claros? 2. Os regulados fornecem dados precisos sobre suas atividades? 3. Os processos de detecção revelam a extensão das atividades indesejáveis?	1. O órgão regulador tem as ferramentas para lidar com toda a variedade de comportamentos?	1. Os objetivos são claros? 2. As estratégias de aplicação lidam com atividades "fora da tela"? 3. As estratégias são direcionadas de forma adequada?	1. Os objetivos são claros? 2. Os comportamentos podem ser medidos e comparados com os objetivos e resultados pretendidos?	1. É possível fazer mudanças quando a busca pelos objetivos exigir novas ferramentas ou estratégias regulatórias?
Attitudinal setting	1. Os Existem ideias/culturas/tradições, no conjunto de agentes regulados ou no órgão regulador, que afetam a detecção de comportamentos?	1. As tradições de ideias/culturas afetam o uso potencial de determinadas ferramentas?	1. As ideias/culturas/tradições afetam o uso potencial de determinadas estratégias?	1. A avaliação é prejudicada por ideias/culturas/tradições (por exemplo, que podem corromper o fornecimento/qualidade dos dados)?	1. As culturas são consistentes com a inclinação para modificar a regulação quando necessário? 2. Há consciência da necessidade de mudar as ferramentas/estratégias?
Ambiente institucional	1. Como as relações institucionais e divisão de funções afetam a detecção? 2. O regime legal facilita a detecção eficaz?indesejáveis?	1. Há recursos adequados para o uso das ferramentas? 2. As ferramentas possíveis de uso são compatíveis com a legislação?	1. As diferentes instituições coordenam suas estratégias? 2. As funções institucionais responsivas são claras?	1. Os parâmetros de medição e as medições de diferentes instituições são consistentes?	1. Como as alocações de funções institucionais afetam a capacidade de ajustar ferramentas e estratégias? 2. O governo permite / facilita a modificação? 3. Quando as modificações são realizadas, as interações institucionais são levadas em conta?
Ferramentas regulatórias	1. As diferentes ferramentas/estratégias operam de forma harmônica para facilitar a detecção?	1. As ferramentas são consistentes ou são contraditórias?	1. As estratégias são consistentes ou são contraditórias? 2. As combinações positivas de estratégia são exploradas? 3. Os pontos fracos conhecidos das estratégias são enfrentados?	1. Os procedimentos de avaliação funcionam de forma consistente?	1. Quando as modificações são realizadas, as novas interações das ferramentas são levadas em conta?
Performance	1. Os objetivos são claros? 2. O regulador está confiante quanto à precisão do sistema de detecção?	1. O sistema permite que o desempenho de determinadas ferramentas seja medido?	1. Os objetivos são claros? 2. O sistema permite que o desempenho de determinadas estratégias seja medido? 3. As necessidades de ajuste da estratégia podem ser avaliadas?	1. Os objetivos são claros? 2. Os métodos de avaliação estão intimamente ligados aos objetivos?	1. As modificações são baseadas nas evidências das avaliações? 2. A ênfase correta é dada à aplicação de mudanças em vez de redesenhos estruturais?
Cambialidade	1. Os objetivos são claros? 2. O regime de detecção pode lidar com mudanças nos objetivos/arranjos operacionais/recursos/respostas dos regulados?	1. É possível obter recursos ou alterar a legislação para instituir novas ferramentas	1. As estratégias podem ser ajustadas para lidar com novos riscos e agentes que criam novos riscos?	1. . O método de avaliação pode ser ajustado para lidar com novos riscos, agentes que criam novos riscos ou novos objetivos?	1. As modificações podem ser introduzidas com rapidez suficiente para lidar com as mudanças nos riscos ou nos objetivos?

---

[491] Adaptada de BALDWIN, Robert; BLACK, Julia. Really responsive regulation. *The Modern Law Review*, [s. l.], v. 71, n. 1, 2008.

A primeira etapa no *enforcement* regulatório é a detecção de comportamentos indesejados. Os autores apontam que o cumprimento dessa etapa é desafiador quando a comunidade regulada: (i) é extensa; e (ii) o descumprimento de uma norma pode ser facilmente encoberto. Daí porque, antes mesmo da detecção, os reguladores precisam estabelecer objetivos claros, a fim de definir quais comportamentos indesejados devem ser preferencialmente identificados. Em se tratando de um sistema regulatório complexo, é necessário que o regulador defina uma lista de prioridades, bem como categorize os comportamentos em níveis prioritários. Dessa forma, os reguladores conseguirão definir a extensão na qual a cooperação das partes reguladas será suficiente para alcançar os objetivos propostos.

Na visão de Baldwin e Black, esses fatores são ignorados pelas teorias tradicionais de regulação, mas são tidos como essenciais pela regulação realmente responsiva, a qual pretende aplicar as ferramentas adequadas para o enfrentamento dos problemas regulatórios. Portanto, a regulação efetivamente responsiva tem de ser coerente com relação à detecção de comportamentos indesejados e com relação aos mecanismos de resposta que o regulador possui, levando em consideração o *atitudinal settings* e o ambiente institucional do setor regulado. Apesar da dificuldade inerente à detecção, esta é uma etapa necessária, visto que, caso se desconheça o comportamento não colaborativo presente em um setor regulado, será impossível solucioná-lo.

A segunda etapa do *enforcement* regulatório é o desenvolvimento de ferramentas e de estratégias para lidar com os comportamentos não colaborativos. Na prática, o regulador dificilmente possuirá uma caixa de ferramentas[492] perfeitamente aplicável para todas as situações reguladas. A forma de assegurar que essas ferramentas serão efetivamente responsivas se dá por intermédio da avaliação contínua da performance do sistema regulatório e do comportamento dos agentes.

A terceira etapa, correspondente ao *enforcement* propriamente dito: é um meio de garantir que os resultados pretendidos pelo regulador sejam alcançados. Nesse quadrante, é preciso que as diferentes lógicas que guiam a aplicação das ferramentas regulatórias sejam compreendidas, bem como a sua integração com o perfil atitudinal dos regulados e com o ambiente institucional. Portanto, uma regulação realmente responsiva não propõe a aplicação apriorística de uma

---

[492] Uma abordagem sistemática do tema é feita em: RIBEIRO, Leonardo Coelho. *O direito administrativo como "caixa de ferramentas"*: uma nova abordagem da ação pública. São Paulo: Malheiros, 2016.

determinada medida, mas expõe um *framework* para guiar a aplicação da estratégia que melhor se aplique ao contexto e ao comportamento do regulado.

A quarta etapa é a fase na qual se avalia o sucesso atual do sistema regulatório. Cuida-se de etapa que possibilita o desenvolvimento progressivo de políticas regulatórias, além de garantir a transparência e *accountability* da agência reguladora. Como em todas as outras etapas, há desafios práticos relevantes, como a dificuldade de avaliar com exatidão a efetividade de determinada medida. Nada obstante, a regulação realmente responsiva auxilia a identificação dos problemas-chave que devem ser solucionados, conforme o fator relacionado à performance do órgão regulador. A última etapa compreende a modificação das ferramentas e estratégias regulatórias segundo as informações extraídas da etapa precedente (avaliação). Leva-se em consideração a análise empreendida para propor ajustes que irão possibilitar o cumprimento dos objetivos delineados na primeira etapa (detecção). Isso exige que o órgão regulador seja capaz de averiguar, por meio de análises de impacto, como as eventuais mudanças adotadas irão interagir com o sistema como um todo. Cuida-se de etapa fundamental, uma vez que não haveria utilidade em avaliar o sucesso das medidas adotadas, caso não fosse possível alterá-las.

Em síntese, a regulação realmente responsiva é uma abordagem holística, que foca tanto nas características do sistema regulatório, quanto na individualidade dos agentes. Essa vertente teórica fornece um *framework* adaptável, e não rígido, que oferece uma vasta gama de opções para o enfrentamento de problemas regulatórios.

4.3 *Smart regulation*

Outra corrente teórica caudatária da regulação responsiva é a *smart regulation*, proposta por Neil Gunningham, Peter Grabosky e Darren Sinclair.[493] Cuida-se de corrente teórica que decorre das premissas da regulação responsiva, mas que agrega argumentos para a composição de um "mix de políticas regulatórias", inspirado no pluralismo legal, apto a viabilizar um desenho institucional eficiente.[494]

---

[493] GUNNINGHAM, Neil; GRABOSKY, Peter; SINCLAIR, Darren. *Smart Regulation*: design environmental policy. Canberra: Clarendon Press, 1998.

[494] FEITOSA, Fernando Barbelli. *A regulação dos transportes a partir da perspectiva da teoria da "smart regulation"*. 2023. Tese (Doutorado em Direito) – Faculdade de Direito, Universidade de Brasília, Brasília, 2023. p. 30.

A ideia central da *smart regulation* reside no argumento de que a agregação de agentes na arena setorial, cada um detendo uma coleção de ferramentas regulatórias específicas, seria capaz de promover resultados mais eficientes, por meio da combinação de ferramentas para o atingimento de objetivos comuns.[495]

Como bem delineado por Robert Baldwin, Martin Cave e Martin Lodge,[496] a *smart regulation* se baseia na teoria da regulação responsiva, mas "considera uma gama mais ampla de intervenientes reguladores do que a sua teoria antecessora". Os teóricos da *smart regulation* argumentam que a pirâmide de Ayres e Braithwaite preocupa-se apenas com a interação entre duas partes: o Estado e as firmas reguladas. Em sua visão, a teoria deveria ser expandida, tendo em vista que a regulação também pode ser realizada por entidades "quase-reguladoras" *(quase-regulators)*, tais como grupos de interesse, entidades de classe e associações. De outro bordo, a "pirâmide" da *smart regulation* seria composta por três lados e consideraria a possibilidade de utilização de diversos mecanismos regulatórios, implementados por um conjunto de agentes interessados, além do regulador e do regulado.[497] A imagem abaixo ilustra a proposta:

---

[495] GUNNINGHAM, Neil; GRABOSKY, Peter; SINCLAIR, Darren. *Smart Regulation*: design environmental policy. Canberra: Clarendon Press, 1998. p. 15; GUNNINGHAM, Neil; SINCLAIR, Derren. Smart regulation. *In:* DRAHOS, Peter. *Regulatory theory*: foundations and applications. Camberra: ANU Press, 2017. p. 266.

[496] BALDWIN, Robert; CAVE, Martin; LODGE, Martin. *Understanding Regulation*: Theory, Strategy, and Practice. New York: Oxford University Press, 2013. p. 265-266.

[497] "Second, Braithwaite's pyramid utilises a single instrument category, specifically, state regulation, rather than a range of instruments and parties. In contrast, our pyramid conceives of the possibility of regulation using a number of different instruments implemented by across a number of parties. It also conceives of escalation to higher levels of coerciveness not only within any single instrument category but also across several different instruments and across different faces of the pyramid" (GUNNINGHAM, Neil. Enforcement and Compliance Strategies. *In:* BALDWIN, Robert; CAVE, Martin; LODGE, Martin. *The Oxford Handbook of Regulation*. New York: Oxford University Press, 2010. p. 132-133).

Figura 26 - "Pirâmide" da smart regulation.[498]

Órgão regulador	Agente regulado	Terceiros interessados (quase-reguladores)
Retirada do título habilitante	Expulsão da entidade autorreguladora	Expulsão da entidade
Sanções penais	Sanções	Medidas disciplinares
Advertência	Avisos	Medidas de promoção interna
Avisos	Orientação	Supervisão
Persuasão	Medidas educativas	Incentivos
Medidas educativas	Aconselhamento	Treinamento
Aconselhamento	--	Aconselhamento

Essa "pirâmide" de três lados prevê uma abordagem coordenada à regulação estatal, na qual é possível escalar para medidas mais punitivas (diante do descumprimento reiterado da norma) não apenas em uma única coluna da pirâmide, mas também de uma coluna para outra, valendo-se de instrumentos típicos de outros agentes. Isso proporcionaria flexibilidade e permitiria preencher lacunas sancionatórias, de modo que, se a escalada do sistema regulatório não se mostrar a melhor soluções (e.g., a punição não está prevista em lei ou é inadequada ao caso concreto), pode-se recorrer a outro instrumento sancionador. Encarar a regulação sob essas três dimensões permite combinações criativas de instrumentos regulatórios, detidos por atores influentes para o setor regulado. Além disso, possibilita a utilização de instrumentos de controle que, em determinados casos, podem ser mais fáceis de manejar, menos custosos e mais efetivos que os instrumentos estatais.

Em termos práticos, a *smart regulation* propõe passos para a configuração do processo regulatório, além de estabelecer princípios

---

[498] Adaptada de BALDWIN, Robert; CAVE, Martin; LODGE, Martin. *Understanding Regulation*: Theory, Strategy, and Practice. New York: Oxford University Press, 2013.

orientativos do desenho da política regulatória, baseados no pluralismo legal e na responsividade. Nesse quadrante, Neil Gunningham e Darren Sinclair[499] indicam que o processo regulatório deve ser precedido de uma avaliação minuciosa do contexto regulado, a fim de identificar: (i) os objetivos almejados para a regulação e os compromissos que precisam ser atingidos; (ii) as características específicas dos problemas regulatórios que precisam ser resolvidos; (iii) o conjunto de agentes relacionados e os instrumentos de que dispõe para atingir os objetivos delineados; e (iv) o que precisa ser objeto de processos de participação social, via audiência ou consulta pública.

Nesse sentido, o processo regulatório responsivo baseado na *smart regulation* há de ser permeado por cinco princípios norteadores.[500] O primeiro é a preferência por uma combinação de políticas regulatórias, agregando instrumentos e arranjos institucionais. Isso significa que a utilização de estratégias unilaterais, sob a tutela única do regulador, tende a ser ineficiente. A combinação de ferramentas permite tratamento focado das questões regulatórias, bem como a delegação de atribuições para agentes que podem atuar como intermediadores e engajar os atores regulados.

O segundo princípio é a preferência de medidas menos interventivas no mercado. É dizer, o fornecimento de incentivos colaborativos tenderia a trazer melhores índices de eficiência, dado o menor esforço estatal de fiscalização ativa do setor. Além disso, melhoraria a efetividade e a aceitação das medidas regulatórias, tendo em vista que os agentes regulados respondem melhor a incentivos econômicos positivos. Essas medidas seriam mais legítimas, de rápida assimilação e menos custosas.

O terceiro princípio corresponde à escalada de ações, conforme uma pirâmide de instrumentos regulatórios, até que se atinjam os objetivos almejados pela política regulatória. A *smart regulation* considera, assim como a teoria da regulação responsiva tradicional, que as ferramentas regulatórias devem se adequar aos diferentes

---

[499] GUNNINGHAM, Neil; SINCLAIR, Darren. Integrative regulation: a principle-based approach to environmental policy. *Law & Social Inquiry*, [s. l.], v. 24, n. 4, p. 853-896, 1999.

[500] GUNNINGHAM, Neil; SINCLAIR, Darren. Integrative regulation: a principle-based approach to environmental policy. *Law & Social Inquiry*, [s. l.], v. 24, n. 4, p. 853-896, 1999. Na doutrina brasileira, os princípios foram bem sintetizados por: FEITOSA, Fernando Barbelli. *A regulação dos transportes a partir da perspectiva da teoria da "smart regulation"*. 2023. Tese (Doutorado em Direito) – Faculdade de Direito, Universidade de Brasília, Brasília, 2023. p. 32-33.

comportamentos dos regulados. Nada obstante, pugna pela adoção de uma pirâmide de conformidade, valendo-se da multiplicidade de instrumentos regulatórios, para organizar a responsividade e prover alertas de que a não efetividade de instrumentos mais brandos será um gatilho para a escalada piramidal.

O quarto princípio é o fortalecimento de agentes regulatórios estratégicos, que passariam a atuar como "reguladores sub-rogados". A *smart regulation* reconhece que, no ambiente regulatório, existem agentes regulados e terceiros interessados (*e.g.* associações), que atuam com liderança no setor. O comportamento desses agentes pode ter mais efetividade, ou legitimidade, do que a própria atuação do órgão regulador. Assim, a indução desses agentes ao atingimento do objetivo regulatório tenderia a gerar resultados menos dispendiosos. O quinto princípio é a maximização de oportunidades, de modo a gerar melhores resultados coletivos. Nesse ponto, a teoria indica a necessidade de estimular os regulados a atingirem níveis elevados de desempenho. Nesse contexto, caberia ao órgão regulador assegurar oportunidades para que os agentes otimizem sua produtividade, inclusive pela via das recompensas àqueles que superarem as expectativas postas.

Como se pode depreender, a *smart regulation* se consubstancia em linhas gerais de ação, o que não significa a sua inaplicabilidade prática.[501] Os seus conceitos fundantes são aptos a lastrear, por exemplo, uma regulação por menus ou *sunshine*, no âmbito do qual o agente regulador expõe os agentes regulados mais eficientes, valorizando-os, ao mesmo tempo em que cria incentivos para que os agentes menos eficientes busquem níveis mais elevados de desempenho.

4.4 Regulação baseada em riscos

A regulação baseada em riscos *(risk-based regulation)* pode ser compreendida como um conjunto de técnicas, por intermédio das quais as ações regulatórias são priorizadas de acordo com a avaliação dos possíveis riscos incidentes no setor.[502] Sem descurar das premissas

---

[501] WOOD, Stepan; JOHANSSON, Lynn. Six Principles for Integrating Non-Governmental Environmental Standards into Smart Regulation. *Osgoode Hall Law Journal*, [s. l.], v. 46, p. 345-395, 2008.

[502] "The essence of risk-based regulation, as commonly understood, is the prioritizing of regulatory actions in accordance with an assessment of the risks that parties will present to the regulatory body's achieving its objectives" (BALDWIN, Robert; CAVE, Martin; LODGE, Martin. *Understanding Regulation*: Theory, Strategy, and Practice. New York: Oxford University Press, 2013. p. 281).

trazidas pela regulação responsiva, a *risk-based regulation* tira o foco no comportamento do agente regulado, posicionando-o na análise de riscos das atividades desenvolvidas pela firma. O objetivo a lastrear essa mudança de foco é que a correta definição de riscos tem o potencial de direcionar os recursos da agência reguladora em prol do atingimento de objetivos regulatórios adequados.

Cuida-se de abordagem que remonta ao chamado Relatório Hampton,[503] lavrado por Philip Hampton em 2005, sob encomenda do governo britânico, o qual visava a diminuir os custos regulatórios associados às atividades de fiscalização e de implementação da regulação. Hampton assume como premissa que a atividade regulatória onera o orçamento dos agentes regulados e da agência reguladora. Para o autor, a eficiência do aparato fiscalizatório e sancionatório das agências também deve ser analisado em relação aos custos gerados, tendo em vista que, quanto menor o custo de conformidade regulatória, maior será a chance de adesão dos agentes regulados. Por outro lado, as medidas inflexíveis sobrecarregariam desnecessariamente os regulados, a ponto de comprometer ou inviabilizar o alcance dos objetivos delineados pelo regulador.[504]

Para formular suas recomendações, Philip Hampton partiu da detecção[505] dos principais problemas regulatórios. Sob a perspectiva do agente regulado, os principais entraves seriam:[506] (i) a avaliação irregular de riscos; (ii) a ausência de ênfase regulatória em medidas de aconselhamento e de orientação setorial; (iii) a exigência de um elevado número de informações, que implicava no preenchimento de muitos formulários, alguns sobrepostos; (iv) a inexistência de instrumentos ineficazes para punir infratores persistentes e recompensar os agentes

---

[503] HAMPTON, Philip. *Reducing administrative burdens*: effective inspection and enforcement. Norwich: HM Treasury, 2005.

[504] Ainda de acordo com o autor: "risk assessment is an essential means of directing regulatory resources where they can have the maximum impact on outcomes. Undertaking risk assessment makes regulators take proper account of the nature of businesses, and all external factors affecting the risk the business poses to regulatory outcomes. On the basis of this information, regulators can direct their resources where they can do most good. They can end unnecessary inspections or data requirements on less risky businesses, identify businesses who need more inspection, and release resources to improve broader advice services" (HAMPTON, Philip. *Reducing administrative burdens*: effective inspection and enforcement. Norwich: HM Treasury, 2005. p. 4).

[505] Tal como seria, posteriormente, sugerido pelo Baldwin e Black, no âmbito de sua regulação realmente responsiva.

[506] HAMPTON, Philip. *Reducing administrative burdens*: effective inspection and enforcement. Norwich: HM Treasury, 2005. p. 4.

que cumprem a regulação; e (v) a estrutura burocrática das entidades reguladoras, notadamente as de nível local.

A partir disso, Hampton elaborou um conjunto de orientações cujo eixo central é a necessidade de avaliação de riscos *(risk assessment)*. A ideia é que, já que fiscalizar e punir são atividades dispendiosas, então, o aparato regulatório deveria definir prioridades. Dessa forma, os recursos disponíveis são distribuídos com racionalidade, de acordo com a natureza dos riscos criados para o atingimento dos objetivos regulatórios. Isso implica considerar "a maior ou menor propensão de o agente descumprir a regulação (risco de descumprimento), bem como a estimativa dos efeitos das possíveis infrações (avaliação de impacto)".[507]

Nesse sentido, o processo de definição dos riscos pela agência reguladora deveria ser baseado em análises claras e abrangentes, pautando-se em um processo:[508] (i) aberto ao escrutínio público; (ii) equilibrado, ponderando sobre o desempenho passado e o risco potencial futuro; (iii) que utilize todos os dados disponíveis; (iv) implantado de maneira uniforme e imparcial; (v) expresso de modo simples, pautando-se em modelos matemáticos de probabilidade; (vi) dinâmico; (vii) capaz de ser transporto para decisões sobre alocação de recursos públicos; (viii) que incorpore efeitos dissuasores; e (ix) que inclua percentual mínimo de fiscalizações aleatórias.[509]

Na síntese de Robert Baldwin, Martin Cave e Martin Lodge,[510] a regulação baseada no risco tem como principal escopo controlar os riscos relevantes, e não propriamente garantir o cumprimento integral

---

[507] VORONOFF, Alice. *Direito administrativo sancionador no Brasil*. Belo Horizonte: Fórum, 2018. p. 165.
[508] HAMPTON, Philip. *Reducing administrative burdens*: effective inspection and enforcement. Norwich: HM Treasury, 2005. p. 115.
[509] A inspeção aleatória, nesse contexto, teria a função de descobrir novos riscos e garantir a validade do sistema de avaliação de riscos instituída. Corresponde, portanto, ao método de garantir que a avaliação de riscos está aderente às mudanças setoriais, de modo que a agência responda adequadamente às mudanças circunstanciais, detecte e lide com novos riscos e com as alterações nos perfis de riscos continuamente. Lidar com a mudança exige, em essência, que o regulador possa medir se as suas abordagens atuais estão sendo bem-sucedidas na consecução dos objetivos desejados, justificando as estratégias adotadas, ajustando-as quando necessário.
[510] Ainda na visão dos autores: "the regulator will develop a system for assessing such risks and scoring these. Such mechanisms conventionally treat the quantum of a risk as the product of the gravity of a potential harm or impact and the probability of its occurrence. An important distinction is often drawn here between 'inherent' and 'management and control' risks. The former concept looks to the intrinsic dangerousness of the site or activity. This would take on board such matters as the substances and operations involved and the proximity to a vulnerable resource. (Are the chemicals very dangerous and is the factory near a watercourse?) Management and control risks relate to the propensity

da regulação. A teoria estabelece prioridades, torna claro decisões seletivas e fornece uma estrutura lógica, no âmbito da qual as decisões podem ser compreendidas e explicadas. Daí porque a aplicação dessa vertente teórica exige que o órgão regulador identifique claramente os seus objetivos e os riscos que a atuação das firmas reguladas pode representar. Esse processo de identificação é, em geral, composto de duas variáveis: (i) a gravidade de um dano ou impacto potencial; e (ii) a probabilidade de sua ocorrência.[511]

Sob essa ótica, a regulação baseada nos riscos difere da regulação responsiva tradicional. Na regulação responsiva, a estratégia piramidal se aplica indistintamente a todos os agentes regulados, variando no nível de intensidade da medida, de acordo com o comportamento do regulado. A proposta da regulação baseada no risco é seletiva, porquanto preconiza a utilização de medidas fiscalizatórias e punitivas, segundo os diferentes tipos de riscos criados pela atividade explorada pelos agentes setoriais.[512] Assim, verifica-se que a regulação baseada no risco pode se revelar mais útil no exercício de algumas tarefas regulatórias do que em outras. Por exemplo, a classificação de risco pode fornecer bases robustas para identificar locais, atividades e atores de alto risco, mas pode deixar de apontar qual a intervenção regulatória adequada para mitigar a ocorrência do risco.[513]

---

of an organization's internal controls to mitigate or exacerbate the risk by affecting the probability of a harm's occurrence. Both of these aspects of risk will be considered, together with other factors, in the typical risk-scoring system" (BALDWIN, Robert; CAVE, Martin; LODGE, Martin. *Understanding Regulation*: Theory, Strategy, and Practice. New York: Oxford University Press, 2013. p. 281-282).

[511] No entanto, há variações consideráveis entre as jurisdições sobre as abordagens adotadas para a classificação de riscos. Alguns sistemas adotam classificações quantitativas e, outros, qualitativas, como bem delineado por Julia Black e Robert Baldwin: "risk assessments may be highly quantitative (as in environmental regulation) or mainly qualitative (as in food safety regulation in the UK, or financial supervision more generally). Quantitative assessments involve less individual judgement and in environmental regulation are often performed by the firm themselves (as in England and Ireland) or can be contracted out by the regulator to a third party (as in Portugal). Qualitative assessments allow for more flexibility and judgement, but critically rely on the skill and experience of regulatory officials who are making the subjective judgements" (BALDWIN, Robert; BLACK, Julia. Really responsive regulation. *The Modern Law Review*, [s. l.], v. 71, n. 1, 2008).

[512] VORONOFF, Alice. *Direito administrativo sancionador no Brasil*. Belo Horizonte: Fórum, 2018. p. 166.

[513] "The challenge arises because risk evaluations may prove far more helpful in relation to some regulatory tasks than others. Thus, risk scoring may provide a very ready basis for detecting high-risk sites, activities, and actors, but it may offer far less assistance in identifying the modes of intervention that will best reduce risks – whether the best way to reduce the risks posed by the firm is to use a 'zero-tolerance' command and control regime or whether an educative, disclosure, or other strategy would prove more effective"

Daí porque a *risk-based regulation* deve ser conjugada com outras correntes teóricas, como a regulação responsiva tradicional (ou outra abordagem regulatória que se mostrar mais adequada ao caso concreto), a fim de encontrar a intervenção ótima para incentivar os agentes econômicos a mitigarem os riscos identificados.

No âmbito brasileiro, a *risk-based regulation* encontra exemplo de aplicação no sistema financeiro nacional, o qual adota método regulatório prudencial, de acordo com o potencial da entidade regulada de causar riscos sistêmicos. Por meio da Resolução nº 4.553/2017, o Conselho Monetário Nacional (CMN) estabeleceu a segmentação do conjunto das instituições financeiras para fins de aplicação proporcional da regulação. A segmentação é realizada por instituições, considerando o porte e a atividade internacional das instituições que compõem cada segmento, sendo que "a aplicação proporcional da regulação prudencial deverá considerar o segmento em que a instituição está enquadrada e o seu perfil de risco".

No setor elétrico, a fiscalização exercida pela Agência Nacional de Energia Elétrica (ANEEL) também experimentou influxos da regulação baseada no risco. De acordo com a Nota Técnica nº 001/2016-SFG/ANEEL, a pirâmide de conformidade regulatória deveria ser utilizada com o conceito de diferenciação de risco regulatório *(regulatory risk differentiation)*, aplicado à fiscalização de empreendimentos de geração de energia. A partir disso, desenvolveu-se modelo fiscalizatório baseado em três níveis: monitoramento, ação remota e ação presencial.

O primeiro nível (monitoramento) é o mais abrangente e engloba todos os agentes de geração de energia. Trata-se de nível em que os agentes são monitorados por meio de indicadores de qualidade e de desempenho, gerados a partir de dados obtidos em formulários e coletados de outras instituições, como o Operador Nacional do Sistema Elétrico (ONS) e a Câmara de Comercialização de Energia Elétrica (CCEE). O monitoramento realiza uma análise de risco e filtra os empreendimentos que apresentam um risco potencial para eventual avaliação. Por exemplo, para a avaliação de usinas em implantação, o monitoramento pode avaliar quais empreendimentos apresentam maior risco de atraso na conclusão das obras. Além disso, o nível de monitoramento também permite que seja feita uma análise geral do

---

(BALDWIN, Robert; CAVE, Martin; LODGE, Martin. *Understanding Regulation*: Theory, Strategy, and Practice. New York: Oxford University Press, 2013. p. 285-286).

setor em relação a padrões pré-determinados, como o tempo médio para construção de usinas e a disponibilidade média das unidades geradoras.

O segundo nível (ação remota) engloba um conjunto menor de usinas, correspondente àquelas selecionadas pela análise de risco da etapa anterior. A ação remota contempla uma análise pormenorizada de indicadores, documentos e solicitações de informações complementares ao agente fiscalizado. Ao final da etapa, pode-se chegar na conclusão da existência de "falsos positivos", isto é, casos em que a avaliação de risco no nível de monitoramento não seja confirmada. Caso a investigação do segundo nível não seja suficiente para apurar a adequação regulatória, passa-se ao terceiro nível (ação presencial).

Cuida-se de etapa focada nos itens selecionados e estudados nas etapas anteriores, ou seja, nas evidências de possíveis problemas ou necessidade de confirmação de vistorias em campo. De acordo com a Nota Técnica nº 001/2016-SFG/ANEEL, tendo em vista que empreendimentos de geração de energia elétrica normalmente se encontram em lugares de difícil acesso e que a presença física de representantes do regulador demanda recursos significativos, é fundamental que as fiscalizações de campo sejam objetivas e tenham foco específico.

4.5 Diamante regulatório

Como visto, a formulação original da regulação responsiva buscou responder ao seguinte questionamento: quando punir e quando persuadir? Partindo disso, Jonathan Kolieb[514] construiu o modelo chamado de diamante regulatório *(regulatory diamond)*, baseado na ideia de que a regulação responsiva concentrava seus esforços apenas na busca pelo cumprimento das regras pelos regulados, o que seria apenas uma faceta da regulação.[515] De acordo com Kolieb, o potencial

---

[514] KOLIEB, Jonathan. When to Punish, When to Persuade, When to Reward: Strengthening Responsive Regulation with the Regulatory Diamond. *Monash University Law Review*, [s. l.], v. 41, n. 1, p. 136-162, 2015.

[515] Vê-se, portanto, que o diamante regulatório é apenas uma vertente da regulação responsiva, como reconhecido por seu próprio autor: "to be sure, the regulatory diamond is an evolutionary, not revolutionary proposal. It builds upon the decades of scholarly work by Braithwaite and others in advancing responsive regulation theory, and adheres to the principles of responsiveness and dynamism that lie at the heart of responsive regulation theory" (KOLIEB, Jonathan. When to Punish, When to Persuade, When to Reward: Strengthening Responsive Regulation with the Regulatory Diamond. *Monash University Law Review*, [s. l.], v. 41, n. 1, p. 136-162, 2015. p. 150-151).

responsivo seria mais bem explorado mediante a agregação de técnicas regulatórias de *beyond compliance*, as quais buscam o atingimento de patamares superiores àqueles que as normas estabelecem. Em sua visão, a pergunta correta acerca do método regulatório adequado é: quando punir, quando persuadir e quando recompensar? A adição de recompensas ao processo regulatório teria a virtude de promover a melhoria contínua da atividade regulatória e promover os regulados virtuosos.[516]

Um dos principais méritos dessa corrente teórica responsiva é explicitar o fato de que a atividade regulatória existe em dois níveis interdependentes: (i) a regulação punitiva ou persuasiva, que institui mecanismos para garantir o cumprimento da norma; e (ii) a regulação aspiracional, correspondente às técnicas empregadas para encorajar os regulados a atingir padrões superiores ao mínimo estabelecido pela norma. A figura abaixo ilustra o modelo de diamante regulatório proposto por Kolieb, o qual pode ser visto como uma alternativa da pirâmide proposta por Ayres e Braithwaite:

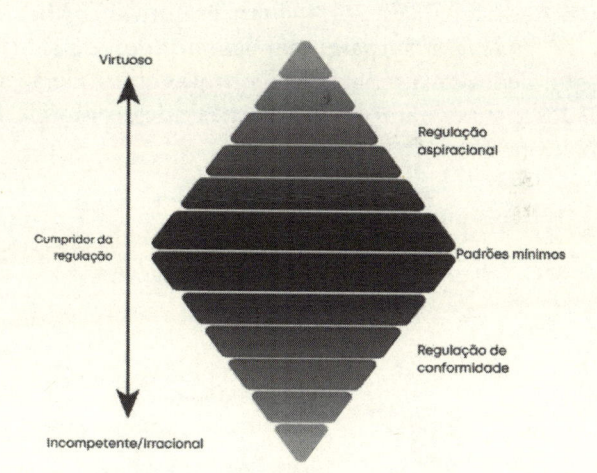

Figura 27- O diamante regulatório.[517]

---

[516] SILVA, João Marcelo Azevedo Marques Mello da. A regulação responsiva das telecomunicações: novos horizontes para o controle de obrigações pela Anatel. *Revista de Direito Setorial e Regulatório*, Brasília, v. 3, n. 1, 2017. p. 264.

[517] Adaptada de KOLIEB, Jonathan. When to Punish, When to Persuade, When to Reward: Strengthening Responsive Regulation with the Regulatory Diamond. *Monash University Law Review*, [s. l.], v. 41, n. 1, p. 136-162, 2015.

Jonathan Kolieb observa que a regulação deve incorporar não apenas padrões mínimos de conduta, mas também padrões ideais de comportamento e mecanismos que busquem atingi-los. A ilustração acima apresentada demonstra o ponto. Os padrões mínimos comportamentais são a linha que reparte o diamante ao meio. Os mecanismos punitivos e persuasivos que garantem que esses padrões sejam atingidos são representados pela regulação de conformidade, na porção inferior da imagem. Por sua vez, os mecanismos que incentivam os agentes regulados a excederem os padrões mínimos, buscando objetivos aspiracionais, são representados na porção superior da imagem.

Da mesma forma como acontece com a regulação responsiva tradicional, o caminho em direção às extremidades do diamante implica uma redução de área, o que significa uma diminuição da frequência de mecanismos ali situados.[518] A diferença é que, quanto mais próximo à linha mediana, maior a frequência dos mecanismos regulatórios. Isso implica dizer que, ao se afastar da linha mediana, os instrumentos regulatórios passarão a ser, ao mesmo tempo: (i) mais punitivos; e (ii) menos recompensadores. Apesar das inovações do diamante regulatório, ela possui semelhanças com o aprimoramento da regulação responsiva tradicional. Em 2011, John Braithwaite[519] introduziu o conceito de *pyramid of supports*, paralela à pirâmide sancionatória original, que elenca uma série de recompensas que poderão ser dadas aos regulados se superaram os níveis estabelecidos, conforme ilustração abaixo colacionada:

---

[518] SILVA, João Marcelo Azevedo Marques Mello da. A regulação responsiva das telecomunicações: novos horizontes para o controle de obrigações pela Anatel. *Revista de Direito Setorial e Regulatório*, Brasília, v. 3, n. 1, 2017. p. 265-266.
[519] BRAITHWAITE, John. The essence of responsive regulation. *UBC Law Review*, [s. l.], v. 44, n. 3, p. 475-520, 2011.

Figura 28 - Pirâmide de recompensas: regulação do setor de medicamentos.[520]

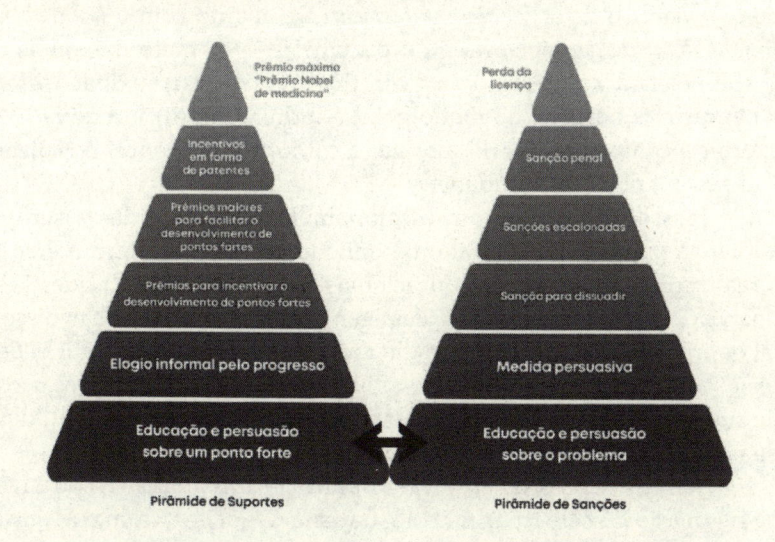

Pirâmide de Suportes (da base ao topo):
- Educação e persuasão sobre um ponto forte
- Elogio informal pelo progresso
- Prêmios para incentivar o desenvolvimento de pontos fortes
- Prêmios maiores para facilitar o desenvolvimento de pontos fortes
- Incentivos em forma de patentes
- Prêmio máximo "Prêmio Nobel de medicina"

Pirâmide de Sanções (da base ao topo):
- Educação e persuasão sobre o problema
- Medida persuasiva
- Sanção para dissuadir
- Sanções escalonadas
- Sanção penal
- Perda da licença

Reconhecendo tal fato, Kolieb aduz que a utilização de duas pirâmides separadas importaria em uma contradição inerente, tendo em vista que implicaria na descontinuidade das técnicas regulatórias empregadas. Dessa forma, as medidas punitivas/persuasivas e recompensadoras deveriam ser trabalhadas no mesmo âmbito regulatório e se movimentarem concomitantemente. Em termos práticos, o diamante regulatório pode ser considerado um relevante aporte teórico apto a estabelecer sanções premiais,[521] por intermédio da *soft regulation*.

4.6 *Benchmark* internacional sobre regulação responsiva

A Autoridade de Segurança da Aviação Civil da Austrália (CASA) é uma agência reguladora independente, que tem por objetivos aprimorar e promover a segurança da aviação por meio de uma regulação eficaz e do incentivo à adoção de altos padrões de

---

[520] Adaptada de BRAITHWAITE, John. The essence of responsive regulation. *UBC Law Review*, [s. l.], v. 44, n. 3, p. 475-520, 2011.
[521] MOREIRA, Egon Bockmann. Passado, presente e futuro da regulação econômica no Brasil. *Revista de Direito Público da Economia*, [s. l.], ano. 11, n. 44, 2013. p. 92.

segurança. A CASA incorporou um modelo de regulação responsiva, em sua arquitetura regulatória, por intermédio da distinção de ações de *compliance* e de ações de *enforcement*. De acordo com o *Manual de Enforcement* da agência, há quatro maneiras por meio das quais a CASA objetiva aumentar o *compliance* dos regulados: (i) auxiliar o setor a cumprir as normas, de modo geral e individual; (ii) incentivar ou exortar a conformidade; (iii) obrigar a conformidade; e (iv) penalizar e impedir a não conformidade.

Nesse sentido, há um escalonamento das medidas a serem adotadas pela CASA. De fato, tal entidade reguladora leva a efeito a realização de atividades educacionais e de assessoria em questões operacionais e técnicas para os seus agentes regulados. Para além disso, tal entidade detém uma política de incentivo à adoção de práticas de *compliance*. Além disso, existe a possibilidade de instauração e processos de suspensão ou cancelamento das autorizações. E, por fim, medidas de penalização.[522]

Também é possível observar a influência da regulação responsiva na regulação do setor marítimo australiano. De acordo com o *Manual de Compliance* e *Enforcement* da Autoridade Australiana de Segurança Marítima,[523] a arquitetura regulatória de tal setor se desenvolve por intermédio da adoção gradativa e escalonada de instrumentos sancionadores. Cite-se, por exemplo, que a Autoridade Australiana de Segurança Marítima estabelece os seguintes princípios orientadores de sua atuação: (i) *accountability*; (ii) consistência; (iii) transparência; (iv) imparcialidade; (v) proporcionalidade; e (vi) justiça. Tal entidade também lastreia seu sistema sancionatório em uma escala punitiva, como se depreende da pirâmide regulatória abaixo colacionada:

---

[522] Disponível em: https://www.casa.gov.au/search-centre/manuals-and-handbooks/enforcement-manual#Download. Acesso em: 09 ago. 2024.
[523] Disponível em: https://www.amsa.gov.au/sites/default/files/compliance-and-enforcement-protocol-policy-v3-nov-2022.pdf. Acesso em: 09 ago. 2024.

Figura 29 - Ações conforme a resposta dos agentes regulados pela AMSA.[524]

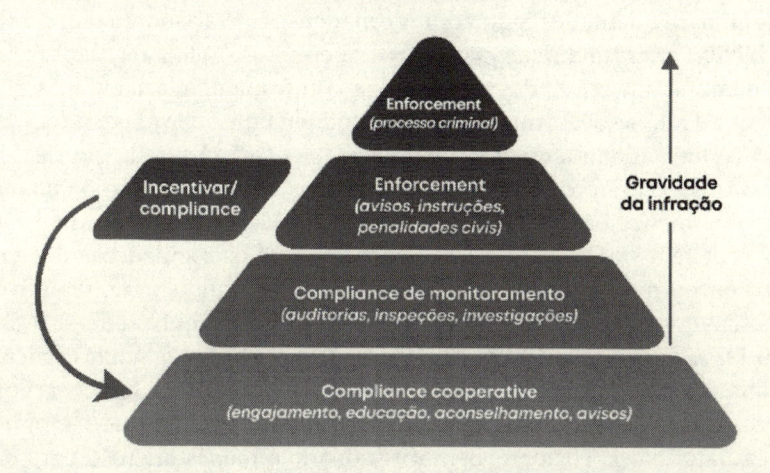

```
                    Enforcement
                  (processo criminal)
                    Enforcement
   Incentivar/    (avisos, instruções,        Gravidade
   compliance    penalidades civis)           da infração
              Compliance de monitoramento
            (auditorias, inspeções, investigações)
              Compliance cooperative
        (engajamento, educação, aconselhamento, avisos)
```

Na mesma direção, cite-se o Departamento Nacional de Auditoria da Austrália (ANAO), que é uma entidade especializada que presta serviços de auditoria ao Parlamento e às agências estatais. O ANAO desenvolveu um Guia de Melhores Práticas para a Administração, em 2007,[525] valendo-se da ideia de uma pirâmide regulatória como forma de auxiliar os reguladores a melhorarem a sua administração. Atualizado em 2014, tal guia assentou o entendimento de que "não existe uma abordagem 'única' para lidar com a não conformidade", de modo que os "reguladores precisam de uma série de opções de resposta que sejam proporcionais aos riscos apresentados pela não conformidade de uma entidade".

Ainda de acordo com ANAO, a flexibilidade na resposta às desconformidades é maior quando o órgão regulador tem uma gama de opções disponíveis. Além disso, de acordo com tal entidade reguladora, a flexibilidade na abordagem da não conformidade permite que a resposta do regulador: (i) seja proporcional aos riscos apresentados; (ii) reconheça a capacidade e a motivação do regulado para retornar à conformidade; e (iii) sinalize a seriedade com que o órgão regulador vê o desvio regulatório.

---

[524] Adaptada do *Manual de Compliance* e *Enforcement* da Autoridade Australiana de Segurança Marítima.
[525] Disponível em: https://catalogue.nla.gov.au/catalog/4805869. Acesso em: 09 ago. 2024.

No Canadá, é de se destacar, como exemplo de modelo regulatório responsivo, o Código de Práticas do Regulador de Ontário, lançado em 2011, para orientar os reguladores canadenses.[526] Tal Código tem como objetivo criar uma relação de parceria entre os órgãos reguladores e a comunidade regulada, para tornar a conformidade fácil e direta.[527]

Trata-se de normatização que combina uma abordagem focada na conformidade regulatória com a segmentação baseada em riscos, para "obter o máximo de conformidade e, ao mesmo tempo, apoiar e criar menos ônus para as empresas que desejam seguir a lei". A abordagem sugerida pelo Código indica que os reguladores devem se concentrar nos objetivos regulatórios e, em seguida, incentivarem o desenvolvimento do método mais inovador, eficiente e eficaz de alcançá-lo. O Reino Unido criou, em 2005, o Departamento de Melhores Práticas Regulatórias,[528] cujo objetivo é monitorar a medição dos encargos regulatórios e coordenar sua redução, bem como garantir que o estoque regulatório seja eficiente, bem direcionado e menos oneroso para os regulados. Diante desse contexto, em 2006, foi estabelecido uma revisão do sistema de sanções e penalidades, sob a orientação do relatório elaborado por Richard Macrory. O resultado foi a elaboração de uma série de recomendações com a finalidade de aumentar a responsividade do sistema regulatório. Em linhas gerais, buscou-se ampliar o plexo e a variedade de sanções, de forma a fornecer o ferramental aos reguladores para lidar com os eventuais descumprimentos de forma mais eficiente.

Ao final da revisão, chegou-se à conclusão[529] de que as reformas sugeridas não tinham o objetivo de transformar os sistemas de sanção "da noite para o dia", mas de trazer flexibilidade, eficiência e capacidade de resposta ao ambiente regulatório, com o desiderato de "facilitar a implementação completa da agenda regulatória".

De acordo com tal relatório, a adoção de métodos responsivos resultaria "em melhores opções de dissuasão para os órgãos reguladores, melhor conformidade para as empresas e melhores resultados para o público. Essas propostas não têm como objetivo facilitar a penalização

---

[526] Disponível em: https://dr6j45jk9xcmk.cloudfront.net/documents/779/regulators-code-of-practice-en.pdf. Acesso em: 09 ago. 2024.
[527] Disponível em: http://www.labour.gov.on.ca/english/about/regulatorscode.php. Acesso em: 09 ago. 2024.
[528] Disponível em: https://www.gov.uk/government/groups/better-regulation-executive. Acesso em: 09 ago. 2024.
[529] Disponível em: http://webarchive.nationalarchives.gov.uk/20090609003228/http://www.berr.gov.uk/files/file44593.pdf. Acesso em: 09 ago. 2024.

das empresas, mas criar um sistema de sanções que seja mais responsivo e proporcional à natureza da não conformidade". Como produto dessas recomendações, foi aprovada a terceira parte da lei de sanções e *enforcement* do Reino Unido, com o objetivo de promover "flexibilidade para os órgãos reguladores ao lidarem com empresas cuja conduta está aquém dos padrões exigidos". De acordo com a norma, a variedade de sanções dá aos órgãos reguladores a capacidade de responder caso a caso, permitindo a aplicação de sanções apropriadas para violações menores, ao mesmo tempo em que mantém a capacidade de processar violações maiores nos tribunais.[530]

Da análise dos precedentes, é de se concluir que a teoria da regulação responsiva foi implementada por intermédio de: (i) instituição de ações de *compliance*, de modo a incentivar o setor a cumprir as normas, com a realização de atividades educacionais e de assessoria em questões operacionais e técnicas (Autoridade de Segurança da Aviação Civil da Austrália); (ii) pirâmides gradativas de instrumentos sancionadores (Autoridade Australiana de Segurança Marítima); (iii) flexibilidade na resposta às desconformidades, de acordo com os riscos, a capacidade e a motivação do regulado em retornar à conformidade (Departamento Nacional de Auditoria da Austrália); (iv) foco da regulação em estabelecer os objetivos regulatórios, incentivando que os regulados desenvolvam métodos para alcançá-los (Código de Práticas do Regulador do Canadá); e (v) ampliação da variedade de sanções disponíveis ao regulador (Departamento de Melhores Práticas do Reino Unido).

4.7 Regulação responsiva na ANEEL

A doutrina[531] aponta que a fiscalização exercida pela Agência Nacional de Energia Elétrica transitou de um modelo chamado *tradicional* para um modelo *estratégico*. Tal reforma teve início nos idos

---

[530] Disponível em: http://www.legislation.gov.uk/ukpga/2008/13/contents. Acesso em: 09 ago. 2024.
[531] FERNANDES, Camilla de Andrade Gonçalves. *A reforma do modelo de fiscalização do setor elétrico brasileiro*. 2018. Monografia (Especialização em Gestão Pública) – Diretoria de Formação Profissional e Especialização, Escola Nacional de Administração Pública, Brasília, 2018. p. 7; BEZERRA, Tito Lívio Guedes. *A fiscalização responsiva no âmbito da Agência Nacional de Energia Elétrica* – ANEEL. 2022. Monografia (Graduação em Direito) – Faculdade de Direito, Universidade de Brasília, Brasília, 2022. p. 54; LIMA, Carlos Eduardo Carvalho. *Consensualidade no processo administrativo sancionador da Agência Nacional de Energia Elétrica (ANEEL)*: um olhar de relance sobre a fiscalização estratégica pautada à luz da teoria da regulação responsiva. Dissertação (Mestrado em Direito) – Instituto Brasileiro de Ensino, Desenvolvimento e Pesquisa, Brasília, 2022. p. 63.

de 2013 e foi materializada por intermédio de duas notas técnicas: (i) a Nota Técnica nº 217/2015-SFE/ANEEL; e (ii) a Nota Técnica nº 001/2016-SFG/ANEEL.[532] A Nota Técnica nº 217/2015-SFE/ANEEL, elaborada pela então Superintendência de Fiscalização dos Serviços de Eletricidade (SFE), apresentou a metodologia para o monitoramento contínuo e o diagnóstico técnico preventivo das distribuidoras e das transmissoras de energia elétrica.

O trabalho elaborado pelo corpo técnico fez parte do projeto intitulado "Fiscalização Estratégica", que visava a otimizar os recursos de fiscalização, de avaliação contínua da prestação dos serviços e de alinhamento dos agentes fiscalizados com os compromissos firmados em relação à qualidade, à prevenção de possíveis falhas, à efetiva correção de irregularidades e à melhoria do desempenho regulatório. Em síntese, o projeto buscou focalizar as atividades de fiscalização em ações preventivas e aumentar a efetividade da área fiscalizada, por meio de técnicas de inteligência analítica e do aperfeiçoamento do planejamento das atividades da ANEEL.

De sua parte, a Nota Técnica nº 001/2016/SFG/ANEEL foi lavrada pela então Superintendência de Fiscalização dos Serviços de Geração (SFG),[533] iniciando um novo modelo de negócio e estrutura organizacional dentro da referida superintendência. Para manter a atualidade dos processos organizacionais em sua área de competência, a SFG estudou as referências que apontassem o estado da arte sobre a fiscalização regulatória e buscou conhecer boas práticas de outras instituições nacionais. A nota técnica elaborada é fruto de tais incursões e tem o desiderato de induzir, incentivar e garantir a conformidade regulatória.

---

[532] Para Tito Livio Guedes Bezerra: "essas notas técnicas podem ser consideradas o marco teórico da fiscalização responsiva na ANEEL, embora possa se atribuir certa impropriedade formal na utilização desses documentos para fins de implantação de uma nova abordagem regulatória. Conforme artigo 25 do Regimento Interno, os atos da ANEEL podem ser expressos em pareceres ou nota de caráter técnico sobre matéria em apreciação. As notas técnicas são documentos emitidos pelas unidades organizacionais e destinam-se a subsidiar as decisões da agência. Sendo assim, são instrumentos que não servem ao propósito de normatizar procedimentos internos" (BEZERRA, Tito Lívio Guedes. *A fiscalização responsiva no âmbito da Agência Nacional de Energia Elétrica* – ANEEL. 2022. Monografia (Graduação em Direito) – Faculdade de Direito, Universidade de Brasília, Brasília, 2022. p. 56).

[533] A mudança na estrutura da ANEEL, implementada pela Resolução Normativa nº 1.061/2023, remanejou as competências da SFE e da SFG para a Superintendência de Fiscalização Técnica dos Serviços de Energia Elétrica (SFT) e, em menor medida, para a Superintendência de Fiscalização Econômica, Financeira e de Mercado (SFF), sem que se tenha havido notícia de prejuízos à continuidade da fiscalização estratégica.

O presente tópico tem o objetivo de apresentar o modelo de fiscalização tradicional da agência, apontando os motivos que levaram a ANEEL a optar por sua alteração.

Como é de conhecimento convencional, desde que foi instituída, por intermédio da Lei nº 9.427/1996, a Agência Nacional de Energia Elétrica teve por escopo regular e fiscalizar a produção de energia elétrica, guiando-se pelas políticas públicas e diretrizes estabelecidas pela legislação subjacente. O art. 3º, do Anexo I, do Decreto nº 2.335/1997, que regulamentou a constituição da ANEEL, prescreve que a agência deve orientar a execução de suas atividades finalísticas para proporcionar condições favoráveis para que "o desenvolvimento do mercado de energia elétrica ocorra em equilíbrio entre os agentes e em benefício da sociedade", observando, entre outras, as seguintes diretrizes:

i. Prevenção de potenciais conflitos, por meio de ações e canais que estabeleçam adequado relacionamento entre agentes do setor de energia elétrica e demais agentes da sociedade;
ii. Regulação e fiscalização realizadas com o caráter de simplicidade e pautadas na livre concorrência entre os agentes, no atendimento às necessidades dos consumidores e no pleno acesso aos serviços de energia elétrica;
iii. Adoção de critérios que evitem práticas anticompetitivas e de impedimento ao livre acesso aos sistemas elétricos; e
iv. Criação de condições para a modicidade das tarifas, sem prejuízo da oferta e com ênfase na qualidade do serviço de energia elétrica.

Atendendo sua missão institucional, a ANEEL instituiu[534] e aprimorou a sua atividade fiscalizatória nos seus primeiros vinte anos de existência, fundamentando-a em quatro elementos: (i) fiscalizar mais:

---

[534] Segundo Camilla de Andrade Gonçalves Fernandes: "seguindo a trajetória para cumprir sua atribuição de fiscalizar a prestação dos serviços de energia elétrica, a agência iniciou suas atividades atuando em duas frentes: (i) nos primeiros meses de funcionamento elaborou norma com procedimentos para apuração de infrações e aplicação de penalidades aos agentes; e, (ii) realizou nos primeiros dois anos força-tarefa para inspeção presencial de todas as instalações e empresas prestadoras de serviços no setor elétrico brasileiro" (FERNANDES, Camilla de Andrade Gonçalves. *A reforma do modelo de fiscalização do setor elétrico brasileiro*. 2018. Monografia (Especialização em Gestão Pública) – Diretoria de Formação Profissional e Especialização, Escola Nacional de Administração Pública, Brasília, 2018. p. 5).

inspecionar o maior número de agentes e instalações; (ii) fiscalizar melhor: melhorar os procedimentos e as técnicas de fiscalização; (iii) fiscalizar tudo: aumentar o número de assuntos fiscalizados; e (iv) punir muitas vezes: utilizar as sanções administrativas como instrumento preferencial para persuadir os agentes a cumprirem as regras. Tal modelo fiscalizatório, aqui chamado de *tradicional*, dimensionava o desempenho da área de fiscalização da agência de acordo com o número de fiscalizações realizadas, de Termos de Notificações emitidos e de Autos de Infração ou Termos de Arquivamento lavrados. A Nota Técnica nº 217/2015-SFE/ANEEL informa que, entre 2009 e 2014, a SFE, incluindo as agências estaduais conveniadas, realizou 2.002 ações de fiscalização, resultando em 1.164 autos de infração, o que representa R$ 1,8 bilhões em multas aplicadas. Significa dizer que 58% de ações fiscalizatórias deram origem a pelo menos um auto de infração.

Tito Livio Guedes Bezerra,[535] servidor da ANEEL, em trabalho específico sobre o tema, aponta que a abordagem fiscalizatória da agência, nesse período, tinha como regra a constatação de irregularidades e a aplicação de sanções, típica do modelo de regulação de comando-controle. Em igual medida, Carlos Eduardo Carvalho Lima,[536] também servidor da agência, observa que o modelo tradicional de fiscalização dos serviços de eletricidade consistia na realização de poucas fiscalizações por monitoramento e, em contraponto, muitas fiscalizações *in loco*, com a presença ostensiva de fiscais realizando a coleta de dados nas instalações de energia elétrica.

Nada obstante, a área técnica da agência verificou que nem sempre a quantidade de ações de fiscalização, seguida da aplicação de sanções, resultava na mudança do comportamento esperado, ou na melhoria da qualidade dos serviços prestados pelos agentes regulados.

Isso porque, de acordo com a Nota Técnica nº 217/2015-SFE/ ANEEL, fiscalizar mais implicava no dispêndio de recursos materiais

---

[535] BEZERRA, Tito Lívio Guedes. *A fiscalização responsiva no âmbito da Agência Nacional de Energia Elétrica* – ANEEL. 2022. Monografia (Graduação em Direito) – Faculdade de Direito, Universidade de Brasília, Brasília, 2022. p. 54.

[536] De acordo com o autor: "a fiscalização tradicional possuía viés eminentemente quantitativo, em que se buscava fiscalizar todos os agentes regulados, com a consequente inspeção da integralidade das instalações correspondentes, objetivando-se a constatação de possíveis práticas não conformes e/ou infracionais aos ditames regulatórios por parte dos agentes regulados" (LIMA, Carlos Eduardo Carvalho. *Consensualidade no processo administrativo sancionador da Agência Nacional de Energia Elétrica (ANEEL)*: um olhar de relance sobre a fiscalização estratégica pautada à luz da teoria da regulação responsiva. Dissertação (Mestrado em Direito) – Instituto Brasileiro de Ensino, Desenvolvimento e Pesquisa, Brasília, 2022. p. 24).

e humanos, indisponíveis na quantidade necessária para atingir o índice esperado de cobertura de fiscalizações periódicas. Fiscalizar tudo, por outro lado, dispersava os esforços da agência e do regulado, resultando em um sinal difuso, sem ênfase nas prioridades regulatórias e nas expectativas de mudança de comportamento do agente privado. Essa dispersão de foco enfraquecia a capacidade de fornecer às áreas responsáveis pela regulação um *feedback* claro sobre onde avançar na elaboração de normas. Em termos práticos, a fiscalização tradicional era materializada em um Relatório de Fiscalização, que motivava a emissão de Termos de Notificação. Oportunizava-se o direito de manifestação prévia dos agentes acerca das constatações e, em seguida, a ANEEL emitia o Termo de Arquivamento, caso comprovada a regularidade do fiscalizado, ou o Auto de Infração, nas hipóteses de comprovação da infração.[537]

Nesse cenário, o exercício punitivo impunha aos agentes fiscalizados e à ANEEL um custo elevado sem, contudo, induzir mudanças no comportamento esperado pela agência. A própria ANEEL reconhecia que, embora impostas com elevada frequência, as sanções eram, em sua maioria, de pequena monta em relação ao faturamento dos agentes. Além disso, como a sanção era a última etapa do processo de fiscalização, restava ao agente pouco ou nenhum incentivo para

---

[537] "Essa modelagem de fiscalização, pautada pela cultura organizacional de que o efetivo exercício das ações fiscalizadoras consistia eminentemente na constante verificação do cumprimento irrestrito dos ditames regulatórios e consequente aplicação de sanções administrativas, perdurou na ANEEL por aproximadamente 20 (vinte) anos, desde sua criação (1996 a 2016). A abordagem tradicional de fiscalização obedecia a conceitos de comando e controle, fortemente enviesada para o caráter punitivo e estruturado linearmente nas etapas de: (i) programação (definição das empresas a serem fiscalizadas por critério de frequência e periodicidade, pois que todas as distribuidoras de energia elétrica teriam de ser fiscalizadas nos ciclos tarifários [4 ou 5 anos], além da indicação dos fiscais responsáveis para cada uma das inspeções e comprovação de disponibilidade financeira para a implementação dos trabalhos, sempre primando pelo quantitativo máximo de ações fiscalizadoras que pudessem ser realizadas); (ii) execução (trabalhos presenciais na sede dos agentes setoriais e realização de inspeção das instalações elétricas, com registros visuais e fotográficos, consulta documental e acesso à base de dados e/ou aos sistemas computacionais das fiscalizadas, além da própria entrevista dos dirigentes); e (iii) julgamento (exame e Decisão do Superintendente de Fiscalização acerca do arquivamento, sem a aplicação de penalidades administrativas da notificação realizada pelos fiscais, quando descaracterizadas as Não Conformidades apontadas nos RF ou quando procedentes as alegações das empresas fiscalizadas, ou, se mantidas as infrações, a consequente lavratura dos Autos de Infração, e demais trâmites recursais)" (LIMA, Carlos Eduardo Carvalho. *Consensualidade no processo administrativo sancionador da Agência Nacional de Energia Elétrica (ANEEL)*: um olhar de relance sobre a fiscalização estratégica pautada à luz da teoria da regulação responsiva. Dissertação (Mestrado em Direito) – Instituto Brasileiro de Ensino, Desenvolvimento e Pesquisa, Brasília, 2022. p. 25).

mudar o seu comportamento, já que o impacto da sanção não poderia ser revertido pela eventual mudança de comportamento do regulado buscando aderência regulatória.

Diante disso, as áreas técnicas da agência decidiram estudar os gargalos fiscalizatórios da ANEEL e consolidar os achados por meio de notas técnicas, voltadas para orientação do trabalho regulatório futuro. A literatura especializada[538] aponta 8 (oito) fatores, exógenos e endógenos, que estão relacionados à transição entre os modelos fiscalizatórios da ANEEL.

Em *primeiro lugar*, a evolução do marco legal do setor elétrico expandiu a quantidade de normas regulatórias, criando um denso conjunto de regras a serem observadas pelos agentes setoriais, tornando a fiscalização de todo o arcabouço mais difícil. Em *segundo lugar*, verificou-se um aumento expressivo do número de agentes atuando no setor elétrico e, de outra banda, o número de unidades usuárias acompanhou a marcha de crescimento setorial, implicando em maiores esforços de fiscalização. Em *terceiro lugar*, havia uma busca constante pela modicidade tarifária, aliada à redução de receitas dos agentes, aos problemas de gestão, ou às dificuldades financeiras de determinados regulados, o que implicava na necessidade de diminuição de custos. Em *quarto lugar*, o aumento do poder aquisitivo da população e a universalização do serviço de energia elétrica fez crescer a exigência da sociedade em relação aos níveis de qualidade do serviço, nas dimensões de continuidade, preço, segurança e prazo. Em *quinto lugar*, o setor elétrico apresentou um expressivo avanço tecnológico, tornando as relações empresariais, econômicas, regulatórias e jurídicas mais complexas.

Em *sexto lugar*, os agentes regulados constantemente criticavam a fiscalização da ANEEL, apontando-a como beligerante, punitiva e sem adoção de práticas efetivas de orientação, educação e prevenção, o que iria na contramão do disposto no art. 16, *caput*, do Decreto

---

[538] FERNANDES, Camilla de Andrade Gonçalves. *A reforma do modelo de fiscalização do setor elétrico brasileiro*. 2018. Monografia (Especialização em Gestão Pública) – Diretoria de Formação Profissional e Especialização, Escola Nacional de Administração Pública, Brasília, 2018. p. 7-10; BEZERRA, Tito Lívio Guedes. *A fiscalização responsiva no âmbito da Agência Nacional de Energia Elétrica – ANEEL*. 2022. Monografia (Graduação em Direito) – Faculdade de Direito, Universidade de Brasília, Brasília, 2022. p. 54-55; LIMA, Carlos Eduardo Carvalho. *Consensualidade no processo administrativo sancionador da Agência Nacional de Energia Elétrica (ANEEL)*: um olhar de relance sobre a fiscalização estratégica pautada à luz da teoria da regulação responsiva. Dissertação (Mestrado em Direito) – Instituto Brasileiro de Ensino, Desenvolvimento e Pesquisa, Brasília, 2022. p. 26-29.

nº 2.335/1997. Havia um contrassenso, ainda, no fato de a fiscalização recair, da mesma forma, frequência e intensidade, nos agentes que atendiam, historicamente, os padrões de qualidade e cumpriam as normas regulatórias.

Em *sétimo lugar*, a ANEEL constituiu seu quadro de pessoal composto por servidores públicos efetivos, aprovados em concursos públicos realizados nos anos de 2004, 2006 e 2010, que abarcaram o provimento de cargos de especialista em regulação, analista e técnico administrativos. Houve massiva substituição de terceirizados e servidores temporários pelos servidores aprovados, oxigenando os procedimentos então realizados com novas ideias, motivações, competências e críticas.

Em *oitavo lugar*, o modelo de fiscalização tradicional conduzia a equipe de fiscalização a uma verificação exaustiva acerca da conformidade regulatória. Como a coleta de dados se dava, majoritariamente, em campo e em consultas aos sistemas operacionais dos agentes fiscalizados, a rotina de trabalho gerou uma situação insustentável aos fiscais do setor, com longas rotinas (1 a 3 semanas) e em sequência, sem retorno ao convívio familiar aos finais de semana intercalados durante as fiscalizações.

Dentro da agência, o volume de trabalho constituiu um estoque de processos de fiscalização que aguardavam a tomada de decisão acerca da aplicação da penalidade ou do arquivamento, além das análises recursais pertinentes. Paralelamente, os órgãos de controle também se fortaleceram, nesse período, ampliando suas auditorias e cobrando níveis mais elevados de eficiência, transparência e *accountability*.[539]

Como observa Carlos Eduardo Carvalho Lima,[540] as reclamações dos usuários aumentavam e os indicadores de continuidade da prestação

---

[539] FERNANDES, Camilla de Andrade Gonçalves. *A reforma do modelo de fiscalização do setor elétrico brasileiro*. 2018. Monografia (Especialização em Gestão Pública) – Diretoria de Formação Profissional e Especialização, Escola Nacional de Administração Pública, Brasília, 2018. p. 8.

[540] O autor também aponta o sentimento de rivalidade entre regulador-regulado como outra externalidade negativa: "ademais, esse modelo de fiscalização tradicional também implicava outras situações indesejáveis, como, por exemplo, a perda de confiança e do espírito de cooperação entre os agentes regulados e o órgão regulador, ao passo em que aqueles passavam a ostentar espíritos de rivalidade, haja vista que tinham a certeza de que, caso a equipe de fiscalização constatasse irregularidades, obrigatoriamente sofreriam penalidades pecuniárias, que, por vezes, alcançavam dezenas de milhões de reais" (LIMA, Carlos Eduardo Carvalho. *Consensualidade no processo administrativo sancionador da Agência Nacional de Energia Elétrica (ANEEL)*: um olhar de relance sobre a fiscalização estratégica pautada à luz da teoria da regulação responsiva. Dissertação (Mestrado em Direito) – Instituto Brasileiro de Ensino, Desenvolvimento e Pesquisa, Brasília, 2022. p. 26-28).

do serviço estavam se deteriorando, mesmo diante do aumento do número de fiscalizações e autuações. Isso trazia perplexidade aos agentes públicos: mesmo com a elevação do número de autuações, a qualidade dos indicadores piorava. Some-se a isso o fato de que as multas eram constantemente judicializadas e o esforço fiscalizatório implicava custos de pessoal, motivacional e financeiro, sem a efetiva modificação do comportamento regulatório.

Além dos fatores acima elencados, é possível apontar, como fator externo adicional, a divulgação de relatórios pela Organização para Cooperação e Desenvolvimento Econômico (OCDE), que tiveram elevado impacto no período de transição do setor elétrico. Em 2012, o Comitê de Política Regulatória da OCDE publicou recomendações sobre política regulatória e governança. A Recomendação nº 9 instava os membros da organização a empregarem "avaliação de riscos, gestão de riscos e estratégias de comunicação de risco para a concepção e implementação das regulações para garantir que a regulação seja direcionada e efetiva". Para aplicar a recomendação, os "reguladores devem avaliar os efeitos da regulação e devem elaborar estratégias para implementação responsiva e *enforcement*".[541] Em 2014, a OCDE divulgou relatório contendo 11 (onze) princípios de boas práticas regulatórias.[542] Trata-se de iniciativa da organização buscando auxiliar os países a melhorarem a qualidade do ambiente regulatório, bem como a desenvolverem políticas transversais de aplicação da regulação. As práticas recomendadas visaram a criar um marco de apoio na melhoria da fiscalização, tornando-as mais eficientes, menos onerosas e com altos níveis de conformidade.

---

[541] A Recomendação nº 9 sugeria, ainda: (i) que os governos desenvolvessem e atualizassem regularmente orientações sobre as metodologias de avaliação; (ii) que os governos considerassem o uso de abordagens baseadas em risco na concepção e execução de estratégias de cumprimento da regulação, para aumentar a probabilidade de atingir as metas de cumprimento e minimizar custos relacionados aos procedimentos fiscalizatórios; e (iii) que os reguladores desenvolvesse, implementassem e revisassem estratégias de cumprimento da regulação em relação à critérios baseados em risco (ORGANIZAÇÃO PARA A COOPERAÇÃO E DESENVOLVIMENTO ECONÔMICO. *Recomendação do Conselho sobre Política Regulatória e Governança*. Paris: OECD, 2012. p. 16).

[542] Os onze princípios são: (i) fiscalização baseada em evidências; (ii) seletividade; (iii) proporcionalidade e foco em riscos; (iv) regulação responsiva; (v) visão de longo prazo; (vi) consolidação e coordenação; (vii) governança transparente; (viii) informação integrada; (ix) processo justo e claro; (x) promoção de compliance; e (xi) profissionalismo (ORGANIZAÇÃO PARA A COOPERAÇÃO E DESENVOLVIMENTO ECONÔMICO. *Regulatory Enforcement and Inspections*: OECD Best Practice Principles for Regulatory Policy. Paris: OECD, 2014. p. 17-64).

Nesse contexto, fez-se necessário padronizar e modernizar os procedimentos fiscalizatórios, revendo a atuação da agência e adequando-a às novas necessidades do setor elétrico nacional.

No âmbito da SFE, a transição entre modelos de fiscalização focou em ações preventivas e no aumento da efetividade via inteligência analítica e aperfeiçoamento das técnicas de planejamento das atividades de fiscalização. A implantação da fiscalização *estratégica* requereu uma mudança de paradigma[543] e a adoção de uma cultura que valorizasse soluções processualmente menos custosas, maior seletividade nas ações fiscalizadoras e utilização de elementos de orientação e prevenção de infrações. Essa perspectiva implicava no aumento das ações de monitoramento, no aprimoramento das atividades de planejamento e na redução do número de autuações, conforme ilustrado na figura abaixo colacionada:

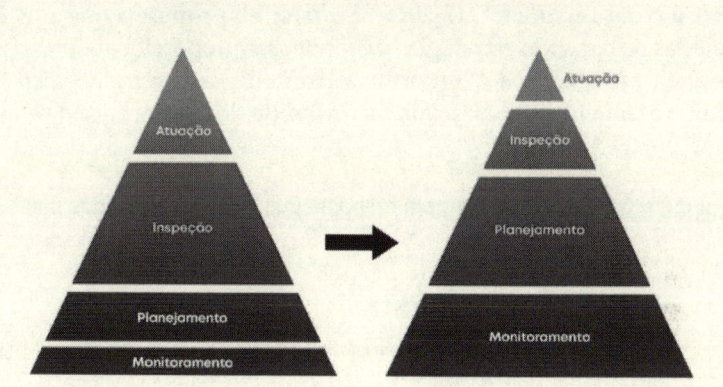

Figura 30 - Mudança na atuação da SFE.[544]

---

[543] Um paradigma é considerado bem-sucedido pelo tempo de sua dominância. Acontece que, com o passar do tempo, o paradigma é acometido por anomalias. É dizer, por alguns resultados que não podem ser explicados por seu intermédio. Na maioria das vezes, tais anomalias são ignoradas, ou mesmo desconsideradas. Nada obstante, há momentos em que as anomalias começam a se acumular. Passam a ser notadas, por diversos pesquisadores, em vários foros de pesquisas acadêmicas. Nesse momento, a defesa da manutenção do paradigma pode perder o seu caráter científico; instalam-se, pois, as crises dos paradigmas. Cuida-se de um período de turbulência, que pode durar décadas, até séculos. Isso porque à comunidade científica é preferível manter-se afiliada a um paradigma – ainda que ele não se sustente mais – do que ficar sem qualquer novo lastro teórico. Assim é que a quebra de um paradigma se dá quando um modelo alternativo é proposto. Quando um modelo mais robusto é apresentado, capaz de corrigir as anomalias apresentadas pelo paradigma que se pretende superar. Dito em termos diretos: um paradigma só é deposto pelo surgimento de um novo paradigma (KUHN, Thomas S. *The Structure of Scientific Revolutions*. Chicago: The University of Chicago Press, 1996. p. 94).

[544] Adaptada da Nota Técnica nº 217/2015-SFE/ANEEL.

De acordo com a estratégia desenhada pela ANEEL, a redução da quantidade de inspeções e de autuações é compensada pela maior eficácia das ações fiscalizatórias, que passam a ser planejadas para o atingimento de finalidades pré-definidas.

Nesse quadrante, uma das principais mudanças consiste na adoção de técnicas baseadas em evidências. O ponto de partida das fiscalizações deixou de ser o complexo arcabouço regulatório e passou a ser as evidências de falhas na prestação do serviço que, quando identificadas, são caracterizadas por critérios de importância, prioridade e risco, definindo-se "onde", "como" e "com que recursos" atuar, priorizando as atuações preventivas.[545] No que tange às autuações, a SFE observou que o elevado número de sanções de "pouca significância financeira será substituído por sanções de maior impacto", aplicadas apenas quando as ações preventivas não resultarem na mudança de comportamento esperada, o que, ao longo do tempo, reduziria o custo processual decorrente da atividade de fiscalização. Para além disso, a Nota Técnica nº 217/2015-SFE/ANEEL propugna que as ações adotadas no contexto estratégico deveriam ser proporcionais à resposta dos agentes regulados, "conforme a teoria de *Responsive Regulation* e seguindo uma filosofia baseada na Pirâmide de Conformidade", conforme ilustrado a seguir:

Figura 31 - Ações conforme a resposta dos agentes regulados pela ANEEL.[546]

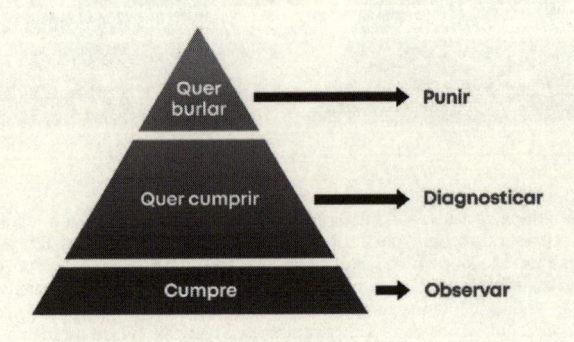

---

[545] A Nota Técnica nº 217/2015-SFE/ANEEL também destaca a importância da fiscalização estratégica nas mudanças regulatórias: "a análise de dados, a utilização de técnicas de inteligência analítica e o monitoramento da atuação dos agentes permitirão a avaliação cautelosa do setor elétrico, propiciando a identificação de problemas a serem resolvidos pelos agentes setoriais e o levantamento das mudanças necessárias na regulamentação. Além disso, será possível realizar o planejamento e a preparação de grandes campanhas de fiscalização organizadas, por exemplo, por temas, por região ou por concessionária".
[546] Adaptada da Nota Técnica nº 217/2015-SFE/ANEEL.

Segundo o corpo técnico da agência, "para aqueles agentes que cumprem com suas obrigações contratuais e regulamentares, caberá apenas a verificação deste comportamento". De outro lado, "aos que querem cumprir, mas por algum motivo não estão atendendo às expectativas do regulador e da sociedade, caberá à fiscalização diagnosticar os problemas e incentivas sua correção". No vértice da pirâmide, as "sanções se destinarão especificamente aos agentes que insistem em permanecer no descumprimento da legislação ou não são capazes de responder satisfatoriamente às ações preventivas".

Com base nessas premissas, o projeto de fiscalização estratégica foi implantado com a definição de um ciclo de atividades dividido em quatro etapas:

i. *Monitoramento*: etapa que tem como objetivos garantir o recebimento de dados contínuos, tais como indicadores, reclamações e informações de ocorrência, verificar a qualidade dos dados recebidos e tratá-los, com geração de gráficos, *rankings* e linhas de tendências. Os dados de monitoramento definem campanhas anuais (agenda de trabalho) com divulgação dos principais assuntos a serem fiscalizados pela superintendência e que devem ser objeto de melhorias pelos agentes. Também são emitidos relatórios de desempenho das distribuidoras e transmissoras monitoradas. A etapa também emite aos agentes alertas preventivos para correção imediata, ou em caráter de urgência, de falhas graves ou de evolução acelerada;

ii. *Análise*: com base na agenda de trabalho, são realizadas análises aprofundadas dos temas ou agentes considerados prioritários na etapa de monitoramento. Essa fase tem por objetivo elaborar e divulgar relatórios analíticos, apresentados aos agentes setoriais para que adotem as providências necessárias para a correção das falhas apontadas. Além disso, a área técnica pode solicitar dados adicionais visando a complementar informações, ou realizar inspeções documentais ou de campo para finalizar a análise;

iii. *Acompanhamento*: a fase de acompanhamento visa a tomar ações preventivas para a correção das falhas diagnosticadas. Os agentes fiscalizados apresentam planos de regularização (plano de melhorias e providências ou plano de resultados) com escopo e prazos bem definidos, considerando a importância, a gravidade, o risco e a prioridade dos temas analisados. As providências adotadas para corrigir os problemas são acompanhadas e os resultados consolidados em relatórios de acompanhamento, permitindo o conhecimento das ações tomadas e de seus resultados; e

iv. *Ação fiscalizadora*: quando as falhas apontadas nas duas primeiras etapas não são corrigidas no período de acompanhamento de providências, ou quando implicarem alto risco à prestação do serviço ou à execução das atividades de fiscalização, o processo segue para as fases de notificações e, eventualmente, de punição. Cuida-se de etapa que se assemelha ao procedimento de fiscalização tradicional.

De outro lado, a Nota Técnica nº 001/2016-SFG/ANEEL apresentou o modelo de fiscalização estratégica que seria adotado pela SFG. Cuida-se de modelo projetado para adequar a estrutura organizacional e o modelo de negócio adotado pela área técnica a chamada "tríplice demanda". A tríplice demanda representa o interesse público subjacente ao equilíbrio entre os interesses dos usuários, do governo e dos agentes regulados. De acordo com a área técnica, a atuação da agência deveria ser focada em garantir: (i) ao usuário que a energia seja entregue conforme foi contratada em termos de prazo e de qualidade; (ii) ao governo que a energia seja entregue em quantidade e prazo necessários para atender à demanda; e (iii) ao agente regulado que as condições de padrão e de ambiente regulatório sejam estáveis para que a energia seja entregue ao mercado. Em termos práticos, o novo modelo de negócio, batizado como "modelo quantum", emprega os conceitos de *compliance* e de *enforcement* no desenho de uma pirâmide de conformidade regulatória, que sistematiza os padrões usuais de comportamento dos regulados, associando-os às práticas a serem adotadas pela fiscalização regulatória. A figura abaixo ilustra o modelo projetado pela SFG:

Figura 32 - Pirâmide de conformidade regulatória da SFG.[547]

Segundo a Nota Técnica nº 001/2016-SFG/ANEEL, a pirâmide de conformidade regulatória deveria ser utilizada com o conceito de diferenciação de risco regulatório *(regulatory risk differentiation)*, aplicado à fiscalização de empreendimentos de geração de energia. A partir disso, o modelo quantum foi representado de forma esquemática em três níveis fiscalizatórios: monitoramento, ação remota e ação presencial, conforme imagem abaixo colacionada:

Figura 33 - Representação do modelo quantum.[548]

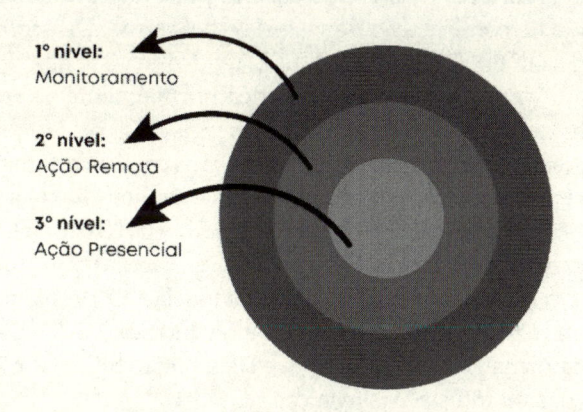

---
[547] Adaptada da Nota Técnica nº 001/2016-SFG/ANEEL.
[548] Adaptada da Nota Técnica nº 001/2016-SFG/ANEEL.

O primeiro nível (monitoramento) é o mais abrangente e engloba todos os agentes de geração de energia. Trata-se de nível em que os agentes são monitorados por intermédio de indicadores de qualidade e de desempenho, gerados a partir de dados obtidos em formulários, bem como coletados de outras instituições, como o Operador Nacional do Sistema Elétrico (ONS) e a Câmara de Comercialização de Energia Elétrica (CCEE). O monitoramento realiza uma análise prévia e filtra os empreendimentos que apresentam um risco potencial, por exemplo: para a avaliação de usinas em implantação, o monitoramento pode avaliar quais empreendimentos apresentam maior risco de atraso na conclusão das obras. Além disso, o nível de monitoramento permite que seja feita uma análise geral do setor em padrões pré-determinados, como o tempo médio para construção de usinas e a disponibilidade média das unidades geradoras.

O segundo nível (ação remota) engloba um conjunto menor de usinas, correspondente àquelas selecionadas pela análise de risco da etapa anterior. A ação remota contempla uma análise pormenorizada de indicadores, documentos e solicitações de informações complementares ao agente fiscalizado. Ao final da etapa, pode-se chegar na conclusão da existência de "falsos positivos", assim entendidos os casos em que a avaliação de risco no nível de monitoramento não é confirmada.

Caso a investigação do segundo nível não seja suficiente para apurar a adequação regulatória, passa-se ao terceiro nível (ação presencial). Cuida-se de etapa focada nos itens selecionados e estudados nas etapas anteriores, nas evidências de possíveis problemas ou na necessidade de confirmação de vistorias em campo. De acordo com a Nota Técnica nº 001/2016-SFG/ANEEL, tendo em vista que "empreendimentos de geração de energia elétrica normalmente se encontram em lugares de difícil acesso e que a presença física de representantes do regulador demanda recursos significativos, é fundamental que as fiscalizações de campo sejam objetivas e tenham foco específico". As Notas Técnicas nºs 217/2015-SFE/ANEEL e 001/2016-SFG/ANEEL representam o esforço da SFE e da SFG para aprimorar a ação fiscalizadora em suas respectivas competências. O problema central é que, malgrado a boa intenção das áreas técnicas, a ANEEL carece de um ato normativo que discipline e sistematize todas as conclusões dispostas nas manifestações técnicas.

Atualmente, a Resolução Normativa ANEEL (REN) nº 846/2019 é o ato normativo que disciplina os procedimentos, os parâmetros e os critérios para a imposição de penalidades aos agentes do setor de energia elétrica. É plausível afirmar que a referida REN instituiu diretrizes responsivas relevantes para a fiscalização da agência, embora não tenha sistematizado e consolidado a regulação responsiva apresentada pelas notas técnicas pretéritas.[549]

Nesse sentido, dispõe o art. 2º da REN nº 846/2019 que a "fiscalização visará, primordialmente, à educação e orientação dos agentes do setor de energia elétrica, à prevenção de condutas violadoras da lei, dos regulamentos e dos contratos e à descentralização de atividades complementares aos Estados". Daí que, como parte do processo fiscalizatório, as superintendências adotarão procedimentos de monitoramento e de controle, com o desiderato de: (i) analisar o desempenho dos agentes na prestação dos serviços (art. 3º, II); (ii) diferenciar o risco regulatório em face do comportamento dos agentes, de modo a alocar recursos e adotar ações compatíveis com o risco (art. 3º, III); e (iii) prevenir práticas irregulares e estimular a melhoria contínua da prestação dos serviços (art. 3º, V).[550]

O art. 4º da REN nº 846/2019, estabelece que a ANEEL pode firmar plano de resultados com os agentes setoriais para a melhoria de desempenho, "com base em evidências que apontem degradação ou sinalizem deterioração da prestação do serviço ou do equilíbrio econômico-financeiro da concessão ou permissão". Tal plano deve conter, no mínimo, objetos, prazos, ações previstas para reversão da situação identificada, critérios de acompanhamento e trajetória de alcance dos resultados esperados.[551] O plano de resultado corresponde ao acordo realizado, entre a ANEEL e o regulado, buscando regularizar a prestação dos serviços. Como leciona a doutrina especializada,[552] por

---

[549] Como adverte Tito Lívio Guedes Bezerra: "nessa Resolução, apesar de não tratar de regras gerais de regulação responsiva na ANEEL, pode-se identificar alguns elementos desta abordagem e que subjaz às metodologias de fiscalização estratégica" (BEZERRA, Tito Lívio Guedes. *A fiscalização responsiva no âmbito da Agência Nacional de Energia Elétrica – ANEEL*. 2022. Monografia (Graduação em Direito) – Faculdade de Direito, Universidade de Brasília, Brasília, 2022. p. 71).

[550] De acordo com o art. 3º, parágrafo único: "o monitoramento e o controle poderão ser efetuados a partir de dados ou informações requisitadas ou acessados remotamente, observadas as boas práticas de segurança da informação".

[551] Cuida-se de plano que "não implica o estabelecimento de novas obrigações e não constitui regime excepcional regulatório ou de sanções administrativas", na forma do art. 4º, §2º, da REN nº 846/2019. Trata-se de disciplina que busca evitar a estratégia do ator racional de burlar as metas do plano de resultado e "ganhar tempo" sem a intervenção do regulador.

[552] BEZERRA, Tito Lívio Guedes. *A fiscalização responsiva no âmbito da Agência Nacional de Energia Elétrica – ANEEL*. 2022. Monografia (Graduação em Direito) – Faculdade de Direito, Universidade de Brasília, Brasília, 2022. p. 72.

intermédio desse acordo, a ANEEL passa a "acompanhar e orientar a atuação do agente por meio de relatórios periódicos, geralmente, de um a dois anos. Se o agente responder com conformidade, não será aberto o processo punitivo. Caso contrário, o agente estará sujeito a pesadas punições". A REN nº 846/2019 não apresenta uma pirâmide de sanções, mas, por intermédio de seu art. 5º, é possível visualizar que a ANEEL dispõe de sanções possíveis de aplicação de acordo com a gravidade da infração cometida. De acordo com o dispositivo, o agente infrator é sujeito às penalidades de:[553]

i. Advertência;
ii. Multa;
iii. Embargo de obras;
iv. Interdição de instalações;
v. Obrigação de fazer;
vi. Obrigação de não fazer;
vii. Suspensão temporária de participação em licitações para obtenção de novas concessões, permissões ou autorizações, bem como impedimento de contratar com a ANEEL e de receber autorização para serviços e instalações de energia elétrica;
viii. Revogação de autorização;
ix. Intervenção para adequação do serviço público de energia elétrica; e
x. Caducidade da concessão ou da permissão.

É dizer, a ANEEL estabeleceu um conjunto de sanções, as quais podem ser aplicadas pelo Superintendente, pela Diretoria ou pelo

---

[553] No caso específico da fiscalização de segurança de barragens, o Capítulo IV-A, da REN nº 846/2019, prevê a incidência das seguintes penalidades: (i) advertência; (ii) multa simples; (iii) multa diária; (iv) embargo de obra ou atividade; (v) demolição de obra; (vi) suspensão parcial ou total de atividades; (vii) sanção restritiva de direitos. Dessa lista, destaca-se a multa simples, aplicada quando o infrator deixar de sanar as irregularidades ou opuser embaraço à fiscalização da ANEEL. A multa simples pode ser convertida em serviços socioambientais. Por sua vez, a multa diária é aplicada sempre que o cometimento da infração se prolonga no tempo, a partir do descumprimento de determinação emitida pela ANEEL ou a partir de notificação de infração constatada em fiscalização. Além disso, as sanções restritivas de direito poderão ser: (i) suspensão de concessão, de permissão ou de autorização; (ii) cancelamento de registro, revogação de autorização ou caducidade de concessão; (iii) perda ou restrição de incentivos e de benefícios fiscais; (iv) perda ou suspensão da participação em linhas de financiamento em estabelecimentos oficiais de crédito.

Poder Concedente,[554] a depender de cada caso, em contraposição à advertência, multa e caducidade. Do ponto de vista da teoria da regulação responsiva, a expansão de sanções possíveis implica elevar os custos de informação ao agente regulado. A partir da análise de custo-benefício para decidir sobre eventual descumprimento contratual-regulatório, o regulado terá de sopesar diversas variáveis, com relativa incerteza[555] sobre qual a sanção poderá ser aplicada no caso concreto.

A sanção de advertência é aplicada nas infrações passíveis de multa, enquadradas nos arts. 9º a 13, da REN nº 846/2019, quando não houver reincidência específica e a infração for de baixa ofensividade. A multa pode ser imposta isoladamente ou em conjunto com outras penalidades, desde que observado o limite, por infração, estabelecido na legislação de regência. Na fixação das multas, a ANEEL considerará a abrangência, a gravidade, os danos resultantes para o serviço e para os usuários, a vantagem auferida e as circunstâncias agravantes e atenuantes da infração. A multa é sempre calculada a partir de um valor base, ao qual é acrescido os percentuais de agravantes, sendo posteriormente reduzidos os percentuais de atenuantes.

São consideradas circunstâncias agravantes: (i) reincidência específica;[556] (ii) não atender as determinações constantes no termo de notificação; (iii) existência de antecedente[557] de penalidade irrecorrível. Além disso, são consideradas circunstâncias atenuantes: (i) cessação espontânea da infração e reparação total do dano ao serviço e aos consumidores ou usuários, previamente à comunicação formal do agente quanto à realização de ação de fiscalização ou da lavratura de termo de notificação decorrente de processo de monitoramento ou controle; e (ii) cessação da infração e reparação total do dano ao serviço

---

[554] O Superintendente pode aplicar as sanções dispostas nos itens I a VI. A Diretoria aplicará as sanções dos itens VII a IX. Por fim, o Poder Concedente é responsável por aplicar a sanção do item X.

[555] Diz-se relativa incerteza porquanto os casos de aplicação de multa, que podem variar em cinco grupos diferentes de valores, estão minuciosamente listados nos arts. 7º a 13. Os parâmetros e critérios para a fixação do valor da multa estão previstos nos arts. 21 a 24. Há um nítido escalonamento nos valores das multas de acordo com a gravidade das condutas do infrator.

[556] Conceituada como "repetição, em até dois anos, de falta enquadrada no mesmo tipo infracional de decisão condenatória definitiva na esfera administrativa", conforme art. 23, §1º, II, da REN nº 846/2019.

[557] Conceituada como "registro de qualquer penalidade imposta pela Agência ao infrator, nos últimos quatro anos anteriores à lavratura do AI, das quais não caiba recurso na esfera administrativa", conforme art. 23, §1º, I, da REN nº 846/2019.

e aos consumidores ou usuários, até o fim do prazo estabelecido para manifestação ao termo de notificação.[558]

As penalidades de obrigação de fazer e de não fazer consistem em ordens emanadas pelo Superintendente responsável para inibir o cometimento de nova infração. Essas penalidades podem ser aplicadas, de modo alternativo ou concomitante à aplicação de outra penalidade, quando o "Superintendente responsável pela ação fiscalizadora verificar que a imposição de prática ou abstenção de conduta ao agente infrator será conveniente e oportuna", na forma do art. 14 da REN nº 846/2019.[559] As penalidades de embargo ou interdição são aplicadas em caráter acautelatório, sem prejuízo das penalidades de advertência ou de multa, quando houver: (i) a realização de obras ou a posse de instalações, sem a necessária autorização, permissão ou concessão de serviços de energia elétrica; e (ii) a operação de instalações de energia elétrica colocar em risco a integridade física ou patrimonial de terceiros.

A suspensão do direito de participar de licitações, de contratar com a ANEEL e de receber autorizações são espécies sancionatórias dedicadas à inexecução que possa resultar grave prejuízo às atividades do setor ou que representem reiterada violação, nos termos do art. 17, §3º, do Anexo ao Decreto nº 2.335/1997.[560] Em igual medida, a penalidade

---

[558] É válido mencionar que o regulado que renunciar ao direito de interpor recurso, no prazo de dez dias, fará jus ao fator de redução de 25% no valor da multa aplicada, caso efetue o pagamento no prazo de vinte dias, após o recebimento da notificação da decisão, sendo vedado o parcelamento.

[559] A penalidade de obrigação de fazer ou de não fazer deve (art. 15, da REN nº 846/2019): (i) ser compatível com as obrigações relacionadas às competências regulatória e fiscalizatória da ANEEL; (ii) estar relacionada com a infração cometida, sendo vedada a determinação de prática ou abstenção de ato que não tenha qualquer relação com a conduta irregular apenada; e (iii) consistir em compensação direta aos consumidores ou usuários ou na adoção de medidas para melhoria do serviço atingido. O agente deve comprovar o cumprimento da obrigação em até 40 (quarenta) dias após o prazo fixado na decisão que a estabeleceu. Eventual descumprimento gerará multa diária, conforme o porte do agente setorial ou a natureza da entidade.

[560] Reproduz-se o dispositivo, porquanto relevante para demonstrar o histórico do agente para a aplicação de penalidades gravosas: "Art. 17. A ANEEL adotará, no âmbito das atividades realizadas pelos agentes do setor de energia elétrica, em conformidade com as normas regulamentares e os respectivos contratos, as seguintes penalidades a serem aplicadas pela fiscalização: [...] III - suspensão temporária de participação em licitações para obtenção de novas concessões, permissões ou autorizações, bem como impedimento de contratar com a Autarquia, em caso de não execução total ou parcial de obrigações definidas em lei, em contrato ou em ato autorizativo; [...] §3º As penalidades do inciso III poderão ser impostas nos casos em que haja reiteradas violações dos padrões de qualidade dos serviços, conforme verificado em histórico dos concessionários, permissionários e autorizados e de seus administradores ou responsáveis técnicos demonstradas pelos registros cadastrais da fiscalização, inclusive os dos órgãos estaduais conveniados, de conhecimento publicamente alcançável por requerente legitimamente interessado".

de revogação da autorização é destinada para os casos que "impliquem prejuízo considerável ao desenvolvimento das atividades autorizadas ou configurem sistemática inadimplência do agente setorial", na forma do art. 18 da REN nº 846/2019. Para evitar a revogação da autorização, o autorizado poderá apresentar plano de transferência de controle societário. Ressalta-se que a transferência de controle societário também pode ser alternativa à extinção (caducidade) da concessão ou da permissão, conforme art. 4º-C, da Lei nº 9.074/1995 e Capítulo III-A, da REN nº 846/2019. Em termos procedimentais, a ação fiscalizadora da ANEEL, de acordo com a REN nº 846/2019, pode ser sintetizada na figura abaixo colacionada. As caixas com cores diferentes representam etapas que são suprimidas no caso de aplicação das sanções de embargo e interdição:[561]

- Figura 34 - Procedimento fiscalizador da ANEEL: REN nº 846/2019.

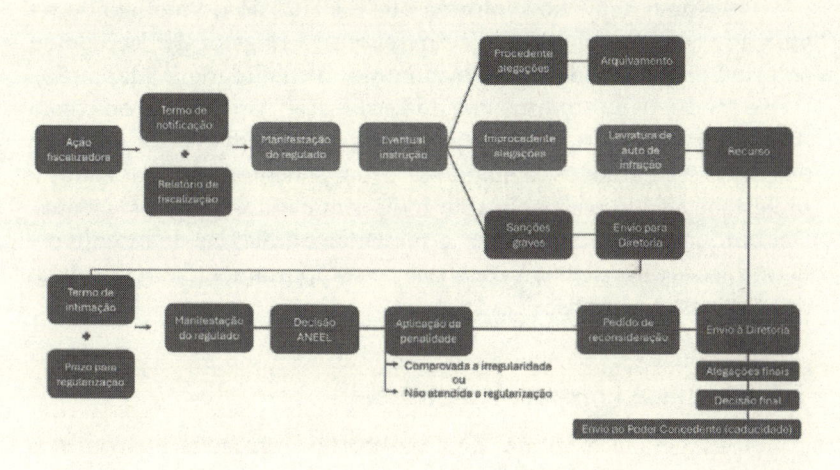

Para além disso, cite-se que a regulação responsiva foi incluída nos Planos de Gestão Anual (PGA) da ANEEL, nos anos de: (i) 2023, fazendo constar como uma das ações previstas para a Superintendência de Fiscalização Técnica dos Serviços de Energia Elétrica, o estudo da "viabilidade e forma de conferir tratamento regulatório para a fiscalização responsiva" (Portaria ANEEL nº 6.795/2022 alterada pela

---

[561] Além disso, conforme art. 46, da REN nº 846/2019, em qualquer momento do processo administrativo sancionador, a Procuradoria Federal junto à ANEEL poderá ser instada para emitir parecer.

Portaria ANEEL nº 6.833/2023); e (ii) 2024, como Objetivo Estratégico nº 6, no sentido de "aumentar a efetividade da fiscalização responsiva com foco na orientação, na prevenção e na melhor resposta à sociedade" (Portaria ANEEL nº 6.878/2023).

Mais recentemente, a ANEEL divulgou,[562] por meio de seu Centro de Documentação (CEDOC), bibliografia temática sobre regulação responsiva. O documento sugere que "ao contrário das abordagens unilaterais e coercitivas, a regulação responsiva baseia-se nos princípios de colaboração, flexibilidade e adaptação". Tal forma de regular, segundo a ANEEL, seria ilustrada pela denominada "pirâmide regulatória", em que são previstas intervenções estatais crescentes sobre o regulado. A base da pirâmide estimularia a autorregulação, como primeira técnica a ser utilizada quando os regulados estão em conformidade, resultando em pouca ou nenhuma intervenção do regulador estatal.

Ao final, a agência informa que a transição do modelo de regulação tradicional para a regulação responsiva, no setor elétrico, adotou os princípios mencionados (colaboração, flexibilidade e adaptação). Desse modo, os procedimentos de fiscalização são, de acordo com a ANEEL, modulados pelo perfil e pelo comportamento de cada um dos agentes regulados, evitando-se procedimentos automatizados e pré-estabelecidos para aplicação indiscriminada a todos os agentes. Daí porque caberia a cada órgão fomentar estratégias de incentivo e fiscalizações diferenciadas com base no comportamento e no histórico das concessionárias fiscalizadas.

4.8 Regulação responsiva na ANTT

A Agência Nacional de Transportes Terrestres buscou, nos idos de 2019 e 2020,[563] alinhar seu modelo fiscalizatório às diretrizes

---

[562] De acordo com a ANEEL, a regulação responsiva surgiu de modo alternativo às abordagens tradicionais de regulação, buscando superar os desafios e as limitações existentes. A agência indica que a regulação responsiva reconhece a complexidade de problemas regulatórios e propõe uma abordagem flexível, adaptativa e participativa, para promover a conformidade e a eficácia, por meio do diálogo e da interação contínua entre regulador-regulado. Além disso, a abordagem responsiva reconheceria que os atores regulados possuem conhecimentos e perspectivas valiosas sobre a área em que atuam e, portanto, buscaria os envolver ativamente no processo regulatório (AGÊNCIA NACIONAL DE ENERGIA ELÉTRICA. Bibliografia temática: regulação responsiva. *CEDOC*, [s. l.], v. 5, n. 3, 2023.).

[563] A apresentação elaborada pela ANTT para o projeto atuação responsiva listada o modelo de comando e controle, tido como predominante na "atuação da ANTT

de atuação responsiva. Nesse sentido, citem-se as Portarias ANTT nºs 130/2019 e 636/2020, as quais constituíram grupos de trabalho com o objetivo de desenvolver ações relacionadas à concepção e à implementação de métodos de trabalho e de mecanismos de atuação com foco no conceito de responsividade, visando à modernização da regulação e da fiscalização da agência.

Em termos gerais, os estudos conduzidos pela ANTT sobre a regulação responsiva estão materializados no Processo SEI nº 50500.322047/2019-87.[564] É relevante destacar a ata de reunião ocorrida entre os servidores da agência, no dia 02.05.2019, no âmbito da qual os representantes da Superintendência de Fiscalização de Serviços de Transporte Rodoviário de Cargas e Passageiros (SUFIS) apontaram a ausência de responsividade na atuação da ANTT. Veja-se:

> Embora haja um esforço significativo da SUFIS com o intuito de verificar o cumprimento dos instrumentos regulatórios, *há alguns entraves para a sua concretização, os quais podemos citar: carência de diretrizes da Diretoria para guiar os trabalhos da fiscalização; a atual sistemática da fiscalização, baseada no fato concreto e no erro de execução por parte do ente regulado; dificuldade para acesso aos bancos de dados da própria ANTT; e baixo orçamento para a fiscalização,* considerando que os recursos destinados são para diárias e passagens os mesmos há 4 anos e que fiscalização da tabela do piso mínimo de frete demanda elevados recursos.
>
> *A SUFIS não implementa regras de regulação por incentivos. Não se dá aos agentes regulados algum bônus pela boa prestação de serviço.* Além disso, o estabelecimento de metas de fiscalização aos fiscais sem mais nenhum direcionamento estimula a fiscalização a empresa que prestam bons serviços, porque é mais fácil fiscalizar. *Isso faz com que boas empresas sejam tão ou mais autuadas que empresas ruins.*
>
> *Outro desafio da fiscalização é reduzir as distorções de condutas entre fiscais.* Há servidores mais proativos, que atuam com mais compromisso e

---

hoje", bem como a necessidade de mudanças e o modelo responsivo como exemplo da "futura atuação da ANTT". A apresentação está disponível no Processo SEI nº 50500.322047/2019-87 (SEI nº 0284759). Disponível em: https://sei.antt.gov.br/sei/modulos/pesquisa/md_pesq_documento_consulta_externa.php?yPDszXhdoNcWQHJaQlHJmJIq CNXRK_Sh2SMdn1U-tzPWoDDo9FyFwixZCwXwxj3fVtN0cxc9apRLQ3Ap_van9fDY PZaisqm5qvr1g1ZfsmIwDVJRF565Ze44NEWm8YNs. Acesso em: 23 jul. 2024.

[564] É interessante ressaltar que todo o processo tramitou sem manifestação de entidades reguladas pela ANTT, o que demonstra um problema responsivo intrínseco. As unidades organizacionais da ANTT também autuaram processos específicos para o projeto regulação responsiva: Processo SEI nº 50500.087967/2020-87 (SUROD), Processo SEI nº 50500.088315/2020-60 (SUFER), Processo SEI nº 50500.083733/2020-61 (SUPAS e SUFIS - passageiros) e Processo SEI nº 50500.093297/2020-38 (SUFIS - TRC).

que por isso estão mais expostos aos erros. Por outro lado, há fiscais que não atuam adequadamente e a Administração tem dificuldades de enquadra-los adequadamente. [...]

Outro aspecto pontuado é a sistemática de implementação do projeto. Haja vista que se trata de mudança de cultura organizacional, *a implementação deve ser paulatina para que haja sucesso. Mudanças abruptas de regras geralmente sofrem mais resistências.*

Parte do esforço decorrente dos estudos da agência sobre regulação responsiva foi consolidado na Portaria ANTT nº 34/2020,[565] de acordo com a qual "os servidores das unidades organizacionais da ANTT, durante o exercício de suas atividades, deverão observar as diretrizes de autuação responsiva". Como se pretende demonstrar, ainda que careça de efetiva aplicação, a referida portaria instituiu bases, fluxos, métodos e condições para que a fiscalização da ANTT venha a conduzir o exercício de sua função sob a orientação da responsividade, permeando as atividades de monitoramento da agência com os vieses da análise empírica baseada em evidências.

A atuação responsiva, conforme conceituada pelo art. 2º, I, da Portaria ANTT nº 34/2020, consiste no processo alicerçado no uso contínuo, individual ou em conjunto, de diferenciação por risco regulatório, de evidências e de incentivos a fim de proporcionar maior efetividade no ciclo do processo regulatório da ANTT. O conceito de responsividade apresentado pela ANTT contém três subconceitos, explicitados da seguinte forma pelo art. 2º, II a V, da Portaria ANTT nº 34/2020:

> i. Diferenciação por risco regulatório: abordagem utilizada sistematicamente por entidades reguladoras, calcada na gradação de sanções ou medidas regulatórias de forma proporcional às características do mercado e em resposta à conduta dos agentes regulados e usuários e à cultura da sociedade, de forma a maximizar a efetividade da atuação da ANTT.
>
> ii. Regulação baseada em evidências: processo planejado de regulação que usa evidências em todo o seu desenvolvimento, visando a previsão,

---

[565] A referida portaria foi decorrente do Processo SEI nº 50500.010246/2020-89. Projetos de regulação responsiva também foram inseridos no Plano de Gestão Anual (PGA) dos exercícios de 2020 (Deliberação ANTT nº 1.080/2019) e de 2021 (Deliberação ANTT nº 522/2020, atualizada pela Deliberação ANTT nº 185/2021). Além disso, foi mencionada no Manual de Procedimentos da Agenda Regulatória da ANTT (Deliberação ANTT nº 458/2023).

avaliação e melhoria dos resultados. Nesse cenário, entende-se por evidência a afirmação apoiada por dados e por informações que auxiliam na geração de uma conclusão.[566]

iii. Regulação por incentivos: processo planejado de regulação, tendo por objetivo incentivar a conformidade para atingimento dos resultados regulatórios e fomentar o uso de instrumentos adequados para cada situação.

Ainda de acordo com a Portaria ANTT nº 34/2020, as unidades organizacionais da agência deveriam implementar a atuação responsiva observando as melhores práticas de inovação e de tecnologia da informação, a análise de riscos regulatórios, a adoção de mecanismos de corregulação e de autorregulação, a adoção de mecanismos de *compliance* e a priorização de ferramentas de persuasão para alteração de comportamentos dos regulados, com especial atenção aos estímulos não financeiros.

Para implementar a atuação responsiva, as unidades organizacionais devem (art. 4º, da Portaria ANTT nº 34/2020): (i) identificar ações para a adoção dos conceitos de atuação responsiva; e (ii) alterar ou propor alteração de normas, processos, metodologias, projetos, entre outras atividades, que não estejam aderentes à atuação responsiva. Para além disso, a Portaria ANTT nº 34/2020 contém um Anexo, intitulado "referencial teórico para aplicação das diretrizes de atuação responsiva", o qual apresenta métodos e subsídios complementares "que servirão de referência para obedecer às diretrizes estabelecidas nesta Portaria".[567]

De acordo com o Anexo, a teoria da regulação responsiva é um aprimoramento do modelo de comando e controle, cuja filosofia e

---

[566] O Anexo da Portaria ANTT nº 34/2020 cita as seguintes fontes de evidências, com base na experiência do governo britânico: (i) conhecimento especializado; (ii) pesquisa publicada; (iii) estatísticas existentes; (iv) consultas de interessados; (v) avaliações de resultados; (vi) novas pesquisas; (vii) fontes secundárias; e (viii) resultados de modelagens econômicas e estatísticas. E prossegue indicando que: "como um dos resultados dessa discussão, costuma-se atribuir diferentes relevâncias às fontes de evidências, com tendência ao estabelecimento de hierarquias na escolha dos seus usos frente a determinadas circunstâncias. Tais hierarquias de evidências são estabelecidas geralmente a partir da validade, confiança e objetividade atribuídas às fontes".

[567] De acordo com o documento, o Referencial Teórico "apresenta o resultado de pesquisa exploratória acerca de métodos de trabalho e mecanismos de atuação responsiva, quais sejam: (i) Fiscalização Responsiva; (ii) Fiscalização e Regulação por Evidências; (iii) Instrumentos de Regulação por Incentivos". O Anexo está disponível em: http://anexosportal.datalegis.net/arquivos/1365428.pdf. Acesso em: 22 jul. 2024.

modus operandi (fiscalizar mais, fiscalizar tudo e punir muitas vezes) se "mostram incompatíveis com o cenário de restrições macro orçamentárias e demandas regulatórias cada vez mais complexas". A responsividade, a partir do conhecimento do mercado e das diferenças de motivação dos regulados, submete-os a um rigor variado, adaptado às ações específicas, o que se reflete no uso combinado, programado e flexível de ferramentas de persuasão (preferencialmente) e de dissuasão.[568]

Na visão da área técnica da ANTT, a passagem da persuasão para a dissuasão tem como sustentáculo a aplicação de diferenciação por risco regulatório[569] e de responsividade. A compreensão de que a fiscalização deve variar de acordo com o risco e, sobretudo, de acordo com o comportamento do regulado (responsividade) é materializada em um dos pilares da regulação responsiva: a pirâmide da fiscalização.[570] Essa pirâmide representa os diversos tipos de comportamentos dos regulados e as respectivas ações regulatórias, permitindo o escalonamento da resposta regulatório para cada grupo de atores, "indo inicialmente de técnicas persuasivas, baseadas na cooperação e conciliação, até duras técnicas de persuasão, baseadas no *enforcement* de confronto".

---

[568] O Anexo aponta que "nesse modelo não há respostas ideais, universalmente aplicáveis, assim como não há nenhum método regulatório que se afigure como o ponto ótimo para lidar como os regulados, sendo a interação de diferentes ferramentas e técnicas regulatórias (persuasivas e dissuasórias) a linha de ação que mais contribui para a promoção da melhoria contínua do comportamento dos regulados".

[569] No que tange ao princípio do foco em riscos e proporcionalidade, a área técnica da ANTT destaca que "a frequência de inspeções e a quantidade de recursos empregados devem ser proporcionais ao nível de risco imposto por infrações e não conformidades e as ações de fiscalização devem visar reduzir tais riscos. Risco deve ser compreendido, nesse contexto, como a combinação entre probabilidade de um evento adverso ocorrer e o impacto ou magnitude do dano causado, caso o evento ocorra".

[570] Em relação ao modelo piramidal, o Anexo da Portaria ANTT nº 34/2020 indica que "no primeiro e no segundo níveis da pirâmide, estão os agentes que querem fazer a 'coisa certa' ou que tentam, mas nem sempre tem sucesso no que se refere à adequação regulatória. Para esse grupo de agentes a atuação mais adequada consiste em ferramentas persuasivas baseadas em autorregulação, diálogo, obtenção e análise de dados, medidas educativas (por meio da elaboração e divulgação de *check lists*, canais específicos para esclarecimentos de dúvidas), emissão de alertas e execução de planos de melhorias, divulgação de informações e resultados de desempenho dos agentes regulados e do setor como um todo, cumprimento espontâneo, simplificação e facilitação de processos, de forma que a fiscalização não cause um ônus desnecessário aos agentes e que não consuma os escassos recursos do regulador. No entanto, à medida que o regulado se afaste do comportamento padrão desejado (figurando no terceiro e quarto níveis), o regulador deverá lançar mão de ferramentas de dissuasão, tais como inspeções e atividades de fiscalização coercitiva: notificações, advertências, penalidades de multa e outros mecanismos do tradicional comando e controle, aplicando progressivamente ações sancionatórias, chegando até mesmo à retirada do agente do setor por meio da perda da outorga".

Outro pilar da atuação responsiva seria o "sequenciamento". Isso significa que o uso da pirâmide deve prover a adequada sinalização pelo regulador, de que a escalada sancionatória é uma "ameaça crível e inexorável, gerando um verdadeiro sequenciamento dos instrumentos regulatórios na estrutura piramidal". Na visão da agência, esse pilar "é imprescindível para a efetividade de uma atuação responsiva". O sequenciamento também evitaria o uso não planejado e ineficiente de diversos instrumentos regulatórios de forma concomitante.

O último pilar da regulação responsiva é a economicidade. De acordo com o Anexo da Portaria ANTT nº 34/2020, a utilização de estratégias dissuasivas enseja o desperdício de recursos que poderiam ser mais bem aplicados em estratégias de educação e outras técnicas persuasivas. A partir disso, seria "desejável a constituição de um sistema regulatório em rede, no qual sejam inseridos diversos parceiros, motivos pelo interesse comum de fazer cumprir a regulação".

Como se pode depreender, o sistema regulatório em rede é aquele no qual estão inseridos diversos agentes, movidos pelo interesse comum de fazer cumprir a regulação. Tais atores compartilham a fiscalização e a "punição" de ações desviantes. Assim, quanto mais alto o nível em que o regulado estiver na pirâmide sancionatória, "maior importância essa governança em rede assumirá, pois mais suscetível o regulado será a pressões, críticas e demandas advindas desses parceiros regulatórios".

Um dos princípios da regulação responsiva destacado pelo Anexo da Portaria nº 34/2020 é o "princípio do incentivo à conformidade". Esse princípio indica que toda a gestão da regulação e da fiscalização deve ter por desiderato incentivar a conformidade para o atingimento dos resultados regulatórios, valendo-se dos instrumentos adequados para cada situação. De acordo com a área técnica da ANTT, o incentivo da conformidade regulatória tem sido associado à economia comportamental aplicada às políticas regulatórias.

Para além disso, a Nota Técnica nº 3433/2021/GT-PAR, integrante do projeto de atuação responsiva da agência, apresenta a proposta geral de desenvolvimento do método de fiscalização responsiva para a exploração da infraestrutura ferroviária, a exploração da infraestrutura de rodovias e os serviços de transporte de passageiros. O método apresentado pela referida nota técnica tem como uma de suas referências a fiscalização em três níveis: (i) monitoramento; (ii) análise; e (iii) ação presencial. Segundo a Nota Técnica nº 3433/2021/GT-PAR, a ação presencial representa o processo de comando e controle tradicional, com a diferença de que a ação é planejada com base nos níveis anteriores. O corpo técnico da agência destaca que essa "medida possibilita uma maior eficiência na alocação de recursos e a própria retroalimentação do modelo de regulação responsiva". Além disso, a ação presencial e a punição representariam "o limite de atuação da fiscalização responsiva".

Para os propósitos do presente trabalho, mencione-se ainda a Instrução Normativa (IN) ANTT nº 9/2021, que estabeleceu diretrizes para o plano de fiscalização da SUFIS. A referida normativa apresenta os seguintes conceitos de fiscalização, em seu art. 2º: (i) fiscalização de campo ordinária: fiscalização exercida presencialmente por servidor habilitado; (ii) fiscalização de campo extraordinária: fiscalização exercida presencialmente por servidor habilitado em localidade diversa da sua lotação; (iii) fiscalização remota: ação fiscalizatória em tempo real que ocorre por meio de recursos tecnológicos que possibilitam a gestão das atividades; e (iv) fiscalização responsiva: modelo de fiscalização que adota como pressuposto a indução de comportamentos sem fazer uso de punições, a partir de estímulos sancionatórios, variando de acordo com o risco e, sobretudo, de acordo com o comportamento do agente regulado.

Em relação ao ciclo sancionador, a principal norma regulatória que disciplina o processo administrativo de apuração de infrações e de aplicação de penalidades, no âmbito da ANTT, é a Resolução ANTT nº 5.083/2016. O processo administrativo sancionador se desenvolve, essencialmente, em três fases: instauração, instrução e decisão. Nos termos do art. 1º, §2º, II, da Resolução nº 5.083/2016, um dos princípios da condução do processo administrativo é a "adequação entre meios e fins, vedada a imposição de obrigações, restrições e sanções em medida superior àquelas estritamente necessárias ao atendimento do interesse público". Em síntese, os processos administrativos do ciclo sancionador se dividem em três espécies. A primeira é o procedimento de averiguações preliminares, cabível quando há indícios da prática de infração, os quais não são "suficientes para a instauração de processo administrativo" (art. 17). A segunda é o processo administrativo simplificado, autuado quando a infração poderá resultar nas sanções de advertência ou multa (arts. 5º e 81 a 87). A terceira é o processo administrativo ordinário, cabível para os demais casos que não sejam objeto dos processos anteriores (art. 88 a 93).

O art. 20 da Resolução ANTT nº 5.083/2016, prescreve que a agência, atuando em caráter preventivo e orientador, poderá, antes da instauração de procedimento de averiguações preliminares ou de processo administrativo para apuração de infração, adotar as seguintes medidas: (i) alertar o ente regulado quanto às inconformidades verificadas, indicando o prazo previsto para que sejam sanadas mediante lavratura do Termo de Registro de Ocorrência (TRO), o qual poderá resultar em auto de infração, caso a regulada não comprove a correção das inconformidades apontadas no TRO; e (ii) determinar a imediata cessação e correção da inconformidade.

Além disso, o art. 67 da Resolução ANTT nº 5.083/2016 prevê regra geral de aplicação de penalidades, de acordo com a qual deverão sempre ser consideradas as circunstâncias agravantes[571] ou atenuantes,[572] inclusive os antecedentes e a reincidência,[573] atentando-se, especialmente, para a natureza e a gravidade da infração, para os danos resultantes para os serviços e para os usuários e a vantagem auferida pelo infrator.

4.9 Regulação responsiva na ANAC

Em 2005, a Agência Nacional de Aviação Civil (ANAC) foi criada, por intermédio da Lei nº 11.182, com o desiderato de regular e de fiscalizar as atividades de aviação civil e de infraestrutura aeronáutica e aeroportuária. Segundo os ditames do art. 8º, LI e LIII, da Lei nº 11.182/2005,[574] a agência assumiu as competências de "aplicar

---

[571] São circunstâncias agravantes, em lista não exaustiva: (i) recusa em adotar medidas para reparação dos efeitos da infração; (ii) levar alguém à prática de infração, mediante coação, induzimento ou instigação, ou, ainda, mediante oferta de pagamento ou recompensa; (iii) praticar a infração para facilitar ou assegurar a execução, a ocultação, a impunidade ou a vantagem de outra infração; (iv) obter, para outrem, de vantagens resultantes da infração; (v) expor a risco a integridade física de pessoas; (vi) destruir bens públicos; e (vii) não corrigir a infração, conforme determinado no auto de infração.

[572] São circunstâncias atenuantes, em lista não taxativa: (i) confissão da autoria da infração; (ii) adoção, voluntariamente, de providências eficazes para evitar ou amenizar as consequências da infração, ou para reparar, antes da decisão do processo ou de determinação da autoridade competente, os efeitos da infração; e (iii) inexistência de infrações que tiverem o mesmo fato gerador, definitivamente julgadas, praticadas pelo mesmo infrator nos três anos anteriores.

[573] Ocorre reincidência quando o agente comete nova infração legal, regulamentar ou contratual, que tiver o mesmo fato gerador, depois de ter sido punido anteriormente por força de decisão definitiva, salvo se decorridos três anos, pelo menos, do cumprimento da respectiva punição, na forma do art. 67, §3º, da Resolução ANTT nº 5.083/2016.

[574] Os incisos LI e LIII do art. 8º da Lei nº 11.182/2005 foram incluídos pela Lei nº 14.368/2022, mas, desde a origem, a ANAC já detinha competências fiscalizatórias e sancionatórias, coo se denota pelo art. 8º, XXXV, da referida lei, vazado nos seguintes termos: "reprimir infrações à legislação, inclusive quanto aos direitos dos usuários, e aplicar as sanções cabíveis". Tal competência também consta nos arts. 4º, XXXVI e 12, §2º, do Decreto

advertência, multa, suspensão ou cassação de certificados, de licenças e de autorizações, bem como interditar e apreender aeronave ou material transportado, entre outras providências administrativas, inclusive de caráter não sancionatório" e de "tipificar as infrações à legislação de aviação civil, bem como definir as respectivas sanções e providências administrativas aplicáveis a cada conduta infracional e o processo de apuração e julgamento".

Com base na competência que lhe foi outorgada, a agência aprovou a Resolução ANAC nº 472/2018, que, no atual momento, estabelece as providências administrativas decorrentes do exercício das atividades fiscalizatória e sancionadora.[575] Para os fins da presente investida, destaca-se que a fiscalização exercida pela ANAC pode possuir duas naturezas. A primeira é a vigilância continuada, voltada ao acompanhamento do desempenho de serviço outorgado pela ANAC, objetivando verificar a manutenção do cumprimento aos requisitos e aos parâmetros previstos nos processos de certificação. A segunda é a ação fiscal, destinada aos regulados que atuam no setor sem certificação ou outorga, bem como aos casos de ineficácia das medias recomendadas em providências de vigilância continuada. Ainda no plano fiscalizatório, a agência instituiu o chamado Plano de Ações Corretivas (PAC). O PAC consiste no documento apresentado pelo regulado, contendo minimamente a descrição das ações a serem adotadas para a correção de determinada irregularidade, cronograma de implementação de ações e indicação de responsável.

O art. 3º da Resolução ANAC nº 472/2018 prescreve que o resultado da fiscalização poderá ensejar a adoção de providência administrativa, caso constatada infração. Essa providência administrativa pode ser de três tipos: preventiva, sancionatória e acautelatória. A decisão sobre qual tipo de providência administrativa será tomada considera, entre outros critérios, o histórico das medidas adotadas pela ANAC, o atendimento aos planos de ações corretivas e os indicadores de risco e de desempenho dos regulados.

---

nº 5.731/2006, que dispôs sobre a instalação, a estrutura organizacional da ANAC e aprovou o seu regulamento.

[575] De acordo com o art. 1º, parágrafo único, da referida resolução, o âmbito de incidência não engloba a fiscalização do cumprimento de cláusulas contidas nos contratos de concessão de infraestrutura aeroportuária, a fiscalização da regulamentação editada para disciplinálas e os processos administrativos instaurados quando verificados indícios de infração dos contratos concessórios.

A providência administrativa preventiva, objeto do Título II, da Resolução ANAC nº 472/2018, não constitui sanção ao regulado e tem por objetivo estimular o retorno ao cumprimento normativo de forma célere e eficaz. Daí que as providências preventivas podem se dar mediante Aviso de Condição Irregular (ACI)[576] ou Solicitação de Reparação de Condição Irregular (SCRI).[577] No caso da SCRI, a ANAC deverá estabelecer prazo para correção da infração ou conceder prazo de sessenta dias para que o regulado apresente PAC.

A providência administrativa sancionatória, objeto do Título III, da Resolução ANAC nº 472/2018, se divide em três categorias: (i) multa; (ii) suspensão punitiva de certificados, licenças, concessões ou autorizações; e (iii) cassação de certificados, licenças, concessões ou autorizações. De acordo com o art. 11 da Resolução ANAC nº 472/2018, caso constatada infração que justifique a adoção de providência sancionatória, será lavrado auto de infração, para fins de instauração de Processo Administrativo Sancionador (PAS). O auto de infração pode ser lavrado nas seguintes situações: (i) constatação presencial de infração; ou (ii) constatação a partir de elementos formadores de convicção acerca da caracterização da infração, análise documental ou qualquer outra apuração que aponte o descumprimento normativo, inclusive fiscalização remota.

A partir da lavratura do auto de infração, tem início um complexo procedimento para confirmação da inconformidade regulatória, o qual pode ser sintetizado por meio do fluxograma abaixo colacionado:

---

[576] O ACI pode ser emitido quando constatada infração de baixo impacto ou que não afete a segurança das operações aéreas., conforme art. 7º, da Resolução ANAC nº 742/2018.
[577] A SRCI pode ser emitida quando constatada infração cuja correção deva ocorrer em determinado prazo, conforme art. 8º, da Resolução ANAC nº 472/2018.

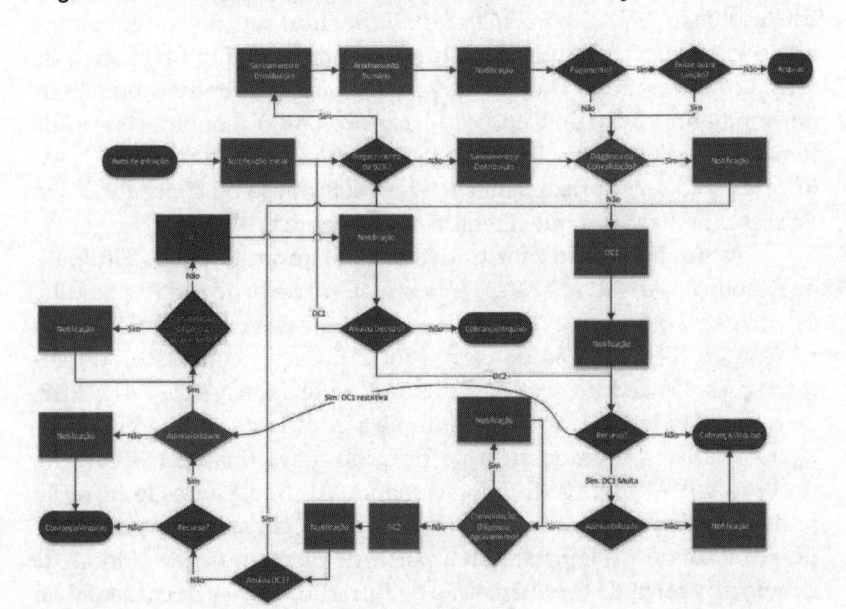

Figura 35 - Procedimento sancionador da ANAC: Resolução nº 472/2018.[578]

No fluxograma, destaca-se o fato de que o autuado pode apresentar, antes da decisão administrativa de primeira instância, requerimento à autoridade competente solicitando o arbitramento sumário de multa em montante correspondente a 50% do valor médio da penalidade cominada à infração, para imediato pagamento, nos termos do art. 28 da Resolução ANAC nº 472/2018.[579]

Além disso, o art. 36 da Resolução ANAC nº 472/2018 dispõe que a dosimetria da aplicação de sanções deve considerar as circunstâncias atenuantes e agravantes incidentes no caso concreto.

---

[578] Disponível em: https://www.anac.gov.br/assuntos/legislacao/legislacao-1/resolucoes/2018/resolucao-no-472-06-06-2018. Acesso em: 25 jul. 2024.

[579] Nada obstante, é de se destacar que o requerimento "para o arbitramento sumário da multa implicará o reconhecimento da prática da infração e a renúncia do direito de litigar administrativamente em relação à infração", na forma do art. 28, §1º, da Resolução ANAC nº 472/2018. Efetuado o pagamento integral no prazo concedido, o PAS é arquivado. Não sendo integralmente adimplido, poderão operar os seguintes efeitos: (i) o autuado deixará de fazer jus ao benefício de arbitramento sumário; e (ii) o PAS será encaminhado à autoridade competente para julgamento em primeira instância sobre a aplicação das sanções cabíveis. Por último, note-se que o autuado deverá optar pela defesa ou pelo arbitramento sumário, conforme redação do art. 28, §4º e §5º, da Resolução ANAC nº 472/2018.

Como circunstâncias atenuantes, tem-se: (i) o reconhecimento da prática de infração; (ii) a adoção voluntária de providências eficazes para evitar ou amenizar as consequências da infração antes de proferida a decisão; e (iii) a inexistência de aplicação definitiva de sanções nos doze meses anteriores à data do cometimento da infração em julgamento. As circunstâncias agravantes são: (i) a reincidência;[580] (ii) a recusa em adotar medidas para reparar os efeitos da infração; (iii) a obtenção, para si ou para outrem, de vantagens resultantes da infração; (iv) a exposição ao risco da integridade física de pessoas ou da segurança do voo; e (v) a destruição de bens públicos.

É possível, ainda, a revisão do PAS pela Diretoria, a qualquer tempo, na forma do art. 50 da Resolução ANAC nº 472/2018. Isso ocorre quando surgem fatos novos ou circunstâncias relevantes suscetíveis para justificar a inadequação da sanção aplicada. Tal revisão não poderá importar no agravamento de sanções já impostas.[581]

Por derradeiro, a providência administrativa acautelatória, objeto do Título IV da Resolução ANAC nº 472/2018, tem por objetivo evitar risco iminente à segurança de voo, à integridade física de pessoas, à coletividade, à ordem pública, à continuidade dos serviços prestados ou ao interesse público. No âmbito da providência administrativa acautelatória, é possível que o interessado firme Termo de Cessação de Conduta (TCC) para cessar e não repetir a infração identificada por agente da ANAC em atividade de fiscalização, na forma do art. 61 da Resolução ANAC nº 472/2018.

Como se pode depreender, a Resolução ANAC nº 472/2018 contém disposições alinhadas com as diretrizes teóricas da regulação responsiva. Nada obstante, a trajetória recente da agência demonstra o seu interesse contínuo em aprimorar os ciclos fiscalizatório e sancionatório à luz da responsividade.

---

[580] A reincidência ocorre, de acordo com o art. 36, §4º, da Resolução ANAC nº 472/2018, quando "houver o cometimento de nova infração no período de tempo igual ou inferior a 2 (dois) anos contados a partir do cometimento de infração anterior de natureza idêntica para a qual já tenha ocorrido a aplicação de sanção definitiva".

[581] Do julgamento do pedido de revisão poderá resultar: (i) confirmação da sanção aplicada; (ii) alteração da espécie de sanção aplicada, do valor da multa ou prazo da sanção restritiva de direito; (iii) declaração de nulidade da revogação, total ou parcial, da decisão; ou (iv) declaração de nulidade do auto de infração, com anulação de todos os atos subsequentes e comunicação do teor da decisão à fiscalização para apurar a necessidade de eventual lavratura de novo auto de infração, desde que respeitados os prazos previstos na Lei nº 9.873/1999.

Em agosto de 2020, a agência instituiu o "Projeto Prioritário Regulação Responsiva", com o objetivo de promover reflexões acerca do modelo de regulação até então adotado pela agência, bem como possibilitar aprimoramentos em sua efetividade. Como o nome do projeto sugere, o foco da ANAC residia nos conceitos e nas estratégias presentes na teoria da regulação responsiva.

Nesse quadrante, a ANAC[582] aponta a regulação responsiva como uma alternativa ao modelo regulatório baseado em punições. Na visão da agência, o comando e controle, quando adotado de forma exclusiva, encontra limitações, porquanto não incentiva que os regulados cumpram voluntariamente os requisitos regulatórios. Assim é que a "adoção exclusiva de ferramentas de comando e controle pode gerar diversos problemas, como normativos demasiadamente prescritivos, elevado volume de processos sancionadores e de custos administrativos, pouca liberdade do regulador frente à diversidade de comportamento dos regulados e baixa efetividade das sanções aplicadas". O foco do projeto de regulação responsiva da agência reside no estabelecimento de incentivos, na prevenção e na conformidade regulatória, em substituição ao modelo exclusivamente sancionatório.[583]

Na etapa de constituição do projeto prioritário de regulação responsiva, um conjunto de desafios e de oportunidades de aprimoramento foi listado pelo corpo diretor da ANAC, entre os quais:

---

[582] A p. do projeto está disponível em: https://www.gov.br/anac/pt-br/assuntos/regulacao responsiva/conheca-o-projeto-regulacao-responsiva. Acesso em: 26 jul. 2024. No site, consta a seguinte informação: "com o uso adequado de instrumentos de persuasão e penalidades, espera-se que a regulação da aviação civil se torne mais efetiva com resultados positivos para o ambiente regulado e para a sociedade. Com a iniciativa, a Agência busca também estimular a adoção de intervenções menos prescritivas para temas de menor risco por exemplo, o uso de selos, premiações e de soluções consensuais".

[583] Como exemplos de iniciativas responsivas já implementadas, a ANAC menciona: (i) Aeroportos Sustentáveis: programa instituído como "instrumento de incentivo não regulatório" que visa a disseminar boas práticas de gestão ambiental em aeroportos e reconhecer iniciativas proativas ligadas à sustentabilidade das operações aéreas. A adesão ao programa é voluntária e gratuita e os aeroportos são classificados em grupos, de acordo com o número de passageiros processados; e (ii) Proposta Apoiada em Contratos de Concessão de Aeroportos: instrumento criado na quinta rodada de concessões. Permite participação de operadores aeroportuários e dos principais usuários nas decisões sobre o planejamento e a utilização do aeroporto Por exemplo, é possível, mediante negociação e em acordo com as demais partes afetadas, apresentar propostas de alteração de parâmetros definidos pelo regulador, como o modelo tarifário, os indicadores de qualidade de serviço, a metodologia de cálculo dos fatores Q e X, a Taxa de Desconto do Fluxo de Caixa Marginal e os compromissos de oferta de infraestrutura e serviços aeroportuários. Disponível em: https://www.gov.br/anac/pt-br/assuntos/regulacao-responsiva/exemplos-responsivos-ja-adotados; e https://www.gov.br/anac/pt-br/assuntos/concessoes/Consultasobreregu laoeconmicadeconcessesaeroporturias_sextarodada.pdf. Acesso em: 26 jul. 2024.

i. Alto volume de processos sancionadores;
ii. Pouca discricionariedade frente à diversidade de regulados;
iii. Percepção de baixa efetividade da aplicação de sanções no comportamento dos regulados;
iv. Sanções que não atacam a causa raiz das infrações;
v. Modelo de dosimetria que carece de proporcionalidade e de razoabilidade;
vi. Alto custo administrativo do processo sancionador;
vii. Insegurança dos julgadores em tomar decisões mais razoáveis; e
viii. Fiscalização com características reativas (foco na conformidade das regras, sem visão dos resultados a serem alcançados).

A implementação de iniciativas para contemplar melhorias para essa gama de assuntos implicou estudos estratégicos pelo corpo técnico da ANAC, nos diversos eixos de atuação da agência, desde o monitoramento do setor, passando pelas estratégias de fiscalização e responsabilização dos regulados, até a edição de atos normativos e a definição do modelo regulatório para o setor.

Como decorrência disso, a ANAC abriu a Consulta Pública nº 02/2024, com proposta de resolução para disciplinar incentivos e providências voltadas à promoção da conformidade regulatória, inclusive, buscando substituir o rito do processo administrativo sancionador prescrito na Resolução ANAC nº 472/2018. Embora ainda não se tenha certeza de que as minutas normativas postas em consulta pública serão, de fato, aprovadas, convém mencionar os principais aspectos dos documentos técnicos e das propostas da ANAC. Isso porque a Consulta Pública nº 02/2024 consolida, em grande medida, os estudos que a agência produziu ao longo dos quatro anos de vigência de seu projeto responsivo e, por consequência, tem potencial de servir de *benchmark*, independente do resultado do processo de participação social.

De acordo com a Nota Técnica nº 1/2024/PPRR/GT-ESPRO/GAPI/SGM, que lastreou a Consulta Pública nº 02/2024, o foco inicial da equipe do Projeto Prioritário Regulação Responsiva foi a adoção de instrumentos de persuasão e dissuasão que permitissem uma atuação mais célere e efetiva na promoção da conformidade regulatória. Nesse sentido, a minuta de norma que visa substituir a Resolução ANAC nº 472/2018 busca "aprimorar a pirâmide de *enforcement* vigente e otimizar o fluxo do processo sancionador e o modelo de tomada de decisão". A expectativa da agência é que o novo ciclo fiscalizador-sancionador, se aprovado, otimize os recursos na condução de processos administrativos, além de prover maior capacidade administrativa para a atuação sistêmica e incisiva em relação às falhas que revelem maiores riscos e maiores chances de comprometer a confiança entre regulador e regulado.[584]

Segundo a Nota Técnica nº 1/2024/PPRR/GT-ESPRO/GAPI/SGM, percebeu-se que "o modelo de regulação adotado pela ANAC era deficiente em termos de incentivos para que o regulado retornasse de forma célere e efetiva à conformidade", ou, ainda, "para que ele buscasse ultrapassar de forma proativa os padrões mínimos estabelecidos". Em razão disso, a normativa proposta pela agência "convida a uma mudança de pensamento na forma como a ANAC enfrenta a busca pelo adimplemento regulatório, e na forma de como estabelecer a melhor cooperação entre regulado e regulador".

Ao analisar a proposta normativa objeto da Consulta Pública nº 02/2024, vê-se que a preocupação da agência é refletida na instituição de diretrizes, elementos e instrumentos de incentivo e de responsividade.

O art. 1º coloca em primeiro plano que a intenção do regulador é "estabelecer os incentivos necessários e adequados à conformidade e à garantia da segurança e da qualidade da aviação civil, as providências administrativas decorrentes das atividades de fiscalização e o rito do processo administrativo sancionador no âmbito da ANAC".[585] Daí que, na aplicação dos dispositivos previstos na minuta de Resolução, a ANAC deverá observar, entre outras, as seguintes diretrizes: (i) adoção, isolada

---

[584] Além disso, a Nota Técnica nº 1/2024/PPRR/GT-ESPRO/GAPI/SGM apontou que "serão também desenvolvidos, até a aprovação final das resoluções e propostas que compõem o projeto prioritário, com o objetivo de garantir a reavaliação contínua do modelo regulatório, um Caderno de Diretrizes da Diretoria, com foco no amadurecimento contínuo das estratégias responsivas na Agência, e uma série de guias voltados a orientar as rotinas das áreas técnicas, buscando estabelecer referências e recomendações para a prática cotidiana das ações internas e interações com o público regulado, bem como promover padronização e uniformidade entre os diferentes focos e áreas de atuação da ANAC. Tais referências estão sendo construídas em grupos que contam com a participação de representantes de todas as unidades finalísticas da Agência".

[585] De forma semelhante ao que já é previsto na Resolução ANAC nº 472/2018, a minuta de normativo prevê, em seu art. 1º, parágrafo único, que "os dispositivos desta Resolução não se aplicam à apuração de infrações praticadas pelas concessionárias de infraestrutura aeroportuária às cláusulas contidas nos contratos de concessão e seus anexos, nos seus respectivos editais e seus anexos, ou à regulamentação editada para disciplina-las, e tampouco à aplicação das providências administrativas decorrentes dessas infrações".

ou conjunta, de estratégias regulatórias proporcionais: (a) ao perfil do regulado, incluindo seu histórico de conformidade e cooperação; (b) aos riscos sistêmicos ou individuais inerentes à atividade, aos processos decisórios, à gestão empresarial e à condição econômica dos regulados; (c) ao monitoramento contínuo; e (d) aos resultados esperados e às consequências práticas da regulação; (ii) uso de instrumentos de ação regulatória coerentes com o mínimo grau de intervenção necessária; e (iii) garantia de que informações voluntariamente compartilhadas com o regulador sirvam preferencialmente para informar medidas de planejamento, de convencimento, de prevenção, de cooperação e de reparação voluntária.

Na sequência, o art. 4º aponta que a fiscalização da ANAC compreende o conjunto de ações destinadas ao monitoramento das atividades reguladas e à adoção dos mecanismos de incentivo necessários e adequados à promoção da conformidade e das melhores práticas setoriais. Para atingir esse desiderato, a agência privilegiará o monitoramento contínuo, a atuação preventiva e educativa, a cooperação entre regulador e regulado, a adoção de mecanismos de incentivo ao cumprimento voluntário de requisitos e a mitigação proporcional dos riscos identificados.[586]

Diante da identificação de não conformidade, a ANAC determinará que o regulado adote as medidas para a sua correção, bem como registrará o fato em seus sistemas de controle para, entre outros fins, compor histórico de conformidade e análise do perfil de comportamento dos regulados. As determinações corretivas não possuem caráter sancionatório e, conforme o caso, não afastam a aplicação de outras providências administrativas.

Caso a não conformidade justifique a adoção de providência administrativa sancionatória, será instaurado o devido PAS. A análise sobre a necessidade de instauração do processo administrativo sancionador deverá observar a "natureza da não conformidade identificada, as circunstâncias que envolvem o fato, a conduta e, no que couber, o histórico de conformidade e de cooperação do regulado, o caráter pedagógico da medida e a garantia da manutenção da efetividade da

---

[586] Prevê-se, no art. 4º, §2º e §3º, que "será incentivada e valorizada a colaboração do regulado na manutenção e elevação dos níveis de segurança e de qualidade dos serviços prestados" e que "a ANAC promoverá ações educativas, sempre que necessárias e adequadas, entre as quais se incluem a promoção de ações de capacitação, a disseminação de conhecimentos, o fomento à adoção de boas práticas e a divulgação de informações e dados setoriais públicos individualizados ou agregados".

norma, entre outros critérios", nos termos do art. 8º, §1º, da minuta de Resolução. O PAS é instaurado por meio da lavratura de auto de infração, o qual é acompanhado de relatório de ocorrência.

Em termos gerais, o fluxograma do processo administrativo sancionador passará, caso a minuta de Resolução seja aprovada, a ser o seguinte:

Figura 36 - Procedimento sancionador da ANAC: Minuta de ato normativo da Consulta Pública nº 02/2024.[587]

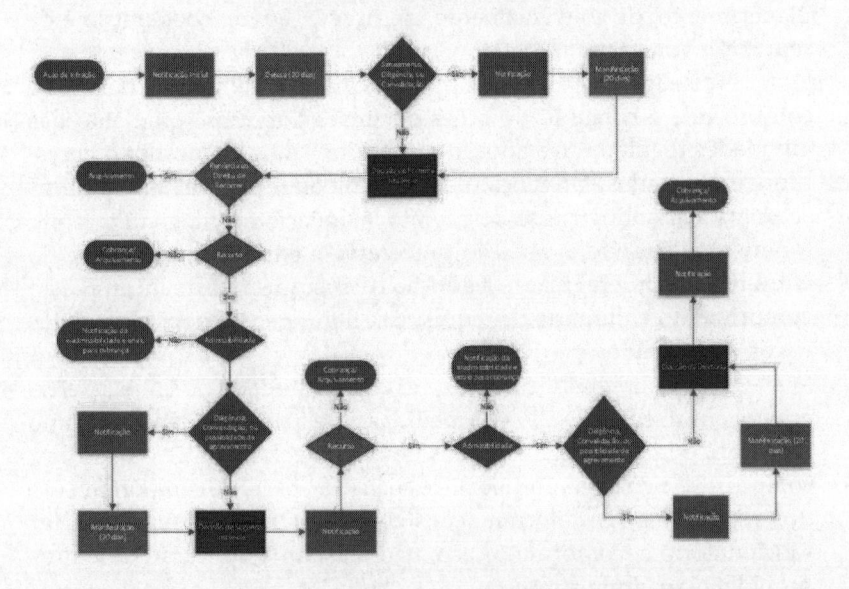

No que tange ao cardápio de sanções disponíveis à agência reguladora, a ANAC pretende, por intermédio da nova normativa, introduzir duas novas espécies de sanções: as obrigações de fazer e as obrigações de não fazer.[588] Tais sanções podem ser aplicadas quando a agência constatar que a sua adoção será mais razoável e adequada para

---

[587] Nota Técnica nº 1/2024/PPRR/GT-ESPRO/GAPI/SGM.
[588] Nos termos do art. 28, da minuta de Resolução da Consulta Pública nº 02/2024, as sanções disponíveis são: (i) advertência; (ii) multa; (iii) obrigação de fazer ou de não fazer; (iv) suspensão, parcial ou total, de certificados, licenças, habilitações ou autorizações; e (v) cassação de certificados, licenças, habilitações ou autorizações. Em qualquer caso, a gravidade da não conformidade e o histórico e o comportamento do regulado justificam a escolha das providências sancionatórias adequadas ao caso concreto.

o "atingimento do interesse público". A obrigação de fazer é a sanção da qual resulta ordem da autoridade administrativa no sentido de compelir o infrator a praticar uma conduta diversa das obrigações já previstas em lei, regulamento, contrato ou compromisso, em benefício do sistema de aviação civil. A obrigação de não fazer resulta de ordem emanada pela autoridade administrativa pela qual o infrator é compelido a deixar de praticar uma conduta que seria permitida com base em certificados, licenças, autorizações ou habilitações de que dispõe.

De modo semelhante ao sistema já vigente, a minuta de Resolução emprega, em seu art. 34, os conceitos de circunstância atenuante e de circunstância agravante. A dosimetria dessas circunstâncias deve respeitar limite regulatório subjetivo e objetivo. É dizer, a ponderação de circunstâncias atenuantes e agravantes, no caso concreto, deve observar a "coerência das decisões" (limite subjetivo), sendo que o valor da sanção estará limitado ao mínimo de 20% e o máximo de 300% (limite objetivo) do valor-base de multa previsto para cada infração. Entre as atenuantes, destaca-se o "reconhecimento da prática da infração", a "adoção de providências eficazes para evitar ou amenizar as consequências da infração", a "adoção de providências para o tratamento das causas que possam ter dado origem à ocorrência". De outra banda, pretende-se inserir como agravante a "existência de práticas ou circunstâncias que evidenciem violação ao dever de lealdade e boa-fé objetiva que rege as relações entre regulado e regulador".

Além disso, o Capítulo VII da minuta de Resolução é dedicado às transações administrativas e aos instrumentos consensuais. Nesse sentido, o art. 40 da proposta de normativo estabelece que a ANAC, mediante critério próprio, poderá propor, em situações nas quais a aplicação de medidas sancionatórias possa acarretar prejuízo à sociedade, ou representar uma medida menos eficaz para incentivar a conformidade, a celebração de acordos ou outros instrumentos de compromisso consensual, de forma excepcional e alternativa às sanções. Para propor instrumentos consensuais, a ANAC considerará "elementos responsivos relacionados à conduta do regulado diante da fiscalização, como a postura colaborativa e transparente, o reconhecimento de práticas infracionais, a adoção proativa de medidas corretivas ou de redução de impactos, bem como a mitigação de riscos".

Em relação à possibilidade de reduzir o valor da multa a ser aplicada, a normativa pretende alterar a sistemática prevista pela Resolução ANAC nº 472/2018. Relembre-se que, no modelo atualmente vigente, o regulado pode optar por desistir de debater a infração e, como contrapartida, receber 50% de desconto da multa que lhe seria, eventualmente, aplicada. A minuta de Resolução da Consulta Pública nº 02/2024 extinguirá esse procedimento. Na minuta, o regulado terá a faculdade de renunciar ao direito de recorrer da decisão de primeira instância e, em razão disso, fará jus a um fator de redução de 25% no valor da multa que lhe foi aplicada em primeira instância administrativa.

Para além disso, a proposta normativa mantém a possibilidade de revisão processual (Capítulo XI) e de assinatura de TCC como alternativa à providência administrativa acautelatória (Seção I do Capítulo III). Nesse sentido, o TCC continuará sendo uma possibilidade oferecia pela ANAC quando for favorável à "análise do contexto atual da situação de risco identificada, às possíveis condições resolutivas, ao histórico do regulador e a outras condições relacionadas ao regulado e ao caso concreto". Em grande medida, os avanços da ANAC são fruto de um plano estratégico bem desenhado pela entidade reguladora. Isso porque o objetivo estratégico (OE) nº 5, do Planejamento Estratégico da ANAC para o período de 2020-2026,[589] já previa que as ações regulatórias da agência deveriam ser fundamentadas em uma modelagem regulatória inovadora e de cunho responsivo, nos termos seguintes:

> A ANAC deve promover um ambiente regulatório favorável ao desenvolvimento e à inovação tecnológica do setor, alinhada à garantia da segurança da aviação civil. Para tanto, é primordial valer-se de uma regulação efetiva, capaz de responder tempestivamente às mudanças e inovações do mercado. Isso se reflete na necessidade de monitorar o estoque regulatório, fortalecer a Análise de Impacto Regulatório (AIR), ampliar a participação social e mensurar o impacto de suas regulações. Significa, portanto, construir um modelo de regulação responsiva e inteligente, sem barreiras e intervenções desnecessárias ao desenvolvimento e à competitividade.

---

[589] Além disso, destaca-se o OE nº 4, vazado nos seguintes termos: "considerando-se a complexidade inerente ao setor de aviação civil, é de extrema relevância o desenvolvimento de uma cultura voltada à cooperação e ao fortalecimento de relações pautadas no diálogo e na transparência, em busca do alcance de objetivos comuns. A promoção de um sistema cooperativo entre ANAC e regulados é fundamental para a criação de um ambiente favorável para o desenvolvimento seguro e sustentável do setor. A Agência deve aprimorar seus mecanismos de incentivos voltados ao cumprimento voluntário de requisitos, promover uma atuação baseada na orientação e na prevenção, buscar uma fiscalização efetiva com foco em resultados e fortalecer os canais de comunicação com todos os agentes do setor". A Nota Técnica nº 1/2024/PPRR/GT-ESPRO/GAPI/SGM destacou que "é esperado que a efetiva adoção na ANAC de uma modelagem regulatória responsiva seja capaz de fomentar uma cultura de confiança e efetividade na relação entre regulador e regulado, o que poderá auxiliar no aperfeiçoamento da normatização e da fiscalização aplicáveis ao setor de aviação civil".

Para atingir esse desiderato, a ANAC celebrou Termo de Execução Descentralizada com a Universidade de Brasília (UnB), o que levou a referida universidade a elaborar três relatórios técnicos, tendo por temas: (i) abordagem de comando-e-controle e teorias da regulação apoiadas em incentivos, com ênfase na regulação responsiva e seus fundamentos; (ii) correspondências entre os modelos regulatórios apoiados em incentivos e a fiscalização da ANAC; e (iii) proposta de modelagem regulatória baseada em mecanismos de incentivos. A parceria da ANAC com a UnB gerou um conjunto de conhecimentos técnico-científicos que, embora não sejam vinculantes à agência, servem de base para repensar as técnicas regulatórias adotadas. Não por outra razão que os relatórios elaborados pela UnB foram, inclusive, citados nos documentos[590] que lastrearam a proposta de substituição da Resolução ANAC nº 472/2018 por normativo mais aderente às diretrizes da regulação responsiva.

4.10 Regulação responsiva na Anatel

A Agência Nacional de Telecomunicações iniciou, em 2015, um processo de reavaliação de seus procedimentos de fiscalização, de acompanhamento e de controle das obrigações regulatórias. No âmbito do Planejamento Estratégico 2015-2024, foi proposto o "Projeto

---

[590] Nesse sentido, por exemplo, o seguinte trecho do Relatório de Análise de Impacto Regulatório nº 1/2023/PPRR/GT-ESPRO/GAPI/SPI, que fundamentou as escolhas da proposta normativa: "como destacado nos Relatórios da UnB, a possibilidade de maior customização da resposta regulatória aos padrões de conduta e conformidade observados no dia a dia dos atores setoriais exige um grande esforço de aproximação regulador-regulado e a adoção de decisões de forma cada vez mais estratégica, não calcadas exclusivamente em uma interação pontual. A ênfase aos registros e controles tem o condão de trazer, nesse sentido, tranquilidade para as equipes e tomadores de decisão de que toda e qualquer informação possa ser registrada no sistema da Agência, sem que se tenha a obrigação de imediata aplicação de sanção. Com isso, eliminam-se incentivos perversos para que, à vista de flagrante desproporcionalidade entre um dado desvio pontual e a sanção objetivamente descrita no regulamento, pense o agente estatal em não lançar em seus relatórios o desvio mínimo observado, mesmo imbuído dos melhores valores e da visão dos melhores resultados a serem alcançados. Com tais incentivos e com a melhor estruturação das ferramentas internas de gestão, é possível a estruturação de panoramas mais ricos e dinâmicos sobre o desempenho do setor, otimizando a própria definição de quais as formas mais efetivas de intervenção para promoção de aprimoramentos. Na mesma linha, a flexibilidade estruturada no terceiro passo, ao permitir que não seja automática ou imprescindível a autuação por condutas pontuais ou de menor impacto, garante a possibilidade de a Agência levar em consideração o cenário mais amplo do histórico de desempenho e comportamento do agente, cenário esse estratégico para fins de implementação de uma abordagem efetivamente responsiva".

Estratégico: Evolução do Modelo de Acompanhamento, Fiscalização e Controle", cujos objetivos principais eram a revisão ampla e a racionalização dos processos da agência reguladora, bem como a sistematização e a busca por eficiência e por ganhos de sinergia, em meio ao macroprocesso de acompanhamento da Anatel.[591]

Em razão disso, já em 2016 foi elaborada Análise de Impacto Regulatório pela Anatel, cujo foco recaiu em dois temas principais. O primeiro foi a efetividade das atividades de fiscalização regulatória. O segundo foi a integração e o encadeamento das atividades de fiscalização regulatória. Com relação ao primeiro tema, a Anatel observou que a política de sancionamento não foi capaz de alterar o comportamento dos regulados. Nesse sentido, havia uma dificuldade na avaliação do desempenho das empresas, sendo certo que a agência era obrigada a destinar esforços à análise individual de cada obrigação, de forma conformista e não direcionada aos resultados. Atribuiu-se, como causa para esses problemas, sobretudo, a própria origem da regulação, que priorizaria mecanismos reativos e não disporia de uma metodologia de priorização de ações.

No que concerne ao segundo tema, a Anatel constatou que as atividades fiscalizatórias da agência não eram conduzidas de forma coordenada, inexistindo uma visão ampla e encadeada do processo. Nesse quadrante, a AIR recomendou, entre as alternativas regulatórias: (i) a definição e a adoção de metodologia de priorização para as ações de fiscalização; e (ii) a sistematização da fiscalização, mediante a definição de fluxo dos processos, do planejamento coordenado e da expedição de novo regulamento de fiscalização sobre o tema.

A expedição de novo ato normativo deveria considerar os preceitos da regulação responsiva, além de adotar medidas proporcionais ao risco do evento fiscalizado, à postura do agente regulado e ao escalonamento das ações fiscalizatórias.

Nesse sentido, após a realização da Consulta Pública nº 53/2018, foi aprovada a Resolução Anatel nº 746/2021, que aprovou o novo Regulamento de Fiscalização Regulatória da agência reguladora.[592]

---

[591] Disponível em: https://www.brasil-economia-governo.org.br/2024/06/04/regulacao-res ponsiva-no-ambito-da-anatel/. Acesso em: 25 jul. 2024.

[592] Na visão da Anatel, "a fiscalização regulatória corresponde ao conjunto de medidas de acompanhamento, análise, verificação, prevenção, persuasão, reação e correção, realizadas no curso dos processos de Acompanhamento e de Controle, com o objetivo de alcançar os resultados regulatórios esperados e promover conformidade e melhoria na prestação dos

Trata-se de normativo que introduziu regramento geral baseado em métodos responsivos, alterando o então regulamento de aplicação de sanções administrativas.

De acordo com o art. 5º da Resolução Anatel nº 746/2021, a fiscalização regulatória da agência deve observar, entre outras, as seguintes premissas: (i) alinhamento com o planejamento institucional da Anatel; (ii) priorização da atuação baseada em regulação por evidências, gestão de riscos e orientação por resultado; (iii) atuação integrada e coordenada entre os órgão; (iv) atuação de forma responsiva, com a adoção de regimes proporcionais ao risco identificado e à postura dos regulados; (v) estímulo à melhoria contínua da prestação dos serviços; e (vi) previsão de mecanismos de transparência, retroalimentação e de autorregulação.

O conceito de responsividade permeia a resolução desde o planejamento até os atos de controle. Cite-se, por exemplo, que o processo de acompanhamento da fiscalização inclui o monitoramento, a análise e a verificação do cumprimento das normas, podendo resultar nas seguintes medidas: (i) imposição de medidas preventivas ou reparatórias; (ii) imposição de medidas de controle; (iii) informação para compor base de dados; ou (iv) arquivamento.

Outro instrumento regulatório de destaque é a "Notificação para Regularização". Como dispõe o art. 50 da Resolução Anatel nº 746/2021, no decorrer do processo de acompanhamento, a Anatel pode se utilizar desse mecanismo, determinando prazo razoável para a correção de conduta do regulado, inclusive considerando a proporcionalidade entre as ações específicas e as irregularidades identificadas.

Para além disso, o art. 51 da Resolução Anatel nº 746/2021, prescreve que o administrado pode apresentar à agência proposta de Plano de Conformidade no âmbito do qual, em prazo determinado, se comprometa a demonstrar o cumprimento de obrigações e a reparação do dano aos usuários, quando cabível. Os arts. 54 e 55 preveem que as medidas de controle podem ser estabelecidas em regimes diferenciados conforme a postura dos administrados. Trata-se da chamada análise de desempenho (arts. 58 e 59), segundo a qual será avaliado, anualmente, o resultado da fiscalizaçao com base na análise de desempenho e nos

---

serviços de telecomunicações, bem como nos aspectos técnicos de radiodifusão". Disponível em: https://www.gov.br/anatel/pt-br/acesso-a-informacao/acoes-e-programas/planejamento-estrategico/planos-institucionais/plano-de-fiscalizacao-regulatoria. Acesso em: 26 jul. 2024.

indicadores dos regulados, devendo os resultados subsidiarem a revisão de processos internos e de normas. Com base nos parâmetros delineados na Resolução Anatel nº 746/2021, a agência divulgou a sua pirâmide de atuação responsiva, conforme figura abaixo colacionada. A pirâmide contém uma miríade de medidas possíveis, divididas entre preventivas, reparatórias, sancionatórias e cautelares:

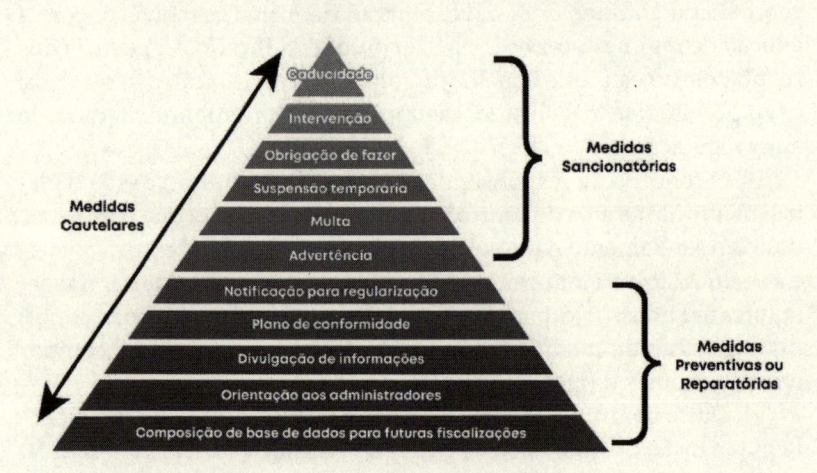

Figura 37 - Pirâmide responsiva da Anatel. [593]

Por fim, cite-se a Resolução Anatel nº 589/2012, que aprova o regulamento de aplicação de sanções administrativas, contendo disposições imbuídas dos conceitos de responsividade. A título de exemplo, cite-se a previsão de sanções mandamentais (obrigação de fazer e de não fazer), com a característica expressa de ser "suficiente para desestimular o cometimento de nova infração". Além disso, há previsão específica de celebração de compromisso de ajustamento de conduta, bem como definição de parâmetros e critérios para valores de multa, conforme a gravidade da infração e o porte do regulado.

---

[593] Adaptada da Resolução Anatel nº 746/2021.

4.11 Expropriações regulatórias e abuso do poder regulatório

No Direito Estadunidense, a expedição de normas com efeitos expropriatórios é denominada *regulatory takings*, assim considerada como a hipótese em que o Estado, por meio de atos normativos, institui limitações expropriatórias ao direito de propriedade dos agentes regulados, sem o pagamento da respectiva indenização. Trata-se de hipóteses em que a "regulamentação estatal afeta o valor de uma propriedade".[594] Tal instituto tem origem no disposto da parte final da V Emenda à Constituição norte-americana, cujo teor é o seguinte: "a propriedade privada não poderá ser expropriada para uso público, sem justa indenização". Dessa disposição, derivam as cláusulas do domínio eminente (*Eminent Domain Clause*), da indenização justa (*Juste Compensation Clause*) e da expropriação (*Takings Clause*). A *Eminent Domain Clause* confere ao Estado, com base no princípio da soberania, a titularidade sobre as terras que integram o patrimônio imobiliário norte-americano. Esse domínio territorial dá origem à *Takings Clause*, a qual possibilita que o Poder Público realize a tomada da propriedade privada, por meio de um procedimento expropriatório. A incidência dessa cláusula se justifica, na medida em que uma simples compra e venda da propriedade poderia esbarrar em demoradas negociações acerca dos valores das propriedades. Negociações que poderiam atrasar, ou mesmo impedir, a consumação da transferência da propriedade privada para o Poder Público.[595] Nada obstante essa potestade estatal, a 14ª Emenda à Constituição norte-americana preceitua que: "ninguém será detido para responder por crime capital [...] *nem ser privado da vida, liberdade, ou bens, sem processo legal*; nem a propriedade privada *poderá ser expropriada para uso público, sem justa indenização*" (grifamos). Destarte, os cidadãos americanos só devem ter o seu direito de propriedade expropriado pelo Estado, mediante o preenchimento de dois requisitos: (i) a instauração de um devido processo legal, que observe os princípios do contraditório e da ampla defesa; e (ii) mediante o pagamento de uma "justa indenização", que recomponha os prejuízos sofridos pelo proprietário.

---

[594] SHAVELL, Steven. Economic Analysis of Property Law. *Harvard Law and Economics Discussion Paper*, Boston, n. 399, 2002. (Cap. 11, p. 17).
[595] Nesse sentido, veja SHAVELL, Steven. Economic Analysis of Property Law. *Harvard Law and Economics Discussion Paper*, Boston, n. 399, 2002. (Cap. 11, p. 18).

Essas diretrizes foram consagradas pela Suprema Corte dos Estados Unidos, por exemplo, em *United States v. Causby* 328 US 256 (1946).[596] Tratou-se de caso em que o proprietário Causby processou o poder público, queixando-se, especificamente, de que os "aviões militares, ao voarem baixo em suas terras, estavam causando danos ao seu galinheiro". Por conta disso, ele teria direito à indenização, nos termos da V Emenda à Constituição Norte-Americana (V Emenda), por violação ao seu direito de propriedade. Ao apreciar esta demanda, a Suprema Corte se posicionou no sentido de que se tratou de hipótese de servidão administrativa, a ser indenizada pelo Poder Público. A sua razão de decidir foi a de que, na medida em que o espaço aéreo de domínio público varia de 500 a 1000 pés, o voo de aeronaves militares na propriedade de Causby, a 83 pés, restringiu o seu direito de propriedade. Do mesmo modo, em *United States v. Cress*, 243 US 316 (1917),[597] a Suprema Corte entendeu que as obras que o Poder Público realizou para melhorar a navegação do rio Cumberland, em Kentucky, por terem incrementado o nível natural das águas naquela região, causaram prejuízos aos proprietários ribeirinhos. Neste julgado, ficou assentado que: (i) essa conduta do Poder Público equivale a uma tomada parcial da propriedade; e (ii) que os Estados Unidos seriam responsáveis por compensar o proprietário por toda a extensão da lesão.

Dos referidos precedentes, é possível extrair-se que a Suprema Corte, no início do século XX, se posicionava no sentido de que, se o Poder Público levar a efeito a expropriação física do direito de propriedade, por meio de atos materiais, será devida a respectiva indenização aos proprietários expropriados. Dito em outros termos, o entendimento da Suprema era no sentido de que a V Emenda à Constituição norte-americana apontaria as bases para se delimitar uma distinção entre "expropriação física" e "expropriação regulatória".

---

[596] Confira-se trecho da decisão: "Every transcontinental flight would subject the operator to countless trespass suits. Common sense revolts at the idea. [...] If the landowner is to have full enjoyment of the land, he must have exclusive control of the immediate reaches of the enveloping atmosphere [...] a direct and immediate interference with the enjoyment and use of the land" (Disponível em: https://supreme.justia.com/cases/federal/us/328/256/. Acesso em: 20 nov. 2024).

[597] Confira-se trecho de decisão usada como fundamentação: "The capability of use by the public for purposes of transportation and commerce affords the true criterion of the navigability of a river, rather than the extent and manner of that use. If it be capable in its natural state of being used for purposes of commerce, no matter in what mode the commerce may be conducted, it is navigable in fact, and becomes in law a public river or highway" (Disponível em: https://supreme.justia.com/cases/federal/us/243/316/. Acesso em: 20 nov. 2024).

Entretanto, de acordo com este entendimento, "a Constituição não contém referências comparáveis para o caso de regulamentação que proíba o titular de uma propriedade do exercício integral de seu uso".[598]

Por tal razão, a Suprema Corte, em outras oportunidades, considerou lícito o estabelecimento de restrições ao direito de propriedade, nas hipóteses de edição de atos normativos, gerais e abstratos, relacionados à ocupação do solo urbano. Cite-se, por exemplo, o caso *Hadacheck v. Sebastian*, 239 US 394 (1915),[599] no qual se apreciou a validade de uma lei municipal que proibia a queima de tijolos dentro dos limites do zoneamento Municipal. Naquela oportunidade, a Corte Constitucional concluiu, por decisão unânime, que a referida lei seria constitucional, por se tratar do regular exercício da função de polícia administrativa. Do mesmo modo, em *Welch v. Swasey*, 214 US 91 (1909),[600] a Suprema Corte considerou constitucional diploma urbanístico de Massachusetts, que limitava a altura dos prédios naquela localidade.

Todavia, como ressaltam Julia M. Glencer e Joel R. Burcat[601] o tema ganha em complexidade quando o "governo promulga uma lei, emite um regulamento ou se recusa a autorizar uma atividade que exige uma autorização emitida pelo governo, reduzindo ou eliminando o valor da propriedade privada". São hipóteses em que, a pretexto de exercer a função de polícia administrativa, por meio de regulamentos genéricos,

---

[598] Disponível em: https://supreme.justia.com/cases/federal/us/535/302/. Acesso em: 18 nov. 2024.

[599] Confira-se trecho da decisão: "The court there said that the effect of the ordinance was to absolutely deprive the owners of real property within such limits of a valuable right incident to their ownership, viz., the right to extract therefrom such rock and stone as they may find it to their advantage to dispose of.' The court expressed the view that the removal could be regulated, but that an absolute prohibition of such removal under the circumstances' could not be upheld" (Disponível em: https://supreme.justia.com/cases/federal/us/239/394/. Acesso em: 20 nov. 2024).

[600] Confira-se trecho da decisão: "There is here a discrimination or classification between sections of the city, [...] if the means employed, pursuant to the statute, have no real, substantial relation to a public object which government can accomplish, if the statutes are arbitrary and unreasonable, and beyond the necessities of the case, the courts will declare their invalidity [...] feels the greatest reluctance in interfering with the well-considered judgments of the courts of a state whose people are to be affected by the operation of the law [...] the particular circumstances prevailing at the place or in the state where the law is, to become operative [...] are all matters which the state court is familiar with; but a like familiarity cannot be ascribed to this court [...] is entitled to the very greatest respect, and will only be interfered with, in cases of this kind, where the decision is, in our judgment, plainly wrong" (Disponível em: https://supreme.justia.com/cases/federal/us/214/91/. Acesso em: 20 nov. 2024).

[601] GLENCER, Julia M.; BURCAT, Joel R. *The Law of Regulatory Takings*. Boston: Kirkpatrick & Lockhartt, 2002. p. 3.

o Poder Público reduz o proveito econômico da propriedade. Nessas hipóteses, como assevera Edward Ziegler,[602] cabe ao Poder Judiciário "buscar estabelecer a dicotomia principiológica entre o exercício regular do poder de polícia, exonerando de contrapartida compensatória, e a ação regulatória que retire do particular benefício pelo qual deveria ser economicamente reparado". Isto é, caberá ao Poder Judiciário analisar as possíveis limitações ao exercício do poder de polícia, quando este subtraia parcela do direito de propriedade de um particular.

O primeiro caso enfrentado pela Suprema Corte norte-americana sobre esse tema foi o *Pennsylvania Coal Co. v Mahon*, 260 US 393 (1922). Em termos comparativos, seria o *Marbury v. Madison* da expropriação regulatória. Na ocasião, a Suprema Corte, expressamente, consagrou a Teoria da Expropriação Regulatória (*regulatory takings*), ao afirmar que a intervenção do governo sobre o uso da propriedade, ainda que não represente uma apropriação física, poderá se caracterizar como expropriatória. O referido caso teve origem na exploração mineral de carvão realizada, em 1877, em Scranton, no Estado da Pensilvânia, por meio da empresa Pennsylvania Coal Co. Em 1878, a Pennsylvania Coal Co. celebrou contrato de compra e venda com o Sr. H. J. Mahon, por meio do qual alienou o direito de superfície do terreno que explorava. No entanto, em 1921, o estado da Pensilvânia aprovou a denominada "Lei Kohler", a qual tinha por objeto a proibição da exploração de carvão abaixo da superfície de área construída. Sucede que, quando a referida companhia notificou a família Mahon de que iria extrair o carvão presente no subsolo de sua propriedade, teve sua exploração vedada, ao argumento que essa atividade seria ilegal.

Posteriormente, a herdeira da família Mahon entrou com uma ação para proibir a exploração de minério no subsolo de sua propriedade, com fundamento na Lei Kohler. Em sua defesa, a Pennsylvania Coal Co. sustentou que a impossibilidade de explorar carvão no referido subsolo violava o seu direito de propriedade (sob um aspecto de proteção contratual) protegido pela V Emenda à Constituição norte-americana. A referida demanda fora julgada procedente pelo Supremo Tribunal da Pensilvânia. Em sede recursal, a Suprema Corte norte-americana, reformando a decisão do tribunal estadual, se posicionou no sentido

---

[602] ZIEGLER, Edward H. Partial Taking Claims, Ownership Rights in Land and Urban Planning Practice: The Emerging Dichotomy between Uncompensated Regulation and Compensable Benefit Extraction Under the Fifth Amendment Takings Clause. Journal of Land, *Resources & Environmental Law*, [s. l.], v. 22, n. 1, 2002. p. 497.

de que o Estado se excedeu no exercício do seu poder de polícia, de sorte a causar uma significativa redução do valor da propriedade da mineradora. Nas palavras do *Justice* Oliver Wendell Holmes Junior,[603] relator do caso, que sumariza o posicionamento daquela Corte: "Na nossa opinião, não se trata do exercício do poder de polícia, na medida em que afeta a mineração de carvão em ruas ou cidades em lugares onde havia um direito exploratório de natureza econômica (tradução livre)".

Em outra oportunidade, porém, a Suprema Corte Americana se posicionou de forma diversa. Trata-se do precedente *Penn Central Transportation Co. v New York City*, 438 US 104, de 1978, usualmente denominado simplesmente como "Penn".[604] Na ocasião, a Penn Central Transportation Co. celebrou contrato de arrendamento para explorar o *Grand Central Terminal* (Terminal Central) de Nova York. Ocorre que, no bojo desta relação contratual, pretendia construir um edifício comercial de cerca de 50 andares na referida estação. Nada obstante, tal construção estava em desacordo com a Lei de Preservação de Marcos Históricos de Nova York, a qual qualificava o *Grand Central Terminal* como um imóvel que não poderia ser descaracterizado. Uma espécie de "tombamento", se formos nos utilizar de instituto previsto no ordenamento jurídico pátrio. Por esse motivo, a Comissão de Preservação de Marcos Históricos de Nova York interditou a referida construção.

Inconformada, a companhia ajuizou demanda em face daquela cidade, ao argumento de que tal vedação teria caráter expropriatório, posto que reduziria o retorno razoável do investimento aportado naquele empreendimento. Contudo, a referida demanda foi julgada improcedente. Na referida decisão, a Suprema Corte concluiu que a Lei de Nova York não interferiu na utilização do referido empreendimento, na qualidade de terminal ferroviário. Além disso, deixou consignado que, a despeito de tal restrição urbanística, ainda havia espaços que poderiam ser explorados comercialmente pela empresa privada. Por tais razões, concluiu que não ocorreu alteração significativa do retorno razoável do investimento agente privado, o que descaracteriza essa regulação como expropriatória.

Esse precedente se apresentou como relevante por dois aspectos. Primeiro, porque criou o conceito de *"taking parcial"*, o qual

---

[603] Disponível em: https://supreme.justia.com/cases/federal/us/260/393/. Acesso em: 13 out. 2024.
[604] LOUIS, Henkin. Infallibility under Law: Constitutional Balancing. *Columbia Law Review*, [s. l.], v. 78, n. 5, jun. 1978. p. 1022.

teria o condão de retirar o caráter expropriatório de uma regulação. Segundo, porque introduziu o teste tripartite na avaliação do caráter expropriatório de uma regulação. De acordo com esse teste, para que uma regulação seja expropriatória, dever-se-ia analisar se: (i) há uma intervenção física permanente na propriedade dos particulares; (ii) houve uma alteração nas expectativas razoáveis do particular; e (iii) houve um excesso – como em "Mahon", que impedisse qualquer outro uso econômico do bem, ou que lhe retirasse suas principais características.

Outro precedente digno de nota acerca desta temática foi *Agins v. Tiburon*,[605] US 255, de 1980. Tratou-se de demanda que versava sobre a regulação trazida por Lei de Zoneamento Urbano. No caso concreto, os Agins adquiriram cinco hectares de terra na cidade de Tiburon, no estado da Califórnia, com o objetivo de construir uma espécie de condomínio residencial naquela localidade. Entretanto, de acordo com plano de urbanização da cidade, a área adquirida seria dedicada a habitações unifamiliares, edifícios acessórios e a usos de espaço aberto, com restrições de densidade locacional. Por conta disso, a referida família teve de construir um número limitado de residências em seu terreno. Em razão dessa limitação ao seu direito de construir, os Agins levaram sua situação à apreciação do Poder Judiciário. Em sede recursal, a Suprema Corte denegou seu pedido indenizatório, ao argumento de que a cidade agiu razoavelmente, e que as decisões gerais de planejamento municipal não violam a V Emenda à Constituição Norte-Americana. Ao ver da Suprema Corte, essas leis seriam legítimas, porquanto visam à proteção da beleza cênica, do lazer e dos recursos naturais.

Outro precedente que merece referência é *Loretto v Teleprompter Manhattan CATV Corp.*[606] O caso versava sobre uma Lei que permitia que a *Teleprompter Manhattan CATV Corp.*, uma sociedade privada que prestava serviços de telecomunicações (de TV a cabo), utilizasse o topo dos edifícios residenciais para a instalação de seus equipamentos, mediante o pagamento de contraprestação a uma Comissão instituída pelo Poder Público. Sucede que a Sra. Loretto, após adquirir um prédio de cinco andares naquela região, constatou que o seu imóvel era utilizado para a instalação dos equipamentos da referida empresa.

---

[605] Disponível em: https://supreme.justia.com/cases/federal/us/447/255/. Acesso em: 20 nov. 2024.

[606] Disponível em: https://supreme.justia.com/cases/federal/us/458/419/. Acesso em: 20 nov. 2024.

Em razão disso, ingressou com uma ação coletiva em face do Poder Público, pleiteando indenização por danos morais e materiais face à expropriação suportada por sua propriedade. A Suprema Corte, conduzida pelo *Justice* Marshall, considerou que a ocupação física permanente da propriedade violava a eficácia dos direitos dos proprietários, reconhecendo o caráter expropriatório da Lei que favorecia à Teleprompter. O ponto a se destacar nesse precedente foi a consagração da regra *"per se* de Loretto", segundo a qual a "invasão física" da propriedade privada pelo Estado, gera o dever de indenizar. Note-se que não se trata de hipótese de transferência física da propriedade privada, mas de uma regulação que resultou na invasão física da propriedade privada.

A questão da "duração" da restrição ao direito de propriedade foi debatida no precedente *Igreja Evangélica Luterana de Glendale v Condado de Los Angeles*, 482 US 304.[607] O precedente versava sobre a aquisição de um terreno pela referida igreja, em 1957, no qual aquela instituição instalara um acampamento denominado "Lutherglen", que servia para o lazer de crianças deficientes. Ocorre que o referido terreno estava localizado próximo às margens de um rio, o qual servia como um canal de drenagem natural de uma bacia hidrográfica. Em 1978, uma inundação, de grandes proporções, destruiu os imóveis construídos em Lutherglen. Em razão disso, em 1979, o Condado de Los Angeles expediu uma portaria proibindo a reconstrução dos imóveis naquela localidade, tendo por motivação a proteção das pessoas que ali residiam. Contudo, essa proibição de construir vigorou durante um curto espaço de tempo, em razão de a referida portaria ter sido anulada. Ainda assim, a Igreja Evangélica Luterana de Glendale, embora tenha conseguido construir seu acampamento, ajuizou uma demanda em face do Poder Público, ao argumento de que o tempo que ficou sem poder construir em seu terreno lhe causou prejuízos. A questão que se colocava era a seguinte: a tomada temporária da propriedade seria passível de indenização? A Suprema, ao apreciar essa questão, concluiu que a "anulação da portaria, sem o pagamento de valor justo para o uso da propriedade durante esse período, seria um remédio constitucional insuficiente, configurando-se como expropriatória".

Outro aspecto também enfrentado pela Suprema Corte sobre este tema disse respeito à restrição ao direito de propriedade como

---

[607] Disponível em: https://supreme.justia.com/cases/federal/us/482/304/. Acesso em: 20 nov. 2024.

condicionante para outorga de consentimento administrativo. Essa questão fora debatida no caso *Nollan v Comissão Costeira da Califórnia*, 483 US 825.[608] Cuidou-se de hipótese em que o casal James e Marilyn Nollan adquiriu um terreno, à beira-mar, no Estado da Califórnia, a fim de nele construir um imóvel. Por se tratar de área com potenciais impactos urbanísticos, precisaram pleitear licença de construir à Comissão Costeira daquela localidade. Ao analisar o pedido dos Nollan, a referida comissão condicionou a obtenção da referida licença à manutenção de uma via pública, em sua propriedade.

O referido casal ingressou com uma demanda em face do Estado, ao argumento de que essa exigência seria expropriatória. A Suprema Corte, em julgamento conduzido pelo *Justice* Scalia, concluiu que: (i) o estado da Califórnia, por meio de sua Comissão Costeira, tem autoridade para estabelecer a referida limitação às propriedades localizadas à beira-mar; e (ii) se o Estado pretendia utilizar o seu domínio eminente para fazer tal exigência, deveria pagar uma compensação justa aos Nollan e aos demais proprietários de imóveis à beira-mar, que estivessem na mesma situação. Veja-se que, nesse caso, não se tratou de um ato normativo, genérico e abstrato, mas de um ato concreto, decorrente do consentimento de polícia estatal, no qual fora imposta uma obrigação expropriatória.

Outro precedente digno de registro é *Lucas v Conselho da Costa da Carolina do Sul*, 505 US 1003,[609] de 1992, o qual parece retratar todos os entendimentos acima expostos. Cuidou-se de caso em que Lucas comprou dois lotes residenciais em terrenos à beira-mar, no Estado da Carolina do Sul, com a intenção de construir casas naquela localidade. Quando da celebração dos contratos de compra e venda relativos a tais propriedades, os referidos imóveis não estavam sujeitos a nenhuma restrição. Sucede que, quando Lucas foi levar a efeito o registro dessas propriedades, foi editada norma que estabelecia restrições urbanísticas ao direito de construir naquela localidade.

Por conta disso, Lucas ingressou com uma demanda em face do Estado, alegando que a referida limitação ao seu direito de construir reduzira o valor econômico de sua propriedade. Ao apreciar a questão, a Suprema Corte dos Estados Unidos, sob a condução, mais uma vez,

---

[608] Disponível em: https://supreme.justia.com/cases/federal/us/483/825/. Acesso em: 20 nov. 2024.

[609] Disponível em: https://supreme.justia.com/cases/federal/us/505/1003/. Acesso em: 20 nov. 2024.

do *Justice* Scalia, conclui que o proprietário sofreu uma expropriação, em razão da depreciação do seu direito de propriedade. Esse precedente fora paradigmático, em razão de ter sido o mote para a criação do conceito de *"Taking Categórica"*. De acordo com a Corte Superior, a *"Taking Categórica"*, ou seja, uma "expropriação evidente", teria lugar em duas hipóteses: (i) quando ocorresse a invasão física da propriedade; e (ii) quando uma regulação retirar todo o benefício econômico de uma propriedade. Na mesma oportunidade, a Suprema Corte apontou três diretrizes que devem orientar a avaliação do caráter expropriatório de uma regulação: (i) a *adoção da teoria do sacrifício*, que será aplicada quando todo o proveito econômico da propriedade for suprimido, o que indicará o seu caráter expropriatório; (ii) o dever de aferição se a regulação violou as expectativas que o particular tinha sobre o proveito econômico da sua propriedade; e (iii) a adoção do *princípio da especialidade*, que aponta para uma análise casuística de cada caso concreto, de modo que não seria possível o estabelecimento de uma fórmula universal, para se aferir se determinada regulação é expropriatória.

Em outra oportunidade, a Suprema Corte evoluiu o seu entendimento no sentido de que a expropriação regulatória pode se caracterizar não só pela supressão de direitos de propriedade, como pela impossibilidade do seu incremento. Cuidou-se do precedente *Dolan v Cidade de Tigard*, 512 US 374,[610] de 1994, em que a Sra. Florence Dolan, proprietária de uma loja de materiais hidráulicos, solicitou a sua expansão junto à Comissão de Planejamento da Cidade de Tigard. Ocorre que, na análise deste procedimento administrativo, o referido órgão impôs duas condições para o deferimento deste pedido: (i) que ela cedesse parte de seu terreno, para a construção de um canteiro, o qual contribuiria para evitar inundações naquela região; e (ii) que ela cedesse outra parcela de seu terreno, com o objetivo de que fosse construída uma via para pedestres e ciclistas, com objetivo de desafogar o tráfego.

A Suprema Corte considerou que tais exigências do Poder Público foram expropriatórias, na medida em que a cidade: (i) não apresentou provas conclusivas de que o trecho destinado à calçada/ciclovia contribuiria para reduzir o congestionamento de tráfego; e (ii) nao demonstrou que os benefícios justificam as condições impostas. Como se pode perceber, nesse caso, a Suprema Corte fundamentou sua decisão mais na ausência de motivação da restrição ao direito de

---

[610] Disponível em: https://supreme.justia.com/cases/federal/us/512/374/. Acesso em: 20 nov. 2024.

propriedade do que na eventual redução patrimonial suportada pelo particular. O importante, porém, é que se consignou que a expropriação regulatória poderá ter lugar não só na supressão de direitos de propriedade, mas, também, na redução da possibilidade que o particular tem de expandi-lo.

Por fim, cite-se *Lingle v Chevron EUA* Inc.,[611] em que a Suprema Corte analisou os limites à intervenção do Estado nas relações comerciais entre particulares. Cuidou-se do exame de Lei do Havaí que limitava o aluguel que as empresas petrolíferas cobravam dos postos de gasolinas. Inconformada, a Chevron USA ajuizou ação perante o Tribunal Distrital Federal, alegando que a referida limitação de aluguel se tratou de uma expropriação ao seu direito de propriedade, posto que o poder público estava se imiscuindo em relações privadas. Ao apreciar esta demanda, a Suprema Corte entendeu que a "regulation amounts to a taking if it requires an owner to suffer a permanent physical invasion of the property or if it deprives the owner of all beneficial use of the property." De acordo com o entendimento da referida corte, o parâmetro do "interesse do Estado na relação", não é fator determinante para a caracterização de expropriação.

No direito brasileiro, Gustavo Binenbojm[612] aponta que uma regulação será expropriatória: (i) quando vier acompanhada de esbulho possessório; (ii) quando for desproporcional, porquanto desnecessária e/ou tiver custos maiores que seus benefícios; e (iii) quando for excessiva, por configurar esvaziamento econômico, ou retirar o conteúdo prático do direito que passa a ser usado para o atendimento de finalidades públicas. André Rodrigues Cyrino,[613] por sua vez, leciona que a função regulatória não seria ilimitada, na medida em que a Constituição de 1988 criou um sofisticado aparato normativo, vedando o confisco e a desapropriação (de bens e direitos), sem o pagamento prévio de justa indenização em dinheiro (art. 150, IV e art. 5º, XXIV). Sobre o tema, já tive a oportunidade de asseverar[614] que "a expropriação regulatória é a falha do processo de elaboração da norma, provocada pela não realização de um procedimento avaliador de seus

---

[611] Disponível em: https://supreme.justia.com/cases/federal/us/544/528/. Acesso em: 20 nov. 2024.
[612] BINENBOJM, Gustavo. Regulações expropriatórias. *Revista Justiça & Cidadania*, [s. l.], 30 abr. 2010.
[613] CYRINO, André Rodrigues. Regulações expropriatórias: apontamentos para uma teoria. *Revista de Direito Administrativo*, Rio de Janeiro, v. 267, pp. 199-235, 2014.
[614] FREITAS, Rafael Véras de. *Expropriações Regulatórias*. Belo Horizonte: Fórum, 2016.

efeitos sistêmicos, que impõe um sacrifício de direitos a particulares, por meio do estabelecimento de gravames anormais e especiais, sem a observância do devido processo legal expropriatório (previsto no art. 5º, inciso XXXIV, da CRFB), resultando na Responsabilização do Estado por ato lícito, em razão da violação da equânime repartição de encargos sociais". Mais recentemente, o tema veio a ser repaginado, por intermédio a Lei nº13.874/2019 (Lei de Liberdade Econômica) que, em seu art. 4º, prescreve que:

> Art. 4º É dever da administração pública e das demais entidades que se vinculam a esta Lei, no exercício de regulamentação de norma pública pertencente à legislação sobre a qual esta Lei versa, exceto se em estrito cumprimento a previsão explícita em lei, *evitar o abuso do poder regulatório de maneira a, indevidamente*:
> I - criar reserva de mercado ao favorecer, na regulação, grupo econômico, ou profissional, em prejuízo dos demais concorrentes;
> II - redigir enunciados que impeçam a entrada de novos competidores nacionais ou estrangeiros no mercado;
> III - exigir especificação técnica que não seja necessária para atingir o fim desejado;
> IV - redigir enunciados que impeçam ou retardem a inovação e a adoção de novas tecnologias, processos ou modelos de negócios, ressalvadas as situações consideradas em regulamento como de alto risco;
> V - aumentar os custos de transação sem demonstração de benefícios;
> VI - criar demanda artificial ou compulsória de produto, serviço ou atividade profissional, inclusive de uso de cartórios, registros ou cadastros;
> VII - introduzir limites à livre formação de sociedades empresariais ou de atividades econômicas;
> VIII - restringir o uso e o exercício da publicidade e propaganda sobre um setor econômico, ressalvadas as hipóteses expressamente vedadas em lei federal; e
> IX - exigir, sob o pretexto de inscrição tributária, requerimentos de outra natureza de maneira a mitigar os efeitos do inciso I do *caput* do art. 3º desta Lei.

De acordo com Floriano de Azedo Marques Neto,[615] o novel diploma obriga o "regulador a duas coisas: i) previamente à edição

---

[615] MARQUES NETO, Floriano de Azevedo. Abuso de poder regulatório: algo prático na Lei de Liberdade Econômica. *Advocacia Hoje*, [s. l.], n.3, 2020.

de medida regulatória demonstrar que os ônus, mensuráveis em custos, da medida são compensados com os benefícios alcançados; ii) permanentemente, verificar se os resultados (benefícios) que vêm sendo alcançados justificam os custos a ela associados". Para José Vicente Santos de Mendonça, a noção de abuso de poder regulatório é problema que pressupõe, antes de tudo, a identificação do limite ao exercício da competência fixada para a entidade reguladora. De acordo com autor, "o desvio do poder regulatório, na forma como tratado pelo art. 4º da lei n. 13.874/19 e trabalhado pela literatura do Direito Administrativo, poderia ser definido como a regulamentação da legislação de direito econômico que, mercê de complementá-la, acaba por restringir injustificadamente alguma garantir da liberdade de iniciativa".[616]

O aumento injustificado dos custos de transação, espécie do gênero abuso do poder regulatório, nos termos do art. 4º, inciso V, da Lei nº 13.874/2019 (Lei de Liberdade Econômica), está relacionado com a ideia, comum à Análise Econômica do Direito (AED), de que o principal papel do direito seria alocar os bens a quem lhes atribuir maior valor, reduzindo-se os custos de transação ou convergindo o mercado de modo a agir como se isso acontecesse. Tal significa, na prática, um "reforço à exigência de que regulamentos sejam precedidos e acompanhados por análises de impacto. A norma, aliás, refere-se à demonstração de benefícios, remetendo ao método principal da análise de impacto, a análise de custo-benefício".[617]

---

[616] Como bem sistematiza o autor, "no tema do abuso de poder e de sua espécie mais célebre – o desvio de poder –, a literatura tradicional de Direito Administrativo costuma destacar as seguintes afirmações: (i) o administrador se vincula à finalidade indicada pela lei, (ii) tal finalidade pode ser identificada, talvez até de modo objetivo, (iii) o ato administrativo não pode ir contra a finalidade da lei, nem na aparência nem na essência, sendo, caso isso ocorra, inválido, (iv) mesmo o ato administrativo que atende a finalidade pública, mas distinta da indicada na norma que atribui competência para sua prática, é inválido" (MENDONÇA, José Vicente Santos de. Abuso de poder regulatório: modo de usar (compreensão do art. 4º da lei 13.874/19). *Academia.edu*, [s. l.], [2019].).

[617] Como bem sistematiza o autor, "no tema do abuso de poder e de sua espécie mais célebre – o desvio de poder –, a literatura tradicional de Direito Administrativo costuma destacar as seguintes afirmações: (i) o administrador se vincula à finalidade indicada pela lei, (ii) tal finalidade pode ser identificada, talvez até de modo objetivo, (iii) o ato administrativo não pode ir contra a finalidade da lei, nem na aparência nem na essência, sendo, caso isso ocorra, inválido, (iv) mesmo o ato administrativo que atende a finalidade pública, mas distinta da indicada na norma que atribui competência para sua prática, é inválido" (MENDONÇA, José Vicente Santos de. Abuso de poder regulatório: modo de usar (compreensão do art. 4º da lei 13.874/19). *Academia.edu*, [s. l.], [2019].).

Mais que isso, o art. 4º da Lei de Liberdade Econômica impõe uma espécie de alteração no "ônus da prova sobre a necessidade da regulação". Nas palavras de Dario da Silva Oliveira Neto e Alexandre Cordeiro Macedo, "a partir desse dispositivo, em uma eventual contestação sobre a existência de uma regulação, são os reguladores os responsáveis por justificar a imposição da norma regulatória e, caso não seja justificada, concluir-se-ia pelo abuso de poder regulatório".[618] Em sentido semelhante, Renato Toledo Cabral Junior e João Vitor Silva, ao interpretarem o art. 4º da Lei de Liberdade Econômica, asseveram que a juridicidade da norma regulatória está condicionada à própria conduta do regulador ao longo do processo de sua elaboração, em especial, na produção da AIR (também exigida, vale-se mencionar, pelo art. 5º da Lei de Liberdade Econômica). Dessa forma, o abuso de poder regulatório restaria configurado quando: "(i) o administrador público não considerou os elementos pertinentes ou que o fez de maneira inadequada, evidenciando sua negligência, imprudência ou imperícia (culpa); ou (ii) que a restrição foi deliberadamente guiada por motivações caprichosas e não republicanas (dolo)".[619]

Na visão de Juliana Oliveira Domingues e Pedro Aurélio de Queiroz, a norma contida no art. 4º, inciso V, da Lei de Liberdade Econômica funciona como norma de controle da eficiência da atuação do Poder Público, na medida em que veda a expedição de normas que aumentem os custos de transação sem a demonstração dos benefícios e, portanto, "permite o controle amplo da atuação da administração pública em compasso com o princípio da eficiência já insculpido no *caput* do artigo 37 da Constituição. Nesse ponto, vale sublinhar que não se trata de um dispositivo que veda, pura e simplesmente, a intervenção do Estado na economia, mas sim uma previsão que limita intervenções que criem custos adicionais às atividades econômicas e que onerem, de forma injustificada, as pessoas em geral".[620] Nesse quadrante, pode-se

---

[618] OLIVEIRA NETO, Dario da Silva; MACEDO, Alexandre Cordeiro. Abuso de poder regulatório: uma evolução da advocacia da concorrência no Brasil. *Revista de Defesa da Concorrência*, [s. l.], v. 9, n. 2, 2021. p. 19.

[619] CABRAL JUNIOR, Renato Toledo; SILVA, João Vitor. O abuso do poder regulatório na lei de liberdade econômica. *Jota:* Jornalismo e Tecnologia, [s. l.], 30 out. 2019. Seção Análise.

[620] DOMINGUES, Juliana Oliveira; SILVA, Pedro Aurélio de Queiroz. Lei da liberdade econômica e a defesa da concorrência. *In:* SALOMÃO, Luis Felipe; CUEVA, Ricardo Villas Bôas; FRAZÃO, Ana (coord.). *Lei de liberdade econômica e seus impactos no direito brasileiro.* São Paulo: Thomson Reuters Brasil, 2020. p. 278. Para Vanessa de Mello Brito Arns, "a ideia da Lei da Liberdade Econômica é que não se adicionem custos de transação às transações econômicas, especialmente no tocante à incerteza: fontes de perturbações,

concluir no sentido de que o abuso de poder regulatório, indicado pelo art. 4º, inciso V, da Lei de Liberdade Econômica, se configura quando a regulação não indica, "com algum nível de certeza, que os benefícios esperados superam o aumento dos custos de transação igualmente esperados".[621]

A jurisprudência do Supremo Tribunal Federal é prenhe de exemplos que discutiram os limites da atuação regulatória *vis-à-vis* o primado da livre iniciativa, que poderiam ser qualificados como um abuso do poder regulatório de que trata o art. 4º da Lei n. 13.874/2019. Nesse sentido, cite-se, por exemplo, o caso *Uber*, decidido pelo STF, por intermédio da ADPF nº 449/DF e do RE nº 1.054.110/SP. Em síntese, a corte foi instada a se manifestar sobre determinadas leis que limitavam ou restringiam a atividade de transporte individual de passageiros por meio de aplicativos. Na feliz síntese de Floriano de Azevedo Marques Neto e Juliana Bonacorsi de Palma,[622] a pretensão levada ao Supremo Tribunal reavivou o debate sobre a teoria da captura, que havia perdido seu protagonismo no direito brasileiro. Isso porque a questão debatida consistia em saber se a regulação que limitava os aplicativos de transporte remunerado individual de passageiros resultaria de uma captura dos grupos de interesse que resistiam ao desenvolvimento dessa atividade privada (*e.g.* os taxistas).

No caso do RE nº 1.054.110/SP, sob relatoria do Ministro Luís Roberto Barroso, o STF considerou que o transporte privado remunerado de passageiros caracteriza efetiva atividade econômica, passível de regulação, mas não de interdição. É dizer, tal atividade não pode ser entendida como uma utilidade pública, tampouco como um serviço público. Razão pela qual a Lei nº 13.640/2018 alterou a Lei nº 12.587/2012 (Lei de Mobilidade Urbana) para segmentar dois regimes distintos de transporte: (i) o transporte público individual oferecido pelo sistema de

---

como a assimetria de informação entre as partes em uma negociação. Quanto maior a incerteza em uma negociação e seus efeitos, isso tende a aumentar os seus custos de transação" (ARNS, Vanessa de Mello Brito. Análise Econômica do Direito e a Lei de Liberdade Econômica (13.874/2019). *Revista Jurídica da Escola Superior de Advocacia da OAB-PR*, [s. l.], ano 5, n. 1, 2020).

[621] MENDONÇA, José Vicente Santos de. Abuso de poder regulatório: modo de usar (compreensão do art. 4º da lei 13.874/19). *Academia.edu*, [s. l.], [2019].

[622] MARQUES NETO, Floriano de Azevedo; PALMA, Juliana Bonacorsi. Limites à regulação: liberdade de iniciativa – Caso Uber, STF. *In:* MARQUES NETO, Floriano de Azevedo; MOREIRA, Egon Bockmann; GUERRA, Sérgio. *Dinâmica da Regulação:* Estudos de casos da jurisprudência brasileira: a convivência dos tribunais e órgãos de controle com agências reguladoras, autoridades da concorrência e livre iniciativa. Belo Horizonte: Fórum 2023. p. 38-39.

táxi; e (ii) o transporte privado individual, que pode ser oferecido por aplicativos. De acordo com o Ministro relator, a Constituição não exige nenhuma autorização prévia para desenvolver atividade de transporte privado por aplicativos, nem há regra que assegure a manutenção de um único modelo de transporte individual de passageiros e, portanto, qualquer interpretação restritiva teria o efeito de criar reservas de mercado aos taxistas. Daí porque "a regulação estatal não pode afetar o núcleo essencial da livre-iniciativa, privando os agentes econômicos do direito de empreender, inovar e competir".

Na ADPF nº 449/DF, sob relatoria do Ministro Luiz Fux, o STF valeu-se da teoria da captura para aproximar as leis restritivas à atividade de transporte individual de passageiros à dinâmica em que um grupo de interesse se "apropria" do exercício do poder extroverso estatal para que o regulador emita uma regulação que maximize os seus interesses, por intermédio de previsão de barreiras à entrada. Utilizando os ensinamentos de George Stigler,[623] o Supremo Tribunal asseverou que a teoria da escolha pública (*public choice*) vaticina que o processo político por meio do qual regulações são editadas é frequentemente capturado "por grupos de poder interessados em obter, por essa via, proveitos superiores ao que seria possível em um ambiente de livre competição, porquanto um recurso político comumente desejado por esses grupos é o poder estatal de controle de entrada de novos competidores em um dado mercado", o que concentraria benefícios em prol de poucos e dispersaria prejuízos por toda a sociedade.

Disso decorre que a captura regulatória, uma vez evidenciada, legitima o Poder Judiciário a rever a medida suspeita, na qualidade de instituição estruturada para decidir com independência em relação às pressões políticas, a fim de evitar "que a democracia se torne um regime serviente a privilégios de grupos organizados". Além disso, a evolução tecnológica é capaz de superar problemas econômicos que tradicionalmente justificaram intervenções regulatórias, sendo exemplo sensível a redução de custos de transação e assimetria de informação por aplicativos de transporte individual. Na visão do Ministro relator, a literatura especializada assenta que "não há teoria ou conjunto de evidências aceitos que atribuam benefícios sociais à regulação que limite a entrada e a competição de preços".[624]

---

[623] STIGLER, George. The Theory of Economic Regulation. *The Bell Journal of Economics and Management Science*, [s. l.], v. 2, n. 1, 1971.

[624] Nesse ponto, o Ministro Luiz Fux citou as seguintes obras: POSNER, Richard A. The Social Costs of Monopoly and Regulation. *The Journal of Political Economy*, [s. l.], v. 83, n. 4, 1975.

Em outro caso paradigmático, autuado sob a ADI nº 4.874/DF, o STF foi instado a se manifestar sobre os limites da regulação setorial envolvendo o controle do tabaco. A referida ADI contestava o art. 7º, III e XV, da Lei nº 9.782/1999, que disciplinou o Sistema Nacional de Vigilância Sanitária, e a validade da Resolução Anvisa nº 14/2012, a qual proibiu a importação e a comercialização de produtos fumígenos derivados do tabaco que contenham aditivos.

A Ministra relatora, Rosa Weber, destacou que a atividade regulatória incide sobre uma relação de sujeição especial, no âmbito da qual, mediante a celebração de contratos concessórios, a empresa assente formalmente com um grau mais intenso de ingerência do Estado, que é o titular da atividade concedida. Por outro lado, na regulação social exercida pela Anvisa, há uma disciplina de atividades exercidas em caráter privado, não titularizadas pelo Estado, e de grande relevância pública. Ao regular tais atividades privadas, a agência deve se pautar nos limites legais e em estudos técnicos fundamentados. Em sua concepção, a atuação da Anvisa, no caso concreto, seria legitimada pela atribuição contida, no art. 8º, §1º, X, da Lei nº 9.782/1999, de acordo com o qual a agência é competente para controlar e fiscalizar os produtos que envolvam risco à saúde pública, incluindo "cigarros, cigarrilhas, charutos e qualquer outro produto fumígeno, derivado ou não do tabaco". Tal dispositivo seria suficiente para estabelecer um regime específico e diferenciado de controle e fiscalização sanitária à Anvisa, o qual foi materializado pela Resolução Anvisa nº 14/2012.

Além disso, o voto condutor do acórdão ressaltou que, em face de ato normativo editado por agência reguladora com base em exegese do diploma legislativo definidor das suas próprias competências, a "tônica do exame de constitucionalidade deve ser a deferência da jurisdição constitucional à interpretação empreendida pelo ente administrativo". De fato, sendo a lei ambígua à questão específica, a questão decidida pelo STF é se, ao acomodar interesses contrapostos, a solução a que chegou à agência reguladora foi "devidamente fundamentada e se tem lastro em uma interpretação da lei razoável e compatível com a Constituição". Diante de tais fundamentos, o Supremo Tribunal declarou a constitucionalidade do art. 7º, III e XV, da Lei nº 9.782/1999 e, por arrastamento, da Resolução Anvisa nº 14/2012.

---

p. 807-828; SHLEIFER, Andrei. The Enforcement Theory of Regulation. *In:* SHLEIFER, Andrei. *The Failure of Judges and the Rise of Regulators.* Cambridge, MA: The MIT Press, 2012. p. 18; GELLHORN, Walter. The Abuse of Occupational Licensing. *Chicago Law Review*, [s. l.], v. 44, n. 1, 1976-1977.

Em outro precedente, a Associação Brasileira de Emissora de Rádio e Televisão propôs a ADI nº 5.631/DF, em face da Lei nº 13.582/2016, do Estado da Bahia, a qual proibiu a publicidade, dirigida a crianças, de alimentos e bebidas pobres em nutrientes e com alto teor de açúcar, gorduras saturadas e sódio. Ao avaliar o tema, o STF manifestou-se pela proporcionalidade da restrição à liberdade de expressão comercial, que visa a promover a proteção da saúde de crianças e adolescentes. Na visão do Supremo Tribunal, a lei implica "restrição muito leve à veiculação de propaganda, porquanto limitada ao local para o qual é destinada, delimitada apenas a alguns produtos e a um público ainda mais reduzido".

Por outro lado, na ADI nº 6.445/PA, a Confederação Nacional dos Estabelecimentos de Ensino ajuizou ação buscando ver declarada inconstitucional a Lei nº 9.065/2020, do Estado do Pará, que determinava a redução das mensalidades no âmbito da rede privada de ensino, durante a crise sanitária decorrente da Covid-19. Ao decidir o tema, sob relatoria do Ministro Marco Aurélio, o STF asseverou que o legislador paraense invadiu indevidamente o espaço da liberdade de iniciativa, na "medida em que impôs uma redução de receita às instituições de ensino do estado, sem qualquer contrapartida e de forma antisonômica, já que atribuiu especificamente ao setor da educação privada o dever de compensar os prejuízos experimentados pelos particulares em razão da pandemia".

Tal dispositivo deve ser interpretado em conjunto com os arts. 20, 23 e art. 27 da LINDB. Afinal de contas, não se pode desconsiderar que os processos normativos, que lastreiam a edição de regulações maculadas pelo abuso do dever de regular, podem provocar prejuízos concretos e individualizáveis. É que, como bem apontado, pioneiramente, por Carlos Ari Sundfeld e Jacintho Arruda Câmara[625] o devido processo legal "também se aplica às decisões administrativas de caráter normativo. Isto é, também é necessário observar o devido processo legal quando se vai editar regulamentos, resoluções, circulares, portarias ou qualquer outra espécie de ato administrativo geral e abstrato, que afete direitos dos particulares". E concluem, com grande propriedade, afirmando que "não seria sustentável defender que a Administração se sujeitasse ao princípio do devido processo legal apenas quando proferisse decisões

---

[625] SUNDFELD, Carlos Ari; CÂMARA, Jacintho Arruda. O dever de motivação na edição de atos normativos pela Administração Pública. *Revista de Direito Administrativo & Constitucional*, Belo Horizonte, v. 11, n. 45, p. 55-73, jul./set. 2011.

individuais e concretas, estando imune à sua observância quando tomasse decisões de caráter geral (atos normativos)". O art. 20 da LINDB prescreve que "nas esferas administrativa, controladora e judicial, não se decidirá com base em valores jurídicos abstratos sem que sejam consideradas as consequências práticas da decisão". Isso significa dizer que serão maculadas pelo abuso do dever de regular prescrições normativas lastreadas em conceitos jurídicos vagos ou princípios jurídicos, sem o estabelecimento de suas consequências práticas – as quais podem restar demostradas por uma escorreita Análise de Impacto Regulatório. Também pode se configurar como abusivo, o exercício da regulação que estabeleça interpretação ou orientação nova sobre norma de conteúdo indeterminado, impondo novo dever ou novo condicionamento de direito, sem a previsão de um regime de transição quando indispensável para que o novo dever ou condicionamento de direito seja cumprido de modo proporcional, equânime e eficiente e sem prejuízo aos interesses gerais (na forma do disposto no art. 23 da LINDB).

Os setores regulados vêm reconhecendo os impactos das alterações bruscas em regimes jurídicos. No Setor Portuário, por exemplo, o art. 47 da Lei nº 10.233/2011 dispõe que "a empresa autorizada não terá direito adquirido à permanência das condições vigentes quando da outorga da autorização ou do início das atividades, devendo observar as novas condições impostas por lei e pela regulamentação, que lhe fixará prazo suficiente para adaptação". Do mesmo modo, no Setor de Telecomunicações, o art. 95 da Lei nº 9.472/1997 prescreve que "a Agência concederá prazos adequados para adaptação da concessionária às novas obrigações que lhe sejam impostas". Nesse quadrante, por intermédio do art. 23 da Lei nº 13.665/2011, o racional de tais prescrições passa a ser expandido para as "mudanças abruptas" interpretativas, que estabeleçam novos condicionamentos, o que poderá macular uma investida por abuso do poder regulatório.

O art. 27 da LINDB dispõe que "A decisão do processo, nas esferas administrativa, controladora ou judicial, poderá impor compensação por benefícios indevidos ou prejuízos anormais ou injustos resultantes do processo ou da conduta dos envolvidos". Claro que a edição de uma regulação não gera, per se, o direito a indenizações. Não é por outra razão que o art. 27 da LINDB se valeu do termo "compensação", e não "indenização". É que a "indenização", tradicionalmente, tem por fundamento primeiro a recomposição do *status quo* ante patrimonial do ofendido, provocado pela prática de um ato ilícito (art. 186 do CC), ao passo que a "compensação", diversamente, visa a redistribuir, de forma equânime, os custos que serão suportados pelas partes, em decorrência de uma relação jurídica.

Nada obstante, é de se ressaltar que, para a configuração do abuso de direito do qual trata o art. 27, é despicienda a perquirição dos elementos volitivos (dolo ou culpa), seja do administrado, seja da entidade pública (sob a sistemática do abuso de poder). Temos que se deve interpretar o referido dispositivo nos quadrantes do Enunciado nº 37, da I Jornada de Direito Civil do Conselho da Justiça Federal, de acordo com o qual "a responsabilidade civil decorrente do abuso do direito independe de culpa e fundamenta-se somente no critério objetivo-finalístico". De fato, o art. 27 tem por objetivo impor uma "compensação" (e não uma indenização), endoprocessual, pelos benefícios indevidos ou pelos prejuízos anormais provocados pela instauração de processos normativos regulatórios que se configurem como abusivos, nos termos da art. 4º da Lei nº 13.874/2019 (Lei de Liberdade Econômica).

Daí ser possível concluir esse item no sentido de que as normas regulatórias podem padecer de vícios congênitos, seja por resultarem em expropriação regulatória (*e.g.* redução de mensalidades durante a pandemia), seja por restarem capturadas por grupos de interesse (*e.g.* caso Uber). Em outros casos, a atuação proporcional da agência reguladora poderá limitar a liberdade de iniciativa, em prol de interesses sociais legitimamente plasmados na legislação setorial, como se deu nos casos de restrições à importação e à comercialização de produtos fumígenos e de limitação de propagandas dirigidas ao público infantil. São desafios como esses que terão de ser enfrentados à luz do novel instituto do uso abusivo do poder regulatório de que trata o art. 4ºda Lei nº 13.874/2019 (Lei de Liberdade Econômica).

CONCLUSÕES

Os desafios atuais da regulação dos setores de infraestrutura são um tanto mais complexos do que o endereçamento dos efeitos monopólios naturais (aumento de preço, diminuição da oferta e redução da qualidade dos serviços prestados aos usuários).

De fato, o advento de novas tecnologias predicou que fosse forjada uma regulação que, para além de dar conta das tradicionais falhas de mercado, deve equilibrar as externalidades positivas produzidas pela instituição de regimes regulatórios concorrenciais assimétricos. Nesse quadrante, a regulação, para além de ter por objetivo a correção de falhas de mercado, deve aprimorar seus afeitos, a partir das experiências concretas, e das falhas de governo produzidas. É dizer, nos setores de infraestrutura, deve a regulação se lastrear nos efeitos de normativos e nas modelagens já licitadas. Dito em outras palavras, a reflexividade da regulação deve partir dos seus resulta dos concretos, sob uma ótica consequencialista que, para além seus prospectar efeitos, corrija falhas regulatórias já produzidas.

Como restou demonstrado nesta obra, um dos principais desafios da nova regulação dos setores de infraestrutura é endereçar os efeitos econômico-financeiros das "concessões em crise". Num cenário de crise das concessões, a nova regulação da infraestrutura deve endereçar uma confluência dialógica com a regulação endocontratual, veiculada, por intermédio dos contratos de concessão, e a regulação exógena, veiculada pelas entidades reguladora. De fato, é, por meio dessa confluência de regulações, que se pretende garantir um maior *Value for Money* do projeto para o setor público, seja pela produção de externalidades positivas para o desenvolvimento econômico (efeito *crowding out*), seja pela redução dos dispêndios de recursos do tesouro, seja pela transferência parcial dos riscos do projeto para os concessionários.

Mais que isso, a nova regulação dos setores de infraestrutura dever ser cambiante e adaptável às incertezas decorrentes das incompletudes dos contratos de concessão. O consenso e a produção de eficiências permeiam nos novidadeiros de desafios.

No âmbito do exercício da sua função sancionadora, impõe-se o advento de uma regulação responsiva, de acordo com a qual o *enforcement* passe a conviver, harmonicamente, com a *soft regulation*. É dizer, no qual o exercício do poder extroverso unilateral ceda espaço para incentivos para colaboração. Mais que isso, para além da implementação de uma regulação responsiva, deve se mirar na construção de um sistema sancionador arvorado no racional da *Law and Economics*, por intermédio do qual cumprir a regulação seja, economicamente, mais vantajoso para o infrator do que sofrer a sanção administrativa – ou ao, menos, que os custos de tal descumprimento sejam por ele internalizado. Essa obra se insere nesses novos cenários. Alvitra-se, a partir de um racional jurídico e econômico, que essa obra possa contribuir para os desafios do devir da infraestrutura brasileira.

Diante disso, temos para nós ser possível formular sugestões, normativas e institucionais, de melhores práticas para a regulação dos setores da infraestrutura. As recomendações tomam por base os alicerces teóricos e práticos, do Direito e da Economia, apontados no decorrer da presente obra. Para tanto, indicaremos cada sugestão por meio de um enunciado objetivo e, em seguida, apresentamos a síntese das razões pelas quais compreendemos que a medida poderia ser implementada, na qualidade de boa prática.

> *Recomendação 01*: O ponto de partida das fiscalizações não deve ser o complexo arcabouço regulatório. Fiscalizar e punir são atividades que oneram o orçamento estatal. A atividade fiscalizadora deve ser baseada em evidências de falhas na prestação do serviço que, quando identificadas, são caracterizadas por critérios racionais de importância, prioridade e risco. A partir disso, tem início o ciclo de monitoramento, análise e ação presencial.

A teoria da regulação responsiva instiga os reguladores a pensarem sobre os custos da atividade regulatória, fiscalizadora e punitiva. Cuida-se de reconhecer que, em um ambiente de recursos escassos, o custo administrativo para movimentar o ciclo fiscalizatório é elevado, notadamente quando se considera que a técnica de comando-controle promove litígios, administrativos e judiciais, o que redunda em custos adicionais de *enforcement*.

A redução dos custos regulatórios associados às atividades de fiscalização e de implementação da regulação foi o fator que motivou o governo britânico a encomendar o Relatório Hampton,[626] o qual estabeleceu as bases da regulação baseada em riscos. Como demonstrado por Philip Hampton, fiscalizar e punir são atividades que oneram o orçamento estatal, razão pela qual o aparato regulatório deve ser capaz de definir prioridades, distribuindo os recursos com racionalidade e de acordo com os riscos criados pelos possíveis comportamentos irregulares. A definição dessas prioridades, baseadas em riscos, é calcada nas evidências concretas do comportamento dos regulados.

Dito em outros termos, o ponto de partida da atividade regulatória deve ser a evidência coletada ou percebida pelo regulador. A partir disso, a agência regulará determinada conduta ou fiscalizará a entidade regulada com base no nível de risco que o comportamento evidencia para o sistema como um todo. Nesse sentido, Camilla de Andrade Gonçalves Fernandes[627] leciona que a regulação baseada em evidências promove "verdadeira revolução nos métodos, técnicas e cultura da fiscalização, possibilitando a substituição de decisões baseadas em percepções individuais, e em alguma medida subjetivas, por decisões baseadas em evidências, rastreáveis, replicáveis, transparentes" e com maior potencial de responsabilização *(accountability)*. A autora destaca que as características de qualificação *(expertise)* dos servidores, como a experiência e o conhecimento setorial, continuam sendo componentes importantes para a decisão, mas passam a "ser melhor utilizadas" com evidências.

De acordo com a Nota Técnica nº 217/2015-SFE/ANEEL, elaborada pelo corpo técnico da ANEEL, essa abordagem permite definir como medir os resultados de cada fiscalização, já que o objetivo de cada ação é formulado a partir de evidências de falhas a serem sanadas. Dessa

---

[626] HAMPTON, Philip. *Reducing administrative burdens*: effective inspection and enforcement. Norwich: HM Treasury, 2005.
[627] FERNANDES, Camilla de Andrade Gonçalves. *A reforma do modelo de fiscalização do setor elétrico brasileiro*. 2018. Monografia (Especialização em Gestão Pública) – Diretoria de Formação Profissional e Especialização, Escola Nacional de Administração Pública, Brasília, 2018. p. 13.

forma, a atuação baseada em evidências fornece elementos reais para que o agente corrija os problemas apontados, bem como para que os usuários acompanhem os resultados da atividade fiscalizatória.

Cuida-se de recomendação lastreada, também, nos estudos técnicos conduzidos pela ANTT. O Anexo da Portaria ANTT nº 34/2020 destaca que as evidências devem permear as atividades regulatória, fiscalizatória e sancionatória, razão pela qual o órgão regulador deve considerar dados concretos para o desenho regulatório, para a tomada de decisão e para uma revisão retrospectiva sobre o arcabouço normativo.

Daí porque a Nota Técnica nº 3433/2021/GT-PAR, produzida no curso do projeto de atuação responsiva da Agência Nacional de Transportes Terrestres, apresenta um método de fiscalização de três níveis. O primeiro nível é o monitoramento,[628] consistindo na estruturação de uma base de dados que congregue os indicadores de desempenho e subsidie o regulador na identificação dos principais riscos. O segundo nível é a análise, com base em resultados do monitoramento, definindo-se um plano de atividades desenvolvido para regulados que apresentam maiores níveis de risco regulatório. O terceiro nível é a ação presencial, baseada nos moldes tradicionais de fiscalização de comando e controle, que visa a identificar descumprimentos e aplicar penalidades previstas. Além disso, essa espécie de fiscalização consiste na aplicação de uma pirâmide sancionadora, em escala progressiva.[629]

---

[628] Sobre a aplicação do monitoramento, a Nota Técnica nº 3433/2021/GT-PAR destaca que: "com o modelo estruturado, o foco de análise é na identificação de riscos regulatórios potenciais. Dessa forma, o monitoramento pode agir de várias formas. Primeiramente, é possível identificar, em caráter preventivo, tendências de declínio na performance de um indicador. Neste caso, deve-se ter contanto rápido e objetivo com os tomadores de decisão principal dos agentes regulados, de modo que estas questões sejam facilmente tratadas. Conceitos de economia comportamental, que podem ser desenvolvidos ao longo do processo de concepção da fiscalização responsiva, são importantes "pílulas" para o estímulo à melhoria da conformidade [...]. Ademais, o monitoramento indica, de forma sistêmica, quais melhorias devem ser endereçadas pelos agentes regulados, mediante avaliação do desempenho operacional através do uso do *ranking* dos agentes regulados. O monitoramento também pode indicar ao regulador a efetividade das normas existentes (incluindo mudanças regulatórias recentemente introduzidas), contribuindo para a retroalimentação do ciclo regulatório. Ou seja, é possível acompanhar o comportamento do mercado diante de normas existentes para que se verifique a necessidade de revisão regulatória ou de procedimentos".

[629] De acordo com a Nota Técnica: "note-se que o processo de fiscalização em três níveis é desenvolvido para abordagem de agentes enquadrados nas bases inferiores da pirâmide, até a aplicação de medidas coercitivas. O modelo teórico, no entanto, não limita a atuação da fiscalização em apenas três níveis de atuação. Dessa forma, o desenho de fiscalização responsiva pode contemplar a quantidade de níveis adequada para abordagem de

No mesmo sentido, o Departamento Nacional de Auditoria da Austrália instituiu a flexibilidade da resposta regulatória às desconformidades, de acordo com os riscos, a capacidade e a motivação do regulado para retornar à conformidade. O guia elaborado por tal entidade prescreve que a resposta do regulador deve ser: (i) proporcional aos riscos apresentados; (ii) reconhecer a capacidade e a motivação do regulado para retornar à conformidade; e (iii) sinalizar a seriedade do desvio regulatório.

> *Recomendação 02*: As agências reguladoras devem considerar estabelecer mecanismos efetivos de cooperação e de prevenção, os quais forneçam segurança de que o regulado não será punido se corrigir o comportamento irregular em prazo determinado.

Uma das características mais salientes da regulação responsiva é a estratégia *tit-for-tat*, na qual os reguladores se valem, em primeiro lugar, de instrumentos persuasivos, adotando-se instrumentos punitivos, caso os regulados se mantenham recalcitrantes em cumprir as normas regulatórias.[630]

A estratégia *tit-for-tat*, conforme demonstrado por Scholz,[631] tem o potencial de estabelecer uma cooperação mutualmente benéfica entre regulador e regulado, o que significa que o regulador se absterá de adotar uma resposta punitiva, se o agente regulado estiver cooperando. Daí porque, se o regulado se manter infringente à postura cooperativa, o regulador passará a adotar uma resposta punitiva. Em termos práticos, a estratégia *tit-for-tat* se materializa na criação de instrumentos efetivos que possibilitem a correção do comportamento do regulado, fornecendo a segurança jurídica necessária de que não haverá punição, caso a irregularidade seja corrigida no prazo determinado pelo órgão regulador.

---

cada mercado, em específico. O foco principal da modelagem é estabelecer medidas gradativas que sejam aplicadas de acordo com o comportamento do agente regulado, não se prendendo inicialmente a três níveis pré-definidos, embora o ponto de partida seja a estruturação de três níveis iniciais. Por esta razão, a terminologia a ser utilizada no âmbito da ANTT será apenas 'Fiscalização Responsiva'".

[630] AYRES, Ian; BRAITHWAITE, John. *Responsive regulation*: transcending the deregulation debate. New York: Oxford University Press, 1992. p. 21

[631] SCHOZ, John. Cooperation, Deterrence, and the Ecology of Regulatory Enforcement. *Law and Society Review*, [s. l.], v. 18, n. 2, p. 179-224, 1984.

Por exemplo, o art. 4º da REN nº 846/2019, prescreve que a ANEEL pode firmar plano de resultados com os agentes setoriais visando a melhorar o desempenho dos regulados. A sugestão do plano se dá com base em evidências de degradação ou deterioração da prestação do serviço, ou do equilíbrio econômico-financeiro concessório, e deve contar, no mínimo, objeto, prazo, ações previstas para reversão da situação identificada, critérios de acompanhamento e trajetória de alcance dos resultados esperados.

O art. 20 da Resolução ANTT nº 5.083/2016, estabelece que os servidores da ANTT podem atuar em caráter preventivo e orientador, antes da instauração de processo sancionador. Essa atuação pode ocorrer, por exemplo, alertando o ente regulado quanto às inconformidades verificadas, indicando prazo previsto para que sejam sanadas, mediante lavratura do Termo de Registro de Ocorrência.

No âmbito da ANAC, a Resolução nº 472/2018 instituiu o Plano de Ações Corretivas, consistindo no documento apresentado pelo próprio regulado, que contém a descrição de ações a serem adotadas para a correção de determinada irregularidade, bem como o cronograma de implementação de ações corretivas. Além disso, o Título II, da Resolução ANAC nº 472/2018, disciplina as chamadas providências administrativas preventivas. Tal espécie de providência administrativa não constitui sanção e tem por desiderato estimular o regulado ao cumprimento normativo, por intermédio do Aviso de Condição Irregular ou da Solicitação de Reparação de Condição Irregular, caso em que a ANAC estabelecerá prazo para correção da infração ou concederá prazo para apresentação do Plano de Ações Corretivas.

A ANAC também dispõe de instrumento acautelatório, por meio do qual o regulado pode firmar Termo de Cessação de Conduta se comprometendo a não repetir a infração e corrigir a desconformidade regulatória identificada durante a fiscalização.

Os arts. 50 e 51 da Resolução Anatel nº 746/2021, instituem a Notificação para Regularização e o Plano de Conformidade. Tais instrumentos, de forma semelhante aos anteriores, têm o objetivo de conceder prazos para que o regulado adote ações específicas para corrigir irregularidades identificadas pelo órgão regulador.

No âmbito internacional, a Austrália instituiu mecanismos cooperativos, por intermédio da CASA, entidade que emprega ações de *compliance*, visando a incentivar o setor a cumprir as normas regulatórias, mediante atividades educacionais e de assessoria em questões operacionais e técnicas.

> *Recomendação 03*: A ampliação do leque de sanções disponíveis tende a incentivar a conformidade regulatória por intermédio da ampliação dos custos de informação. Recomenda-se que novas sanções, inclusive premiais, sejam debatidas, estudadas, positivadas e reguladas, para que se evite reduzir as sanções possíveis às hipóteses de advertência-multa-caducidade.

Como assinalado, Ayres e Braithwaite[632] sugerem que os reguladores devem dispor de métodos sancionatórios estruturados sob a forma de uma pirâmide. Na visão dos autores, a aderência do regulado às normas é mais provável quando o regulador exibe uma pirâmide sancionatória explícita.

Daí porque é provável que a deserção da cooperação seja menos atraente quando o regulado se depara com um conjunto de medidas sancionatórias, com diversos níveis de sanções possíveis. Isso porque, quando a agência reguladora dispuser de variadas espécies de sanções, o regulado terá dificuldade de calcular o custo do descumprimento da norma. É dizer, a variedade de sanções possíveis eleva os custos de informação para o cálculo das probabilidades de punição.

O *benchmark* revelou que as clássicas opções sancionatórias de advertência-multa-caducidade podem ser ampliadas, por exemplo, por intermédio da inclusão das "obrigações de fazer" e das "obrigações de não fazer". A ANEEL prescreve tais penalidades nos arts. 5º e 14 da REN nº 846/2019. Tais sanções consistem em ordens emanadas pelas Superintendências responsáveis para inibir o cometimento de novas infrações, quando o agente competente verificar que a imposição de prática ou abstenção de conduta ao agente infrator é "conveniente e oportuna".

Da mesma forma, a ANAC intenta, por meio da Consulta Pública nº 02/2024, aprovar ato normativo que prevê as duas espécies de sanções: as obrigações de fazer e as obrigações de não fazer. A primeira resultará em ordem no sentido de compelir o infrator a praticar conduta diversa das obrigações já estipuladas pela arquitetura regulatória-contratual. A segunda terá lugar para forçar que o regulado deixe de praticar conduta que lhe seria permitida, caso não cometesse a infração.

---

[632] AYRES, Ian; BRAITHWAITE, John. *Responsive regulation*: transcending the deregulation debate. New York: Oxford University Press, 1992. p. 35-38.

Ainda tomando a ANAC como exemplo, pode-se cogitar do aprimoramento da própria sanção de multa, por intermédio do incentivo ao seu adimplemento e à redução da litigiosidade. Como destacado, o art. 28 da Resolução ANAC nº 472/2018, possibilita que o autuado apresente, antes da decisão administrativa de primeira instância, requerimento à autoridade competente solicitando o arbitramento sumário da multa em montante de 50% do valor médio da penalidade passível para a suposta infração cometida.

Pensando em opções mais amplas, poder-se-ia cogitar a implementação de pirâmide semelhante àquela adotada pela Anatel, com as seguintes medidas: (i) composição de base de dados para futuras fiscalizações; (ii) orientação; (iii) divulgação de informações; (iv) plano de conformidade; (v) notificação para regularização; (vi) advertência; (vii) multa; (viii) suspensão temporária; (ix) obrigação de fazer; (x) intervenção; e (xi) caducidade.

No âmbito internacional, a adoção de pirâmides sancionatórias se deu no âmbito da Autoridade Australiana de Segurança Marítima e no Departamento de Melhores Práticas do Reino Unido. Tais entidades dispõem de mecanismos de notificação prévia e de avisos para que os regulados voltem a adotar posturas cooperativas, antes da escalada punitiva.

> *Recomendação 04*: A adoção de pirâmides regulatórias tende a estimular que os próprios regulados encontrem soluções para os desafios regulatórios. Recomenda-se que as agências considerem, em determinados temas, definir a meta substantiva para que as concessionárias proponham as formas para alcançá-la.

Para além da pirâmide sancionatória, Ayres e Braithwaite[633] sugerem que o órgão regulador disponha de uma pirâmide de estratégias regulatórias. O *design* da pirâmide prevê medidas menos interventivas, em sua base, escalando para medidas regulatórias mais interventivas, em seu vértice. A pirâmide regulatória parte do pressuposto de que, quando o regulador negocia a meta regulatória substantiva com o setor, deixando que os agentes definam o seu atingimento, há mais chances de que os objetivos regulatórios sejam alcançados.

---

[633] AYRES, Ian; BRAITHWAITE, John. *Responsive regulation*: transcending the deregulation debate. New York: Oxford University Press, 1992. p. 38-40.

Pode-se cogitar que os reguladores criem um sistema regulatório de incentivos para que as entidades personifiquem determinadas obrigações regulatórias, por intermédio da constituição de pessoa jurídica que fique responsável pela autorregulação setorial. Claro que não seria cabível uma regulação mandatória nesse sentido (lastreada no poder extroverso e arquitetada sob os vetustos auspícios do comando-controle), sob pena de padecer de inconstitucionalidade congênita, em razão do direito fundamental à liberdade de associação (art. 5º, XVII, da CRFB).

Trata-se de solução que teria a natureza de *soft regulation*, materializada, por exemplo, em diretrizes não sancionatórias, recomendações ou códigos normativos de conduta, sem efeitos jurídicos imediatos, uniformemente, vinculantes, diretos, precisos e com monitoramento claramente delineado.[634]

Como visto, a *soft regulation* se aproxima, de um lado, da proposta de desenho regulatório decorrente da regulação responsiva, de acordo com a qual a efetividade da regulação está relacionada com a criação de regras que incentivam o cumprimento voluntário pelo regulado, assim como de um ambiente regulatório de constante diálogo entre regulador-regulado.[635] De outro lado, a *soft regulation* se relaciona à vertente da *smart regulation*, uma vez que recomenda formas flexíveis e inovadoras de regulamentação, afastando-se da clássica abordagem regulatória de comando-controle.[636]

Um dos modelos de *soft regulation* mais utilizados para fomentar a coordenação entre concessionárias diferentes é a autorregulação regulada.

A autorregulação tem por fundamento a liberdade constitucional de associação (art. 5º, XVII, CRFB), objetivando a defesa de interesses metaindividuais, seja protegendo os interesses individuais homogêneos, seja defendendo os interesses coletivos e difusos da sociedade,[637]

---

[634] Nesse sentido, ver: KASA, Sjur; WESTSKOG, Hege; ROSE, Lawrence E. Municipalities as Frontrunners in Mitigation of Climate Change: Does Soft Regulation Make a Difference? *Environmental Policy and Governance*, [s. l.], v. 28, p. 98-113, 2018.

[635] AYRES, Ian; BRAITHWAITE, John. *Responsive regulation*: transcending the deregulation debate. New York: Oxford University Press, 1992.

[636] "Emerging form of regulatory pluralism that embraces flexible, imaginative, and innovative forms of social control which seek to harness not just governments but also business and third parties" (GUNNINGHAM, Neil. Enforcement and compliance strategies. *In:* LODGE, Martin; CAVE, Martin; BALDWIN, Robert (ed.). *The Oxford Handbook of Regulation*. Oxford: Oxford University Press, 2010. p. 752 e seguintes).

[637] Vital Moreira delineia os contornos da autorregulação como instrumento de vinculação dos interesses de determinado setor da economia: "Três traços caracterizam a auto-regulação.

de modo que suas ações se vinculam visceralmente aos interesses da própria economia de mercado, que, presumidamente, são acompanhados mais de perto pelos seus operadores.

Como assinalado na presente obra, nos serviços públicos, é possível se constatar um movimento recente de incentivo e estímulo ao instituto da autorregulação regulada. Em uma perspectiva geral, menciona-se a fundação do Instituto Brasileiro de Autorregulação do Setor de Infraestrutura (IBRIC),[638] que, por meio do compromisso voluntário dos associados, visa a promover melhorias no setor.

No setor ferroviário, é possível verificar recentes iniciativas legislativas que possibilitam e incentivam a instituição da autorregulação regulada, no âmbito da Lei nº 14.273/2021. No que diz respeito ao setor de telecomunicações, a autorregulação regulada é disciplinada pelo Decreto nº 9.612/2018. A viabilidade de implantação deste arranjo associativo também é reforçada, no setor elétrico, pelo ONS. O ONS é uma entidade privada, sem fins lucrativos, composta por representantes do Ministério de Minas e Energia, e das empresas de geração, transmissão e distribuição de energia elétrica. De acordo com o disposto no art. 13 da Lei 9.648/1998, incumbe ao ONS a responsabilidade pela execução das atividades de coordenação e de controle da operação de geração e da transmissão de energia elétrica. Também lhe são afetas, entre outras, as atividades de supervisão e coordenação dos centros de operação de sistemas elétricos, e da operação dos sistemas eletroenergéticos nacionais e internacionais, próprias de uma entidade reguladora estatal.

Não se vislumbra grandes questionamentos quanto à possibilidade de as concessionárias privadas de serviço público integrarem uma associação privada para atenderem a uma finalidade comum, por ser uma conduta respaldada na garantia constitucional consagrada no art. 5º, XVIII, da CRFB.

Primeiro, é uma espécie de regulação do gênero regulação. Segundo, é uma forma de regulação colectiva. Não existe auto-regulação; a autocontenção ou autodisciplina de cada agente econômico ou empresa, por motivos morais ou egoístas, não é regulação; a auto-regulação envolve uma organização colectiva que estabelece e impõe aos seus membros certas regras e disciplina. Terceiro, é uma forma de regulação não estatal" (MOREIRA, Vital. *Auto-Regulação Profissional e Administração Pública*. Coimbra: Almedina, 1997. p. 52).

[638] Disponível em: https://ibric.org.br/. Acesso em: 20 out. 2024.

> *Recomendação 05*: Recomenda-se que as agências reguladoras instituam mecanismos efetivos de divulgação de informações relacionadas aos serviços regulados e às atividades desenvolvidas pela própria entidade reguladora.

A regulação por exposição (ou regulação *sunshine*) é um mecanismo regulatório desenhado para garantir a efetiva transparência do desempenho da prestação dos serviços, por intermédio da divulgação ao usuário, de forma clara e objetiva, de indicadores previamente selecionados. Significa dizer que os usuários e as próprias reguladas podem acessar, de modo célere e intuitivo, os indicadores definidos pela agência, comparados com valores de referência e padrões esperados, classificados em determinadas categorias (como "excelente", "bom", "regular", "crítico", entre outros). Cuida-se de instrumento que pretende impulsionar a aderência regulatória por meio da exposição e da redução de assimetrias de informações.

Esse mecanismo é utilizado, por exemplo, na regulação do setor ferroviário federal. A ANTT possui painel interativo virtual[639] que permite o acompanhamento do *status* de implementação dos investimentos obrigatórios a serem realizados pelas concessionárias. Em reforço útil, cite-se o exemplo da Agência Reguladora de Serviços de Abastecimento de Água e de Esgotamento Sanitário do Estado de Minas Gerais (ARSAE), a qual, por meio da Resolução nº 108/2018, estabeleceu metodologia de avaliação dos serviços de saneamento por meio de indicadores, no âmbito do Projeto *Sunshine* (ProSun).

A avaliação ocorre por meio de indicadores delineados no Anexo I, da Resolução ARSAE nº 108/2018. Ao após, a agência os classifica de acordo com níveis de satisfação, atribuindo cores de acordo com a conformidade regulatória esperada (verde, amarelo, vermelho e branco) e classificando-os mediante comparação com o ano antecedente, para fins de indicar melhora, estabilidade ou piora.[640]

Como não existe um conteúdo necessário para a implementação da regulação por exposição, caberá ao órgão regulador decidir quais informações dos serviços regulados se pretende divulgar pela *sunshine*.

---

[639] Disponível em: https://www.gov.br/antt/pt-br/assuntos/ferrovias/fiscalizacao-e-infraestrutura/acompanhamento-dos-investimentos-obrigatorios. Acesso em: 20 out. 2024.

[640] Exemplo da investida pode ser conferida no site do ProSun, disponível em: https://sites.google.com/view/prosun/resultados/minas-em-mapas. Acesso em: 20 out. 2024.

Isso dependerá, invariavelmente, da questão regulatória que se pretende resolver.

Além da vertente voltada ao regulado, a divulgação de informações possui um viés voltado para o órgão regulador. É dizer, a agência reguladora atua sob o primado da publicidade, na forma do art. 37 da Constituição, razão pela qual deve divulgar, de modo amplo, os atos administrativos praticados. Isso envolve a publicização, a tempo e modo, das atas da diretoria, das notas técnicas elaboradas, dos pareceres lavrados por sua procuradoria e, ao cabo, aos processos administrativos conduzidos pela agência.

Daí porque temos para nós que a exposição dos atos praticados deve ser uma via de mão dupla. A agência pode instituir mecanismos para publicizar as informações de prestação dos serviços regulados e, dessa forma, alcançar objetivos de políticas regulatórias, mas, ao mesmo tempo, deve garantir que todos os atos administrativos sejam publicizados, de modo contemporâneo à sua elaboração.

> *Recomendação 06*: O ciclo regulatório das agências deve ser permeado pelos seguintes quadrantes: (i) institucionalização de agendas regulatórias; (ii) disciplina da AIR e da ARR, enquanto mecanismos de retroalimentação de evidências e de combate às falhas de mercado; (iii) ampliação do cardápio de participação social; e (iv) regulação de gestões periódicas do estoque regulatório.

À luz do *benchmark* estudado, é recomendável que as agências estruturem os seus ciclos regulatórios, com o desiderato de:

i. Institucionalizar agendas regulatórias;
ii. Disciplinar a AIR e a ARR, enquanto mecanismos de retroalimentação de evidências e de combate às falhas regulatórias;
iii. Aumentar o cardápio de participação social; e
iv. Estipular gestões periódicas do estoque regulatório.

Em relação à agenda regulatória, a vinculação da agência à sua agenda garante que a legítima expectativa criada nos regulados, e na sociedade de um modo geral, acerca da resolução de um determinado tema, será cumprida. Nesse quadrante, a agenda regulatória possui uma feição de aumentar a legitimidade da própria agência reguladora.

Por exemplo, no âmbito da ANAC, a Instrução Normativa nº 154/2020 deixou expresso o potencial da agenda regulatória como um instrumento de planejamento, cujo objetivo é promover a transparência e a previsibilidade da atuação da agência, por intermédio da indicação formal dos temas que serão prioridade no processo regulatório. Como visto, a inclusão da regulação responsiva na agenda regulatória da ANAC foi um dos fatores determinantes para que esta agência atingisse nível de maturidade adequado para propor formas de regulação inovadoras, tais como aquelas endereças nas Consultas Públicas nº 02/2024 e 04/2024.

No mesmo sentido, a regulação responsiva foi incluída nos Planos de Gestão Anual da ANEEL, conforme Portaria nº 6.795/2022 e Portaria nº 6.878/2023, bem como inserida nos Planos de Gestão Anual da ANTT, na forma da Deliberação nº 1.080/2019 e Deliberação nº 522/2020.

No que tange à AIR, à ARR e à gestão do estoque regulatório, cuidam-se de instrumentos que visam a conferir racionalidade ao processo de tomada de decisão estatal e evitar as "falhas da regulação", disciplinados, em âmbito federal, pelo art. 6º da Lei nº 13.848/2019, pelo art. 5º da Lei nº 13.876/2019, e pelo Decreto nº 10.411/2020, e recomendado por organismos internacionais como melhores práticas regulatórias.

Eduardo Jordão e Luiz Filippe Cunha[641] destacam a importância das análises de impacto *prospectivas* (para o futuro, relativas a medidas ainda não adotadas) e das análises de impacto *retrospectivas* (para o passado, relativa a medidas já adotadas e em vigor). Na AIR prospectiva, são feitas projeções e simulações antecipadas de custos e benefícios de uma medida, com níveis de incerteza sobre os seus resultados. Já, na AIR retrospectiva, é possível verificar os efeitos da medida no mundo dos fatos, "com dados concretos e menos limitações informacionais, circunstância que leva à produção de resultados mais confiáveis". Trata-se de uma abordagem conhecida como revisão do estoque regulatório (*regulatory lookback*), que se caracteriza pelo estabelecimento de uma cultura institucional de reavaliação sistemática dos efeitos (e das consequências) dos atos normativos.

A importância da revisão do estoque regulatório, por meio de uma Avaliação de Resultado Regulatório, reside em dois fatores: (i)

---

[641] JORDÃO, Eduardo; CUNHA, Luiz Filippe. Revisão do estoque regulatório: a tendência de foco na análise de impacto regulatório retrospectiva. *Interesse Público*, Belo Horizonte, ano 22, n. 123, 2020. p. 229-231.

um relativo à qualidade dos dados disponíveis para a realização da análise, tendo em vista que a AIR prospectiva envolve significativas especulações, ainda que as simulações sejam pautadas com o máximo de rigor científico, os resultados das estimativas em um mundo complexo e dinâmico nunca serão próximos da exatidão; e (ii) outro relativo à própria natureza da avaliação realizada, pois a AIR prospectiva é focada na medida específica da qual se cogita, enquanto a análise retrospectiva corresponde a um instrumento de organização e "de identificação concreta da qualidade do estoque regulatório de um país".

Dessa forma, "sem uma institucionalização de reavaliações regulatórias periódicas com AIRs *ex post*, o estoque de regulações está fadado a ser mantido repleto de normas duplicadas, redundantes, defasadas ou que não cumpriram o objetivo a que se destinam".[642] A título de exemplo, a Instrução Normativa ANAC nº 154/2020 disciplina os três instrumentos no escopo do ciclo regulatório da ANAC. O art. 15 da referida normativa dispõe que a AIR deve ser realizada previamente à edição ou alteração de atos normativos de interesse geral dos agências econômicas, consumidores ou usuários, devendo respeitar requisitos metodológicos mínimos.[643]

Por derradeiro, em relação ao cardápio de participação social, é certo que mecanismos de participação bem desenhados podem suprir as necessidades de conhecimentos específicos para a agência reguladora, bem como fomentar o estabelecimento de uma cultura de estudos e pesquisas entre os agentes reguladores e regulados, por meio do debate sobre as evidências apresentadas ou coletadas.

Nesse sentido, é possível desenhar um mecanismo de incentivos à participação social junto ao regulador, o qual fomente a colaboração

---

[642] JORDÃO, Eduardo; CUNHA, Luiz Filippe. Revisão do estoque regulatório: a tendência de foco na análise de impacto regulatório retrospectiva. *Interesse Público*, Belo Horizonte, ano 22, n. 123, 2020. p. 231-233.

[643] São requisitos a serem respeitados: "I - identificação do problema regulatório a ser enfrentado, com mapeamento de suas causas, consequências e extensão; II - identificação dos atores afetados pelo problema regulatório; III - identificação da base legal que ampara a ação no tema tratado; IV - definição dos objetivos que se pretende alcançar; V - mapeamento da experiência internacional no tratamento do problema regulatório sob análise, se aplicável; VI - identificação e ideação das opções de ação possíveis para o enfrentamento do problema regulatório; VII - identificação e análise dos impactos positivos e negativos de cada uma das opções de ação identificadas; VIII - comparação das vantagens e desvantagens das opções consideradas e seleção da opção julgada mais adequada para alcançar os objetivos pretendidos; e IX - proposição de estratégias de implementação da opção sugerida, incluindo formas de monitoramento e fiscalização da proposta, bem como a necessidade de alteração ou de revogação de ato normativo em vigor".

baseada em evidências qualificadas, em períodos determinados ou contínuos. Vislumbra-se, nesse sentido, possível premiação de melhores contribuições. Essa medida geraria duas externalidades positivas: (i) atração de universidades, institutos de pesquisa, consultorias e especialistas; e (ii) elevação da qualidade dos dados e das informações recebidas. Essa medida foi, inclusive, cogitada pela Agência Nacional de Transportes Terrestres, conforme Anexo da Portaria ANTT nº 34/2020.

Trata-se de recomendação alinhada com as diretrizes da OCDE. De acordo com a Organização,[644] o princípio de "governo aberto" inclui a transparência e a participação do regulado no processo regulatório, de modo a garantir que a regulação sirva ao interesse público e que seja conformada às necessidades legítimas dos interessados e das partes afetadas.

Daí porque o "governo aberto" inclui a "oferta de canais efetivos (incluindo *online*), para que o público possa contribuir para o processo de preparação de propostas regulatórias e para a qualidade da análise técnica. Os governos devem assegurar que regulações sejam compreensíveis e claras e que as partes possam facilmente compreender seus direitos e obrigações".

O atendimento dessa diretrizes implica que a agência reguladora estabeleça uma política clara e aberta sobre seus processos de participação social. Além disso, o regulador deve cooperar com as partes interessadas na revisão das regulações existentes e no desenvolvimento de novas normas por meio do envolvimento ativo e contínuo de todas as partes interessadas e, como assinalado, constituindo processos de consulta que maximizem as chances de que as informações recebidas sejam qualificadas e eficientes.[645]

---

[644] ORGANIZAÇÃO PARA A COOPERAÇÃO E DESENVOLVIMENTO ECONÔMICO. *Recomendação do Conselho sobre Política Regulatória e Governança*. Paris: OECD, 2012. p. 11.

[645] É de se destacar, também, os seguintes princípios da OCDE: (i) disponibilização ao público, na medida do possível, de todo o material relevante dos processos regulatórios, incluindo as análises e notas técnicas, e as razões para decisões regulatórias, bem como todos os dados relevantes; (ii) estruturação de revisões regulatórias em torno das necessidades das pessoas afetadas pela regulação, cooperando com elas por meio da elaboração e da conduçao de avaliações, incluindo priorização, avaliação de regulações e elaboração de propostas de simplificação; (iii) todas as regulações devem estar facilmente acessíveis ao público. Um banco de dados normativo e regulatório completo e atualizado deve estar gratuitamente disponível ao público em um formato de pesquisa de interface amigável na internet; (iv) os governos devem ter uma política que exija textos regulatórios elaborados a partir de uma linguagem simples. Devem também fornecer orientações claras sobre a conformidade com as regulações, certificando-se que as partes afetadas compreendem os seus direitos e obrigações (ORGANIZAÇÃO PARA A COOPERAÇÃO E DESENVOLVIMENTO ECONÔMICO. *Recomendação do Conselho sobre Política Regulatória e Governança*. Paris: OECD, 2012. p. 11).

> Recomendação 07: O experimentalismo regulatório deve ser fomentado pelas agências reguladoras, mediante instrumentos como o *sandbox*, com o desiderato de incentivar a inovação e gerar evidências sobre o processo regulatório.

O experimentalismo propõe que as políticas públicas e a regulação sejam revisadas à luz da experiência prática. Em tal modelo, a Administração Pública define objetivos e coordena diversas entidades que, de forma descentralizada, operarão em regimes colaborativos e participativos, capazes de aproveitar o aprendizado institucional obtido contextualmente. Trata-se de uma visão em que as instituições são dinâmicas, e não estáticas, uma vez que arranjos institucionais são experimentados e revisados continuamente. O experimentalismo se baseia no aprendizado contextual, o qual fornece um insumo para a remodelagem das políticas e da regulação.

O *sandbox* regulatório é uma forma de experimentalismo. Cuida-se de instrumento que visa a criar um ambiente para que participantes possam experimentar e testar inovações, no mundo real. Nesse contexto, o órgão regulador assume uma postura ativa de propiciar um ambiente regulatório relaxado, embora sujeito a parâmetros de supervisão específicos e contínuos.

Do ponto de vista teórico, o *sandbox* apresenta as seguintes características: (i) foco no avanço da inovação, por meio do alívio regulatório; (ii) definição de regras específicas de admissão dos participantes, incluindo a capacidade dos proponentes de desenvolver um produto ou serviço inovador e a real necessidade de o participante contar com o desconto regulatório; (iii) extensão restrita do desconto regulatório, que é limitado no tempo, bem como por requisitos pré-determinados; e (iv) determinação prévia das regras que irão reger o *sandbox*, inclusive sobre as circunstâncias que possam determinar a expulsão dos participantes.

Do ponto de vista prático, o *sandbox* confere uma autorização temporária, em ambiente regulatório customizado, para que os agentes privados possam lançar novos serviços ou produtos, com desconto regulatório em relação à regulação vigente, desde que dentro de limites pré-estabelecidos. Os possíveis descontos regulatórios são diversos. Embora as regulações setoriais de transporte (ANTT) e energia elétrica (ANEEL) não estabeleçam, aprioristicamente, quais regras podem ser afastadas, o exame do caso concreto poderá levar à concessão de regimes especiais, suspensão de aplicação de eventuais penalidades e dispensa de observância de regras pelo participante.

> *Recomendação 08*: Os reguladores devem considerar estabelecer os procedimentos e os ritos da regulação responsiva em ato normativo próprio, de forma gradual. A recomendação busca estimular a aplicação das diretrizes responsivas e garantir segurança jurídica, previsibilidade, padronização e confiança ao órgão regulador e ao regulado. Além disso, as agências reguladoras devem possuir quadro de servidores em quantidade suficiente para a aplicação de novas estratégias regulatórias. Os servidores devem possuir tempo e conhecimento para estudar os modelos responsivos. Dessa forma, o Estado deve reavaliar periodicamente o quadro de pessoal da agência para realizar concursos públicos e prover treinamento qualificado.

Como se pode depreender do *benchmark* realizado, a REN nº 846/2019, lavrada pela ANEEL, incorporou, em tiras, determinados aspectos da regulação responsiva. Por essa razão, estamos de acordo com Carlos Eduardo Carvalho Lima,[646] quando afirma que a transição do modelo de fiscalização tradicional (comando-controle) para a fiscalização estratégica (regulação responsiva) está materializada, de forma difusa, em notas técnicas da ANEEL.[647]

---

[646] LIMA, Carlos Eduardo Carvalho. *Consensualidade no processo administrativo sancionador da Agência Nacional de Energia Elétrica (ANEEL)*: um olhar de relance sobre a fiscalização estratégica pautada à luz da teoria da regulação responsiva. Dissertação (Mestrado em Direito) – Instituto Brasileiro de Ensino, Desenvolvimento e Pesquisa, Brasília, 2022. p. 73.

[647] Cite-se como exemplos: (i) o Relatório AIR nº 001/2021-SFG/SCT/SFE/SCG/ANEEL, de 16.06.2021, juntado ao Processo nº 48500.005377/2019-69, de acordo com o qual "as fiscalizações da ANEEL têm atuado de modo a identificar antecipadamente esses atrasos e/ou inviabilidades, por meio da fiscalização responsiva, a fim de que esses impactos possam ser minimizados ou, na melhor das hipóteses, eliminados"; (ii) o Relatório de AIR nº 002/2021-SRG/SCG/ANEEL, de 08.12.2021, juntado ao Processo nº 48500.003665/2017-17, onde consta "a proposta atual apenas deixa as alterações de marcos intermediários em outro ambiente (ou sistema), de forma mais flexível e ágil para fazer as alterações que já ocorriam de todo jeito. A ação da SFG de fiscalizar com critérios consistentes, observando os preceitos da regulação responsiva, permanece inalterada"; (iii) o Relatório de AIR nº 3/2021-SRT-SGI-SRD-SRG-SFE-SFG/ANEEL, de 18.08.2021, juntado ao Processo nº 48500.000027/2020-40, segundo o qual "a fiscalização da conformidade regulatória caberá às Superintendências de Fiscalização dos Serviços de Eletricidade (SFE) e dos Serviços de Geração (SFG), que incluirão o tema de segurança cibernética no contexto

Ainda nos alinhando ao autor, consideramos que as agências reguladoras poderiam formalizar o modelo de fiscalização estratégica, por intermédio de "uma minuciosa Resolução Normativa, a ser aprovada pela Diretoria Colegiada da Autarquia", delimitando todas as fases do ciclo de avaliação responsiva, devidamente acompanhada de procedimentos específicos. Isso mitigaria o risco de os agentes fiscalizadores não seguirem as diretrizes estabelecidas pela superintendência a que estão subordinados, além de trazer maior segurança jurídica aos modelos fiscalizador e sancionador. Além disso, a implementação dos instrumentos responsivos deve ser paulatina, evitando-se mudanças abruptas de regras, o que, como bem salientado pelo corpo técnico da ANTT, tende a gerar resistências.

Nesse ponto, cumpre-nos fazer nova recomendação aos setores da infraestrutura. Julia Black e Robert Baldwin [648] demonstram o quão difícil é, na prática, implementar modelos responsivos. O agente regulado não pode ser alheio às restrições e às dificuldades reais a que estão submetidos os reguladores. De outro lado, o Estado não pode ser alheio ao fato de que, uma vez implementadas, as técnicas responsivas tendem a implicar ciclos fiscalizatórios menos custosos.

Um dos principais custos na implementação de novas técnicas regulatórias é o custo de pessoal. A agência deve ser provida de servidores com tempo e conhecimento para estudar os modelos responsivos, a estrutura operacional que molda o comportamento dos regulados, os aspectos institucionais amplos do setor, as ferramentas e estratégias regulatórias disponíveis, bem como para avaliar o desempenho do

---

da Fiscalização Responsiva"; (iv) o Relatório de Avaliação do Resultado Regulatório nº 1/2022-SRT/ANEEL, juntado ao Processo nº 48500.000384/2022-70, de acordo com o qual "ações de regulação também podem ter impactado os resultados aqui apresentados. Por exemplo, a publicação da Resolução Normativa nº 729, de 2016, e a implantação do modelo de Fiscalização Responsiva"; (v) a Nota Técnica nº 27/SEM/SGT/SPE/SRD-2019/ANEEL, juntada ao Processo nº 48500.000018/2019-15, onde consta "desde 2016, a Agência trabalha com o modelo de fiscalização responsiva, buscando abordagens alternativas em relação às técnicas de comando e controle"; e (vi) o Relatório de Avaliação do Resultado Regulatório nº 2/2020/SRT/ANEEL, junto ao Processo nº 48500.000174/2020-10, segundo o qual "o período de implementação da REN nº 729/2016 coincidiu com a mudança da metodologia de fiscalização das instalações de transmissão por parte da SFE/ANEEL. A metodologia, detalhada na Nota Técnica nº 217/2015-SFE/ANEEL, consiste na fiscalização responsiva, baseada no comportamento do agente (ANEEL; 2015a). Cada instalação do SIN passou a ter seus desligamentos forçados monitorados e submetidos a análises específicas a depender do seu desempenho. Após essas análises, podem ser firmados planos de resultados focados na correção de problemas associados ao compromisso de melhoria de performance da instalação".

[648] BLACK, Julia; BALDWIN, Robert. Really responsive risk-based regulation. *Law and Policy*, [s. l.], v. 32, n. 2, p. 181-213, 2010.

regime regulatório e propor mudanças nas prioridades e nos objetivos regulatórios.

Isso pode significar a realização de novos concursos públicos, como se deu no caso da ANEEL, ou na especialização dos servidores já providos. Em qualquer caso, a aplicação de uma regulação realmente responsiva é precedida do custo com pessoal, o qual será, possivelmente, recuperado ao longo do tempo, seja pela simplificação de procedimentos, pela redução do tempo despendido no ciclo regulatório ou pelo aumento da qualidade regulatória.

REFERÊNCIAS

AGÊNCIA NACIONAL DE ENERGIA ELÉTRICA. Bibliografia temática: regulação responsiva. *CEDOC*, [s. l.], v. 5, n. 3, 2023. Disponível em: https://biblioteca.aneel.gov.br/Busca/Download?codigoArquivo=179922. Acesso em: 30 out. 2024.

AGÊNCIA NACIONAL DE TRANSPORTES TERRESTRES. *Relatório Anual Circunstanciado de Atividades 2023*. Brasília, DF: ANTT, 2024. Disponível em: https://www.gov.br/antt/pt-br/acesso-a-informacao/transparencia-e-prestacao-de-contas/prestacao-de-contas-anuais/2023. Acesso em: 17 jun. 2024.

AKERLOF, George A. The Market for "Lemons": Quality Uncertainty and the Market Mechanism. *The Quarterly Journal of Economics*, [s. l.], v. 84, issue 3, p. 488-500, 1970. Disponível em: https://www.jstor.org/stable/1879431. Acesso em: 30 out. 2024.

ALBUQUERQUE, Kélvia Frota de. *A retomada da reforma/melhora regulatória no Brasil: um passo fundamental para o crescimento econômico sustentado*. Brasília, DF: SEAE/MF, 2006. Disponível em: https://www.gov.br/fazenda/pt-br/central-de-conteudo/documentos-de-trabalho-2000-a-2008/2007/documento-de-trabalho-no-35-dezembro-de-2006/view. Acesso em: 30 out. 2024.

ALLEN, Douglas W. What are transaction costs? *Research in Law and Economics*, [s. l.], n. 14, p. 1-18, 1991. Disponível em: https://papers.ssrn.com/sol3/papers.cfm?abstract_id=3882114. Acesso em: 30 out. 2024.

AMIN, Ash. Beyond Associative Democracy. *New Political Economy*, [s. l.], v. 1, n. 3, p. 309-333, 1996. Disponível em: https://www.tandfonline.com/doi/pdf/10.1080/13563469608406265. Acesso em: 30 out. 2024.

ANDRADE, Maria Elisabeth; MARTINS, Eliseu. Desafios na política pública de mensuração dos ativos para a formação das tarifas no setor elétrico: alguém deve ser beneficiado e alguém deve ser sacrificado? *Revista Contabilidade & Finanças*, [s. l.], v. 28, n. 75, 2017. Disponível em: https://www.revistas.usp.br/rcf/article/view/138283. Acesso em: 30 out. 2024.

ANDRADE, Ronaldo José de. *Incorporação de novas tecnologias em contratos de concessão*: estudo de caso do setor rodoviário paulista. Belo Horizonte: Fórum, 2021.

ARAGÃO, Alexandre Santos de. *Direito dos Serviços Públicos*. Rio de Janeiro: Forense, 2007.

ARAGÃO, Alexandre Santos de. *Empresas estatais*: o regime jurídico das empresas públicas e sociedades de economia mista. Rio de Janeiro: Forense, 2017.

ARAGÃO, Alexandre Santos de. O marco regulatório dos serviços públicos. *Interesse Público*, Belo Horizonte, ano 6, n. 27, 2004.

ARIGONY, Alexandre Foch. A recomposição do equilíbrio econômico-financeiro nas concessões: custos, riscos e consequências do grau de determinação da norma. *Fórum de Contratação e Gestão Pública*, Belo Horizonte, ano 18, n. 214, p. 22-38, out. 2019.

ARNS, Vanessa de Mello Brito. Análise Econômica do Direito e a Lei de Liberdade Econômica (13.874/2019). *Revista Jurídica da Escola Superior de Advocacia da OAB-PR*, [s. l.], ano 5, n. 1, 2020.

ARROW, Kenneth; DEBREU, Gerard. Existence of a competitive equilibrium for a competitive economy. *Econometrica*, [s. l.], v. 22, n. 3, p. 265-290, 1954. Disponível em: https://www.jstor.org/stable/1907353. Acesso em: 30 out. 2024.

AURONEN, L. Asymmetric Information: Theory and Applications. *Seminar in Strategy and International Business*, [s. l.], n. 116, p. 45-56, 2003.

AVERCH, Harvey; JOHNSON, Leland L. Behavior of the firm under regulatory Constraint. *American Economic Review*, [s. l.], v. 52, n. 5, p. 1052-1069, 1962. Disponível em: https://www.jstor.org/stable/1812181. Acesso em: 30 out. 2024.

AYRES, Ian; BRAITHWAITE, John. *Responsive regulation*: transcending the deregulation debate. New York: Oxford University Press, 1992.

BALDWIN, Robert; BLACK, Julia. Really responsive regulation. *The Modern Law Review*, [s. l.], v. 71, n. 1, 2008.

BALDWIN, Robert; CAVE, Martin; LODGE, Martin. *Understanding Regulation*: Theory, Strategy, and Practice. New York: Oxford University Press, 2013.

BARROSO, Luís Roberto. A ordem econômica constitucional e os limites à atuação estatal no controle de preços. *Revista de Direito Administrativo*, Rio de Janeiro, v. 226, p. 187-212, out./dez. 2001.

BARROSO, Luís Roberto. Alteração dos contratos de concessão rodoviária. *Revista de Direito Público da Economia*, Belo Horizonte, v. 4, n. 15, p. 99-129, 2006.

BARROSO, Luís Roberto. Prefácio. *In*: SARMENTO, Daniel (org.). *Interesses públicos versus interesses privados*: desconstruindo o princípio da supremacia do interesse público. Rio de Janeiro: Lumen Juris, 2005.

BARROSO, Luís Roberto. *Temas de direito constitucional*. Rio de Janeiro: Renovar, 2001.

BAUMOL, William J. On Proper Cost Tests for Natural Monopoly in a Multiproduct Industry. *In*: BAUMOL, William J. *Microtheory*: Applications and Origins. Cambridge, MA: The MIT Press, 1986.

BEZERRA, Tito Lívio Guedes. *A fiscalização responsiva no âmbito da Agência Nacional de Energia Elétrica* – ANEEL. 2022. Monografia (Graduação em Direito) – Faculdade de Direito, Universidade de Brasília, Brasília, 2022. Disponível em: https://bdm.unb.br/handle/10483/32371. Acesso em: 30 out. 2024.

BINENBOJM, Gustavo. Da supremacia do interesse público ao dever de proporcionalidade: um novo paradigma para o direito administrativo. *In*: SARMENTO, Daniel (org.). *Interesses públicos versus interesses privados*: desconstruindo o princípio da supremacia do interesse público. Rio de Janeiro: Lumen Juris, 2005.

BINENBOJM, Gustavo. Regulações expropriatórias. *Revista Justiça & Cidadania*, [s. l.], 30 abr. 2010. Disponível em https://www.editorajc.com.br/regulacoes-expropriatorias/. Acesso em: 13 out. 2024.

BITTENCOURT, Sidney. *Licitação passo a passo*: comentando todos os artigos da Lei nº 8.666/1993 totalmente atualizada, levando também em consideração da Lei Complementar nº 123/2006, que estabelece tratamento diferenciado às microempresas e empresas de pequeno porte nas licitações públicas. 6. ed. Belo Horizonte: Fórum, 2010.

BLACK, Julia; BALDWIN, Robert. Really responsive risk-based regulation. *Law and Policy*, [s. l.], v. 32, n. 2, p. 181-213, 2010.

BOLONHA, Carlos; EISENBERG, José; RANGEL, Henrique. Problemas Institucionais no Constitucionalismo Contemporâneo. Direitos Fundamentais e Justiça. *Revista do Programa de Pós-Graduação Mestrado e Doutorado em Direito da PUC-RS*, [s. l.], ano 5, n. 17, out./dez. 2011.

BORGES, Alice Gonzalez. Supremacia do interesse público: desconstrução ou reconstrução? *Interesse Público*, Belo Horizonte, v. 8, n. 37, 2006.

BRAEUTIGAM, Ronald R. Optimal policies for natural monopolies. *In*: SCHMALENSEE, Richard; EILLIG, Robert (ed.). *Handbook of industrial organization*. [S. l.]: Elsevier North-Holland, 1989. v. 2. p. 1289-1346. Disponível em: https://www.sciencedirect.com/science/article/abs/pii/S1573448X8902011X. Acesso em: 30 out. 2024.

BRAGANÇA, Gabriel Godofredo Fiuza de; CAMACHO, Fernando Tavares. Uma nota sobre o repasse de ganhos de produtividade em setores de infraestrutura no Brasil (fator x). *Radar*, Brasília, n. 22, p. 7-16, nov. 2012.

BRAITHWAITE, John. The essence of responsive regulation. *UBC Law Review*, [s. l.], v. 44, n. 3, p. 475-520, 2011.

BRANDÃO, Luiz Eduardo; IGREJAS, Rafael. Modelagem econômico-financeira em parcerias público-privadas. *In*: NASCIMENTO, Carlos; CASTILHO, Rafael. *Guia Prático para Estruturação de Programas e Projetos de PPP*. [S. l.]: Radar PPP, 2014. Disponível em: https://www.radarppp.com/wp-content/uploads/201408-guia-praticopara-estruturacao-de-programas-e-projetos-de-ppp.pdf. Acesso em: 27 ago. 2024.

BROUSSEAU, Eric; GLACHANT, Jean-Michel. *The Economics of the Contracts*: Theories and Applications. Cambridge: Cambridge University Press, 2002.

BRUMMER, Chris; YADAV, Yesha. Fintech and the Innovation Trilemma. *The Georgetown Law Journal*, [s. l.], v. 107, n. 2, 2019. Disponível em: https://www.law.georgetown.edu/georgetown-law-journal/in-print/volume-107/volume-107-issue-2-jan-2019/fintech-and-the-innovation-trilemma/. Acesso em: 30 out. 2024.

BUGARIN, Mauricio. Leilões: a Teoria dos Jogos e o Prêmio Nobel de Economia de 2020. *Revista Conceito Jurídico*, Brasília, v. 4, n. 47, p. 77-83, 2020.

BÜRGER, Marcelo Luiz Francisco de Macedo; CORRÊA, Rafael. Responsabilidade preventiva: elogio e crítica à inserção da prevenção na espacialidade da responsabilidade civil. *Revista de Direito Civil*, Belo Horizonte, ano 4, n. 10, p. 35-60, set/dez, 2015.

CABRAL JUNIOR, Renato Toledo; SILVA, João Vitor. O abuso do poder regulatório na lei de liberdade econômica. *Jota:* Jornalismo e Tecnologia, [s. l.], 30 out. 2019. Seção Análise. Disponível em: https://www.jota.info/artigos/o-abuso-do-poder-regulatorio-na-lei-de-liberdade-economica. Acesso em: 30 out. 2024.

CAETANO, Marcello. *Manual de Direito Administrativo.* Coimbra: Almedina, 2013.

CALABRESI, Guido. Some thoughts on risk distribution and the law of torts, *The Yale Law Journal,* [s. l.], v.70, n. 4, 1961.

CALABRESI, Guido; MELAMED, Douglas A. Property Rules, Liability Rules and Inalienability: one view of the cathedral. *Harvard Law Review,* [s. l.], v. 85, n. 6, 1972.

CAMACHO, Fernando Tavares; RODRIGUES, Bruno da Costa Lucas. Regulação econômica de infraestrutura: como escolher o modelo mais adequado? *Revista do BNDES,* Rio de Janeiro, n. 41, p. 285-287, jun. 2014.

CÂMARA, Jacintho Arruda. As autorizações da Lei Geral de Telecomunicações e a Teoria Geral do Direito Administrativo. *Revista de Direito de Informática e Telecomunicações,* [s. l.], v. 2, n. 3, 2007.

CAMELO, Bradson; NÓBREGA, Marcos; TORRES, Ronny Charles. As licitações como um jogo: teoria dos leilões. *In:* CAMELO, Bradson; NÓBREGA, Marcos; TORRES, Ronny Charles. *Análise econômica das licitações e contratos*: de acordo com a Lei nº 14.133/2021 (nova Lei de Licitações). Belo Horizonte: Fórum, 2022.

CAMELO, Bradson; NÓBREGA, Marcos; TORRES, Ronny. *Análise econômica das licitações e contratos*: de acordo com a Lei Nº 14.133/2021 (nova Lei de Licitações). 1. ed. Belo Horizonte: Fórum, 2022.

CAMPOS, Humberto Alves de. Falhas de mercado e falhas de governo: uma revisão da literatura sobre regulação econômica. *Prismas*: Direito, Políticas Públicas e Mundialização, Brasília, DF, v. 5, n. 2, p. 341-370, 2008.

CAVE, Martin. Incentive Regulation: Expectations, Surprises, and the Road Forward. *Review of Industrial Organization,* [s. l.], v. 65, p. 431-453, 2024. Disponível em: https://link.springer.com/article/10.1007/s11151-024-09976-8. Acesso em: 30 out. 2024.

COASE, Ronald H. O custo social. *In:* SALAMA, Bruno Meyerhof (org.). *Direito e economia*: textos escolhidos. São Paulo: Saraiva, 2010.

COASE, Ronald H. *The Firm, the Market and the Law.* Chicago: University of Chicago Press, 1988.

COASE, Ronald H. The Problem of Social Cost. *The Journal of Law and Economics,* [s. l.], v. 56, n. 4, 837-877, 2013.

COHEN, Isadora; RIOS, Jéssica Loyola Caetano. O papel do verificador independente na gestão pró-resultados. *Jota:* Jornalismo e Tecnologia, [s. l.], 5 fev. 2021. Disponível em: https://www.jota.info/opiniao-e-analise/colunas/infra/o-papel-do-verificador-independente-na-gestao-pro-resultados-05022021. Acesso em: 13 out. 2024.

COOTER, Robert D. The Cost of Coase. *Journal of Legal Studies*, [s. l.], n. 11, p. 1-33, 1982.

COUTINHO FILHO, Augusto. Regulação "sandbox" como instrumento regulatório no mercado de capitais: principais características e prática internacional. *Revista Digital de Direito Administrativo*, v. 5, n. 2, 2018. Disponível em: https://www.revistas.usp.br/rdda/article/view/141450. Acesso em: 30 out. 2024.

CRASWELL, Richard. The "incomplete contracts" literature and efficient precautions. *Case Western Reserve Law Review*, Cleveland, v. 56, n. 1, p. 151-168, 2005-2006.

CRUZ, Carlos Oliveira; SARMENTO, Joaquim Miranda. *Manual de Parcerias Público-privadas e Concessões*. Belo Horizonte: Fórum, 2019.

CYRINO, André Rodrigues. Regulações expropriatórias: apontamentos para uma teoria. *Revista de Direito Administrativo*, Rio de Janeiro, v. 267, pp. 199-235, 2014.

DECKER, Christopher. *Modern Economic Regulation*: An Introduction to Theory and Practice. Cambridge: Cambridge University Press, 2015.

DEFANTI, Francisco. Um ensaio sobre a autorregulação: características, classificações e exemplos práticos. Revista de Direito Público da Economia, Belo Horizonte, ano 16, n. 63, p. 149-181, jul./set. 2018.

DEMSETZ, Harold. Toward a Theory of Property Rights. *American Economic Review*, [s. l.], v. 57, n. 2, p. 347-359, May 1967.

DEMSETZ, Harold. Why Regulate Utilities? *Journal of Law and Economics*, Chicago, v. 11, n. 1, p. 55-65, 1968.

DEWEY, John. *The Essential Dewey*: pragmatism, education, democracy. Indianapolis: Indiana University Press, 1998. v. 1.

DEWEY, John. *The Public and Its Problems*: An Essay in Political Inquiry. University Park: Pennsylvania State University, 2012.

DI PIETRO, Maria Sylvia Zanella. *Direito administrativo*. 23. ed. São Paulo: Atlas, 2010.

DOMINGUES, Juliana Oliveira; SILVA, Pedro Aurélio de Queiroz. Lei da liberdade econômica e a defesa da concorrência. *In:* SALOMÃO, Luis Felipe; CUEVA, Ricardo Villas Bôas; FRAZÃO, Ana (coord.). *Lei de liberdade econômica e seus impactos no direito brasileiro*. São Paulo: Thomson Reuters Brasil, 2020.

DROMI, Roberto. *Derecho administrativo*. Buenos Aires: 1995.

DUGUIT, Léon. *Traité de Droit Constitutionnel*. Paris: Fontemoing, 1921. t. II.

ESTRUTURADORA BRASILEIRA DE PROJETOS. *A Prática da Estruturação de PPPs e Concessões de Infraestrutura no Brasil*. Rio de Janeiro: EBP, 2015.

FACHIN, Luiz Edson. *Direito Civil*: sentidos, transformações e fim. Rio de Janeiro: Renovar, 2015.

FARIA, Luzardo, Fundamentos para a adoção de um modelo preventivo de responsabilização civil do Estado. *A&C: Revista de Direito Administrativo e Constitucional*, [s. l.], ano 17, n. 69, p. 211-241, jul./set. 2017.

FARIA, Luzardo. A ineficiência do atual modelo de responsabilização civil do Estado no Brasil e a necessidade de prevenção de danos. *Revista Digital de Direito Administrativo*, [s. l.], v. 4, n. 2, p. 117-136, 2017.

FEITOSA, Fernando Barbelli. *A regulação dos transportes a partir da perspectiva da teoria da "smart regulation"*. 2023. Tese (Doutorado em Direito) – Faculdade de Direito, Universidade de Brasília, Brasília, 2023.

FERNANDES, Camilla de Andrade Gonçalves. *A reforma do modelo de fiscalização do setor elétrico brasileiro*. 2018. Monografia (Especialização em Gestão Pública) – Diretoria de Formação Profissional e Especialização, Escola Nacional de Administração Pública, Brasília, 2018.

FIGUEIREDO, Felipe Guerra. *Nova Economia Institucional e o setor sucroenergético brasileiro*: análise das medidas intervencionistas no setor sob a ótica da teoria da agência positiva. 2013. Dissertação (Mestrado em Economia) – Universidade Federal do Rio de Janeiro, Rio de Janeiro, 2013.

FONSECA, Eduardo G. Comportamento individual: alternativas ao homem econômico. *Revista Novos Estudos Cebrap*, [s. l.], v. 25, p. 151-176, 1989.

FREITAS, Rafael Véras de. A subconcessão de serviço público. *Revista Brasileira de Infraestrutura*. Belo Horizonte, ano 5, n. 10, p. 75-101, 2016.

FREITAS, Rafael Véras de. *Concessão de rodovias*. Belo Horizonte: Fórum, 2018.

FREITAS, Rafael Véras de. *Equilíbrios econômico-financeiros das concessões*. Belo Horizonte: Fórum, 2023.

FREITAS, Rafael Véras de. *Expropriações Regulatórias*. Belo Horizonte: Fórum, 2016.

FREITAS, Rafael Véras de. Novos desafios da arbitrabilidade objetiva nas concessões. *Revista de Direito Público da Economia*, Belo Horizonte, ano 14, n. 53, p. 199-227, jan./mar. 2016.

FREITAS, Rafael Véras de. O regime jurídico do ato de transferência das concessões: um encontro entre a regulação contratual e a extracontratual. *Revista de Direito Público da Economia*, Belo Horizonte, ano 13, n. 50, 2015.

FREITAS, Rafael Véras de. O regime jurídico dos Contratos de Patrocínio celebrados pelo Poder Público. *Revista de Direito Público da Economia*, Belo Horizonte, ano 11, n. 43, p. 215-234, jul./set. 2013.

FREITAS, Rafael Véras de. Regulação por contratos de concessão em situações de incerteza. *Interesse Público*, Belo Horizonte, v. 23, n. 125, jan./fev. 2021.

GALVÃO JUNIOR Alceu de Castro; PAGANINI, Wanderley da Silva. Aspectos conceituais da regulação dos serviços de água e esgoto no brasil. *Engenharia Sanitária e Ambiental*, Rio de Janeiro, v. 14, n. 1, p. 79-88, 2009.

GARCIA, Flávio Amaral. *A mutabilidade nos contratos de concessão*. São Paulo: Malheiros, 2023.

GARDELLA, Maria Mercè Darnaculleta. *Autorregulación y Derecho Público*: La Autorregulación Regulada. Madrid: Marcial Pons, 2005.

GELLHORN, Walter. The Abuse of Occupational Licensing. *Chicago Law Review*, [s. l.], v. 44, n. 1, 1976-1977.

GIDDENS, Anthony. *The Constitution of society*: outline of the theory of structuration. Berkeley: University of California Press, 1984.

GLENCER, Julia M.; BURCAT, Joel R. *The Law of Regulatory Takings*. Boston: Kirkpatrick & Lockhartt, 2002.

GODOY, Arnaldo Sampaio de Moraes. *Introdução ao realismo jurídico norte-americano*. Brasília, DF: edição do autor, 2013.

GOMES, Filipe Lôbo; NÓBREGA, Marcos Antônio Rios da. Por uma revisão do verificador independente. Propostas de redimensionamento funcional e padrões de governança. Não seria o caso de tratá-lo como agente de eficiência privado com poderes estatais ou agente de resolução alternativa de disputas? *Revista Brasileira de Direito Público*, Belo Horizonte, ano 22, n. 84, p. 9-43, jan./mar. 2024.

GOMEZ-IBANEZ, José. *Regulating infrastructure*: monopoly, contracts and discretion. Cambridge, MA: Harvard University Press, 2003.

GORDILLO. Agustín. *Tratado de Derecho Administrativo*. Buenos Aires: Fundación de Derecho Administrativo,1997. t. 1.

GRAU, Eros Roberto. *A Ordem Econômica na Constituição de 1988*. 5. ed. São Paulo: Malheiros, 2000.

GREY, Natália de Campos. A boa administração pública na proteção da fauna: considerados os princípios da prevenção e da precaução e o dever de motivação dos atos administrativos. *Revista de Direito Administrativo*, Rio de Janeiro, v. 262, p. 179-198, jan./abr. 2013.

GUASCH, José. *Granting and Renegotiating Infrastructure Concessions*: Doing It Right. Washington, DC: The World Bank, 2004.

GUASCH, José; BENITEZ, Daniel; PORTABALES, Irene; FLOR, Lincoln. *The Renegotiation of PPP Contracts*: An Overview of its Recent Evolution in Latin America. International Transport Forum Discussion Papers, 2014/18. Paris: OECD Publishing, 2014. DOI: https://doi.org/10.1787/5jrw2xxlks8v-en.

GUASCH, José; LAFFONT, Jean Jacques; STRAUB, Stéphane. *Renegotiation of Concession Contracts in Latin America*. Washington, DC: The World Bank, 2003.

GUERRA, Sérgio; PALMA, Juliana Bonacorsi. Art. 26: novo regime jurídico de negociação com Administração Pública. *Revista de Direito Administrativo*, Rio de Janeiro, Edição especial, 2018. DOI: https://doi.org/10.12660/rda.v0.2018.77653.

GUIMARÃES, Bernardo Strobel. Encampação de contrato concessão: pressupostos e procedimentos. *Jota:* Jornalismo e Tecnologia, [s. l.], 3 dez. 2019. Disponível em: https://www.jota.info/artigos/encampacao-de-contrato-concessao-pressupostos-e-procedimentos. Acesso em: 13 out. 2024.

GUNNINGHAM, Neil. Enforcement and Compliance Strategies. *In:* LODGE, Martin; CAVE, Martin; BALDWIN, Robert (ed.). *The Oxford Handbook of Regulation.* Oxford: Oxford University Press, 2010.

GUNNINGHAM, Neil; GRABOSKY, Peter; SINCLAIR, Darren. *Smart Regulation:* design environmental policy. Canberra: Clarendon Press, 1998.

GUNNINGHAM, Neil; SINCLAIR, Darren. Integrative regulation: a principle-based approach to environmental policy. *Law & Social Inquiry,* [s. l.], v. 24, n. 4, p. 853-896, 1999.

GUNNINGHAM, Neil; SINCLAIR, Derren. Smart regulation. *In:* DRAHOS, Peter. *Regulatory theory:* foundations and applications. Camberra: ANU Press, 2017.

GURREA-MARTINEZ, Aurelio; REMOLINA, Nydia. Global Challenges and Regulatory Strategies to Fintech. *Banking & Finance Law Review,* Forthcoming, v. 36, n. 1, 2020. Disponível em: https://papers.ssrn.com/sol3/papers.cfm?abstract_id=3576506. Acesso em: 30 out. 2024.

HAMPTON, Philip. *Reducing administrative burdens:* effective inspection and enforcement. Norwich: HM Treasury, 2005. Disponível em: https://www.regulation.org.uk/library/2005_hampton_report.pdf. Acesso em: 30 out. 2024.

HARDIN, Garrett. The tragedy of the commons: the population problem has no technical solution; it requires a fundamental extension in morality. *Science,* [s. l.], v. 162, n. 3859, p. 1243-1248, 1968.

HART, Oliver. Incomplete Contracts and Control. *American Economic Review,* Pittsburgh, v. 107, n. 7, p. 1731-1752, 2017.

HART, Oliver. Rethinking incomplete contract. *Harvard University,* [s. l.], 2010. Apresentação de PowerPoint. Disponível em: https://canvas.harvard.edu/courses/61264/files/9004020. Acesso em: 03 out. 2024.

HEILBRONER, Robert L.; MILBERG, William. *The making of economic society.* Londres: Pearson Education, 2012.

HEINEN, Juliano. Regulação experimental ou *sandbox* regulatório: compreensões e desafios. *Revista da Faculdade de Direito da UFPR,* [s. l.], v. 68, n. 1, 2023.

HELLER, Michael. The tragedy of the anti-commons: property in the transition from Marx to markets. *Harvard Law Review,* [s. l.], v. 111, p. 621-688, Jan. 1998.

HELLER, Michael; EISENBERG, Rose S. Can Patents Deter Innovation? *The Anticommons in Biomedical Research Science,* [s. l.], v. 280, n. 5364, p. 698-701, maio 1998.

HOOD, Christopher C.; MARGETTS, Helen Z. *The Tools of Government in the Digital Age.* New York: Palgrave MacMillan, 2007.

IVEC, Mary; BRAITHWAITE, Valerie. *Applications of Responsive Regulatory Theory in Australia and Overseas*: Update. Camberra: Regulatory Institutions Network: Australian National University, 2015. Disponível em: https://papers.ssrn.com/sol3/papers.cfm?abstract_id=2586888. Acesso em: 9 ago. 2024.

JÈZE, Gaston. *Princípios Generales del Derecho Administrativo*. Tradução Julio N. San Millan Almargo. Buenos Aires: Depalma, 1948. t. II, v. 6.

JORDÃO, Eduardo; CUNHA, Luiz Filippe. Revisão do estoque regulatório: a tendência de foco na análise de impacto regulatório retrospectiva. *Interesse Público*, Belo Horizonte, ano 22, n. 123, 2020.

JUSTEN FILHO, Marçal. *Concessões de serviços públicos*: Comentários às Leis nº 8.897/1995 e 9.074. São Paulo: Dialética, 1997.

JUSTEN FILHO, Marçal. *O direito das agências reguladoras independentes*. São Paulo: Dialética, 2002.

JUSTEN FILHO, Marçal. *Teoria geral das concessões de serviço público*. São Paulo: Dialética, 2003.

JUSTEN, Monica Spezia. O Serviço Público na Perspectiva do Direito Comunitário Europeu. *Revista de Direito Público da Economia*, Belo Horizonte, ano 1, n. 1, 2003.

KAGEL, John H.; LEVIN, Dan. *Auctions*: A Survey of Experimental Research. Columbus: Ohio State University, 2014.

KASA, Sjur; WESTSKOG, Hege; ROSE, Lawrence E. Municipalities as Frontrunners in Mitigation of Climate Change: Does Soft Regulation Make a Difference? *Environmental Policy and Governance*, [s. l.], v. 28, p. 98-113, 2018.

KLEIN, Aline Lícia; MARQUES NETO, Floriano de Azevedo. Funções Administrativas do Estado. *In*: DI PIETRO, Maria Sylvia Zanella (coord.). *Tratado de direito administrativo*. São Paulo: Revista dos Tribunais, 2019.

KLEIN, Vinicius. *Os contratos empresariais de longo prazo*: uma análise a partir da argumentação judicial. Rio de Janeiro: Lumen Juris, 2015.

KOLIEB, Jonathan. When to Punish, When to Persuade, When to Reward: Strengthening Responsive Regulation with the Regulatory Diamond. *Monash University Law Review*, [s. l.], v. 41, n. 1, p. 136-162, 2015.

KUBOTA, Luis; SILVA FILHO, Edison; SILVA, Rogério; TUROLLA, Frederico; MORAIS, José; ROSA, Mauricio; PAULA-FERNANDES, Maria Eduarda. Infraestrutura e produtividade no Brasil: análise e recomendação de políticas. *In*: SILVA FILHO, Edison Benedito; OLIVEIRA, João Maria; ARAÚJO, Bruno Cesar Pino Olivera de. *Eficiência produtiva*: análise e proposições para aumentar a produtividade no Brasil. Brasília, DF: IPEA, 2023.

KUHN, Thomas S. *The Structure of Scientific Revolutions*. Chicago: The University of Chicago Press, 1996.

LEITE, Fabio Barbalho. A licitude da cessão de contrato administrativo e operações similares e o mito do personalismo dos contratos administrativos. *Boletim de Licitações e Contratos*, São Paulo, v. 18, n. 8, p. 576-593, ago. 2005.

LIMA, Bruno Miguel Ribeiro. *Definition of Indicators for Monitoring of Concessions*. 2013. Dissertação (Mestrado em Engenharia Civil) – Técnico Lisboa, Universidade de Lisboa, Lisboa, 2013.

LIMA, Carlos Eduardo Carvalho. *Consensualidade no processo administrativo sancionador da Agência Nacional de Energia Elétrica (ANEEL)*: um olhar de relance sobre a fiscalização estratégica pautada à luz da teoria da regulação responsiva. Dissertação (Mestrado em Direito) – Instituto Brasileiro de Ensino, Desenvolvimento e Pesquisa, Brasília, 2022.

LOFGREN, Karl-Gustaf; PERSSON, Torsten; WEIBULL; Jorgen W. Markets with Asymmetric Information: The Contributions of George Akerlof, Michael Spence and Joseph Stiglitz. *The Scandinavian Journal of Economics*, [s. l.], v. 104, n. 2, p. 195-211, jun. 2002.

LÓPEZ, Tomás Quintana. Algunas cuestiones sobre la cláusula de progreso en el contrato de concesión de obras públicas. *Revista española de derecho administrativo*, España, [s. l.], v. 131, p. 421-444, 2006.

LORA, Alejandro Huergo. El riesgo operacional en la nueva Ley de Contratos del Sector Público. *Documentación Administrativa*: Nueva Época, [s. l.], n. 4, p. 31-51, 2017.

LOUIS, Henkin. Infallibility under Law: Constitutional Balancing. *Columbia Law Review*, [s. l.], v. 78, n. 5, jun. 1978.

MACNEIL, Ian R. Relational Contract: What We Do and Do Not Know. *Wisconsin Law Review*, Wisconsin, v. 4, p. 484, 1985.

MANKIW, Gregory. *Introdução à economia*. São Paulo: Thompson Learning, 2007.

MANKIW, Gregory. Okun's Big Tradeoff. *Greg Mankiw's Blog*: Random Observations for Students of Economics, [s. l.], 24 abr. 2006. Disponível em: https://gregmankiw.blogspot.com/2006/04/okuns-big-tradeoff.html. Acesso em: 30 out. 2024.

MARINONI, Luiz Guilherme. *Técnica Processual e Tutela dos Direitos*. 4. ed. São Paulo: Revista dos Tribunais, 2013.

MARQUES NETO, Floriano de Azevedo. A cessão de contrato administrativo entre estado e município como alternativa para evitar a interrupção de obras públicas. *Boletim de Direito Administrativo*, [s. l.], v. 12, n. 7, p. 423-432, 1996.

MARQUES NETO, Floriano de Azevedo. A Nova Regulamentação dos Serviços Públicos. *Revista Eletrônica de Direito Administrativo Econômico*, Salvador, n. 1, 2005.

MARQUES NETO, Floriano de Azevedo. Abuso de poder regulatório: algo prático na Lei de Liberdade Econômica. *Advocacia Hoje*, [s. l.], n.3, 2020. Disponível em: https://www.oab.org.br/revistas/revista-adv-hj-3a-edicao.pdf. Acesso em: 30 out. 2024.

MARQUES NETO, Floriano de Azevedo. Alteração em contrato de concessão rodoviária. *Revista Tributária e de Finanças Públicas*, [s. l.], n. 44, p. 212-214, 2002.

MARQUES NETO, Floriano de Azevedo. Contrato administrativo: superveniência de fatores técnicos dificultadores da execução da obra – inaplicabilidade dos limites de 25% de acréscimos. *Boletim de Licitações e Contratos*, São Paulo, v. 14, n. 2, p. 94-110, 2001.

MARQUES NETO, Floriano de Azevedo. Os Serviços de Interesse Econômico Geral e as Recentes Transformações dos Serviços Públicos. *In:* ALMEIDA, Fernando; MARQUES NETO, Floriano; MIGUEL, Luiz; SCHIRATO, Vitor. *Direito Público em Evolução*: Estudos em Homenagem à Professora Odete Medauar. Belo Horizonte: Fórum, 2013.

MARQUES NETO, Floriano de Azevedo. Regulação estatal e autorregulação na economia contemporânea. *Revista de Direito Público da Economia*, Belo Horizonte, ano 9, n. 33, jan./mar. 2011.

MARQUES NETO, Floriano de Azevedo. *Regulação estatal e interesses públicos*. São Paulo: Malheiros, 2002.

MARQUES NETO, Floriano de Azevedo; CYMBALISTA, Tatiana Matiello. Os acordos substitutivos do procedimento sancionatório e da sanção. *Revista Brasileira de Direito Público*, Belo Horizonte, ano 8, n. 31, out./dez. 2010.

MARQUES NETO, Floriano de Azevedo; FREITAS, Rafael Véras de. *Comentários à Lei nº 13.655/2018 (Lei de Segurança para a Inovação Pública)*. Belo Horizonte: Fórum, 2019.

MARQUES NETO, Floriano de Azevedo; FREITAS, Rafael Véras de. Uber, Whatsapp, Netflix: os novos quadrantes da *publicatio* e da assimetria regulatória. *Revista de Direito Público da Economia*, [s. l.], ano 14, n. 56, 2016.

MARQUES NETO, Floriano de Azevedo; GAROFANO, Rafael Roque. Notas Sobre o Conceito de Serviço Público e Suas Configurações na Atualidade. *Revista de Direito Público da Economia*, Belo Horizonte, ano 12, n. 46, 2014.

MARQUES NETO, Floriano de Azevedo; PALMA, Juliana Bonacorsi de. Juridicidade e controle dos acordos regulatórios: o caso TAC ANATEL. *Portal E-Disciplinas USP*, [s. l.], [2018]. Disponível em: https://edisciplinas.usp.br/pluginfile.php/4296871/mod_resource/content/1/Juridicidade%20e%20Controle%20dos%20Acordos%20Regulat%C3%B3rios%20-%20O%20Caso%20TAC%20ANATEL.pdf. Acesso em: 13 out. 2024.

MARQUES NETO, Floriano de Azevedo; PALMA, Juliana Bonacorsi. Limites à regulação: liberdade de iniciativa – Caso Uber, STF. *In:* MARQUES NETO, Floriano de Azevedo; MOREIRA, Egon Bockmann; GUERRA, Sérgio. *Dinâmica da Regulação*: Estudos de casos da jurisprudência brasileira: a convivência dos tribunais e órgãos de controle com agências reguladoras, autoridades da concorrência e livre iniciativa. Belo Horizonte: Fórum 2023.

MCAFEE, R. Preston; MCMILLAN, John. Auctions and Bidding. *Journal of Economic Literature*, [s. l.], v. 25, n. 2, p. 699-738, jun. 1987.

MCKEAN, Roland N. The Unseen Hand in Government. *American Economic Review*, Local, [s. l.], n. 55, p. 496-506, 1965.

MEDEIROS, Alice Bernardo Voronoff de. *Racionalidade e otimização regulatórias: um estudo a partir da teoria das falhas de regulação*. 2015. Dissertação (Mestrado em Direito) – Faculdade de Direito, Universidade do Estado do Rio de Janeiro. Rio de Janeiro, 2015.

MEDEMA, Steven G. The Coase Theorem at Sixty. *Journal of Economic Literature*, [s. l.], v. 58, n. 4, p. 1045-1128, 2020.

MEIRELLES, Hely Lopes. *Direito administrativo brasileiro*. 24. ed. São Paulo: Malheiros, 1998.

MELO, Bruno Carrara de; TUROLLA, Frederico A. Modelos de Regulação Tarifária e a Lei no. 11.445/2007. *In*: GALVÃO JUNIOR, Alceu de Castro; MELO, Alisson J. M.; MONTEIRO, Mário A. P. (org.). *Regulação do Saneamento Básico*. São Paulo: Ed. Manole, 2013.

MENDAÑA, Nuria Magaldi. La aparición de la "cláusula de progreso": de la iluminación por gas a la iluminación eléctrica. CONGRESO DE LA ASOCIACIÓN ESPAÑOLA DE HISTORIA ECONÓMICA, 12., 2016, Salamanca. [*Anais*]. Salamanca: Asociación Española de Historia Económica, 2016. Disponível em: https://media.timtul.com/media/web_aehe/_wp-content_uploads_2016_01_Nuria-Magaldi.pdf. Acesso em: 13 out. 2024.

MENDONÇA, José Vicente Santos de. Abuso de poder regulatório: modo de usar (compreensão do art. 4º da lei 13.874/19). *Academia.edu*, [s. l.], [2019]. Disponível em: https://www.academia.edu/40442363/Art4Lei_Liberdade_Economica_Final_12672_. Acesso em: 13 out. 2024.

MENDONÇA, José Vicente Santos de. *Direito constitucional econômico*: a intervenção do estado na economia à luz da razão pública e do pragmatismo. Belo Horizonte: Fórum, 2014.

MENDONÇA, José Vicente Santos de. Qual a natureza jurídica dos *sandboxes* regulatórios? *Jota*: Jornalismo e Tecnologia, [s. l.], 03 mar. 2020. Disponível em: https://www.jota.info/opiniao-e-analise/colunas/publicistas/qual-a-natureza-juridica-dos-sandboxes-regulatorios. Acesso em: 30 out. 2024.

MENEGUIN, Fernando B.; MELO, Ana Paula Andrade de. *Soft regulation*: formas de intervenção estatal para além da regulação tradicional. Brasília: Núcleo de Estudos e Pesquisas, 2022.

MILGROM, Paul. *Putting Auction Theory to Work*. Cambridge: Cambridge University Press, 2004.

MILGROM, Paul. Putting Auction Theory to Work: The simultaneous ascending auction. *Journal of political economy*, Chicago, v. 108, n. 2, p. 245-272, 2000.

MILGROM, Paul; ROBERTS, John. *Economics, Organization and Management*. New Jersey: Prentice Hall, 1992.

MILGROM, Paul; WEBER, Robert. A Theory of Auctions and Competitive Bidding. *Econometrica*, [s. l.], v. 50, n. 5, p. 1089-1122, 1982. DOI: https://doi.org/10.2307/1911865.

MILLER, Gary J. The Political Evolution of Principal-Agent Models. *Annual Review of Political Science*, [s. l.], v. 8, p. 203-225, 2005. DOI: https://doi.org/10.1146/annurev.polisci.8.082103.104840.

MOREIRA NETO, Diogo de Figueiredo. *Direito regulatório*. Rio de Janeiro: Renovar, 2003.

MOREIRA, Egon Bockmann. Passado, presente e futuro da regulação econômica no Brasil. *Revista de Direito Público da Economia*, [s. l.], ano. 11, n. 44, 2013.

MOREIRA, Vital. *Auto-Regulação Profissional e Administração Pública*. Coimbra: Almedina, 1997.

MORGAN, Kevin. Experimental Governance and Territorial Development. Paris: OECD, 2018. Disponível em: https://orca.cardiff.ac.uk/id/eprint/124639/. Acesso em: 30 out. 2024.

MUKAI, Toshio. *Licitações e contratos públicos*. 4. ed. São Paulo: Saraiva, 1998.

MYERSON, Roger. Optimal Auction Design. *Mathematics of Operations Research*, Chicago, v. 6, n. 1, p. 58-73, 1981.

NATIONAL TRANSPORTATION SAFETY BOARD. *Pacific Gas & Electric Thirdy-Party Line Strike and Fire*. Washington, DC: NTSB, 2019. Disponível em: https://www.ntsb.gov/investigations/AccidentReports/Reports/PAR2102.pdf. Acesso em: 26 jan. 2024

NÓBREGA, Marcos. Análise Econômica do Direito Administrativo. *In:* TIMM, Luciano Benetti. *Direito e economia no Brasil*. São Paulo: Atlas, 2012.

NÓBREGA, Marcos. Contratos incompletos e infraestrutura: contratos administrativos, concessões de serviço público e PPPs. *Revista Eletrônica de Direito Administrativo Econômico*, Salvador, v. 18, p. 1-16, 2009.

NÓBREGA, Marcos; CAMELO, Bradson. O que o prêmio Nobel de Economia de 2020 tem a ensinar a Hely Lopes Meirelles? O modelo de licitações que temos no Brasil é eficiente? *Jota*: Jornalismo e Tecnologia, [s. l.], 15 out. 2020. Seção Análise. Disponível em: https://www.jota.info/opiniao-e-analise/colunas/coluna-da-abde/premio-nobel-economia-2020-ensinar-hely-lopes-meirelles. Acesso em: 30 out. 2024.

NÓBREGA, Marcos; FREITAS, Rafael Véras; TUROLLA, Frederico. Contratação incompleta de projetos de infraestrutura. *PSP Hub*: Estudos em Infraestrutura e Urbanismo, [s. l.], n. 2, 9 jul. 2023. Disponível em: https://psphub.org/conhecimento/working-paper/contratacao-incompleta-de-projetosde-infraestrutura/. Acesso em: 30 out. 2024.

NONET, Philippe; SELZNICK, Philip. *Direito e Sociedade*: a transição ao sistema jurídico responsivo. Tradução Vera Pereira. Rio de Janeiro: Editora Revan, 2010.

NUNES, Thiago Mesquita. *Relatório do Grupo de Trabalho sobre Extinção Antecipada de Contratos de Parceria*. São Paulo: Centro de Estudos da Procuradoria-Geral do Estado de São Paulo, 2022.

OKUN, Arthur M. *Equality and Efficiency*: The Big Tradeoff. Washington, DC: The Brookings Institution, 1975.

OLIVEIRA NETO, Dario da Silva; MACEDO, Alexandre Cordeiro. Abuso de poder regulatório: uma evolução da advocacia da concorrência no Brasil. *Revista de Defesa da Concorrência*, [s. l.], v. 9, n. 2, 2021.

OLIVEIRA, Alessandro V. M.; TUROLLA, Frederico A. Financiamento da infraestrutura de transportes. *Journal of Transport Literature*, [s. l.], v. 7, n. 1, p. 103-126, 2013.

OLIVEIRA, Rafael Carvalho Rezende; CARMO, Thiago Gomes do. Estado consensual e os desafios da inovação: *Sandbox* regulatório como instrumento de experimentalismo controlado. *Revista Solução em Direito Administrativo e Municipal*, [s. l.], ano 3, n. 30, 2021.

ORBACH, Barak. What is Government Failure? *Yale Journal on Regulation Online*, New Haven, n. 30, p. 44-56, 2013. Disponível em: http://ssrn.com/abstract=2219709. Acesso em: 17 jun. 2024.

ORGANIZAÇÃO PARA A COOPERAÇÃO E DESENVOLVIMENTO ECONÔMICO. *Diretrizes para combater o conluio entre concorrentes em contratações públicas.* Paris: OECD, 2009. DOI: https://doi.org/10.1787/cfe8b760-pt.

ORGANIZAÇÃO PARA A COOPERAÇÃO E DESENVOLVIMENTO ECONÔMICO. *Recomendação do Conselho sobre Política Regulatória e Governança.* Paris: OECD, 2012. DOI: https://doi.org/10.1787/9789264209084-pt.

ORGANIZAÇÃO PARA A COOPERAÇÃO E DESENVOLVIMENTO ECONÔMICO. *Regulatory Enforcement and Inspections*: OECD Best Practice Principles for Regulatory Policy. Paris: OECD, 2014. DOI: https://doi.org/10.1787/9789264208117-en.

ORTEGA REICHERT, Armando. *Models for Competitive Bidding Under Uncertainty*. 1968. Tese (Doutorado em Filosofia) – Universidade de Stanford, Stanford, 1968.

PALMA, Juliana Bonacorsi de. Acordos para ajuste de conduta em processos punitivos das agências reguladoras. *In*: PEREIRA NETO, Caio Mario da Silva; PINHEIRO, Luís Felipe Valerim (org.). *Direito da Infraestrutura*. São Paulo: Saraiva, 2017.

PALMA, Juliana Bonacorsi de. Processo regulatório sancionador e consensualidade: análise do acordo substitutivo no âmbito da Anatel. *Revista de Direito de Informática e Telecomunicações*, Belo Horizonte, ano 5, n. 8, p. 7-38, 2010.

PALMA, Juliana Bonacorsi de. *Sanção e acordo na administração pública.* São Paulo: Malheiros, 2015.

PALMA, Juliana Bonacorsi de. The Construction of the Experimentalist Governance in Brazil: Towards a New Role of the Law in Public Management. *Revista de Direito Público da Economia*, Belo Horizonte, ano 15, n. 58, p. 117-143, abr./jun. 2017.

PARKER, Christine. Twenty Years of Responsive Regulation: An Appreciation and Appraisal. *Regulation & Governance*, [s. l.], v. 7, n. 1, 2013.

PELTZMAN, Sam. *Theory of Regulation After a Decade of Deregulation*: Political Participation and Government Regulation. Chicago: University of Chicago Press, 1998.

PEREIRA JUNIOR. Jessé Torres. *Comentários à lei de licitações e contrações da administração pública*. 5. ed. Rio de Janeiro: Renovar, 2002.

PEREIRA, Luiz César da Silva. Tutela Jurisdicional do meio ambiente: considerações acerca da tutela inibitória. *Revista da Procuradoria-Geral do Município de Belo Horizonte*, Belo Horizonte, ano 2, n. 3, jan./jun. 2009.

PHILLIPS JUNIOR. Charles F. *The regulation of Public Utilities*: Theory and Practice. Arlington: Public Utilities Report. 1993.

PINHEIRO, Armando Castelar; SADDI, Jairo. *Direito, economia e mercados*. Rio de Janeiro: Elsevier, 2005.

PINHEIRO, Bruno de Oliveira; MONTEIRO, Sandro José. Regulação tarifária e expansão das autorizações: dois avanços, lado a lado, da Lei no 10.233, de 2001. *In:* TOJAL, Sebastião Botto de Barros; SOUZA, Jorge Henrique de Oliveira (coord.). *Direito e infraestrutura*: portos e transporte aquaviário – 20 anos da Lei nº 10.233/2001. Belo Horizonte: Fórum, 2021. v. 1.

PINTO, Gabriela Engler. Novos investimentos em concessões e PPPs: contornos e limites. *Revista Eletrônica OAB/RJ*, [s. l.], Edição Especial de Infraestrutura, 2019. Disponível em: https://revistaeletronica.oabrj.org.br/wp-content/uploads/2019/12/8.-Gabriela-Engler.pdf. Acesso em: 30 set. 2024.

POGREBINSCHI, Thamy. *Pragmatismo*: teoria social e prática. Rio de Janeiro: Relume Dumará, 2005.

POSNER, Richard A. The Social Costs of Monopoly and Regulation. *The Journal of Political Economy*, [s. l.], v. 83, n. 4, 1975.

POSNER, Richard. Teorias da regulação econômica. *In:* MATTOS, Paulo (coord.). *Regulação econômica e democracia*: o debate norte-americano. Tradução de Mariana Mota Prado. São Paulo: Editora 34, 2004.

POSSAS, Mario Luiz; PONDÉ, João Luiz; FAGUNDES, Jorge. Regulação da concorrência nos Setores de Infraestrutura no Brasil: elementos para um quadro conceitual. *In:* INSTITUTO DE PESQUISA ECONÔMICA APLICADA. *Infra-estrutura*: perspectivas de reorganização-regulação. Rio de Janeiro: IPEA, 2004.

POZAS, Jordana de. Ensayo de una teoría del fomento en el derecho administrativo. *Revista de Estudios Políticos*, [s. l.], n. 49, 1949.

QUIRINO, Carina de Castro; HOCAYEN, Helena Gouvêa de Paula; CUNHA, Marcella Brandão Flores da. *Sandbox* regulatório: instrumento experimentalista à disposição da Administração Pública local como suporte ao desenvolvimento econômico. *Revista de Direito Público da Economia*, [s. l.], ano 21, n. 84, 2023.

QUIRINO, Carina de Castro; HOCAYEN, Helena Gouvêa de Paula; DIAS, Thiago Ramos. *Sandbox* regulatório em prol do desenvolvimento econômico local. *Jota*: Jornalismo e Tecnologia, [s. l.], 14 maio 2022. Seção Inovação. Disponível em: https://www.jota.info/artigos/sandbox-regulatorio-em-prol-do-desenvolvimento-economico-local. Acesso em: 30 out. 2024.

RAGAZZO, Carlos Emmanuel Joppert. A Regulação da Concorrência. *In:* GUERRA, Sérgio (org.). *A Regulação no Brasil*: uma visão multidisciplinar. Rio de Janeiro: Editora FGV, 2013.

RAGAZZO, Carlos Emmanuel Joppert. *Regulação Jurídica, Racionalidade Econômica e Saneamento Básico*. Rio de Janeiro: Renovar, 2011.

RANCHORDÁS, Sofia. Experimental Regulations and Regulatory Sandboxes: Law Without Order? *University of Groningen Faculty of Law Research Paper Series*, [s. l.], n 10, 2021. Disponível em: https://papers.ssrn.com/sol3/papers.cfm?abstract_id=3934075. Acesso em: 30 out. 2024.

RAWLS, John. *A theory of justice*. Cambridge, MA: Harvard University Press, 1971. DOI: https://doi.org/10.2307/j.ctvjf9z6v.

RIBEIRO, Gabriela Miniussi Engler Pinto. *Novos investimentos em contratos de parceria*. São Paulo: Almedina, 2021.

RIBEIRO, Leonardo Coelho. *O direito administrativo como "caixa de ferramentas"*: uma nova abordagem da ação pública. São Paulo: Malheiros, 2016.

RIBEIRO, Leonardo Coelho. O direito administrativo como caixa de ferramentas e suas estratégias. *Revista de Direito Administrativo*, Rio de Janeiro, v. 272, p. 209-249, 2016. Disponível em: https://repositorio.fgv.br/server/api/core/bitstreams/dee60738-154d-4b8a-87ff-284568e3bfda/content. Acesso em: 30 out. 2024.

RIBEIRO, Leonardo Coelho; SILVA, Luiz Eduardo Lessa. Alteração da garantia à execução do contrato de concessão ferroviária. *Revista de Direito Público da Economia*, Belo Horizonte, ano 9, n. 36, 2011.

RIBEIRO, Maurício Portugal; PRADO, Lucas Navarro. Alteração de contratos de concessão e PPP por interesse da Administração Pública – Problemas econômicos, limites teóricos e dificuldades reais. *Revista de Contratos Públicos*, Belo Horizonte, ano 2, n. 2, p. 103-135, set. 2012/fev. 2013.

RILEY, John; SAMUELSON, William. Optimal Auctions. *American Economic Review*, Pittsburgh, v. 71, n. 3, p. 381-392, jun. 1981. Disponível em: https://www.jstor.org/stable/1802786. Acesso em: 30 out. 2024.

ROCHA, Lara Bonemer; RIBEIRO, Marcia Carla Pereira. Teoria do desenho de mecanismos: uma proposta de aplicação aos contratos incompletos. *Revista da Faculdade Mineira de Direito*, Belo Horizonte, v. 20, n. 40, p. 215-244, 2018.

ROCHA, Silvio Luis Ferreira da. *Terceiro Setor*. São Paulo: Malheiros, 2003.

SABEL, Charles; SIMON, William. Minimalism and Experimentalism in the Administrative State. *Columbia Public Law & Legal Theory Working Papers*, n. 53, 2011. Disponível em: https://scholarship.law.columbia.edu/faculty_scholarship/735. Acesso em: 30 out.2024.

SABEL, Charles; ZEITLIN, Jonathan. Experimentalist Governance. *In*: LEVI-FAUR, David (ed.). *The Oxford Handbook of Governance*. Oxford: Oxford University Press, 2012.

SALGADO, Lucia Helena; BRAGANÇA, Gabriel Godofredo Fiuza de. Desenho de leilões para os acordos de partilha na área do pré-sal: questões em aberto. *In*: CAVALCANTE, Luiz Ricardo Mattos Teixeira; NASCIMENTO, Paulo A. Meyer M. (org.). *Radar*: tecnologia, produção e comércio exterior. Brasília: Ipea, 2012.

SAMPAIO, Patrícia; ARAÚJO, Thiago. Previsibilidade ou resiliência? Notas sobre a repartição de riscos em contratos administrativos. *Revista de Direito da Procuradoria Geral*, Rio de Janeiro, edição especial: Administração Pública, risco e segurança jurídica, p. 311-333, 2014.

SARMENTO, Daniel. Interesses públicos vs. interesses privados na perspectiva da teoria e da filosofia constitucional. *In:* SARMENTO, Daniel (org.). *Interesses públicos versus interesses privados*: desconstruindo o princípio da supremacia do interesse público. Rio de Janeiro: Lumen Juris, 2005.

SARTAL, Estevam Palazzi; BARNABÉ, André Isper Rodrigues. Verificador independente: conceito, finalidade, escopo de atuação e formas de contratação. *Revista de Direito Público da Economia*, Belo Horizonte, ano 17, n. 67, p. 137-159, jul./set. 2019.

SCHIRATO, Vitor Rhein. A interação entre Administração Pública e particulares nos contratos administrativos. *Fórum de Contratação e Gestão Pública*, Belo Horizonte, ano 12, n. 138, p. 51-69, jun. 2013.

SCHIRATO, Vitor Rhein. *A livre iniciativa nos Serviços Públicos*. Belo Horizonte: Editora Fórum, 2012.

SCHIRATO, Vitor Rhein. Aspectos jurídicos da transferência de concessão de serviços públicos. *Revista de Direito Público da Economia*, Belo Horizonte, ano 3, n. 12, p. 197-216, out./dez. 2005.

SCHIRATO, Vitor Rhein; PALMA, Juliana Bonacorsi de. Consenso e legalidade: vinculação da atividade administrativa consensual ao direito. *Revista Brasileira de Direito Público*, Belo Horizonte, ano 7, n. 27, out./dez. 2009.

SCHOZ, John. Cooperation, Deterrence, and the Ecology of Regulatory Enforcement. *Law and Society Review*, [s. l.], v. 18, n. 2, p. 179-224, 1984.

SCHREIBER, Anderson. *Novos Paradigmas da Responsabilidade Civil*: da erosão dos filtros da reparação à diluição dos danos. 5. ed. São Paulo: Atlas, 2013.

SHAVELL, Steven. Economic Analysis of Property Law. *Harvard Law and Economics Discussion Paper*, Boston, n. 399, 2002.

SHEPHERD, William G. *The Economics of Industrial Organization*. 3. ed. New Jersey: Prentice Hall, 1990.

SHLEIFER, Andrei. The Enforcement Theory of Regulation. *In:* SHLEIFER, Andrei. *The Failure of Judges and the Rise of Regulators*. Cambridge, MA: The MIT Press, 2012.

SILVA, João Marcelo Azevedo Marques Mello da. A regulação responsiva das telecomunicações: novos horizontes para o controle de obrigações pela Anatel. *Revista de Direito Setorial e Regulatório*, Brasília, v. 3, n. 1, 2017.

SIMON, Herbert. *El comportamiento administrativo*: estudio de los procesos decisorios en la organización administrativa. Buenos Aires: Aguilar, 1988.

SMITH, Adam. *A riqueza das nações*: investigação sobre sua natureza e suas causas. Tradução de Luiz João Baraúna. São Paulo: Abril Cultural, 1983.

SOUTO, Marcos Juruena Villela. *Direito Administrativo das Concessões*. 5. ed. Rio de Janeiro: Lúmen Júris, 2004.

STIGLER, George J. A teoria da regulação econômica. *In:* MATTOS, Paulo (coord.). *Regulação econômica e democracia*: o debate norte-americano. Tradução de Mariana Mota Prado. São Paulo: Editora 34, 2004.

STIGLER, George J. The theory of economic regulation. *In:* STIGLER, George J. (org.). *The citizen and the State*: essays on regulation. Chicago: The University of Chicago Press, 1971.

STIGLER, George. The Theory of Economic Regulation. *The Bell Journal of Economics and Management Science*, [s. l.], v. 2, n. 1, 1971.

SUNDFELD, Carlos Ari. Condições Jurídicas para a ampliação do contrato de concessão rodoviária. *In:* SUNDFELD, Carlos Ari. *Pareceres*: Volume II: Direito Administrativo Contratual. Revista dos Tribunais: São Paulo, 2013.

SUNDFELD, Carlos Ari. *Licitação e contrato administrativo*. São Paulo: Malheiros, 1994.

SUNDFELD, Carlos Ari; CÂMARA, Jacintho Arruda. Acordos substitutivos nas sanções regulatórias. *Revista de Direito Público da Economia*, Belo Horizonte, ano 9, n. 34, p. 133-151, abr./jun. 2011.

SUNDFELD, Carlos Ari; CÂMARA, Jacintho Arruda. Atualidade do serviço público concedido e reequilíbrio da concessão. *Revista de Direito Público da Economia*, Belo Horizonte, a. 16, n. 61, p. 41-54, jan./mar. 2018.

SUNDFELD, Carlos Ari; CÂMARA, Jacintho Arruda. O dever de motivação na edição de atos normativos pela Administração Pública. *Revista de Direito Administrativo & Constitucional*, Belo Horizonte, v. 11, n. 45, p. 55-73, jul./set. 2011. Disponível em: https://revistaaec.com/index.php/revistaaec/article/view/209. Acesso em: 18 nov. 2024.

SUNSTEIN, Cass R.; VERMEULE, Adrian. Interpretation and Institutions. *Law and Economics Working Papers*, [s. l.], n. 156, 2002. Disponível em: https://chicagounbound.uchicago.edu/law_and_economics/280/. Acesso em: 30 out. 2024.

SUNSTEIN, Cass. *After the Rights Revolution*: Reconceiving the Regulatory State. Cambridge, MA: Harvard University Press, 1990.

TEMPORAL, Ricardo. *Um exame da teoria de desenho de mecanismos e suas aplicações práticas*. 2011. Dissertação (Mestrado em Economia) – Instituto de Ensino e Pesquisa, São Paulo, 2011.

TOLMASQUIN, Mauricio Tiomno. *Novo Modelo do Setor Elétrico*. Rio de Janeiro: Sinergia, 2011.

TRAVASSOS. Marcelo Zenni. *A legitimação jurídico-moral da Regulação Estatal à luz de uma premissa liberal-republicana*: autonomia privada, igualdade e autonomia pública. Rio de Janeiro: Renovar, 2015.

TRIBUNAL DE CONTAS DA UNIÃO. *Sandbox regulatório*. Brasília, DF: TCU, 2022. Disponível em: https://portal.tcu.gov.br/sandbox-regulatorio.htm. Acesso em: 13 out. 2024.

TRUBEK, David. Developmental States and the Legal Order: Towards a New Political Economy of Development and Law. *University of Wisconsin Law School*, [s. l.], n. 1075, 2009. DOI: http://dx.doi.org/10.2139/ssrn.1349163.

TUROLLA, Frederico. Da Ordem Econômica e Financeira. *In*: SILVA, José Afonso da. *20 anos da Constituição Cidadã*. Rio de Janeiro: Fundação Konrad Adenauer, 2008.

TUROLLA, Frederico. Participação social na definição de tarifas. *In*: GALVÃO JUNIOR, Alceu; XIMENES, Marfisa. *Regulação*: controle social da prestação dos serviços de água e esgoto. Fortaleza: Associação Brasileira das Agências de Regulação, 2007. Disponível em: https://agersa.es.gov.br/site-agersa/wp-content/uploads/2021/07/controle20social20prestacao20servicos20de20agua20e20esgoto1.pdf. Acesso em: 30 out. 2024.

TUROLLA, Frederico. *Política cambial com dívida indexada em moeda estrangeira no Brasil, 1995-2004*. 2005. Tese (Doutorado em Economia) – Fundação Getúlio Vargas, 2005. Disponível em: https://repositorio.fgv.br/items/458424f8-4d69-4d28-a28d-fd0423f7a02f. Acesso em: 30 out. 2024.

TUROLLA, Frederico; BENEVENUTO, Rodolfo; BOTASSIO, Diego; IGREJAS, Rafael. Novos protocolos na estruturação de projetos de infraestrutura no Brasil. *PSP Hub*: Estudos em Infraestrutura e Urbanismo, [s. l.], n. 4, 7 dez. 2023. DOI: http://dx.doi.org/10.13140/RG.2.2.33617.10087.

UNGER, Roberto Mangabeira. *O direito e o futuro da democracia*. Tradução Caio Farah Rodriguez e Marcio Soares Grandchamp. São Paulo: Boitempo, 2004.

VENTURI, Thais Goveia Pascoaloto. *A construção da responsabilidade civil preventiva no direito civil contemporâneo*. 2012. Tese (Doutorado em Direito) – Faculdade de Direito, Universidade Federal do Paraná, Curitiba, 2012.

VICKREY, William. Counterspeculation, Auctions, and Competitive Sealed Tenders. *The Journal of Finance*, [s. l.], v. 16, n. 1, p. 8-37, mar. 1961.

VISCUSI, W. Kip. *Economics of Regulation and Antitrust*. Cambridge, MA: The MIT Press, 2005.

VISCUSI, W. Kip; HARRINGTON JUNIOR, Joseph E.; SAPPINGTON, David E. M. *Economics of Regulation and Antitrust*. Cambridge, MA: The MIT Press, 2018.

VORONOFF, Alice. *Direito administrativo sancionador no Brasil*. Belo Horizonte: Fórum, 2018.

WILLIAMSON, Oliver E. *As instituições econômicas do capitalismo*: firmas, mercados, relações contratuais. Tradução de Frederico Araujo Turolla, André Ricardo Noborikawa Paiva e Luiz Gabriel Negreiro Passos. São Paulo: Pezco, 2012.

WILLIAMSON, Oliver E. The Theory of the Firm as Governance Structure: from Choice to Contract. *Journal of Economic Perspectives*, [s. l.], v. 16, n. 3, p. 174, 2002.

WILSON, Robert. *The Structure of Incentives for Decentralization under Uncertainty*. Paris: Editions du Centre National de la Recherche Scientifique, 1969.

WOLF JUNIOR. Charles. *Markets or Governments*: Choosing Between Imperfect Alternatives. Santa Mônica: The Rand Corporation, 1986.

WOLFE, David. *Experimental Governance*: Conceptual Approaches and Practical Cases. Paris: OECD, 2018. DOI: http://dx.doi.org/10.13140/RG.2.2.10377.67681.

WOOD, Stepan; JOHANSSON, Lynn. Six Principles for Integrating Non-Governmental Environmental Standards into Smart Regulation. *Osgoode Hall Law Journal*, [s. l.], v. 46, p. 345-395, 2008.

WORLD BANK. *Global Experiences from Regulatory Sandboxes*. Washington, DC: World Bank Group, 2020. Disponível em: https://documents1.worldbank.org/curated/en/912001605241080935/pdf/Global-Experiences-from-Regulatory-Sandboxes.pdf. Acesso em: 13 out. 2024.

WORLD BANK. *Guidance on PPP Contractual Provisions*. Washington, DC: World Bank Group, 2019. Disponível em: https://ppp.worldbank.org/public-private-partnership/sites/ppp.worldbank.org/files/2021-03/Guidance%20on%20PPP%20Contractual%20Provisions_2019%20edition.pdf. Acesso em: 13 out. 2024.

WORLD BANK. *PPP Reference Guide 3.0*. Washington, DC: World Bank Group, 2017. Disponível em: https://ppp.worldbank.org/public-private-partnership/library/ppp-reference-guide-3-0-full-version. Acesso em: 10 nov. 2024.

WORLD BANK. *PPP Reference Guide 3.1*: Module 2: Establishing the PPP Framework. Washington, DC: World Bank Group, 2021. Disponível em: https://ppp.worldbank.org/public-private-partnership/sites/ppp.worldbank.org/files/2021-08/PPP%20Reference%20Guide%20Version%203%20-%20PPP%20Framework.pdf. Acesso em: 8 jul. 2024.

YUAN, Jingfeng; ZENG, Alex Y.; SKIBNIEWSKI, Miroslaw J.; LI, Qiming. Selection of Performance Objectives and Key Performance Indicators in Public-Private Partnerships Projects to Achieve Value for Money. *Construction Management and Economics*, [s. l.], v. 27, n. 3, p. 253-270, 2009.

ZANATTA, Rafael Augusto Ferreira. *Direito, desenvolvimento e experimentalismo democrático*: um estudo sobre os papéis do direito nas políticas públicas de capital semente no Brasil. 2014. Dissertação (Mestrado em Direito) – Faculdade de Direito, Universidade de São Paulo, São Paulo, 2014.

ZIEGLER, Edward H. Partial Taking Claims, Ownership Rights in Land and Urban Planning Practice: The Emerging Dichotomy between Uncompensated Regulation and Compensable Benefit Extraction Under the Fifth Amendment Takings Clause. Journal of Land, *Resources & Environmental Law*, [s. l.], v. 22, n. 1, 2002.